人际沟通艺术（第　版）

赵敏　多明辉　编工编

高等院校素质教育课程"十三五"规划教材

人民邮电出版社

北京

图书在版编目（CIP）数据

人际沟通艺术 / 麻友平主编. -- 3版. -- 北京：
人民邮电出版社，2020.12
高等院校素质教育课程"十三五"规划教材
ISBN 978-7-115-52832-2

Ⅰ. ①人… Ⅱ. ①麻… Ⅲ. ①人际关系学－高等学校
－教材 Ⅳ. ①C912.11

中国版本图书馆CIP数据核字(2019)第268552号

内 容 提 要

本书是为有效提高高等院校学生的人际沟通能力而编写的，主要目的是普及人际沟通知识，提升学生的综合素质。

本书在内容安排上遵循由浅入深、循序渐进的原则。全书共 12 章，第一～四章讲述人际沟通的基本知识；第五～十章讲述读者在生活和工作中需要掌握的沟通技能；第十一～十二章的内容是对人际沟通知识的拓展和深化，以帮助读者进一步提高人际沟通能力。

为方便教师授课和学生学习，本书配有课件、教案、习题答案、模拟试卷等资料，索取方式参见"更新勘误表和配套资料索取示意图"。

本书可作为高等院校人际沟通类相关课程的教材，也可供社会各行业人员使用和参考。

◆ 主　　编　麻友平

　　副主编　赵　敏　罗明焕

　　责任编辑　万国清

　　责任印制　周昇亮

◆ 人民邮电出版社出版发行　　北京市丰台区成寿寺路 11 号

　　邮编　100164　　电子邮件　315@ptpress.com.cn

　　网址　https://www.ptpress.com.cn

　　固安县铭成印刷有限公司印刷

◆ 开本：787×1092　1/16

　　印张：16.5　　　　　　　　2020 年 12 月第 3 版

　　字数：391 千字　　　　　　2025 年 5 月河北第 7 次印刷

定价：49.80 元

读者服务热线：(010)81055256　印装质量热线：(010)81055316
反盗版热线：(010)81055315

第 3 版前言

转眼之间，本书第 2 版已经面世三年多了。这期间，共有几十所院校将本书选为教材，编者也收到了不少用书老师的意见和建议。在充分参考这些意见和建议的基础上，我们对本书再次进行了修订。

本次修订主要做了以下几项工作。

（1）各章章首新增了导入案例，并设置了思考题，让学生带着问题学习后面的知识。

（2）通过二维码提供了更多文字和视频素材，可大大拓展学生的视野。

（3）每节节首引入了发人深思的格言警句，以在学生学习知识之前，先促其积极进行自我反思。

（4）各章扩充了"拓展阅读"和"案例阅读与思考"栏目的数量，可有效激发学生的学习兴趣，使学生能更好地结合身边的生活实际深入理解相关知识。

（5）增加了少量装饰性图片。

由于编者水平所限，书中不足之处在所难免，还望广大读者见谅。

编　者

2020 年 5 月

目 录

第一章
Chapter 1

人际沟通基础

只要生活在社会中，我们就不得不和形形色色的人打交道，不管你是身居高位的领导，还是普通百姓，每个人都离不开人际沟通。人际沟通绝对不是小事，现代社会的人们时刻都离不开人际沟通，可以说，人际沟通能力会直接影响人们的生存和发展。

一个人的人际沟通能力越强，结识的人就越多，交际面就越广，就越能广建人脉，当然，也就越容易办好事情。那么，究竟应该如何提升个人的人际沟通能力呢？在接触不同领域的人际沟通技能之前，我们首先应该掌握一些基本的人际沟通知识，真正做到认识人际关系、了解人际沟通。

通过对本章的学习，应该了解有关人际关系与人际沟通的基本概念；明白人际关系与人际沟通之间的辩证关系；熟知沟通的基本原则；懂得如何去改善人际关系；掌握克服沟通障碍的方法和技巧，进而从宏观上把握人际沟通的脉络，为后续学习打下坚实的基础。

导入案例

成功更多地取决于人际共处

大量研究成果表明，人际交往对人们业绩的影响很大，良好的人际交往是成功者取得成功的途径之一。美国卡耐基工业大学曾对 1 万多案例记录进行分析，结果发现"智慧""专门技术"和"经验"只占成功因素的 5%，其余的 85% 取决于人际共处。戴尔·卡耐基在《成功之路》一书中导出的一个公式就是：个人成功=15% 的专业技能+85% 的人际交往和处世技巧。据该书的出版商说，卡耐基为了写作此书，阅读了数百名古今人物传记，走访了包括罗斯福夫人在内的近百位名人。而吉米·道南和约翰·麦克斯韦尔合著的《成功的策略》一书花了近 20 年的时间观察成功人士，导出的也是同一个公式。

该公式表达的意义是：不管一个人学什么专业，如能再学"人际关系学"这门课程，都将有助于这个人今后在事业上的成功；也可以认为，它是一条强调人际关系重要性的公式。对此有进一步研究的是耶鲁大学的心理学家彼得·萨洛韦和约翰·迈耶两人。他们从"为什么在学校里最聪明的学生，最终没有成为最富有或最成功的人？"等问题入手，经过多年的研究发现：某些人之所以失败，不是因为专业技术上的无能，而是因为专业技术无从发挥，从客观上看是人际关系不好，从主观上看是情绪智力不佳。总之，良好的人际交往是一个人事业取得成功的重要条件。概括而言，其主要原因有以下几点。

其一，良好的人际交往能够促进人们共同协作，为完成特定的任务而合作。现代科学技术的发展，已使许多项目的攻关不能再靠个人单枪匹马的奋斗来完成了，而要通过众人的联手合作、共同研究，要靠加强人际交往、联系才能取得成功。

其二，良好的人际交往能够促进人们之间的信息交流和信息共享。有人曾说，现代社会 80% 的信息是通过交往获得的。现代社会知识量激增，"信息爆炸"，不建立和谐的人际关系，不进行人际交往，人们就不能尽快获得信息。而在现代社会中人们掌握了信息就等于增加了成功的砝码。

其三，良好的人际交往可以使人们从友好和谐的集体协作中获得力量，从而增强自信心，创造辉煌的业绩。反之，人与人之间如果互相拆台，互相牵制，人的积极性就会受到压抑，才能就无法发挥，壮志消磨，时光空耗，岁月蹉跎，也就根本谈不上业绩的创造了。

思考与讨论：如果想取得以后的事业成功，你将怎样打造自己的人际关系网？

第一节　认识人际关系

人的所有烦恼都来自人际关系，人的幸福也来自人际关系。

——阿德勒

一、人际关系

1. 社会关系中的人际关系

凡是在社会共同活动中人们彼此之间形成的各种关系都可以称为社会关系。社会关系包括以下三个层次。

视频精选
人际关系的潜在影响

第一，生产关系。它是人们在社会生产活动中形成的以物质形态为主的关系，是形成其他形态社会关系的基础，对其他形态社会关系的性质具有决定的作用，属于社会关系中的最高层次。

第二，意识形态关系。它是人们在生产关系的基础上，在社会政治活动中形成的意识形态的社会关系，即政治、道德、法律、宗教方面的关系。

第三，人际关系。人际关系是指人与人之间通过交往与相互作用而形成的直接的心理关系。它渗透在各种社会关系的内部，为生产关系和意识形态关系所制约并对其产生调节作用。在整个社会关系系统中，人际关系属于最低层次，属于微观的关系，它与个体及其社会行为直接联系，是以人们的感情和心理为基础的。

在上述三种社会关系中，人际关系是一种较为复杂的社会现象。一般认为，人际关系是人与人之间的心理、行为关系，体现的是人们社会交往和联系的状况。

人际关系主要由认知、情感和行为三个因素组成。认知是人际关系的前提条件，是在人与人之间的交往过程中，通过彼此相互感知、识别、理解而建立的关系。人际关系是从对人的认知开始的，如果彼此之间根本不认识、毫无所知，就不可能建立人际关系。人际关系的调节也是与认知分不开的。

情感是人际关系的主要调节因素。人际关系在心理上总是以彼此满意或不满意、喜爱或厌恶等情感状态为特征的，假如没有情感因素参与调解，其关系是不可想象的。情感因素是指与人的需要相联系的情绪体验，人会对能满足需要的事物产生积极的情绪体验，而对阻碍需要满足的事物则产生消极的情绪体验。调节人际关系的情感因素有不同的水平和强度，一般来说，社会发展水平越高，情感因素对人际关系的调节作用越大。

行为是人际关系的沟通手段。在人际关系中，无论是认知因素还是情感因素，都要通过行为表现出来。行为是指言语、举止、作风、表情、手势等人们表现出来的一切外部动作，它是建立和发展人际关系的沟通手段。

2．影响人际关系的因素

影响人际关系的因素有很多，总结起来主要有以下几个方面。

（1）满足需要。从根本上讲，人际关系的形成取决于它能满足人们生存与发展的需要。人与人之间的亲近或疏远、合作或竞争、友好或敌对，都是心理距离远近的表现形式，具有较强的情感色彩，它反映了人们的需要是否得到满足时的情感体验。人们喜欢给自己带来奖赏的人，讨厌那些给自己带来处罚的人，即人们倾向于亲近奖赏性的关系，而排斥处罚性的关系。因此，在人际沟通中，只要分析、了解人们的不同心理需要，掌握人们心理需要的特点，并根据这些需要和特点去尽量满足对方的心理需求，人与人之间就容易建立起良好的人际关系。

（2）交际准则。人际关系还受现存交际准则的影响。比如，如果你所在办公室的交际准则是工作时间不得谈论私事，那么，你和同事之间更多的是业务关系，这对提高工作效率是有好处的，但会阻碍同事之间私人关系的深度发展。交际准则是会影响人际关系的。

（3）情绪状态。人际关系也同样可以看成一方喜爱另一方与一方敌视另一方的对立统一体，人际关系可以存在于这个对立统一体的任何一点上。如果一方表示喜欢另一方，那么对方往往也会报以同样的反应；如果一方敌视另一方，那么对方也会以牙还牙；如果双方感情深厚，那么彼此的关系就会长久保持；如果双方结下仇怨，那么他们的关系就可能会变得势不两立。一个满怀深情的人要和一个充满敌意的人建立良好的人际关系，这几乎是不可能的。

（4）时间和空间。与人相处得越久，人际关系就会变得越复杂。在初次与人见面时，人们的交际行为是不多的，可能仅会笑一笑，点点头，或者说声"你好"之类的话。与他人初次见面打交道，相互并不了解；但当人们的人际关系不断得到发展时，许多语言和非语言的沟通方式的作用都会充分发挥出来。沟通的机会越多，人际关系本身就会变得越复杂。此外，人际关系是在某个特定的时间和空间环境中发生的，时间和空间环境对关系的进展和变化有很大影响。例如，因为同样一件事，如果在两个人的情形下，你可能会毫无顾忌地对另一个人发火，但若在人多的场合下，你可能会控制住自己而不发作。

（5）控制问题。在人与人的关系中，总是有一人处于支配地位而另一人处于服从地位的。支配和服从虽然是两个极端，但是它们在相互作用中处于一种互惠的状态，一方企图控制这种关系的存在，而另一方接受这种控制关系的存在。许多关系之所以能够长期存在，就是因为它建立在一方处于支配地位，另一方居于服从地位的模式上。人们对男女之间、上下级之间的交际模式做了研究，结果表明，人际关系的支配和服从具有互惠性。

（6）"自己人"效应。良好的人际关系通常表现为交际双方的相互认同、情感相容和行为近似。相互认同是通过知觉、表象、思维等认识活动而实现的，它是形成良好人际关系的最基本的、首要的心理成分；情感相容是以相互喜爱、同情、亲切、友好的形式表现出来的，融合的情感越多，彼此之间越相容；行为近似是指彼此的言谈举止、风度仪表等行为模式方面的相似性，它也是构成良好人际关系不可缺少的重要因素。

（7）灵活性。人际关系只有具有灵活性，才会得以更长久地存在下去。只有适应交际中人们的变化、交际准则的变化、情景的变化和社会变化的关系，才是有效的关系。关系的改进要求行为随时应变。

3. 人际关系对于人们取得成功的影响

在社会生活中，一个人不可能脱离他人而独立存在，总要与他人建立一定的人际关系。特别是在现代社会中，人际关系状况已经成为影响人们事业成功的重要因素。在企业实施团队管理时，团队精神就是团队成员之间合作的精神，它是良好人际关系的基础。

通过与他人建立良好的人际关系，也能对自己有个正确的评价。在交流当中，人们能通过别人的看法来证实自我评价的可靠性，特别是可通过倾听别人的意见来调整自己的行为。

良好的人际关系有利于人们建立良好的人际环境。和谐、团结、融洽、友爱的人际环境充满友情和温暖，能够使人们在工作中互相尊重、互相关照、互相帮助。在这种人际环境中工作，会使人们感到心情舒畅，使工作进展顺利。反之，在相互矛盾、猜忌、摩擦、冲突的人际环境中，人们之间疏远和敌对，会让人产生不安、紧张的情绪，进而影响人们的工作状态和身心健康。

有了良好的人际环境，人们在工作和学习过程中就能够提高效率。因为有了良好的人际关系，人们不仅可以与其他人协调一致，还可以获得他人的支持和帮助，从而大大减轻工作和学习的压力；不仅能使自己的工作和学习变得更好，更重要的是还有利于形成内部融洽的群体气氛，增强群体的团结协作，便于发挥出群体的整体效能。

良好的人际关系还对改变人们的行为方式有重要的作用。人们在交往中，彼此行为相互作用、相互模仿，个人的一些不良习惯可以在良好的人际关系环境中得到改变。

案例阅读与思考

乔治·波特（George Boldt）——华尔道夫酒店的首任总经理

100 多年前一个风雨交加的夜晚，一对老年夫妻迈进一家旅馆的大门，想投宿一个晚上。夜班服务员有些不好意思地对他们说：非常抱歉，今天的房间已经订满了。看着老人家一副失望的神情，服务员迟疑了一下说："如果不嫌弃的话，你们可以住在我的房间。它虽不是豪华的客房，但很干净。我值夜班，可以在这里休息。"

老年夫妇看了房间后喜出望外，决定在这里过夜。翌日，老先生前去结账时，这位服务员对他说："先生，昨晚你们住的房间不是客房，我不能收你们的钱。希望你与夫人昨晚睡得不错。"老先生感谢之余连连点头称赞道："你真是每个老板梦寐以求的员工，或许我们今后还有见面的机会"。

若干年后，这位服务员收到一封挂号信，信中叙说了那个风雨交加的夜晚所发生的事，另外还附了一封邀请函和一张往返纽约的机票，邀请他到纽约见面。在曼哈顿，服务员见到了这位当年投宿的旅客。老先生指着一栋富丽堂皇的新大楼说："这是我新建的酒店，希望你来为我经营。我叫威廉·华尔道夫。你正是我梦寐以求的员工。"

这家酒店就是纽约最知名的华尔道夫（Waldorf）酒店，于 1931 年启用，是纽约极致尊荣的地位象征，也是各国的高层政要造访纽约下榻的首选。

当时接下这份工作的服务员就是乔治·波特，一位奠定华尔道夫酒店世纪地位的推手。

思考与讨论：是怎样的态度让这位服务员改变了自己的命运？毋庸置疑的是他遇到了"贵人"，可是如果当天晚上是另外一位服务员当班，会有一样的结果吗？

二、人际关系与人际沟通

（一）人际沟通的动机

人们为了实现各种目标，都在进行着各种人际沟通，人们的自我感觉也来自与他人的沟通。人际沟通是有价值的，它能满足人们以下一种或多种需要。

视野拓展
人际交往十大黄金法则

1. 为了人们的乐趣

人们忙于进行大量的人际沟通，因为它会给人带来乐趣。比如，我们通过电话与最好的朋友闲谈、围坐在一起与好朋友聊天，学生们在一起谈共同感兴趣的话题等，都能给人们带来乐趣。

2. 向喜欢的人表示友爱

友爱是人们对感激和喜欢的人所拥有的热情依恋的情感，可以用非语言方式来表达，如拥抱、抚摸，还可以用语言方式等表达自己的情感，如"我真的很高兴你今天打电话给我！"

3. 满足被接纳的归属感

被接纳是一种强烈的人类需要，能让人产生一种归属感。例如，他人被邀请去参加一个知名的团体，而你没有被邀请，那么就表示他人已被接纳，而你没有被接纳；再如，学院成立了推广协会，有一部分学生被接纳，另一部分学生没有被接纳，被接纳的学生就自然会对推广协会产生一种归属感。

4. 调节心情

在工作当中，人们可以通过人际沟通来调节心情。例如，当你开始写毕业论文时，你决定到操场转一转，或与朋友聊聊天，以获取灵感或放松身心。如今，人们可以通过互联网更方便地与全国甚至世界各地的人进行沟通了。

5. 控制自己与控制他人

控制就是能够使人们做出某种选择。控制他人暗示着一定程度的操纵，因此，控制有时被视为满足程度最低的沟通行为。相互关系中的控制，意味着使他人去做我们要他做的事情。例如，你想看电视，也要求你的朋友一起看电视；再如，家长对孩子说"你把屋子打扫一下，给你买一盒糖果"等。

在最佳的相互关系中，各方会根据具体情况分享控制权。例如，一对夫妇因为经常对度假要去的地方不能取得一致意见而采取轮流决定的方式。又如，在家中时，家长就应控制孩子玩耍的时间和方式，而在公园游玩时，家长则会更多地顺从孩子的意愿。

研究表明，对自己的生活拥有更多控制权的人无论在精神上还是在身体上都更健康。对学生而言，让他们拥有一些独立性时，他们能学得更好；对工人而言，当他们能独立做出一些决定时，他们对工作的感觉会更好。如果我们能控制自己的生活，就意味着我们深层次的需要得到了满足。

拓展阅读

幸福是什么？

怎样才能幸福？

多赚钱？变成功？拥有更多资源和权力？获得幸福的方法总是让人感觉难以明述，难以捕捉。

一段 TED 演讲，似乎让幸福变得容易理解，且触手可及了。

"在生命进程中是什么使我们保持健康和快乐的？让我们感觉幸福的？"有人就这个问题对"80后""90后"做了一个调研，结果80%的人认为变富可以让他们感到幸福，超过50%的人觉得成名会让他们感到幸福。

哈佛大学花了75年对724个人进行了持续的跟踪研究，研究设计得很复杂，进行得也很艰难，最后研究者得出了简单的结论：好的人际关系可以使人们更快乐和健康，让人们感到幸福。该研究发现：

1. 好的社会关系对人们有益，而孤独是有害的

与家庭、朋友、社群有更多社会联系的人，会更开心、更健康、寿命更长。孤独的人越和自己想联系的人隔离，就会越想不开。健康在人们进入中年后就开始走下坡路了，脑功能则衰退得更快。而在生活中，很多人都会感到孤独，即使你身处人群中，或者处于恋爱或婚姻关系中，有时也难以避免。

2. 孤独与拥有朋友的数量、是否在恋爱或婚姻中无关，而与亲密关系的质量有关

生活在冲突中对人们的健康有害。缺乏爱的婚姻，对人们健康的伤害可能比离婚更大。生活在优质、温暖的人际关系中则对健康有保护作用。

3. 好的人际关系不只是保护人们的身体，还会保护人们的大脑

当人们和一个人拥有安全的人际关系的时候（也就是说一旦自己需要，身边有人可以充分依赖和信任），它会对人们起到保护作用，让人们的记忆更加清晰和持久。

幸福看起来似乎变得简单易懂了。那么我们问问自己：我们的状态如何？我们对于自己的人际关系，尤其是亲密关系（如夫妻关系、亲子关系、同事关系等）的满意度又如何呢？

（二）人际沟通决定着人际关系的发展

人际关系是在人际沟通的过程中形成和发展起来的，离开了人际间的沟通行为，人际关系就无法建立和发展。事实上，任何性质、类型的人际关系的形成，都是人与人之间相互沟通的结果，人际关系的发展与恶化，也同样是人与人之间相互交往的结果。沟通是一切人际关系赖以建立和发展的前提，是形成、发展人际关系的根本途径。

如果人们在思想感情上存在着广泛而持久的沟通联系，就标志着彼此已经建立起较为密切的人际关系。如果两个人感情上对立，行为上疏远，平时缺乏沟通，则表明他们之间心理不相容，关系紧张。人际关系一旦建立，就会影响和制约人际沟通的频率和态度。但是，人际沟通的频率高低与人际关系的亲疏并不完全成正比，在不同类型的人际关系中，沟通频率与关系亲疏有明显的差别。例如，在地缘关系中，与某人每天打招呼不一定关系密切；在血缘关系中，虽然人们几年不见面但关系仍会很密切。

人际沟通研究的是人与人之间联系的形式和程序，人际关系研究的则是在人与人沟通基础上形成的心理关系。

（三）人际行为反应

人们通过对许多不同类型的人际关系进行研究，总结出了人际行为反应的八种基本模式。

（1）管理、指导、教育等行为，会导致对方尊敬和服从等反应。

（2）帮助、支持、同情等行为，会导致对方信任和接受等反应。

（3）赞同、合作、友好等行为，会导致对方协助和友好等反应。

（4）尊敬、赞扬、求助等行为，会导致对方劝导和帮助等反应。

（5）怯懦、礼貌、服从等行为，会导致对方骄傲和控制等反应。

（6）反抗、怀疑、厌倦等行为，会导致对方惩罚和拒绝等反应。

（7）攻击、惩罚、责骂等行为，会导致对方仇恨和反抗等反应。

（8）夸张、拒绝、自炫等行为，会导致对方不信任和自卑等反应。

如果我们熟悉和掌握了上述人际行为反应的基本模式，就能在与他人的沟通中预测他人的反应，并采取相应的方式，改善相互间的人际关系。当然，人的行为是非常复杂的，它受许多情景因素的影响和制约。具有良好人际关系的双方也难免会出现不友好的行为；具有不良人际关系的双方，由于某种特殊需要，有时也可能表现出密切的行为关系。另外，由于每个人的性格、态度等个性特点的差异，人们对他人的基本行为反应倾向也是不同的，往往带有独特的个人色彩。因此，关于人际关系状态对人际行为的影响，必须结合具体的人或事作具体的分析。

（四）打造人际关系网

美国有句谚语说得好，"每个人距总统只有 6 个人的距离"。也就是说，你认识一些人，他们又认识一些人，而这些人又认识另外一些人……这种连锁反应能一直延续到总统的椭圆形办公室。

这提醒我们，如果你仅仅距总统有 6 个人的距离，那么你距你想见的任何一个人也只有 6 个人或者更少人的距离。只要你用心，你就能找出各种关系来认识他、结交他，实现你的愿望。

上面这种说法，其实是有理论依据的，即"六度空间理论"——你和任何一个陌生人之间所间隔的人不会超过 6 个。也就是说，最多通过 6 个人，你就能够认识任何一个陌生人。

1. 选择合适的人建立稳固的关系

成功建立人际关系网的关键是选择合适的人、建立稳固的关系。所谓合适，一是就性质而言的，要适合自己，要在与自己生活和工作有关的领域建立人际关系，进而建立相应的人际关系；二是就数量而言的，我们强调人际关系的重要性，并不是要人们漫无边际地建立无数的关系，关系网并不是越大越好，否则就会因为应付这数不清的关系而叫苦连天；三是就注重而言的，质量的标准可以是多方面的，前面所述"适合"就是一个，此外，如某种关系对自己的影响、作用等都可以作为衡量关系质量的标准。只有把握了这几个方面，建立起来的人际关系才是合适的、健康的。

人与人之间的偶遇，直到成为朋友，持续保持一种良好关系的过程，就像是一部电视连续剧，充满戏剧性。然而，如果你仅仅是抱着一种"我想认识各种各样的人"的心态，却没有做规划，那样即使有各个领域的人与你"邂逅"，你也无法与其发展出你所希望的那种人际关系。如果你能做个规划，将那些对于你未来发展起关键作用的人物的名字一一列举出来，并对自己说：我希望能够认识他们，我一定要想办法让他们成为我的朋友。那么，你这种积极的态度会促使你把握住机会与他们成为朋友。因此，如果你有想认识重要人物的主观愿望，那么就应该采取行之有效的行动，比如把报纸、杂志上报道的那些你想认识的重要人物的事迹剪下来，粘在记事簿上，以免遗忘。如果你做了这些准备，那么在见到对方时，你就会有更多的可与对方谈论的话题，即便只有一分钟的交谈时间，你也会让你们的初识变得愉快自然。对方见你如此关注他，竟然知道这么多关

于他的事情，也会对你产生兴趣，对你留下深刻印象，从而为你们以后的交往打下良好的基础。否则，你们之间充其量只是互换一下名片，或者点个头而已。那样，你只能对别人说"我见过某人"，而不能说"我认识某人"，而这和在大街上、超市里偶遇明星没什么本质的区别。如果你为了拉近你们的关系，急忙找话题，也多半是不得要领的，因为你对于他，根本没有做丝毫准备，根本就不清楚他的一切。即使你绞尽脑汁，也无益于你们的关系，你们仍然只是见过面的"陌生人"。

所以，如果你想认识某人，就应该为认识他做积极准备。未雨绸缪，胜算总会多一点。

2. 比较得体地回答问题

在试图与你建立关系时，人们常会问你是做什么的，如果你回答得平淡如水，比如只是回复

一句"我是一位教师"，也许你就会失去一个与对方进一步深入交流的机会。而比较得体的回答可以是："我是教师，在某大学教书。业余时间我爱踢足球，也常打乒乓球，还爱读书。"在不到 15 秒的时间里，在回答对方问题的同时，还更多地介绍了自己，也为对方提供了几个话题，可能其中就有让对方感兴趣的。当他回答"哦，你打乒乓球？我也喜欢"时，你们也许就会因为有共同的兴趣而愿意进一步交往了。

打造关系网必须遵守的规则，不是"别人能为我做什么"，而是"我能为别人做什么"，在回答别人的问题时，不妨再接着问一下："我能为你做些什么？"

3. 保持联络

保持联络是成功建立关系网的另一关键。《纽约时报》某记者曾在采访美国前总统克林顿时问道："你是如何保持自己的政治关系网的？"克林顿回答："每天晚上睡觉前，我会在一张卡片上列出我当天联系过的每一个人，并注明重要细节、时间、会晤地点和其他一些相关信息，

然后添加到秘书为我建立的关系网数据库中。这些年来朋友们帮了我不少。"

要时常通过手机或即时通信工具等与关系网络中的每个人保持积极的联系，让他们知道你心中始终在惦记着他们。

4. 为你的关系网和组织提供信息

时刻关注对关系网成员有用的信息，并经常将你得到的信息与他们分享，关系网中的成员，利益是一致的，互动也是双向的，如果你仅仅只做一个受益者而很少做出正向的反馈，关系网中的成员自然会疏远你。

三、相互关系的发展阶段

绝大多数相互关系都是从表面沟通开始的，如果人们相互欣赏，就会采取行动以进一步相互了解。以下是马克·科纳普总结的相互关系建立和破裂的五个阶段。

（一）相互关系建立的五个阶段

相互关系的建立一般会经历以下五个阶段。

1. 始创

当人们开始谈话时，就开始了始创阶段。在谈话时，双方会从各个方面来评价对方，如服装、

外表吸引力、信念和态度。根据自己的观察，各自都开始对彼此做出判断："他似乎是一个好小伙子""看起来她很聪明"。在这一阶段，人们常以第一印象为基础，判断这个人是否值得交往，做出是否有与其发展相互关系的意向。

2. 试验

在试验阶段，人们有意识地努力寻找共同的兴趣和经历，通过表达自己的观点、态度和价值观，以及观察对方的反应进行相互试探。如果彼此发现有共同的兴趣和价值观，则可能会愿意进行更多的交谈。许多关系都最终停留在了这个阶段，也就是说，这个阶段的相互关系虽然和谐，但是也有可能让双方明白彼此并不适合做朋友，因而也就不会产生进一步推进它的愿望。

3. 加强

通过交谈，如果人们相互之间非常喜欢，彼此就会花更多的时间在一起，如经常在一起聊天、一起度过业余时间等，这是相互关系的加强阶段。

在加强阶段，彼此不仅喜欢对方的陪伴，而且开始相互坦白，相互告诉对方自己的私事，并把对方介绍给家庭成员和朋友。彼此开始分享快乐、分担烦恼并相互使用昵称，甚至还会形成一种特别的谈话方式，也会开别人不能理解的玩笑。彼此对双方的关系有了更多的期望，信任变得很重要。他们认为告诉对方一个秘密，对方就能为自己保守这个秘密。他们开始做出许诺："你的事就是我的事。"他们也偶尔会有一些温和的质疑或挑战："你真的相信那个？"在加强阶段，开放是一种冒险，自我袒露会使相互关系得到加强，但它也可能会使参与者更容易受到伤害。

4. 融合

在这一阶段，双方的个性开始融合。人们也总会预期他们在一起，如果只看见其中之一，就会问到另一个人。这种友谊呈现出一种依赖性，他们绝大多数时候都会在一起，会参加同样的晚会，有许多共同的朋友，他们的朋友如果邀请一个通常也会邀请另一个，各自也都能预测和解释另一个人的行为。

当人们形成深入、重要的相互关系时，才会达到融合阶段。达到这个阶段的通常是最好的朋友、夫妇或者父母和孩子之间。

5. 盟约

建立相互关系的最后一个阶段是盟约阶段。在这个阶段，参与者会做出某种向周围人宣布相互关系的正式承诺，如订婚、结婚仪式。在其他情况下，像一般朋友之间就不可能做出正式的盟约。无论采取什么形式，盟约都使任何一方想脱离这种关系更加困难。所以，这是在参与者对相互关系有某种长期承诺时才采用的方式。

　　上述建立相互关系的五个阶段相互依赖，相互关系是否能从一个阶段发展到下一个阶段取决于参与者双方，如果一个人想发展到下一个阶段，只有在另一个人也愿意时才有可能。由于大多数人只有有限的时间和精力去加强相互关系，因此，人们与绝大多数人的相互关系只能保持在试验或加强阶段。前三个阶段是人们建立友谊和进行正常社交活动的阶段，在融合和盟约阶段，则要求人们付出更多的精力和时间，以此将对方留在特殊的相互关系中。

（二）相互关系破裂的五个阶段

为了使一种相互关系得以持续，当事人双方必须一起发展和改变，如果他们不能以令双方都满意的方式来行事，那么就容易导致相互关系的破裂。尽管有些关系一直都维持得不错，但对某些事情的处置不当，也会使双方友好的关系发生破裂。这一过程通常会经过以下五个阶段。

1. 差别

随着相处时间的增加，双方在饮食习惯、生活习惯、价值观等方面的不同，会逐渐使双方产生分歧和矛盾。比如，一对男女朋友，即使在看电影的选择上也会存在分歧，女方喜欢去电影院看，觉得那样更浪漫，观影效果也更好，而男方则喜欢在线看，认为既省钱又自由自在。矛盾使他们进入了差别阶段。

如果是恋人，他们初恋阶段的那种相互吸引力已有所降低。在这一阶段，他们开始把重点放在那些不同的方面，他们的大多数谈话是关于不同点而不是相似之处。

在某种程度上，差别阶段是大多数夫妻都要经历的有益阶段。许多夫妻通过相互妥协以弥合分歧，并以此来维持和睦的关系，在主要的事情上能保持一致，而在一些次要的事情上则互相尊重对方的独立选择。如果两人之间的分歧不是太大，则可以得到解决，而一些较大的分歧就不容易得到解决。例如，在讨论是今年要孩子还是以后要孩子的问题时，夫妻双方发生了争吵，两人各持己见，都认为错在对方，彼此以前认同和容忍的一些差别，现在则变成了争吵的根源。

差别的明显表现是冲突，但是也未必一定会引发冲突。例如，即使有些平时并不争吵的夫妻，有时也会因为双方之间差异巨大而缺少共同语言，彼此感觉压抑，交流也越来越少，关系也会变得越来越冷淡。

2. 划界限

当一种关系开始破裂时，彼此的交流就会越来越少。为了防止发生全面冲突，双方都会竭力避免提及容易引发冲突的话题，这一阶段就称为划界限阶段。例如，夫妻关系如果处于这一阶段，双方的交谈常是流于表面的："你的信放在桌子上了""有我的电话吗"等，双方交流的次数减少，讨论的深度变浅，并且每次交谈的时间缩短，由于沟通受到了限制，相互关系也变弱了。

> ➤ 不管外面的世界究竟是什么样的，能影响到你的喜怒哀乐的，能给你带来快乐或痛苦的，其实就是身边的亲人、朋友和同事，你跟身边的人都能相处对了，你的世界就是对的
>
> ➤ 你的整个世界就在你的通讯录里

处在这个阶段的人们常常会掩盖他们相互关系中的问题。尽管他们可能会透露给最要好的朋友，但在社交场合，则会显得若无其事，甚至还会装作关系很好的样子。他们之所以这样做，是为了自我保护，不想给自己增加更多的来自社会的压力。

3. 停滞

仍以夫妻关系来说，在停滞阶段，双方的关系停滞在一种既不好转，也未明显变得更坏的状态。这个阶段持续多久取决于很多方面，如果双方忙于工作，而回家仅仅是睡觉，互不交流和沟通，那么这个阶段可能要持续数月或数年；然而，如果双方意识到如此僵持下去很危险，便很可能会寻求解决矛盾的办法。大多数相互关系达到这个阶段的夫妻会感到很痛苦，他们可能发现彼此很难分开，并且仍然抱有重归于好的希望。

4. 回避

在这一阶段，双方为了避免发生冲突，会有意减少面对面的接触。这个阶段常常具有不友好、敌意和对抗的特征。有时一些暗示是微妙的，如"我只有一分钟，我有一个约会"。有时也可能是直接、强硬的表述，如"不要给我打电话"或"很抱歉，我只是不想见你"。

例如，处于这一阶段的夫妻，当空间上的分离不可能时，当事者可能表现出似乎对方不存在的样子，视若无睹，虽然生活在一起，却各忙各的，甚至还会分居：一个人可能睡在卧室，而另一个人则睡在沙发上。

5. 终止

在终止阶段，当事者试图找到一种结束这种关系的办法，双方都在为以后没有对方的生活做准备。

在终止关系时，一方通常会向另一方做出以下三种不同的陈述。

（1）概要性的陈述："噢，我们当然尝试过去改进它"或"这对谁都不意味着结束，我们还将继续生活"。

（2）发出减少接触可能性信号的陈述："如果不见面可能会更好一些"。

（3）直接向对方表明想结束关系的陈述："我永远不想再看见你了"或者"不要因为今后不在一起生活就以为我们不是朋友了"。

在某些情况下，有孩子的夫妻即使离了婚，但因为孩子的关系，也并不能完全断绝来往。为了和平解决这个问题，他们需要建立起能与新关系相适应的规则。

在关系走向破裂的这一过程中，双方都遭受了感情上的痛苦，但是从另一方面来说，关系的终结，对双方来说也是一种解脱。

四、良好关系的基本要素

良好的关系就是指交往双方存在着亲密和自我袒露的相互关系。当你把发生在自己身上的好事情告诉给对方时，对方也乐意倾听，并且衷心为你感到高兴，那就意味着你们关系良好。良好的关系使得双方最接近于彼此深层的心理空间，它可能存在于亲人之间和朋友之间。

绝大多数研究配偶之间、家庭成员之间和朋友之间关系的人认为，这些相互关系有以下三个特定的共同要素，把人们紧密地联结到一起。

1. 承担义务

要想拥有良好的关系，关系双方就必须承担相应的义务。尽管承担义务的承诺是现在做出的，但它针对的是未来。这是一种约束和受约束、要求和被要求的关系。

长期的相互关系是无条件的，通常只存在于家庭中，如夫妻之间或父母与孩子之间。友谊也可以是无条件的，但有条件的情况则更为常见。例如，一对朋友合住，其中一个人结婚了或搬走了，双方对这种关系的期望可能就会变得少一些。工作关系也是有条件的，老板希望员工做好其本职工作，但不能指望员工把全部时间都用于工作，并且还要付给员工令其满意的薪水才行。

有时双方对承担义务有不同的期望，如果这些期望不能得到满足，而他们想继续维持这种相互关系，那么双方就必须做出改变和妥协。

2. 对话

处于良好关系的双方，必须就这种关系本身进行不断的交谈或对话。他们能够一起寻找减少冲突的方法，讨论对相互关系的期望，或讨论可能影响相互关系的任何事情。重要的是，双方愿意经常讨论如何维持这样的良好关系。

要使相互关系得以维持，讨论冲突的内容特别重要。然而，有些人习惯于回避冲突，使用"住嘴"和"我不想听见你那样的谈话"等诸如此类的话生硬地制止对方。作为成年人，我们必须弄清冲突背后的原因，而不是一味回避，否则对相互关系的伤害可能更大。

3. 接纳性倾听

对于要继续维持某种关系的双方，必须找到有效的沟通方法。接纳性倾听，是一种体谅式的倾听方式，指站在对方的角度进行沟通。接纳性倾听是治疗婚姻中夫妻经常吵架的良方——想要让爱情不遭受破坏性争吵的伤害，就需要学会"接纳性倾听"的技巧。

接纳性倾听是高情商的倾听，即用体谅的态度倾听对方的话语，不因被指责而恼羞成怒，试着冷静调整自己的思想，从对方的"抱怨"中体察出他真正的需求，从而把注意力从"他指责我……"转移到"他希望我……"上，根据对方所说的负面话语，理解出正面的语意。

五、相互关系中常见的沟通问题

在密切的相互关系中，绝大多数人都有过生气的经历。很多生气的表现都是非语言的：紧握拳头、怒视及大声和快速地说话。生气不一定就会破坏一种相互关系。例如，夫妻经常争吵，但是这种争吵有时并不影响双方的感情，彼此仍会一如既往地关心对方。

绝大多数的生气都是从批评和抱怨开始的。

1. 批评

批评是一个人对他人所做的事或他人所采取的方式进行的消极评价。在一些相互关系中，批评通常源于身份较高的人，并且指向身份较低的人，例如，老师批评学生，父母批评孩子。如果当事者是平等的，如朋友或夫妇，则批评可以来自任何一方。

研究人员发现，批评通常有五种对象：外貌，能力，个性，处理关系的方式，决断力和态度。而绝大多数批评针对的都是对方的能力或决断力和态度，接下来是处理关系的方式、外貌和个性。

批评的方式和场合不同会引起他人不同的反应。不了解对方就进行批评，会被认为蛮横无礼；在争论时，一般认为好朋友应该站在自己的一边而不是站在对方一边；如果在公开场合批评他人，会使受批评者感到丢脸，这些批评都被认为是坏的批评。

好的批评被认为是对方比较容易接受的批评。好的批评与坏的批评主要存在以下一些区别。

（1）如果批评包含贬义词汇（污辱或者判断性词汇，如"笨蛋"）或者通过大声叫喊来苛刻地表达，就被认为是坏的批评。

> ➤ 一个人需要榜样甚于批评
> ➤ 坦直批评的人，即使不因此而被怀恨，至少也不可能受到欢迎
> ➤ 静坐常思己过，闲谈莫论人非

（2）如果批评是很明确和详细的，并能指出改进建议（如果你以后再半夜回家，请打电话让我知道你在哪里），这种批评往往能被对方更好地接受，一般被视为好的批评。

（3）如果做出批评的人能帮助对方做出改进（如果

你联系不方便，或许我可以考虑给你买一部手机），则这样的批评也被认为是好的。

（4）如果通过批评能让对方明白怎样改变才符合自己的最大利益，批评也有可能被接受（如果你知道回来会很晚，请给我打电话，否则我会担心你的安全），这样的批评也是好的批评。

（5）好的批评能把消极的批评放在一个概括性的、积极的语境中（如果你打了电话，就会减少我们的误会）。

研究人员发现，好的批评会产生积极的后果，当接受批评的人不感到威胁时，就能够认真地听取意见，并且做出改变；相反，差的批评则往往会引起被批评者的消极情绪，并且认为这些批评对其是不公正的、不客观的。

通过对工作中的批评进行的研究发现，工作中的苛刻要求和不适当的批评会破坏工作关系，增加进一步发生冲突的可能性，妨碍人们把工作做好。工作中好的批评应该是明确的，适时的批评也是很有必要的。如果领导把不满积聚起来，然后突然把它们全都说出来，员工通常一下子难以接受，而会做出消极的回应，如针锋相对或者干脆辞职。工作中好的批评应该做到对事不对人，否则不利于矛盾的解决。

📖 案例阅读与思考

批评的力量

三个学习绘画的人在学艺过程中将自己的得意之作以一定的价格标价出售，他们的第一位顾客均说了一句相同的话："您的画怕是值不了那么多吧？"

其中一个人听后，对自己的画仔细掂量，最终以更高的价格售出，而他经过后来的刻苦努力，成了著名的画家。他就是丁托列托。

另一个人听后只是轻轻地将画撕毁，从此改行，学习雕塑而成为一代宗师。他就是唐代著名雕塑家杨惠之。

第三个人呢，认为自己的画或许真的不值那个价，便降低了要求，折半售出。后来，他也只是一个三流的画家，以卖画糊口，过着流浪的生活。这样的人，我们身边就有很多。

这就是批评的力量。批评有时是动力，会激发人向上的欲望；有时能带给人转折，指引其走向另一个成功的巅峰；有时又是毒药，一不小心会毁了人的一生。而其实，最关键的是每个人面对批评的心态。

思考与讨论：面对同样的批评，为什么三个人的反应却完全不同？

2. 抱怨

抱怨是对他人的某种行为、态度、信念或性格等不满的表达。抱怨与批评有着显著的区别，抱怨夹杂的个人感情要大于批评。抱怨是将自己对事物的不满表达出来，有怨天尤人的成分。而批评则是从客观的角度出发，指出他人的不足或者错误的地方。

在对夫妇之间抱怨的研究中发现，像批评一样，对抱怨的某些反应对双方关系的走向也很重要。

（1）琐碎抱怨。如"面条煮得太久了"或者"家里的事为什么成了我一个人的事"，这些都是琐碎的抱怨。

（2）没有明确对象的抱怨。当你说："为什么没有人关门呢？"你没有指向任何一个人，在这种情况下，有错的人改变自己的行为并不感到丢脸。

（3）温和性的抱怨。抱怨应该温和一些、降低一点声调，这样，抱怨者既能表达自己的牢骚和不满，又不致引起大的争吵。

（4）严重的抱怨。如果抱怨很严重，双方应该在抱怨变成一种严重的冲突前解决它。

如果一方忽视了另一方严重的抱怨，则往往会增加抱怨者的愤怒和不满；如果通过沟通可以化解抱怨，也就可以使对方不再愤怒；而有些人面对抱怨时，会选择逃避或对抗而使抱怨逐渐升级，最终导致双方的关系一步步恶化。

拓展阅读

不抱怨的世界

人生是不公平的，习惯去接受它吧。请记住，永远都不要抱怨。

如果不喜欢一件事，就改变那件事；如果无法改变，就改变自己的态度，不要抱怨。

抱怨就是推开自己想要的东西，如果让这个世界听见了，就会带来更多的坏事给你。

永不抱怨的人生态度才是第一位的。

如果你愿意抱怨，你会发现周围可以抱怨的事很多，烦人的交通、八卦的同事、刻薄的上司、难缠的客户、飙升的房价……可是，你要是不抱怨，会发现乐事也并不少。其实，抱怨是在提醒你做出改变与行动。

如果你的书架上只能留一本书，那么它应该是《不抱怨的世界》!

抱怨多了，幸福就会远了；颓废多了，成功就会远了；丧气多了，快乐就会远了。

生活不会因为你的抱怨而完美，困难不会因为你的抱怨而告停……所以抱怨是徒劳的。

抱怨让人失落，抱怨让人失业，抱怨让人失志，抱怨让人失败；我们不要有抱怨的心，要感受生命中的快乐，享受生活的美好、社会的和谐、家庭的温馨和工作的乐趣。

对于朋友，没有抱怨，友情就会很美；对于父母，没有抱怨，亲情就会很美；对于爱人，没有抱怨，爱情就会很美；对于世界，没有抱怨，生活就会很美。

不抱怨生活，生活会回报你坦然；不抱怨失败，努力会回报你成功；不抱怨风雨，太阳会回报你灿烂。

不批评、不责备、不抱怨。抱怨会使我们陷入一种负面的生活和工作态度中，常常下意识地在他人身上找缺点，包括最亲密的人。

抱怨是个放大镜，如果你盯着它看，它就会放大你的负面情绪。

同一个世界，不同的人欣赏不同的风景；同一片风景，不同的想法衍生出不同的生命状态。是乐观，迎接美丽，还是抱怨，等待沉沦？

3. 回避

回避即拒绝涉及引起冲突或令人痛苦的话题。许多处在不和谐关系中的人都试图避免对某些问题做出任何讨论，有些人选择保持沉默，而另外一些人则在对方试图讨论时转移话题。拒绝讨论相互关系的人通常也试图回避任何种类的冲突。

有时人们拒绝讨论是因为他们认为讨论不能解决任何问题，或者认为对方不会认真倾听。在这种情况下，通常可向第三者请求帮助。从理想的角度来讲，第三者应该是一个不偏袒任何一方的人。例如，在室友间发生冲突的情况下，宿舍管理员可出面帮助解决；伴侣之间的矛盾通常可以请心理专家或双方的好朋友帮助解决。

4. 攻击

有些人在一种相互关系中生气时，会动手攻击对方以发泄怒火，除非双方能够得到专业的帮助，否则他们的关系通常会走到尽头。而另一些人则会对对方进行语言攻击，如说一些伤人的话甚至破口大骂，这是一种危险的处理方式，俗话说：良言一句三冬暖，恶语伤人六月寒，说出去的话如同泼出去的水，是收不回来的。企图使用语言暴力的人应该明白，这样的行为会轻易毁掉双方原本良好的关系。

除了比较明显的攻击以外，还有一种更微妙的、我们通常意识不到的行为，即间接攻击，也称为被动的攻击。有这种沟通行为的人，通常觉得自身没有权力，而只能通过不配合来阻挠有权力的一方。例如，妈妈让十几岁的孩子打扫房间，孩子却故意把卫生搞得很糟；本来不愿上学的孩子通过故意考试不及格来达到这种间接攻击的目的等。

当相互关系中的一方采取间接攻击行为时，另一方应对自己的做法进行反省，否则可能会导致对方更多的攻击或防御性反应。

5. 防御性沟通

当一方针对另一方的言论或行为设法保护自己时，就产生了防御性沟通。例如，老师说学生："你的这篇论文是我见到过的学生论文中最差的一篇。"这个学生可能嘴上不说，心中却会想："你是我见到过的最差的老师。"显然这种沟通不会有好的结果。

防御性沟通使我们忙于保护自己以致不能认真倾听另一个人在说什么。保护自己也就是在掩饰过去的行为，它使我们没有机会思考对问题的解决办法。

在沟通中为防止对方产生防御性行为，就要变攻击性语言为支持性语言。例如，变评价为描述，不说"你关门声音太大，不顾及别人"，而说"我没有睡好，你的关门声把我惊醒了"。变控制为提醒，不说"你必须按时上班"，而说"你这个工作，按时上班很重要"。变命令为商讨，不说"如果你爱我，你就要……"，而说"……今天你能帮助我吗？"变冷漠为热情，不说"我不介意你今晚做什么"，而说"今晚你肯定想去散步，我陪你"。变威胁为建议，不说"你不要忘记我是老板"，而说"来，让我们一起解决这个问题"。变自负为谦虚，不说"这个问题我肯定是对的"，而说"如果你有更好的办法，请提出来"。多使用支持性语言，能消除对方的防御心理，避免使对方产生防御性行为。

六、改善人际沟通的办法

视野拓展

改善人际关系的十条法则

下面简要介绍三种改善人际沟通的办法。

1. 移情式倾听

在和他人交流的过程中，为了尽力明白说话者所说的意思，我们可以运用移情式倾听。当我们设身处地地为别人着想时，我们便具有了同理心。它不是表示全盘接受，而是表示我们愿意去了解别人的观点。

其实，要做到在深入了解对方的情绪和思想的基础上实现有效沟通，除了要听人们讲的话，还要注意他们是如何表达的。作为听者，我们要做的是把自己的情感放在一边而投入到对方的情感中。移情式倾听表达的是对他人的关心，对他人所牵挂的事的关心。为了做到这一点，我们需要识别情感，让说话者告诉我们发生了什么，然后鼓励他们去发现问题的解决办法。

适用移情式倾听时，我们必须暂时抛开自我意识，使自己沉浸在与对方的谈话中。要使对方可以发泄情绪，觉得自己真正被了解了，而不是被评判。要运用非语言行为传达感受，真诚地给予回应。有效的移情技巧必须建立在关心他人及真心想了解他人的基础上。

2. 你、我信息的表达

在谈话中，常使用"你"的表达方式容易引起对方的自我防御性反应，然而，多使用"我"这样的表达方式，所引起的反应就会很小。例如，"你怎么不把乒乓球台早点准备好，人家来了都措手不及"。如果把这句话改成以"我"的角度去描述："我们应该早点把乒乓球台准备好，不至于人家来时，措手不及。"其结果自然就大不相同了，引起对方防御性反应的可能性就会小很多。

3. 直言

直言是直接、清楚地表达需要、思想和情感的方式。例如，你总是收拾房间，而你的室友却很少做。在这种情况下，你可以整理自己和室友弄乱的东西，并伴以叹息和不悦的表情以显示你的不满，或者可以做一个间接的评论"我希望我们的房间能更整洁一些！"让室友明白你的暗示。然而，这些方法都不是直言。如果想做一个改变室友行为的直言陈述，你应该以这样的方式来表达："如果用完了杯子，请把它洗好并放在原来的地方。"或者"当水池里有脏杯子时，我会觉得整个房间都很脏。"这些评论一般不会使你的室友产生防御性反应，因为你并没有批评他的行为。

七、解决冲突

在人际沟通中，人们常常面临着冲突。有时冲突可以毁掉一种相互关系，但如果当事者能够解决这些冲突，这种相互关系反而会变得更加密切。

当双方处在冲突中，并且认定回避和对抗均不能解决问题时，留给双方的选择是解决冲突。也就是说，需要找到一种解决冲突的办法。出现冲突是因为双方没有一致的目标，所以，这时就需要通过谈判，设法找到使双方都能接受的方案才可以解决冲突。

解决冲突的过程可以分为以下几个阶段。

（1）分析问题。这种分析是通过一系列的提问来完成的：我对这个事情的判断怎么样？我怎么描述他人的行为？等等。在分析问题的过程中，不要把推断和事实混淆在一起。例如，自己的室友没有把杯子洗好并放在原来的地方，可能是因为他习惯于没有条理，并不能据此主观地推断为你的室友这样做是在故意激怒你。

（2）双方对问题取得一致意见。冲突的双方往往不可能用同样的标准看待同一问题，他们各持己见，某一方甚至还有可能认为他们之间并不存在问题。所以，在这个阶段双方都要仔细地多听听对方在说些什么，并纠正自己错误的认识和观点，使双方最终达成一致意见。

（3）双方应该讨论共同的目标。为了解决冲突，每个人都应该问："我们各自的需要和期望是什么？"和"我们共同的需要和期望是什么？"然后，应该着手了解双方的需要和目标是否重叠。例如，一个宿舍的两个同学，一个爱整洁，另一个则比较邋遢，但是爱整洁的同学能够容忍邋遢的室友，关键在于他们互相都在乎对方是否高兴，在这种情况下他们的共同目标就是不能让小事影响友谊。

（4）双方必须对问题提出可能的解决办法。冲突的双方都应拿出解决问题的方案，当彼此相互了解了对方的解决方案后，如果有不能接受的地方，就需要进行建设性的谈判。

（5）确定并执行方案。仍以上面的两个室友为例，由于两个室友想住在一起，并且要使彼此高兴，他们需要做的就是选择一种或几种有助于达成目标的方法，然后对其可行性进行评价。因为通常很多时候，做决定比执行更容易些，因此在这一阶段，为了达到最终的目标，还需要双方不断地检查所选择的方案是否已被很好地执行、是否发挥了作用、是否需要改变和调整。

在协商解决问题的过程中，如果双方不能找出任何共同的目标，或者不能找到解决问题的实际办法，冲突就不可能得到解决。人们的沟通是非常复杂的，只有当双方都知道怎样与对方沟通，并且愿意为维护友好关系而付出努力时，相互关系才能够得到改善。

冲突会出现在所有的相互关系中，解决冲突的效果往往取决于双方的态度以及这种关系对双方的重要程度。

第二节　了解沟通

一个人必须知道该说什么，一个人必须知道什么时候说，一个人必须知道对谁说，一个人必须知道怎么说。

——现代管理之父德鲁克

一、沟通的基本概念

据不完全统计，沟通的定义迄今已有 150 多个。概括地说，主要有以下几种类型。

（1）共享说。此说强调沟通是传者与受者对信息的分享。如美国著名传播学家施拉姆认为："我们在沟通的时候，是努力想确立共同的东西，即我们努力想共享信息、思想或态度。"

（2）交流说。此说强调沟通是有来有往、双向的活动。如美国学者霍本认为："沟通即用言语交流思想。"

（3）影响说或劝服说。此说强调沟通是传者欲对受者施加影响的行为。如美国学者露西和彼得森认为："沟通这一概念，包含人与人之间相互影响的全部过程。"

（4）符号说或信息说。此说强调沟通是符号或信息的流动。如美国学者贝雷尔森认为："所谓沟通，即通过大众传媒和人际沟通的主要媒介……所进行的符号的传送。"

以上这四种学说基本上概括了沟通的本质和主要特性。沟通就是信息传、受的行为，发送者凭借一定的渠道，将信息传递给接收者，并寻求反馈以达到相互理解的过程，即沟通=信息的运动，信息=沟通的材料。沟通和信息之间就是形式与内容的关系，两者密不可分，世界上既没有不沟通的信息，也没有无信息的沟通。

信息沟通现象广泛存在于人类社会。早在公元前 490 年，雅典人击退了波斯军队的进犯，为了及时传递胜利的消息，长跑能手菲迪皮茨不顾伤痛，以飞快的速度从马拉松不停顿地跑到雅典中央广场，对盼望的人群激动地喊了声："大家欢庆吧，我们胜利了！"之后他就倒在地上牺牲了。

今天我们已经进入了信息时代，随着通信技术的发展，足不出户就可知晓天下事。信息沟通是我们每天都在做的事，大到国家、政府，小到集体、个人。

具体地说，沟通包括以下三层含义。

（1）沟通首先是信息的传递。如树林中有一棵树倒了，却没有人听见，那么它是否发出了响声？从科学的角度讲，确有响声，但从沟通学角度讲，响声却是不存在的。

（2）信息不仅要被传递，还要被充分理解。如法国作家大仲马到德国一家餐馆就餐，因语言不通，他想吃面包，却在一张纸上画了一个像蘑菇的图案。一刻钟后，服务员给他拿来了一把伞。这就是由对信息理解错误而造成的。

（3）沟通不仅需要信息被传递和被充分理解，更需要反馈和互动。如篮球明星乔丹和皮蓬都曾表示，在球场上两个人的沟通相当重要，他们从彼此的眼神、手势、表情中获得对方的意图，于是传、切、突破、得分，非常默契。

文化背景在双向互动的沟通中起着很大作用，在跨国沟通中尤其如此。因为交流双方语言和文化背景的不同，产生的误解可能就格外多。1972 年尼克松访华时，宾馆把美国国务卿罗杰斯安排在了 13 层，在西方，13 是很不吉利的数字。由于当时我国与国外的文化交流比较少，人们还没有这方面的常识，因此才出现了这样的失误。

1. 沟通的基本特征

从对沟通定义进行的分析中，可以看出沟通的四个基本特征。

（1）沟通双方角色互换。沟通双方之间是双向信息交流而非一方只传递信息，另一方只接收信息的单向行为。例如，甲发信息给乙时，甲为主体，乙为客体；乙发信息给甲时，乙为主体，而甲为客体。这一沟通中甲乙双方互为主客体。

（2）沟通双方符号统一。沟通双方必须使用统一的符号（如语言文字等），或由中介将一方的符号转换成与另一方相同的符号。例如，两个分别只懂英语或汉语的人可借助翻译进行沟通。

（3）沟通双方情境相融。沟通总是在某种特定的环境、场合、条件下进行的。人们的沟通方式受情境制约。通常情况下，人们总是根据时间、空间、双方关系等不同的情形来选择不同的方式进行适当的沟通。例如《三国演义》中，当司马懿的大军逼近空城之下时，诸葛亮表现得泰然自若，坐在城楼上饮酒抚琴，司马懿见此情形，怕中埋伏，便引兵自退。"空城计"的成功充分说明情境对人际沟通有重要的影响。

（4）沟通双方相互影响。人们在进行沟通时及完成沟通后，各自的心理和行为都会受到对方一定的影响。人类沟通的最大特点就是沟通者在交往活动中是平等参与和相互影响的。只有相互影响，才能向沟通目标靠近，使双方达成一致意见。例如，在学术交流会上，观点相左的双方，因为全方位接触与讨论，都会吸收对方好的地方以完善自己，甚至通过交流一方会改变自己原来的观点。

2. 沟通的基本要素

沟通过程由各种要素组成：发送者、接收者、信息、渠道、反馈和环境等（可参考图1.1）。

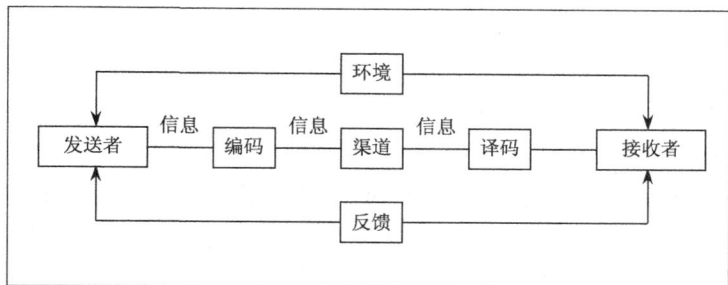

图 1.1　沟通的基本流程

（1）发送者。发送者就是通过一定的渠道向接收者发出信息的一方，发送者既可以是个人，也可以是组织。发送者的主要任务是收集、加工、传递信息及对反馈做出反应。

（2）接收者。接收者就是发送者信息传递的对象。多数情况下，发送者与接收者在同一时间既发送又接收。接收者的主要任务是接收发送者的思想、情感和意图，并及时把自己的思想、情感和意图反馈给对方。

（3）信息。信息就是由语言和非语言两种符号组成的发送者所发送的内容，由双方共同分享特定符号所带来的思想、情感和意图。

（4）渠道。渠道就是信息经由的路线，是发送者把信息发出、接收者接受和反馈的手段。渠道主要由听觉类的（收音机、电视机）、视觉类的（报纸、杂志、网络、电视广播）、触觉类的（握手）、声音类的（音调、语气）等组成。

（5）反馈。反馈就是接收者接收发送者所发出的信息，通过消化吸收后，将接受程度等反应传给发送者的过程。沟通中参与人数越少，反馈的机会就会越多。

（6）环境。环境包括大、小环境两个方面，小环境如噪声等干扰因素，包括外部干扰、内部干扰和语义干扰等；大环境即一个区域，更多的是指一种大的文化背景，尤其是在国际沟通中，文化的影响更大。

3. 沟通的类型

按不同的分类标准，人际沟通有多种分类方法。

按照对媒介的依赖程度，人际沟通可分为直接沟通和间接沟通两种。

（1）直接沟通。运用人类自身固有的手段，无须沟通媒介做居间的人际沟通，称为直接沟通，如谈话、演讲、上课等。它是人际沟通的主要方式。

（2）间接沟通。除了直接面对面的交流外，利用信件、电话、电子邮件、传真等媒介进行的沟通，称为间接沟通。在互联网和即时通信工具如此发达的今天，这种沟通方式正日益增多，改变着社会的生产方式和人们的生活方式。它大大拓宽了人际沟通的范围，远隔万里的两人之间，通过打电话、发微信等方式，可以像面对面交流一样地沟通。因此，间接沟通是人际沟通的延伸和拓展。

按照沟通所使用的符号形式分类，人际沟通又可分为语言沟通和非语言沟通。

（1）语言沟通是指发送者以语言符号的形式将信息发送给接收者的沟通行为，它是以自然语言为沟通手段的信息交流。语言沟通又可分为有声的语言沟通和无声的语言沟通。有声的语言沟通是用口语，即用讲话的方式进行的沟通，如谈话、讲课、演讲、打电话等；无声的语言沟通是用文字，即用书面语言的方式来传播信息的，如写信、贴布告、发通知、写字条、拍电报等。

（2）非语言沟通是指发送者以非语言符号的形式将信息传递给接收者的沟通行为，它是以表情、动作等为沟通手段的信息交流。面部表情及眼神、身体动作及姿势、个人空间及距离、气质、外形、衣着与随身用品、触摸行为等都是非语言符号，它们都可作为沟通工具进行非语言沟通。

按沟通的组织形式，人际沟通又可分为正式沟通与非正式沟通。

（1）正式沟通是指在一定的组织机构中通过明文规定的渠道进行信息的传递。例如，上级向下级下达批示、发送通知，下级向上级呈送材料、汇报工作，定期或不定期的会议等。

（2）非正式沟通是指在正式沟通渠道外进行的信息交流，是人们以个人身份进行的人际沟通活动。诸如人们私下交换意见、议论某人某事等，都属于非正式沟通。

从沟通信息有无反馈的角度看，人际沟通又可分为单向沟通和双向沟通。

（1）单向沟通是指信息单向流动的人际沟通。在沟通时，沟通双方的地位不变，一方只发送信息，另一方只接收信息而不向对方反馈信息，如做报告、大型演讲等。实际上，严格意义的单向沟通是罕见的，接收者会以各种形式（语言符号、非语言符号）或多或少地将信息反馈给对方。

（2）双向沟通是指信息双向流动的人际沟通。在沟通时，发送信息者与接收信息者之间的地位不断变换，信息沟通与信息反馈多次往复，如交谈、协商、谈判等。人际沟通中的绝大多数均为双向沟通。

案例阅读与思考

双向沟通在课堂教学中的应用

阳阳是一个调皮的学生，常常在课堂上捣乱。有一天，第一节上音乐课，阳阳一会儿给前面的同学捣乱，一会儿又哼曲子……结果，正是他不遵守纪律而导致全班同学被扣了一颗星。

第二节是思想品德课，朱老师在去上课的路上得知了这件事。当她走进教室的时候，学生们便纷纷告状，说阳阳今天如何如何不好。而阳阳坐在位子上，低头不语，好似犯了天大的错误。等学生们一一说罢，朱老师便请阳阳到讲台上。他慢吞吞地挪了上来，看上去情绪很低落。

"阳阳，我想听听你的想法。"朱老师说。

阳阳默不作声。

"那么，就让朱老师站在你的角度，感受一下你此时的内心想法吧！"朱老师关切地看着阳阳，继续说道，"我想，你听到同学们如此说你的不是，一定感到很没面子，你也一定没有想到同学们对你竟有如此大的意见。"

阳阳一个劲地点头。

"那么，你认为同学们对你有这么大的意见，今后在班级里还能交到朋友，还有人愿意和你玩吗？"

说到这里，阳阳的泪水一下子奔涌而出，一边抽泣一边说："没有了，没有人愿意和我玩了！"

朱老师看时机成熟了，便顺水推舟，说道："那么，如果你想让大家都认可你，愿意和你玩，今后上音乐课，你如何做才能赢得同学们的尊重与好感呢？"

阳阳一下子说了好多平时老师教育学生课堂上该如何遵守纪律的话。朱老师听了很高兴，鼓励他："朱老师相信你能用实际行动来证明给同学们看！"

"好的，看我的吧！"看着灿烂的笑容又重新回到阳阳的脸上，朱老师也笑了。

思考与讨论：本例中朱老师处理问题的方式有何值得借鉴之处？双向沟通和单向沟通各有什么优缺点？

二、沟通的基本原则

要想有效地沟通，除了需要具备良好的文化素养和语言表达能力外，还需要掌握一些基本的原则。所谓基本原则，有两层含义：一是这些原则对于任何人都适用，任何希望在人际沟通中获得成功的人，都可以运用它们；二是这些原则是其他沟通技巧的基础，如果违背这些原则去追求表面的技巧，多半不会奏效。所以，人际沟通的基本原则是指说话、行事的准则。

1. 尊重的原则

美国社会心理学家马斯洛在 1943 年发表的《人的动机理论》中提出了著名的需求层次理论，其中尊重的需求属于人们第四层次的需求。尊重的需求包括自我尊重的需求和获得别人尊重的需求。人们一方面要感到自己的重要性，另一方面也必须获得他人的认可，包括他人给予尊重、赞美、赏识和承认地位。

尊重别人就是尊重自己

被尊重是人的本质需求，人们渴望被肯定、受到称赞，就像哲学家杜威说的那样，人类本质里最深远的驱动力就是"希望具有重要性"。既然我们如此渴望尊重，那毫无疑问，尊重是人际沟通的首要原则。

在人际沟通中，人们只有学会尊重，才会有真正意义上的沟通。玫琳凯化妆品的创始人艾施女士特别重视沟通和人际关系，这是她从实际工作中得到的启发。没创业前，艾施为了同公司的副总裁握手，足足排了三个小时的队，当终于轮到她时，她注意到副总裁同她握手、打招呼时，眼睛却瞧着自己身后，看等待接见的队伍还有多长。艾施后来回忆说，一想起那件事就伤心。今天的艾施成为被人们敬仰的人，她总是尽力使每个人感到自己的重要与被尊重，这也是她成功的秘诀。美国哈佛大学前校长查理·爱略特曾说过："生意上的往来，并无所谓的秘诀……最重要的是，要专注眼前同你谈话的人，这是对那人最大的尊重。"好的企业文化就是使员工感到被重视、被尊重。

尊重是不分对象的，学会善待每一个人，有时你会得到意外的收获。尊重是一种涵养，无论对方的地位和身份如何，尤其对弱者和身处逆境的人更要尊重。尊重是相互的，只有尊重他人，才能赢得他人的尊重。

在沟通中实现尊重，还可以采用含蓄的暗示。暗示是为了保全他人的自尊和面子，可以成为他人行动的动力。人们在接受暗示时，已经感受到了尊重，就会主动帮你达到你渴望的结果。暗示可以让人心甘情愿地和你沟通。

不是所有的沟通都能达成共识，观点冲突、意见相左是常有的事。我们要学会尊重差异，不要马上就否定对方的观点，智者千虑尚必有一失，我们更应时常抱着谦虚的态度对事对人。甚至在必要时，我们可以示弱，做个陪衬，突出一下他人，这也是对他人的尊重。

 拓展阅读

马斯洛需求层次理论

马斯洛需求层次理论把人的需求分成了生理需求、安全需求、社交需求、尊重需求和自我实现需求五

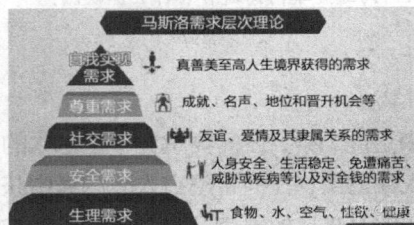

个层次，依次由较低层次到较高层次排列。假如一个人同时缺乏食物、安全、爱和尊重，通常他对食物的需求是最强烈的，其他需求则显得不那么紧迫。此时人的意识几乎全被饥饿所占据，所有能量都被用来获取食物。在这种极端情况下，人生的全部意义就是吃，其他什么都不重要。只有当人从生理需求的控制下解放出来时，才可能出现更高级的、社会化程度更高的需求。

尊重的需求被单独列出，其重要性可见一斑。人人都希望自己有较高的社会地位，希望个人的能力和成就得到社会的承认。尊重的需求又可分为内部尊重和外部尊重。内部尊重（自尊）是指一个人希望在各种不同情境中有实力、能胜任工作、充满信心。外部尊重是指一个人希望有地位、有威信，受到别人的尊重、信赖和高度评价。

当你需要为着三餐奔波或者为一场聚会的份子钱而操劳时，别觉得这一定就不是一件好事。人的欲望是十分可怕的东西，当你解决了温饱之后，更深层次的问题就来了。物质方面的追求在如今这个经济发达的社会，也许是最容易实现的。或许哪一天你实现财富自由了，反而会变得没有以前快乐了，因为你可能会忽然发现，自己"穷得只剩下钱了"，而并没有获得他人足够的尊重，这也许会成为你永久的烦恼。

2. 理解的原则

沟通不仅是信息的传递，更是对信息的理解和把握，准确地理解信息的意义才能实现良好的沟通。理解又是人际沟通的润滑剂，凡事一被理解就顺畅了。我们常说理解万岁，懂得理解别人的人，他的沟通能力一定强，一定受人欢迎。

促进理解的最佳方式是站在对方的角度看问题。当你不知道他人的想法和需要时，你不妨换位思考，设身处地地想一想。因为人的想法和需要，往往是由他的身份和所处的位置决定的。在人际沟通中，凡事要多问几次"如果我是他，那么……"，你就不难理解对方的做法了，这样才比较容易赢得他人的信任和好感。多站在对方的立场上考虑问题，还会避免很多误解和摩擦，也容易达成共识。

用心看看这幅画：男人不知道下面有蛇在咬女人，女人不知道上面有石头砸伤并压着男人。女人觉得我马上就要掉下去了，还有蛇在咬自己，男人为什么不多使一点劲儿拉自己呢。男人觉得我这么痛苦了还在使劲儿地拉你，你为什么不使劲儿往上爬呢。所以，在生活中也常是如此：你看不到对方的压力，对方也看不到你的痛苦。所以我们要相互体谅，学会换位思考，多多沟通。这张图片适合任何关系，亲戚、朋友、爱人、同学、同事、老板和员工、客户与业务人员。

儒家传统思想倡导的"絜矩之道"与这种看问题的方式有近似的地方。所谓"絜矩之道"是指如果你不希望自己的上级采用某种方式对待你，那么你也就不要采用这种方式对待你的下级；如果你不希望你的下级采用某种方式对待你，你就不要采用这种方式对待你的上级。对同事，对父母兄弟，对任何人，都可以以此类推。《大学》记载曾子的话说："所恶于上，毋以使下；所恶

于下，毋以事上；所恶于前，毋以先后；所恶于后，毋以从前；所恶于右，毋以交于左；所恶于左，毋以交于右。此之谓絜矩之道。"

孔子提倡与人交往时应该遵循一定的规则，《论语》中有"己所不欲，勿施于人"，《中庸》记载"施诸己而不愿，亦勿施于人。君子之道四，丘未能一焉：所求乎子以事父，未能也；所求乎臣以事君，未能也；所求乎弟以事兄，未能也；所求乎朋友先施之，未能也。"

曾子所提倡的"絜矩之道"和孔子所说的"君子之道""己所不欲，勿施于人"，实际上与我们所说的"站在对方的角度看问题"一脉相通。从伦理学的角度来看，这是一种善良的品德，是一种关爱他人、与人为善、高尚的处世方式。同时，也是一种行动策略，是一种人际沟通的原则。

视野拓展

推荐阅读钱逊教授的《己所不欲，勿施于人》一文，阅读后仔细揣摩并践行。

古今中外得到宠信的佞臣，多半精通这种策略。他们靠这种方法揣摩君王的心理，顺着君王的喜好办事，因此能博得君王的欢心。只不过他们利用这种方法是为己谋私利，而在现代人际交往中运用这种方法，则是为了创造融洽和谐的人际关系。

3. 赞美的原则

不吝啬赞美和鼓励，你会得到更多的朋友。人们除吃饱穿暖和必要的安全保障外，还渴望被人重视；通过赞美和鼓励，人们能获得这方面的满足。即使是那些负责最不起眼工作的人也渴望得到别人的肯定。

无论是谁，都会有某些值得称赞的优点。我们可以通过赞美使他人感到快乐而不给我们自己造成任何损失，既然如此，我们为什么不这么做呢？富兰克林始终遵循一个处世原则："不说别人的坏话，只说别人的好处。"

赞美和鼓励，目的是帮助别人发现自身的价值，获得一种成就感。它与讨好、献媚"貌合神离"，稍微细心一点，就可以分辨出什么是真诚的赞美，什么是虚伪的奉承。要使赞美有效应该注意以下几点。

（1）赞美必须出自真诚。有些人知道赞美在人际沟通中的作用，于是遇到任何人，不管是不是值得赞美，一开口就是一大堆风马牛不相及的夸赞之辞。这种赞美纯粹是一种虚伪的奉承，没有一点内在的真诚。被赞美的人听到这样的赞美，不但没有一点愉快的感觉，反而会感到浑身不自在。言不由衷的夸奖，一般会给人留下虚伪的印象，只会增加对方的戒备心理。

（2）赞美应该有独到之处。有一些赞美是人们常用的，例如，称赞别人看起来比实际年龄显得更小、长得漂亮潇洒、有领导能力等。这类习惯性的赞辞，虽然也可以用，但用得多了效果并不好。有时甚至会让人觉得说话的人只不过是完成一个习惯性的交往程序，其实对自己并没有真正了解。所以，要想使赞美真正起作用，就应该尽量使自己的赞美新颖一些，与对方有可能经常听到的赞美有所不同，因为新鲜的东西更能引起人的重视。要想做到这一点，就必须对你要赞美的人细心观察，发现他不易为常人所发现的优点。

（3）赞美要找准时机。当有很多学生在场的时候，如果你赞美一位年轻的教师活泼好学，肯定会让对方尴尬；当对方的上司在场的时候，如果你夸奖他具有领导才能，不但会使被赞美者无所适从，而且还有可能引起其上司的不快。所以，赞美要选准时机；否则，即使你很有诚意，也可能造成负面的效果。一定要在最合适的场合表达你由衷的赞美。

（4）要针对对方的好恶进行赞美。有些人最关心自己的内在修养，别人对他外表的过分称赞，反而会使他感到是暗示他涵养不够。因此，你一定要洞悉对方的喜好，让他听到自己渴望听到的评价。例如，有一对夫妻，养了一个智力有些缺陷的女儿，所以他们一般不太愿意别人谈起孩子。在这种情况下，如果你对他们的苦衷不太了解，见到他们的女儿时，习惯性地夸奖孩子如何乖，就有可能让他们觉得你的话中带刺。因此，一定要用心观察你赞美的对象，尽可能对他们多加了解，清楚他们的喜好和忌讳。

朱元璋有两个从小一块儿长大的穷朋友。朱元璋后来做了皇帝，这两位朋友仍过着苦日子。一天，其中的一位朋友从乡下赶到南京，拜见了朱元璋。他对朱元璋说："我主万岁！当年微臣随驾扫荡芦州府，打破罐州城，汤元帅在逃，拿住豆将军，红孩儿当关，多亏菜将军。"朱元璋听到他讲得很动听，十分高兴，也隐约记起他所说的一些事情，立刻封他做了御林军总管。事情一传出，另外一个朋友也去了南京，拜见朱元璋，也说了那件事："我主万岁！从前，你我都替人家看牛，一天我们在芦苇荡里，把偷来的豆子放在瓦罐里煮着，还没煮熟，大家就抢着吃，把罐子打破了，撒了一地豆子，汤都泼在泥土里。你只顾从地下满把地抓豆子吃，却不小心连红草叶也送进嘴去。叶子梗在喉咙，苦得你哭笑不得。还是我出的主意，叫你用青菜叶子送下肚子里去了……"朱元璋见他不顾体面，没等他说完，就命令："推出去斩了！"

从上例可见，朱元璋的第一位朋友将放牛娃偷吃豆子的趣事赞美为叱咤疆场的赫赫战绩，巧妙比喻，高雅别致，说得动听，使人愉悦。第二位朋友直话直说，粗俗低劣，有伤皇帝尊严，自然当斩。

（5）让赞美显得自然。赞美别人的时候，无论是开诚布公地直接赞美，还是委婉含蓄地由衷称道，都应该让自己的话显得自然，千万不要矫揉造作。赞美是为了使对方感到高兴，如果你的用词没有把握好分寸，就达不到使对方愉悦的效果。因此，直接赞美时最好不要使用过分的言辞，应力求准确、得体，尽量显得优雅大方。使用含蓄的方式时，则应该表达清楚，切忌支支吾吾、犹豫不定，否则会让人感到你缺乏诚意。

一次，一位女教师在课堂上问一个小女孩："假如有一个小朋友非常聪明，那么，我们该用什么话来表达对他的喜爱呢？"小女孩怯怯地站起来，红着脸，好半天才支支吾吾地说了一句："就是，就是……"然后怯怯地低下了头，等待着女教师的批评或责怪。可是并不像她想象中的那样，女教师一边示意她坐下，一边笑眯眯地夸奖着："好，回答得很好！老师听懂了，你的意思是说这位聪明的小朋友太可爱了，可爱得简直无法用语言表达。"于是，小女孩笑了，心里甜滋滋的，从此爱上了语文课。后来，她毫不犹豫地报考了师范院校，最终成了一名优秀的语文老师。

是的，这就是赞美的力量！它如春风雨露，可以催开最美的花朵！

学会赞美吧。在许多时候，赞美可以点石成金。谁会赞美，谁就能点亮美好人生的希望。

（6）不妨试一试背后赞美的方法。当面赞美立竿见影，能够在很短的时间里赢得对方的欢心，这是人们最常用的方式。但是，孙子兵法讲究虚实结合、奇正相生，在赞美别人的时候，除了采用正面直接的方式外，不妨试一试背后赞美的方式。背后的评价更能体现人们内心的真实想法，因此，当人们知道一个人在背后赞美自己的时候，就会感到更加高兴。不必担心背后的赞美别人听不到，"世上没有不透风的墙"。退一步说，即使你的赞美传不到他本人的耳朵里，别人也会因为你在背后夸奖人而增加对你的敬重。

（7）有时沉默也是一种赞美。除了将你的赞美付之于语言之外，有时沉默也是一种赞美。如果你希望与某人建立好的关系，而恰巧别人都在当面指责这个人，那么，你的沉默就有可能赢得他的好感，这种情况并不少见。例如，柯林斯先生之所以得到副经理的位置，原因就在于他适当地运用了沉默的方法。在一次会议上，除了柯林斯之外，几乎所有的业务人员都对富布斯经理的管理方式提出了非议，结果两周之后，富布斯将他叫进办公室，把副经理的工作交给了他。而柯林斯一贯的好人缘，并没有使他因此得罪其他人。

当然，除了以上的几种赞美方法之外，你还可以在实际生活中发现更好的赞美方法。重要的是，你必须使你的赞美具有成效。

4. 真诚的原则

日本著名电器企业松下电器公司的创始人松下幸之助有句名言："伟大的事业需要一颗真诚的心与人沟通。"松下幸之助正是凭借这种真诚的人际沟通艺术，驾轻就熟于各种职业、身份、地位的客户之中，赢得了他人的信赖、尊重和敬仰，使松下电器成为全球电器行业的巨头。

有人做过一个统计：从描述人品的词语中选出你认为最重要的几个，真诚被排在了第一位。崇尚真诚是时代的主旋律。真诚既然是人心所向，在沟通中我们更应该坚持它。沟通最基本的心理保证是安全感，没有安全感的沟通是难以发展的，只有抱着真诚的态度与人沟通，才能使对方有安全感，觉得你可信，进而引起情感上的共鸣。用真诚去沟通，会达到意想不到的效果，一个人尽管不善言辞，但有真诚就足够了，没有什么是比真诚更能打动人的了。

> ➢ 巧诈不如拙诚
> ➢ 与朋友交，言而有信
> ➢ 君子养心，莫善于诚
> ➢ 内不欺己，外不欺人
> ➢ 可以不美丽，可以不可爱，可以不温柔，但是一定要诚实和善良
> ➢ 失去了真，同时也失去了美
> ➢ 真诚才是人生最高的美德
> ➢ 失去信用而赚的钱应计算在损失里

真诚不仅表现在语言上，更体现在行动上，沟通也是一种行动。例如，20 岁的小李技校毕业后，在一家机械公司当推销员。他很珍惜这份工作，因而工作起来很卖力，半年内就跟 33 位客户做成了生意。之后，他发现他们公司卖的设备比其他公司同样性能的设备价格更高，纯真的小李深感不安。他想，订货的客户如果知道了，对他会产生怀疑的。于是，他逐个去拜访了客户，老老实实地说明了情况，承诺以后会以优惠的价格交易，如果客户不满意，也可以解除合同。小李这种真诚的态度，使大家深受感动，没有一个人毁约，小李的客户不但没有少，反而越来越多。真诚具有惊人的魔力，它像强力的磁石一般具有无比强大的吸引力。

故事一　汽修店的故事

一个顾客走进一家汽车维修店，自称是某运输公司的汽车司机。"在我的账单上多写点零件和金额，我回公司报销后，有你一份好处。"他对店主说。但店主拒绝了这样的要求。顾客纠缠说："我的生意不算小，会常来的，你肯定能赚很多钱！"店主告诉他，这事无论如何也不会做。

顾客气急败坏地嚷道："谁都会这么干的，我看你是太傻了。"店主火了，他要那个顾客马上离开，到别处去谈这种生意，这时顾客露出微笑并满怀敬佩地握住店主的手："我就是那家运输公司的老板，我一直在寻找一个固定的、信得过的维修店，你还让我到哪里去谈这笔生意呢？"面对诱惑，不怦然心动，不为其所惑，虽平淡如行云，质朴如流水，却让人领略到一种山高海深。这是一种闪光的品格——诚信。

故事二　国王的牡丹花

有一个国王没有儿子，打算从民间遴选一个小孩做王子，于是给候选者每人一粒牡丹花种，看谁种的花最漂亮、开花最多。到了评比的时候，几乎所有的小孩都捧着鲜艳漂亮的牡丹花相互争奇斗艳，只有一个小孩捧着那粒种子伤心落泪，他没有种出花来。

但是，恰恰是他被选中了。原来，之前所有的花种都被煮熟了，是不能成活的，国王用此来检验他的继任者的品质。

5. 宽容的原则

宽容是一种胸怀、一种自信、一种修养，也是一种人生境界。宽容能够使自己对别人的言行给予理解、尊重差异，不轻易把自己认为"正确"或者"错误"的东西强加于他人。虽然我们有不同意别人的观点或做法的时候，但应该学会尊重别人的选择，给予别人自由思考和选择的权利。

> ➢ 事情没有绝对的对错，你太过于较真，就会活得很累
> ➢ 快乐人生，一半清醒，一半糊涂，逢人不急，遇事不恼，随遇而安
> ➢ 没有过不去的事情，只有过不去的心情
> ➢ 人之心胸，多欲则窄，寡欲则宽

宽容会带来自由。胡适先生曾说过，如果大家希望享有自由的话，每个人均应采取两种态度：在道德方面，大家都应有谦虚的美德，每人都必须持有"自己的看法不一定是对的"的态度；在心理方面，每人都应有开阔的胸襟与兼容并蓄的雅量来容纳与自己不同甚至相反的意见。换句话说，采取了这两种态度以后，你会容忍我的意见，我也会容忍你的意见，这时大家都享有自由了。

宽容是建立良好人际关系的法宝。清末著名商人胡雪岩，钱庄生意兴隆时，那些在他落魄时不见踪影的朋友纷纷现身，请求投资或重修旧好，对此，胡雪岩一概没有拒绝。这种宽容大气，带来了人气，人气就是面子，面子就是本钱。

"不以爱恶喜厌定交往"乃处世至理。在北宋朋党纷争的政局中，王安石一意推行新法，却忽略了协调旧派势力以求人和政通，这是他遭受旧派全力攻击的主要原因，也是新法推行受到阻力的主要原因。

成熟的人应该了解，世界上的人是千差万别的，完全相同的人是不存在的，我们需要有容人之过的雅量才能广建人脉、成就事业。

在清朝康熙年间，有个大学士名叫张英，有一天他收到一封家书，说家里人为了争三尺宽的宅基地，与邻里发生了纠纷，要他利用职权，疏通关系，打赢这场官司。张英阅信后，坦然一笑，挥笔写了一封信，并附诗一首："千里来书只为墙，让他三尺又何妨？万里长城今犹在，不见当年秦始皇！"家人接信后，主动让出三尺宅基地。邻居见了也自觉让出三尺地，结果成了"六尺巷"。"让他三尺又何妨？"此举避免了邻里剑拔弩张，对簿公堂，化干戈为玉帛，被传为佳话。

6. 互动的原则

沟通是双方互动的，不是一方的事情，需要双方共同参与。有传递有反馈，有说有听，才有双方意见的交流，双方才能在来来回回的互动中达成共识。那么，如何实现互动呢？

共享说话权力是互动的前提。在与他人交谈时口齿伶俐固然是件好事，但是用之过度，独自一人滔滔不绝地大发议论，可就不识趣了。谈话是不该一个人唱独角戏的，每个人都有表现的本能欲望。所以，共同支配谈话的时间对沟通尤为重要。尽可能长话短说，言简意赅，给别人说话

的时间，听听别人的意见，既是对对方的尊重，也会让自己有所收获。美国前总统克林顿就说过，他在倾听别人谈话时能学到很多东西。还有在交流时，不可只谈论自己，更不可自我吹嘘，这种炫耀会影响你的形象，必要的神秘感反倒会增加你的魅力。

沟通从"你"开始。不要只顾谈论自己，尤其在众人聚会的场合里，最糟的莫过于将所有话题集中在自己身上。只要场合及逻辑清楚，尽可能用"你"做每个句子的开头，这样会立刻抓住听者的注意力，同时能得到他人正面的回应。

要想得到对方的反馈，需要有一定的策略。罗斯福的方式很简单，他就是在与人接触的前一个晚上，花点时间研究一下对方的背景，于是一见面，共同的话题就源源不断，谈话自然让对方兴趣盎然。在这种氛围中，沟通就能更顺畅。

将自己的愿望变成对方的愿望，就能达到双赢。威森为一家画室推销草图，他经常去拜访一位著名的服装设计师，设计师从不拒绝接见，但也从来不买他的东西。威森一次次失败后，改变了思路。他把未完成的草图，带到设计师的办公室。"如果您愿意的话，希望您帮我一个小忙。"他说，"这是一些尚未完成的草图，能否请您告诉我，我们应该如何把它们完成才能对您有所帮助？"设计师默默地看了那些草图一会儿，然后说："把这些图留在我这里几天，然后再回来见我。"三天以后威森又去了，他获得了设计师的一些建议，取了草图回到画室，按照设计师的意思把它们修饰完成。结果呢？草图全部被接受了！

📖 拓展阅读

人际沟通古训

"己所不欲，勿施于人""忠恕""克己复礼""欲速则不达""君使臣以礼，臣事君以忠""事君数，斯辱矣；朋友数，斯疏矣""不在其位，不谋其政""巧言令色，鲜矣仁""礼之用，和为贵。先王之道，斯为美"……学习本课程时，是不是感觉有些内容用一句古训就能概括？

上述几句古训均摘自《论语》。除《论语》外，传统儒家经典的核心思想均是"修身、治国、平天下"，对读者为人处世极具指导意义，且容易记忆。推荐读者在学习本课程时，多和他人相互交流对人际沟通具有指导作用的古训（需注意多方查询其含义，不可望文生义）。

三、克服沟通障碍的方法

受沟通者自身素质和外在因素的影响，沟通失败或造成误解是常有的事，要实现有效的沟通就要克服这些障碍。沟通障碍既有有形的也有无形的，包括心理、语言、人际、文化、环境等方面。

（一）跨越心理障碍

见生人脸红，与领导讲话结巴，甚至千不怕万不怕，就怕当众讲话，这些都是心理素质差、缺乏锻炼的表现。有效的沟通在很大程度上依赖于良好的心理素质。还有很多人存在某种程度的心理障碍，如嫉妒、猜疑、孤僻、自卑等，这些心理障碍不但会影响人际沟通，还会对他们的整个人生都产生严重的影响。

1. 关于恐惧和害怕

恐惧和害怕是所有沟通障碍中最需要克服的一项。但应该指出，几乎所有伟大的演说家，刚开始时都很糟糕：马克·吐温初上台时，紧张得感到嗓子里塞满了东西；宋庆龄早年也很羞怯，不敢当众讲话。据美国的一项调查，百分之八九十的大学生选修演讲课时，刚开始都会害怕走上讲台。其实害怕演说最重要的原因是不习惯，缺乏锻炼，没有自信。但只要迈出了第一步，练习、练习、再练习，演说能力就会不断得到加强。

适度的讲台恐惧是有用的，这是我们人类的本性，是在环境中遇到不寻常挑战时的本能反应。适度紧张能促使你快速思考，说得更流畅。卡耐基等专业演说家证实，他们从来不曾完全摆脱讲台恐惧，在说话前的几分钟内，他们的心里其实都是恐惧的，这是想收获掌声所应付出的代价。

2. 关于嫉妒

嫉妒是人类的一种普遍情绪，因为人总有一种想要成功的愿望，有一种超过别人的冲动。然而一旦走向极端，嫉妒就会变得非常可怕，进而扭曲人的行为，让人生气、难过、闹别扭、拆台、散布谣言，乃至用暴力攻击等，这对人对己都是有百害而无一利的。大家都知道《三国演义》中的杨修之死，就是遭曹操嫉妒所致。

嫉妒心的消除可以从这几个方面来进行：第一，改变错误的认识；第二，使自己生活充实；第三，学会比较的方法；第四，多做自我反省；第五，摒弃个人主义。

3. 关于自卑

> ➤ 人生最大的错误是自卑，人生最大的痛苦是痴迷
>
> ➤ 狂妄的人有救，自卑的人没有救

自卑是一种心理问题，产生的原因虽然因人而异，但都是夸大了自己的不足和缺点。在交往活动中表现为，想象成功的体验少，想象失败的体验多。这种心理在与权威、长者、名人交往时，表现得尤为突出。由于自卑胆怯，有些人在交往沟通时经常处于被动地位，不引人重视，由此失去很多机会。要克服自卑心理，一要提高自己的交往沟通期望；二要通过沟通增强情感的愉快体验；三要自我鼓励，勇于面对挫折。

与自卑的人交往沟通，应多给予鼓励和赞扬，不揭其短处。犯人的普遍心理障碍是自卑。有一次，著名演讲家曲啸去一所监狱做报告，犯人们开始是怀着各种猜疑和恐惧心理来听他"训话"的。为了缩短交际距离，曲啸首先在称呼上斟酌了很多，"叫同志吧，不行，对方不够资格；叫罪犯吧，也不行，因为犯罪的人很讨厌这个词。"经过反复思考，他最后用了"触犯了国家法律的朋友们"这一称呼。结果，话一出口，就引得所有人的热烈掌声，有的人还落下了眼泪，交际双方的距离一下子就拉近了，报告收到了很好的效果。

拓展阅读

从自卑走向自信的人，才算是真正的自信

孤独与失败都不可怕，可怕的是自卑。因为孤独可以通过读书、会友等多种方式来化解，连失败都能通过再次努力奋斗来反败为胜，但是自卑真的很难克服。

自卑的人喜欢把自己紧紧包裹起来，不愿意与别人打交道，因为担心自己的所言所行成为别人的饭后谈资，或者成为别人眼中的笑话。

自卑的人喜欢一味地缩在自己的世界，严重自卑的人连和别人见面打招呼的时候都担心自己会不会出糗，更别想有好的机会会落到自己头上了。

俞敏洪曾经就是这样一个严重自卑的人，他曾感觉自己无知和卑微到了骨子里。

俞敏洪出生在江苏江阴一个贫困的村子里，从小就学习成绩差。他连续考了三次大学，英语从 33 分、55 分，考到 98 分，出人意料又非常幸运地考进了北京大学。在北大，同学们都比从农村来的俞敏洪聪明能干、好学很多。所以他从上大学的第一天开始，就总是被人嘲笑。

因为深深的自卑，俞敏洪的学生时代基本就是一个人的大学生活，除了跟宿舍的几个人认识以外，跟学校其他的人基本都不认识。

俞敏洪曾说，自卑延续了整整 10 年，直到从北大出来，做了新东方有了钱，才开始从内心对自己有了认可。

自卑的人总会有各种担心，各种恐惧，总是希望把事情所有不利的结果都想一遍，然后告诉自己为了避免坏结果发生后引发别人对自己的嘲笑，那倒不如什么都不做。

久而久之，自卑就会束缚住自己的手脚。而要克服自卑，首先要让自己勇敢起来，不要考虑最坏结果是什么，即使考虑，也要告诉自己，一旦出现，就勇敢承担。

俞敏洪说，自己真正克服自卑就做了两件事。第一件事是自我思想解放。

所谓自我思想解放，就是不再拿自己跟别人比了。自卑一方面的根源是担心与恐惧，而另一方面的根源就是总拿自己和别人比较。当不再与别人比较了，心里就舒坦了，就会觉得自己所拥有的就是最好的，自卑的感觉也会慢慢减少。

俞敏洪说，自己克服自卑所做的第二件事就是建立自信的支撑点。

所谓建立自信的支撑点，就是使自己在某一方面做到和别人一样好，或者比别人更好。其实世界万事万物，可供做好的事情无穷无尽，我们只需要找到一两件事情把它们做好即可。

像俞敏洪，他在大学期间，最后两年就拼命背单词，结果背到大学毕业的时候，他的词汇量已经是全班第一了，有同学过来问他单词，他不用查字典，都可以解释得清清楚楚。这时，同学们开始用一种赞许的眼光看俞敏洪，就这样他慢慢建立了一点儿自信。

另外，大学期间，俞敏洪阅读了大量的书，在知识积累方面，他也不比同学差了。大学毕业后，他又发现了自己其他的一些才能，比如说教书的才能；做了新东方之后，他还发现自己有管理才能和领导才能等。

潜移默化地，俞敏洪通过这些点点滴滴的自信支撑点，让自己从一个深度自卑的人慢慢变成了一个十分自信的人。

4. 关于孤僻封闭

孤僻封闭即不随和、不合群、孤芳自赏或自命清高。孤僻的人往往缺乏自我剖析精神，不敢正视自己的弱点。要冲破这一心理障碍，关键是要在思想上转弯，看到别人的长处和优点。就整个社会而言，一个人的本事再大，知识再丰富，见解再深刻，也永远只是沧海一粟。每个人都有自尊心，别人不会因为你孤僻就特别仰慕你，相反，他们会疏远你。请记住古人的忠告：水至清则无鱼，人至察则无徒。

封闭者本着"井水不犯河水"的原则，把自己圈在最小范围里，这与相互依赖、相互合作、互利互惠的现代社会格格不入。封闭者的另一担心是怕公开自己的思想观念、身世经历后，别人就会看不起并疏远自己。打开封闭之门是封闭者的正确选择，那些因为你公开了自己的"秘密"而疏远了你的人不值得惋惜，远离这些人，也许对自己来说反而是好事。

> ➢ 失败是什么？没有什么，只是更走近成功一步；成功是什么？就是走过了所有通向失败的路，只剩下一条路，那就是成功的路
> ➢ 自己打败自己是最可悲的失败，自己战胜自己是最可贵的胜利
> ➢ 一次挫折，无论它多严重，它既可以是你进步的起点，也可以是你成功的绊脚石
> ➢ 一个知道自己目标的人，是不会因为挫折和失败而泄气的
> ➢ 我们的疲倦常常不是来自工作，而是来自忧虑、挫折与愤懑

5. 关于失败与挫折

遇到失败和挫折，身处逆境，总是会给人带来不愉快的情绪，而过重的精神压力会使人感到紧张困扰，甚至一蹶不振。英国的索冉指出："失败不该成为颓丧、失志的原因，而应该成为新鲜的刺激。"唯一避免犯错误的方法就是什么都不做，但这并不是积极的生活方式。有些错误确实会造成严重的影响，所谓"一失足成千古恨，再回头已是百年身"，但重要的是我们要从失败中吸取教训，别总"穿新鞋走老路"。

摆脱失败阴影的常用办法有以下几种：自我安慰法——不后悔且乐观；自我宣泄法——向他人倾诉或大哭一场；灵活应变法——识时务巧应对；心理丰富法——不服输、再拼搏。

6. 关于多虑和疑心

过去有"害人之心不可有，防人之心不可无"的说法。现在的情况已大不相同，如果总忧虑重重，对他人不信任不仅不可能发展良好的人际关系，而且还会挫伤别人的感情。多虑还表现为只求知己而不愿广泛交友，这不符合现代社会的人际关系要求。现代社会已打破了时空限制，朋友遍天下，既要知交，又结泛友。保持不同的交往层次，建立不同水平的交往圈，有助于避免要么拘谨冷淡，要么毫无保留的两极分化。

7. 关于干涉癖和强迫癖

干涉癖是指爱打听、传播和干预别人的私事和秘密的不良嗜好。这种人会被别人瞧不起，人人疏远之。消除干涉癖，主要应通过提高自身修养来达到目的。

强迫癖有两种：一种是将自己喜欢的东西强加于人，另一种是将自己不喜欢的东西强加于人。与具有强迫癖的人在一起，你会产生一种被剥夺自由和主动权的感觉，最终只能弄得彼此不欢而散。克服强迫癖的办法在于真正懂得了解和尊重他人的需要和情感，过分热情和强求对他人来说都是一种负担。

（二）消除语言障碍

语言障碍包括两个方面：一是口头语言障碍；二是书面语言障碍。比如模棱两可的语言，难以辨认的字迹，表达能力不强、词不达意或逻辑混乱、艰深晦涩等语言障碍存在于沟通过程的各个环节之中，会严重影响沟通的效果。在人际沟通中，要避免做令人生厌的说话者或听者。

1. 令人生厌的说话者

有以下这几种说话习惯的人通常会令人生厌。

（1）不良习惯者。不良习惯是说话中最主要的障碍。不良的说话习惯包括面无表情、动作过多、眼神飘移、声音欠佳、有口头禅等。克服说话不良习惯的办法有：对着镜子看自己说话时的表情是否过于严肃，训练自己的发音，说话时尽量用胸腔发音，除非你在说秘密的事，否则不要

低声细语。除此之外，还可以大声朗读，以检查自己的声音是否单调，控制好自己说话的速度。说话时动作不宜太多，要与听者多进行眼神交流。

（2）出言粗俗者。粗俗的语言难登大雅之堂，还会严重影响说话者的形象。言语间看修养，这种人常被认为缺乏思想、能力和知识。克服言语粗俗的方法是加强自身修养，用词谨慎，注意说话的对象。

（3）好为人师者。这种人喜欢给人忠告，喜欢指出别人的不足，爱把自己的想法强加于人。有些忠告是好的，但要注意方式方法，多数时候应采取含蓄委婉的暗示，让别人自觉意识到为好。

（4）啰哩啰唆者。这种人会把一些非常琐碎而无趣的事情说得无休止，那滔滔不绝的言谈，会使听者感到难熬。要改变啰哩啰唆的习惯，需要多做点有意义的事情，见些大世面，思考些深层次的问题，不要让自己停留在狭窄的视野里。

（5）自说自话者。这种人的心目中永远有一个比世界上任何一个话题都好的题目，他不管别人愿不愿意，都会自顾自地把它拉进谈话中。对付这种人的方法是充耳不闻、转移话题，不让其有机会可以自说自话。

（6）固执己见者。这种人心胸狭窄，固执己见，沟通起来很费劲，不能成为一个很好的谈话对象。与这种人谈话会让你感觉很不舒服，谈话中常常会有紧张感存在。这种人需要广结朋友，多听取他人的不同意见。

2. 令人生厌的听者

作为听者，以下几类人常令人生厌。

（1）感情用事者。感情用事是沟通中最主要的障碍，可以分为夸大、淡化和忽略三种表现。

1）所谓夸大，就是错误地夸大了某条信息的重要性，听者把注意力放在某几句话上，从而忽略了对方后面的话。例如，当有人骂我们自私时，我们脑海中就只有这个词，而忽略了其他的话，认为自己遭受了不公正的评价。由于这个评价令自己十分气愤，就再难以听下去了。那么，怎样避免出现这种情况呢？当感到自己可能夸大了某条信息的含义时，要力求从整体上去理解对方的意图，不要一叶障目、过于敏感，防止由于别人一句无意的话而影响自己的情绪和判断。

2）淡化意味着我们没能抓住别人讲话的重点，以致不能给予对方准确的反馈。例如，你的一位好友向你极力称赞一部影片好看，可你对这部影片不以为然，所以仅将他的话下意识地"淡化"成了"这部影片还过得去吧"，因此与对方后面的交流自然不在一个"频道"上，从而会让对方觉得你不认可他的观点并感觉失望。

3）忽略是一种消极的倾听方式，通常情况下，如果我们觉得对方能力不够或不信任对方，才会不专注于倾听。当说话者觉察到听者心不在焉时，自然会感到不快。

（2）插嘴多舌者。这类人是不让别人讲完话，你话说到一半，他已插进来了，有时竟把你的结论也代为说出。说话者非常讨厌这种行为，然而他并不觉察，还得意扬扬地炫耀自己有先见之明。更有甚者，在说话者毫无准备之下，突然插话道"我知道你这个故事的结果"，使说话者不得不偃旗息鼓。这类人应学会做个好听众。

（3）心不在焉者。这类人在他人说话时，经常注意力不集中。等要他回答时，只得很尴尬地说："对不起，你刚才讲什么？""对不起，我刚才没有注意听。"也许这是说话者的错，可能是因为说话者的讲话对他没有吸引力，即便如此，说话者也会觉得他不可原谅。听者要改变这样的不良习惯，就要专注于讲话者，不能把注意力转移到别处。

（4）自作聪明者。这类人常把一个正在热烈讨论的话题转了方向，把说话者正讲述着的好意见或严肃的话题打断。要避免受这类人的影响，可以对其不予理睬，几次之后，他就自感没趣了。

（5）与人辩论者。就是我们常说的那种喜欢"抬杠"的人，他们经常会发表与别人相反的观点。这类人需改变其好斗的天性，学着怎么与他人和平共处。

（6）轻视他人者。这类人由于自我感觉良好，或对说话人瞧不起，常常会对说话者造成一定的心理压力，乃至沟通失败。听者应体谅讲话者，给予鼓励和支持，哪怕是自己极不喜欢的话题或是跟自己相反的意见，也要先保持沉默，不要流露出不屑或不满的神态。

（7）交头接耳者。这类人常出现在会议中，当别人讲话时，他习惯于在下面与人窃窃私语，对讲话的人品头论足，不予尊重。这样的人一定要意识到，尊重他人就是尊重自己。

（8）随便离席者。在开会时，有的人出出进进，随便离席。这是对正在讲话的人最大的不尊重。请离席者将心比心，如果是你在演讲，他人这样对你，你会有何感想？

（三）克服人际沟通障碍

在人际沟通中，以下一些不利因素常会引起人际间沟通交往的障碍。

（1）语言差异障碍。语言不通，或是对同一词汇或句子有不同的理解，双方就很难进行有效的交流和沟通。克服语言差异障碍的办法是双方选择共同的语言作为中介，少说方言，以形成共同语境。另外，还要避免使用对方不能理解的专业术语，在表达时可以多结合身体语言予以补充。

（2）年龄差异障碍。年龄差异会导致沟通双方存在代沟，由于成长的经历和年代不同，双方可能会持有不同的观念，难以交流和沟通。消除这一障碍的办法是要尽可能换位思考，求同存异，互相理解，弥合分歧。

（3）各种偏见障碍。人们常常持有一些偏见，如种族偏见、民族偏见、地区偏见、性别偏见等，并由此形成偏见障碍。人们还经常以貌取人，凭借第一印象就下结论，如果一个人穿一身旧衣服，就认为其身份地位不高；如果看到一个女司机，就认为其驾驶技术一定不好等。消除这一障碍的办法是力求用客观公正的视角看问题。

（4）认知差异障碍。交往双方在文化程度、认知方式、观点意见、兴趣爱好以及经历背景等各方面的显著差异，都可能会引起双方的认知失调，从而妨碍进一步交往。消除这一障碍的办法是尽可能地向对方靠拢。

（5）自我认知障碍。有些人在自我认识上存在较大偏差，常表现为过度自负或过度自卑。前者自视过高、盛气凌人、脱离群体；后者自惭形秽、独来独往、远离群体。这两者均会引起人们的反感，使人们不愿与之交往。消除这一障碍的办法是要做到自信而不自负，自谦而不自卑，以健康的心态融入群体之中。

（6）个性特征障碍。良好的个性特征可以促进人际沟通，不良的个性特征则会破坏人际关系。典型的不良个性有自私、粗鲁、贪婪、虚伪、冷酷、不友善、狭隘、嫉妒、猜疑等。实践表明，这些不良个性是导致沟通失败的重要原因。消除这一障碍的做法是提高品德修养，谦虚好学，培养乐观、诚信、宽仁、友善的美德。

（四）摆脱环境障碍

环境障碍包括两个方面：一是小环境障碍；二是大环境障碍。

1. 小环境障碍

小环境障碍包括场所的限制、噪声较大、光线黑暗、空气污浊、色彩失调、距离不当等。如何克服这些小环境障碍呢？

（1）选择合适的场所。在公众场合下，应避免在噪声比较大的地方交谈，如施工场所、十字路口，尽量寻找安静、舒适、雅致、有格调的咖啡厅、茶室等作为谈话的场所，同时力求避免电话、手机和他人干扰。

视野拓展
交际距离

（2）选择恰当的时间。公众场合通常都存在一定的高峰期，如餐馆在中午客人较多，谈话时应尽量避开这样的高峰期。选择恰当的时间对增强沟通效果有直接的作用。

（3）保持一定的距离。如果说话者与听者之间的感情好，私下交谈时则可相互挨得近一些，恋人之间更是如此。但如果在正式场合谈话，不论亲疏，都应保持一定的距离。距离过远，不容易听清对方说话；距离过近，则容易使双方感到不自在。

2. 大环境障碍

大环境障碍通常指跨地域，尤其是跨国界的环境障碍。跨国公司特别重视克服大环境所造成的沟通不畅问题，美国麦克尼利斯集团采取的是"5-15报告"法，以此来加强企业内部员工之间的沟通。该方法是：每位员工每周须提交一份报告，报告必须在15分钟内写完，然后在5分钟内读完，而且每位员工都能看到所有人的报告，人人都可平等地获得信息。这些报告还成为维持员工之间私人关系的一个重要渠道，诸如孩子出生、亲属去世、朋友结婚等，它化解了大环境障碍带来的沟通难题。

当然，大环境除了自然环境外，还有社会环境、政治环境等。人际沟通要与当时的社会环境和政治环境相适应，否则，会给沟通者自己带来麻烦。这并不是说在险要的政治环境中，就完全不能发表自己的看法，但一定要注意表达的方式，不能过于直接。

（五）消除文化障碍

文化主要是指一个群体的思维方式和核心价值体系，由于历史渊源、地域气候、风土人情等各方面的不同，自然形成了不同的文化。在人际沟通中，不了解彼此的文化，很容易造成沟通双方的误解。

全球化已经成为不可阻挡的趋势，国际间的交流合作、留学、旅游甚至跨国婚姻也越来越普遍。为了适应这种发展趋势，就必须消除文化障碍，培养跨文化沟通素质。

拓展阅读

提高自己人际关系水平和沟通能力的建议

本课程（本书）的目的不是为使学生记住多少知识，也不是为拿到几个学分作为毕业的筹码，而是希望同学们在学习后能切实提高沟通能力，从而使自己将来的生活更幸福、工作更顺利。

本课程（本书）课时（篇幅）有限，更为关键的是所学内容如不能在自己言行中得以落实，变成自己的习惯、融入自己的"血液"，即使能背诵本书也终将是竹篮打水一场空，故而编者有以下几项建议。

（1）检验自我，寻找短板。认识自我比认识他人更困难，同学们应通过多种方法寻找自身的优势和不足，以便有针对性地发挥优势、弥补不足。同学们还应结合本书相关知识点检验自己的思想、行为，自我认知有偏差的同学应进一步学习和改进。

（2）学而思。"学而不思则罔，思而不学则殆"，一味读书而不思考，就不能深刻理解其含义而一知半解，一味空想而懒于学习和钻研终究也只能是沙上建塔、一无所得。学习本课程（本书）同样如此，对各种关键知识应通过课上、课下的思考、分析、讨论，加以理解、消化，并归纳总结，明了知识点背后的道理、各种逻辑关系，这样才能将之牢记在心，才会心悦诚服地去实践。

（3）学而时习之。仅仅理解知识而不能在实际生活中熟练运用，则所学知识就毫无用处。本课程内容和人们的日常生活息息相关，可随时进行实践练习。同学们应在学习中、学习后充分利用自己的一言一行、一举一动去实践所学内容，争取尽早将所学知识融入日常习惯中。

（4）每日三省吾身。实践效果不一定非常完美，实践过后宜自行或与同学、朋友共同检讨得失，找出不足之处及原因所在，争取日后加以改进。

思考与训练

1. 结合你多年来的社交实践，概括地说明怎样做才能有效地改善人际关系。

2. 回顾一下你的人际交往历史，说说自己还存在哪些沟通障碍，并结合所学知识提出克服这些沟通障碍的具体措施。

3. 阅读下面的材料，假如是你，应该怎么做？并说明这样做的理由。

如果你在一家医院看病，挂号后在诊疗室等候，本来已经轮到你看病了，但有一个年轻人对护士说他有急事要先看病。这时你已经等了半个小时了，你应该怎么做呢？

（1）你失望地重新坐下，一声不吭，忍受着不公平的待遇和不礼貌的举动，等待护士再来叫你。

（2）你坦率又礼貌地对护士说，自己已经在外面等了半个小时了，应该轮到自己了。

（3）你情绪激动地对护士大声说，受到如此待遇令人难以忍受，还指责这家医院作风不好，不在这里看病了，并且不等护士答话，瞪了那位年轻人一眼，便愤然而去。

4. 阅读下面一则案例，说说在沟通中哪些环节出了问题。

有一个老板告诉其秘书："你帮我查一查我们有多少人在华盛顿工作，星期四的会议上董事长将会问到这一情况，我希望准备得详细一点。"

于是，这位秘书打电话告诉华盛顿分公司的秘书："董事长需要一份你们公司所有员工的名单和档案，请准备一下，我们在两天内需要。"分公司的秘书又告诉其经理："董事长需要一份我们公司所有员工的名单和档案，可能还有其他材料，需要尽快送到。"结果第二天早晨，四大箱航空邮件被邮寄到了公司大楼。

5. 阅读下面一则案例，请根据沟通的六要素，说说案例中的那位哥们儿为什么生气进而发怒，而那位服务员又为什么不知所措并以无可奈何而告终。

众人落座，一个人点菜，点好了，征求大伙儿意见："菜点好了，有没有要加的？"服务员拿菜单立于桌边，一位哥们儿说："服务员，报报。"服务员看了他一眼，没动静。"服务员，报一下！"哥们儿有点儿急了。服务员脸涨得通红，还是没动静。"怎么着？让你报一下没听见？"哥们儿真急了。一位女同事赶紧打圆场："服务员，你就赶紧挨个儿报一下吧。"服务员嗫嚅着问："那，那……就抱女的，不抱男的行吗？"十几个人笑作一团，服务员更是不知所措。

上主菜了——烧羊腿，一大盘肉骨头，一碟子椒盐。一位哥们儿毫不客气地抓起一条羊腿，咔嚓就是一口，服务员说："先生，这个要蘸着吃。"哥们儿将信将疑地看了看服务员，他的同事说："蘸着吃好吃一些。"哥们儿于是拿着羊腿站起来，服务员赶紧过来问："先生，您有什么需要吗？""啊？没有啊。""那请您坐下来吃。"哥们儿嘀咕着坐下来，小心翼翼地把羊腿拿到嘴边，服务员又说："先生，这个要蘸着吃。"

哥们儿腾地一下站起来，挥舞着羊腿怒气冲冲地嚷："又要站着吃，又要坐着吃，到底怎么吃？"

6. 情景表演及小组讨论。

表演可自行决定人选，按指定情景自由发挥；讨论之前分成若干小组，每组4~8人。

（1）表演情景①：A、B在走廊上疾走相撞，互不礼让、怒目而视。表演情景②：A、B在走廊上疾走相撞，A、B互致歉意。表演完成后，分小组讨论哪种方式解决问题的效率更高。

（2）把日常交往中与同学发生冲突、产生误会并使你至今困惑、无法解决的1~2个问题写在纸条上，放进小篮子里。各小组从篮子里随意抽取一张纸条，并针对纸条上的问题讨论解决的办法。

小组讨论汇报，师生互动交流。

7. 根据下面题目的要求，与邻近的同学组成训练小组，进一步巩固所学知识。

（1）拒绝的话。当一位同学要抄你的作业时，你会说："我知道今天的作业有点难，不过我觉得你挺聪明的，再想一想，你肯定也能自己把它做出来。"

（2）批评的话。当一位同学私自拿走你的笔（或其他东西）使用时，你会说："看来我的笔挺好使的，不过，下次再用时最好先跟我说一下，我会很愿意借给你的，可别再让它突然失踪了。"

（3）理解的话。当你在车上被人家踩了一脚，对方向你道歉时，你会说："没关系，车上人这么多，难免会碰着的。"

（4）赞美的话。二人相互挖掘对方的优点，并用赞美的话说给对方听。

（5）微笑。向对方友好大方地笑一笑，看到对方的笑脸，你有什么感受？

8. 校外实践训练。利用课余时间走出校园，分别向老人、同龄人及孩子问路，注意自己与不同年龄段的人沟通的口气，注意对方回答问题的表情及语气，然后对照沟通的基本原则，在课堂上进行口头总结。

第二章
Chapter 2 | 倾听艺术

人生来就爱听人讲话，不知道你是否注意到，一个正咿呀学语的婴儿会多么专心地听大人教他说话！但是随着年龄的增长，有些人开始厌倦听别人讲话，总喜欢让他人听自己滔滔不绝地讲。学会倾听对我们每个人的生活和工作来说都非常重要。对于任何一个公司来讲，都需要那些善于听取他人意见及解决问题的能手，而不需要那些夸夸其谈却眼高手低的人，因为这样的人往往说得多、做得少。一些职业专家的研究表明，大多数人只用了25%的潜能来听取和理解他人的谈话。他们建议，那些身居高位的经理，应该花60%~75%的时间来听取他人的意见，以获得更多有价值的信息。

事实上，良好的听人讲话的能力已成为大多数人进行个人交往和社会活动的重要因素，善于倾听他人讲话，是人际沟通的一个重要组成部分。你要对他人的讲话做出准确的回应，就必须听清事情的来龙去脉，理解他人所说的全部内容。

通过对本章的学习，应该能够理解倾听的含义；明确倾听的作用；熟知倾听过程中的障碍；掌握有效倾听的方法；学会在倾听过程中正确地提问与反馈。

导入案例

哈里的助听器

一次，销售员哈里在老约翰的办公室里进行销售拜访，哈里因为听力欠佳，所以才不得不十分专注地看着老约翰的嘴唇在动。直到会谈结束，哈里才松了口气，老约翰也很满意地从座位上起身，双方约定了下次见面的时间。

哈里怕自己的听力问题影响工作，去看了医生并配戴了一副助听器，感觉好多了。

哈里如约来到了老约翰的办公室，这一次他听得很清楚，所以注意力也不知不觉地就分散了。一会儿，他看着窗外的景色发呆；一会儿，他又被清脆的鸟叫声给吸引住了。

老约翰很生气，说道："我一直很欣赏你工作时的专注劲儿，你可以一小时一小时地看着我，听我说话而不分神，让我觉得受到了尊重，这是其他销售人员都不曾做到的。可是，今天，你却很不在意地听我说话，让我觉得很诧异，虽然我们的合同已经谈得差不多了，但我还是要等下一次再做决定。"

哈里听了，很是吃惊，他本来以为这副助听器能够给自己的销售工作带来帮助，没想到却使客户大为恼火。现在他才明白，原来专注的聆听对他的工作是这么重要。

思考与讨论：倾听的作用有本例中所说的这样大么？你自己是否曾非常专注于倾听别人讲话？当时有什么效果？

第一节　倾听概述

倾听，是最有效的沟通。

——佚名

一、倾听的含义

苏格拉底提醒我们："自然赋予人类一张嘴、两只耳朵，就是要我们多听少说。"沟通首先从倾听开始。

一般来说，在沟通过程中最重要的是要做到洗耳恭听和能说会道。所谓洗耳恭听，就是在听对方讲话时要做到用耳朵去听、用头脑去思考、用心灵去感受，它强调的是沟通者的倾听能力；所谓能说会道，就是在沟通中要善于言辞、以理服人，它强调的是沟通者的语言表达能力。但人们在实践中往往重视语言表达能力的训练而忽视倾听能力的提升，结果是说得多、听得少。其实站起来发言需要勇气，而坐下来倾听也需要勇气，沟通的最大困难往往不是如何把沟通者自己的意见、观点说出来，而在于如何听出对方的心声。因此，相对于语言表达能力而言，倾听能力则更为关键。

有些人认为倾听能力是与生俱来的，不需要训练。所以，在谈到沟通时，人们往往想到的是如何说，而很少有人想到该如何倾听。其实恰恰相反，人们在沟通中产生的许多问题往往是由不善于倾听所导致的。也就是说，不善于倾听所导致的失误要比不善于表达所产生的问题多得多。这也验证了俗话所说的"会说的不如会听的"。理论和实践告诉我们，是否善于倾听是衡量一个人沟通水平高低的重要标志。

说到倾听，许多人常把听与倾听混为一谈。事实上，听与倾听有着根本区别。听只是一个生理过程，它是听觉器官对声波的单纯感受，是一种无意识的行为，只要耳朵能够听到别人说话，就表明在听别人说话。而倾听虽然也以听到声音为前提，但更重要的是人们对声音必须有所反馈。也就是说，倾听不仅是生理意义上的听，也是一种积极的、有意识的心理活动。在倾听的过程中，沟通者必须思考、接收、理解说话者传递的信息，并做出必要的反馈。沟通者倾听的对象不仅局限于声音，还包括更广泛的内容，如语言和非语言信息等。可见，倾听不仅要接收、理解对方所说的话，而且也要接收、理解对方的手势、体态和面部表情；不仅要从中得到有用的信息，还要理解对方的思想和感情。

概括地讲，所谓倾听就是用耳朵听，用眼睛观察，用嘴提问，用脑思考，用心灵感受。换句话说，倾听就是对信息进行积极主动搜寻的行为。

拓展阅读

倾听的价值

古希腊哲学家阿那克西米尼晚年的时候声望很高，有上千名学生。一天，这位两鬓花白的老者蹒跚着走进课堂，手里捧着一摞厚厚的纸张。他对学生们说：这堂课你们不要忙着记笔记，凡是认真听讲的人，课后我都会发一份笔记。一定要认真听讲，这堂课很有价值！

学生们听到这番话，立刻放下手中的笔，专心听讲。但没过多久就有人自作聪明：反正课后老师要发笔记，又何必浪费时间去听讲呢？于是便开起了小差。

课讲完了，阿那克西米尼将那摞纸一一发给每位学生。领到纸张后，学生们都惊叫起来：怎么是几张白纸呀？阿那克西米尼笑着说：是的，我的确说过要发笔记，但我还说过请大家一定要认真听讲。如果你们刚才认真听讲了，那么请将在课堂上所听到的内容全部写在纸上，这不就等于我送你们笔记了嘛。至于那些没有认真听讲的人，我并没有答应要送他们笔记，所以只能送白纸！

学生们无言以对。有人懊悔刚才听讲心不在焉，面对白纸不知该写什么；也有人快速地将所记住的内容写在白纸上。后来，只有一位学生几乎一字不落地写下了老师所讲的全部内容，他就是阿那克西米尼最得意的学生，日后成为古希腊著名哲学家的毕达哥拉斯。阿那克西米尼满意地把毕达哥拉斯的笔记贴在墙上，大声说：现在，大家还怀疑这堂课的价值吗？

阿那克西米尼一贯主张，人生最大的财富是倾听。只有乐于并善于倾听，才可能成为知识的富翁，而那些不愿意倾听的人，其实是在拒绝接受财富，终将沦为知识的穷人。

二、倾听的作用

视频精选
倾听的力量

倾听是通向心灵的道路，是人际沟通与交流的基石。倾听能够使人们与周围的人保持接触，失去倾听能力也就意味着失去与他人共同工作、生活、休闲的可能。一般来讲，人们很少只为消遣而倾听，多是为了以下目标而倾听：获得事实、数据或别人的想法；理解他人的思想、情感和信仰；对听到的信息进行选择；肯定说话人的价值。有人说："会倾听的人到处都受欢迎"。是的，在人际交往中，倾听有着十分重要的意义和作用。

1. 倾听可获得重要信息

倾听可以得到重要的信息。事实上，交谈中包含着很多有价值的信息，有时它们常常是说话人一时的灵感，而他自己又没意识到，对听者来说却是一种启发。"听君一席话，胜读十年书"，一个随时都在认真倾听他人讲话的人，在与别人的交谈中就可能成为一个信息的富翁。通过倾听，不仅可以了解对方要传达的信息，感受到对方的情感，还能够据此推断对方的性格、目的和诚恳程度。不仅如此，通过耐心的倾听，还可以降低对方的防范意识，得到对方的认同，甚至使对方产生找到同伴和知音的感觉，从而加深彼此之间的了解。在一些特殊的情境下，如当你对别人谈论的话题一无所知，或未曾考虑，或对别人提出的问题不便于直接回答时，最好的办法是认真倾听并保持沉默。另外，倾听还可以弥补自己的不足，当自己对某些问题了解不多或难以做出决定时，最好先听一下别人的意见和想法，并通过对别人意见的归纳和总结提出自己的看法。在倾听中，听者可以通过适时提问以澄清不明之处，或是启发对方提供更完整的资料。倾听可以训练我们以己推人的心态，锻炼我们的思考力、想象力和客观分析能力。

2. 倾听能够产生激励作用

倾听本身也是一种激励方式，能提升说话者的自信心和自尊心，加深说话者和听者彼此之间的理解和感情，因而也就激发了说话者的谈话热情与沟通诚意。在很多情况下，说话者的目的就是倾诉，即"一吐为快"，而并没有更多的要求，甚至有些时候，只要听者倾听了说话者的倾诉，他的问题也就解决了。日本、英国、美国一些企业的管理人员常常在工作之余与下属一起喝咖啡，其目的便是给下属一个自由倾诉的机会。

3. 倾听能够给人留下良好的印象

一般来说，人们都喜欢发表自己的意见，如果你愿意给他们一个机会，他们会觉得你和蔼可亲、值得信赖。戴尔·卡耐基曾举过一个例子：在一个宴会上，他坐在一位植物学家旁边，专注地听着植物学家跟他谈论各种有关植物的趣事，他自己几乎没有说什么话，但分手时那位植物学家却对别人说，卡耐基先生是一个最有意思的谈话家。可见，学会倾听，实际上已踏上了成功之路。

4. 倾听能激发对方的谈话欲望

谈话是人与人之间沟通的重要方式，它能帮助人们解决问题，想出新点子，发现新方向，让人们觉得不再孤单，变得自信。因此，在谈话过程中，如一方能够主动倾听，让对方觉得自己的话有价值，就能激励他说出更多、更有用的信息。倾听不仅能够激发对方的谈话欲望，而且能够启迪对方产生更多或更深入的见解，从而使谈话双方受益匪浅。

5. 倾听是说服对方的关键

如果你沟通的目的是说服别人，交谈中多听他的意见会有助于你的说服。因为，通过倾听你能从中发现他存在的问题和弱点，明白是什么让他坚持己见，这就为你说服对方提供了契机。同时，你又向他传递了一种信息，即你的意见已充分考虑了他的需要和诉求，这样他会更愿意接受。

6. 倾听可以掩盖自身的弱点和不足

俗话说，"言多必失"，一个人不可能对所有事情都抱着客观的态度，也不可能对所有事情都十分了解。因此，你的观点不一定都是正确的。此时，沉默可以帮助你在若干问题上持保留态度。如果你对别人所谈的问题一无所知，或未曾考虑，保持沉默是最保险的方法。如果你喋喋不休，不仅会让人发现你的无知，更会让人觉得你刚愎自用与狂妄。

拓展游戏

传话游戏

第二节　倾听障碍与策略

一位欧美人士曾经如此形容夫妻结婚以后的关系："结婚第一年，丈夫讲话，妻子倾听；结婚第二年，妻子讲话，丈夫倾听；结婚第三年，夫妻两人争着讲话，旁人倾听。"

一、倾听障碍

人们似乎更倾向于彼此进行语言交流，而不是彼此去倾听。在倾听过程中，由于受到环境、听者、说话者等众多因素的影响，倾听往往难以达到应有的效果。

我们可能都做过列队传话的游戏：十来个人排成一列，由第一个人领来纸条，记住上面的话，然后低声告诉第二个人，第二个人将听到的话再耳语给第三个人，如此重复，直至最后一个人，并让他将听到的话写出来，结果与开头纸条上的句子往往会有天壤之别。

事实表明，尽管倾听在沟通活动中所占时间比例最大，但遗憾的是许多人并不具备有效倾听的

能力，其不良的倾听习惯往往会导致误解甚至曲解。一般来说，倾听障碍主要表现在以下几个方面。

（一）环境因素引起的障碍

任何沟通都是在一定的环境中进行的，环境因素是影响倾听效果最重要的因素之一。环境因素不仅包括客观环境因素，如谈话场所的选择、环境布置、噪声大小、光照强弱、温度高低、气候状况、座位安排等，而且还包括主观环境因素，如交谈双方的心情、性格、衣着、话题等。

环境因素主要从两个方面影响倾听的效果：一方面，干扰信息传递的过程，减损或歪曲信息；另一方面，影响沟通双方的心情。这正是人们在沟通时很注重选择环境的原因。例如，上级在会议厅里向下属征询建议，下属会十分认真地发言，但若是换在餐桌上，下级可能会随心所欲地谈自己的看法，甚至谈一些自认为不成熟的想法。这些差别是由不同场合人们的心理压力和情绪以及创造的交谈氛围大不相同而导致的。

另外，说话者和听者在人数上的差异也会影响倾听效果。在交谈中，是一个人说话一个人倾听，还是一个人说话多个人倾听，或者多个人说话多个人倾听，这种不同的对应关系也会产生不同的倾听效果。当一个人说话一个人倾听时，如两人促膝谈心，会使听者感到自己角色的重要性，注意力自然集中；当一个人讲话多个人倾听时，如听课、听报告，会使听者感到压力较小，所以思想经常开小差；而当听者只有一位，发言者为数众多时，如多家媒体的记者向新闻发言人提问，那么听者必将全神贯注，丝毫不敢懈怠。

此外，由于倾听是感知的一部分，它的效果受听觉器官、视觉器官的限制，如果听者在生理上有缺陷，必然也会影响倾听效果。

（二）听者引起的障碍

听者在整个交流过程中具有举足轻重的作用。不仅听者本人的知识水平、文化素质、职业特点、理解信息的能力会直接影响倾听效果，而且听者对说话者个人的态度也会影响倾听效果。所以，在尽量创造适宜沟通的环境条件后，听者要以最好的态度和精神状态来面对发言者。一般来说，来自听者本身的障碍主要表现在以下几个方面。

1. 理解能力

听者的知识水平、文化素质、职业特点及生活阅历往往与他本人的理解能力和接受能力紧密联系在一起，具有不同理解能力的听者面对同样的讲话者必然会有不同的倾听效果。有效的沟通，要求听者与讲话者在沟通的内容方面有相通之处，否则就是"对牛弹琴"了。

2. 倾听习惯

在倾听过程中，不同的人有不同的倾听习惯，有些不良的倾听习惯会直接影响倾听效果。

（1）急于发言。人们都有喜欢发言的倾向，很容易在他人还没有把话说完的时候就迫不及待地打断对方，这样往往会使听者不能把对方的意思听懂、听全。于是，我们就经常会听到别人这样说："你听我把话讲完，好不好？"这正说明急于发言不利于双方的沟通。其实，很多时候只要认真听完别人的讲话，心中的疑问即会随之消除，自然也就无须发言了。

（2）忙于记要点。有的听者觉得应记下说话者所说的每一个字，于是在听的时候忙于记笔记，不幸的是，在说话者说到第三点时，他才给第一点画上句号，以致忽略了完整的倾听。

（3）吹毛求疵。有的听者并不关注讲话者所讲的内容，而是专门挑剔讲话者的毛病，讲话者的口音、用字、主题、观点等都可能成为听者挑剔的对象。听者甚至会抓住某个细微错误而贬低说话者的风格和观点。这种个人的偏颇观念时常会导致双方敌对情绪的产生，从而影响倾听效果。

（4）缺乏耐心。有的听者过于心急，经常在说话者暂停时插话，帮助说话者结束句子，而往往忽略了说话者正要说的话题。

（5）以自我为中心。有的听者表现得过于看重自我，对说话者的每个话题他都有意无意地以自己生活中的事件予以回应。例如，他会说："那让我想起，我……"，这往往会打断说话者的思路，甚至有时还会引开话题。

（6）忙于私活。有的听者从（倾听）开始就没有停下手中的事情。他可能在谈话中发短信、接电话或玩游戏，见此情景，通常说话者都会尽快结束谈话并离开。

拓展阅读

倾听的三个层次

层次一：在这个层次上，听者完全没有注意说话者所说的话，假装在听，其实却在考虑其他毫无关联的事情，或内心想着如何辩驳。他更感兴趣的不是听，而是说。这种层次上的倾听，通常导致的是关系的破裂、冲突的出现和拙劣决策的制定。

层次二：人际沟通得以实现的关键是听者对字词意义的理解。在这一层次上，听者主要倾听的是字词和内容，但很多时候，却错过了讲话者通过语调、身体姿势、手势、面部表情和眼神所表达的意思。

层次三：处于这一层次的人表现出一个优秀倾听者的特征。这种倾听者在说话者的信息中寻找感兴趣的部分，他们认为这是获取新的有用信息的契机。高效率的倾听者清楚自己的个人喜好和态度，能够更好地避免对说话者做出武断的评价或是使说话者受过激言语的影响。好的倾听者不急于做出判断，而是急于去反思自己的观点。他们能够设身处地看待事物，更多的是询问而非辩解。

3. 情感过滤

人人都爱听奉承话，好听的话即使说得言过其实，也不会引起听者的反感，难听的话即使说得恰如其分，也不会给听者以满足。每个人都是选择自己喜欢听的来听，当对方说到一些自己想听的话时，我们会"竖"起耳朵，接收所有的信息，不管是真理，还是谎言和谬误；相反，当遇到自己不想听到的内容时，我们会本能地排斥，不管这些内容对自己是否有用。可以说，在倾听过程中，情感起到了听觉过滤器的作用，有时它会导致盲目，而有时它则排除了所有倾听的障碍，如你会很满足地从别人口中证实自己的思想，并由此感到快乐。但要注意，过于感情用事，你可能就无法正确地倾听并理解说话者所讲内容的含义。

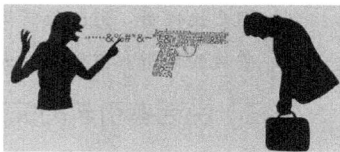

4. 心理定势

每个人都有自己的好恶，都有根深蒂固的心理定势和成见，所以我们在与自己不喜欢或不信任的人交流时很难以客观、冷静的态度接受说话者的信息。例如，当一个自己讨厌的人在台上讲得手舞足蹈时，你会认为他太虚伪，是乱吹一气，因此不屑于听他讲话，甚至会东张西望，或用手不停敲打桌面，向对方发出"你有完没完，我已经不想听了"的信号；再比如，当一个平时比较啰唆的人要求与你谈话时，你会无心听他讲，因为你觉得他讲的大多是废话，实际上这样做也会让你错过一些有用的信息。

5. 心智时间差

正常人的大脑运转极快，每分钟能处理 500 个字以上，而普通人的说话速度是每分钟 150 个字左右，这便产生了听者的心智时间差问题。也就是说，人们思考的速度比说话的速度快许多。为了填补这一段时间的空白，在听的同时，你的思路很自然地会游走到其他想法上去，但是当你回过神来时会发现，这段时间你走神走得太远了，已经遗漏了许多重要的内容。应该说，这是正常心理反应的结果，但为了更好地倾听，这一过程还是要加以控制的。

拓展阅读

无效倾听的类型

1. **虚伪的倾听**：通过模仿真实倾听让别人认为自己很认真，实际内心却想着自认为重要的事情。通常这样的人会觉得听别人说话是一件无聊的事情。

2. **自恋的倾听**：在反馈中将说话的焦点转移到自己身上。例如：

A：我觉得数学好难啊。

B：那你应该来学习一下我的物理。

这种倾听甚至还会打断别人，自顾自地说着自己想说的话。

3. **选择性倾听**：只选择自己有兴趣的部分认真倾听，而忽略其他内容。

4. **隔绝性倾听**：当遇到不愿意讨论或者面对的问题时，听者会逃避或者用简单的字词回答你然后忽视或忘掉。例如：

妈妈：儿子，别玩游戏了，赶紧去学习！

儿子：好的！再玩一会儿就去学习。

半小时过去了，游戏还没结束。儿子简单回答了一下又专心投入到游戏上，肯定没有把妈妈的话听进去。

5. **防卫性倾听**：总认为说话者在攻击自己。

6. **埋伏性倾听**：仔细倾听说话者的内容，然后搜集信息用来攻击说话者。

7. **鲁钝的倾听**：只针对字面意思进行回应，而不去寻找说话者字面或者行为背后的深刻含义。

（三）说话者引起的障碍

由说话者引起的障碍主要包括语言障碍和身体语言障碍两种。

（1）语言障碍。①语言层次。语言是说话者表达观点和想法所使用的基本工具。说话者使用不同的语言工具及其语言背景和习惯，都会影响倾听效果。②声音层次。这是人们利用听觉器官接受说话者信息的层次，不同的音量、音调、语调等传递着不同的含义。③语法层次。不同的语言结构方式、表达习惯会使同样的语言产生不同的表达效果，甚至意思完全相反。④语意层次。说话者语意表达不明会给倾听带来障碍。

（2）身体语言障碍。身体语言是沟通的重要组成部分。恰当的身体语言有助于听者的理解，而身体语言运用不当则会给倾听带来障碍甚至让人误解。如有人说话不喜欢与人有目光接触，但缺乏目光接触将不可避免地降低听者对说话者的注意力和兴趣。

另外，口头语言与身体语言不相符，也会给听者造成障碍。例如，当你说"3"时，却伸出了 5 个手指，如果听者注意到你的动作，必然会产生迷惑。

二、倾听策略

倾听环境、听者、说话者这三个方面无疑是引发倾听障碍的主要因素，因此，克服倾听障碍也应该从这三个方面做起。

（一）创造良好的倾听环境

倾听环境对倾听的质量和效果具有重要的影响，交谈双方如果选择并营造出一个良好的倾听环境，就能够在很大程度上改善倾听效果。一般来说，良好的倾听环境包括以下几项内容。

1. 适宜的时间

如果有可能，可根据沟通的需要，慎重选择有助于倾听的时间。大多数人工作效率最高的时间是早晨，所以对于他们来说适合把重要的汇报安排在早晨；对多数人来说，一天当中心智最差的时间是在午餐后和下班前，因为人们在饱食后很容易疲倦，而人们在下班前通常会由于回家心切，难以集中精力做事。因此，应尽量避免在这些时间段安排重要的事情。另外，还要尽量避免时间不足的限制，如果你只有几分钟的时间，而这个谈话又很重要或很复杂，需要更多的时间，那么最好把它安排在另一个充裕的时间段。在这种情况下，你可以向对方解释，说明你需要足够的时间深入地与他进行探讨，对方一般会很乐意与你重新确定谈话的时间。

2. 适当的地点

谈话地点的选择也很重要，必须保证双方在交谈时不受干扰或打扰。要尽量排除所有使交谈双方分心的事，例如，告诉秘书代为接听电话，或者摘下电话听筒，或者在门上挂一块免打扰牌。另外，还要适当安排办公室的桌椅，其摆放的位置应不妨碍谈话，应能够使交谈双方直接看到对方的眼睛，这样不仅能够使交谈双方集中注意力，而且还能使交谈双方彼此易于观察对方的非语言表现。

3. 平等的氛围

要根据交谈内容来营造交谈氛围。讨论工作上重要的事情时，应该营造一种严肃、庄重的氛围；而在联欢晚会上，则要尽力营造出轻松、愉快的气氛。要知道，同样的一句话在不同的氛围下传到听者耳朵里的效果是不同的。但不管哪种交谈氛围的营造，都要遵循平等、信任、协调的原则，这样才能使谈话的氛围成为有利的条件，而不至于变成沟通的障碍。

（二）听者提高自己的倾听技能

听者是倾听过程的主体，听者的知识水平、理解能力、倾听态度以及精神状态等会直接影响倾听效果。因此，克服倾听的障碍，关键在于提高听者的倾听技能。提高倾听技能应该从以下几个方面入手。

1. 完整、准确地接收信息

在交谈中，听者仔细聆听讲话内容是非常重要的，因为只有这样才能知道说话者在想什么。但是，好的听者不仅要接收讲话者说出来的信息，还要能够领会其言外之意。很多时候，人们的非语言行为会透露人们的真实意图，所以倾听时尤其要注意观察与语言表述相抵触的那些非语言行为，这样才能避免接收信息的偏颇和遗漏。为了完整、准确地接收信息，作为听者应该注意以下几点。

第一，精心准备。要求听者在谈话前列出自己关心的问题，以便在谈话过程中注意倾听对方对这些问题的回答。

第二，摘录要点。对谈话中涉及的一些关键问题要一一记下，可以适当重复对方的话来验证所获得的信息，也可以换个角度来说明对方的信息，这既可以帮助听者获得准确的事实，同时也是对说话者的一种反馈。

第三，会后确认。在会谈接近尾声时，听者应与对方核实自己对某些问题的理解是否正确，尤其是关于下一步的安排，这有利于按照对方的要求正确地采取下一步的行动。

2. 正确地理解信息

交谈双方文化水平、社会环境的差异常会造成双方对同一事件的理解不同。产生误解的一个重要原因就是思维习惯，一个人在对问题的理解上总是先调动自己以往的经验做出判断，但这种判断往往是错误的。因此，要防止误解的产生，听者要尽量做到以下几点。

第一，从对方角度出发，考虑他的背景和经历，想想他为什么要这么说，他希望自己听完之后有什么样的感受。听者要理解说话者的真正意图，而不是让说话者觉得谈话索然无味。

第二，消除成见，克服思维定势，客观地理解信息。一个人总会被自己的好恶左右：喜欢某个人，只要那个人讲句话，不管对与错，都认为他讲的就是正确的；讨厌某个人，连见一面都觉得难受，更别说耐心听他讲话了。其实，这种倾听方式对双方的沟通会造成很大影响，容易使信息失真。

第三，不要自作主张地将自己认为不重要的信息忽略，最好与讲话者核对一下，看看自己对信息的理解是否存在偏差。可以说，有相当多的沟通问题都是由听者对信息随意理解而造成的。

3. 适时、适度地提问

作为一个听者，尽管其主要任务在于倾听他人所说，但是，如果能以开放的方式询问所听到的事，成为谈话的主动参与者，就会增进彼此间的交流和理解。可以说，提问既是对说话者的一种鼓励，即表明听者在认真倾听，也是控制和引导谈论话题的重要途径；提问既有利于听者把自己没有听到的或没有听清楚的事情彻底掌握，同时也有利于讲话人更加有重点地陈述、表达。但需要注意的是，提问必须做到适时和适度，要多听少问。如果听者满脑子考虑的都是如何问问题，或连珠炮似的问起来没完没了，那么这种提问就失去了应有的价值，甚至还会引起说话者的反感和不满。

4. 及时地给予反馈

说话者往往会根据听者的反馈做出适当的调整，这样会更加有利于听者的倾听。因此，在倾听时对说话者的信息做出反馈是十分必要的。反馈可以是语言的，也可以是非语言的，但要注意反馈应清晰，易于为对方所了解、接受。比如，通过问问题、查验信息或以其他的感觉和反应形式表达，都是较适当的反馈方式。当听者做出反馈时，说话者能根据听者的反应来检查自己行为的结果，从而知道自己所说的是否已被准确接受和正确理解，并由此决定接下来如何说和做。非语言反馈是通过身体姿态、动作、表情来传达的，当听者在站、坐、皱眉、微笑，或者看起来心事重重时，都是在给对方反馈某些信息。

5. 防止分散注意力

注意力分散是有效倾听的最大障碍之一。在倾听时能使人分散注意力的因素有很多，如一定的生理疲劳会使人们感到厌倦，而新鲜刺激则能将人们的注意力转移到其他人或事上。除了周围的噪声，说话者的口音和方言有可能让听者分心外，大家不感兴趣的主题或组织得不好的讲话，也会让听者失去热情而将注意力分散到其他事情上。但是，好的倾听者会排除干扰，并努力倾听说话者信息中的要点。采用良好的坐姿，使自己处于积极思考中和兴奋状态，适当记记笔记等都是保持注意力集中的好方法。

（三）说话者改善自己的说话技巧

一切沟通技巧从本质上来说只为两个目的服务：让别人听懂自己以及让自己听懂别人。如果一个人的谈话方式阻碍了其中任何一个目的的达到，他就步入了沟通雷区。讲话者常犯的毛病主要有以下几种：①说话速度太快。高频率的长篇大论只会给人喋喋不休的感觉，听者没有时间完全理解讲话者要表达的内容。②太注重细节。在说明一个问题的时候，总想把所有的细节都解释清楚，可是到最后往往连自己也不知道要讲的中心问题是什么了。③过于紧张。有些人觉得在很多人面前发言是一件很可怕的事情，并且因为紧张连发言也莫名其妙地颠三倒四。④对人不对事。"每次和同事有争执的时候，我都会觉得脑袋里的血呼地一下就往上涌了，然后自己说出来的话就不那么理智，有点儿意气用事了。"这也是人们经常会遇到的问题。

讲话者这些毛病和缺点的存在，会直接影响倾听的质量和效果。因此，作为谈话中的引导者，讲话者应该克服这些毛病，引起听者的兴趣，提高其倾听效果。

第三节　有效倾听的方法

多用心去倾听别人怎么说，不要急于表达自己的看法，更不要急于否定别人。

一、有效倾听的技巧

有效倾听既是一种技巧，又是一种极富警觉性与极费心思的过程。在面对面沟通的场合里，倾听不仅要做到"耳到"，还要做到"眼到""心到"与"脑到"。所谓"眼到"，就是听者用眼睛去观察说话者的表情、眼睛、手势、体态与穿着等，以判断他口头语言的真正含义。所谓"心到"，就是听者以换位思考的方式站在说话者的立场与角度，去体会他的处境与感受。所谓"脑到"，就是听者运用大脑去分析说话者的动机，以便了解他的口头语言是否话中有话。掌握倾听的一些方法和技巧，有助于培养和提高倾听的能力。

1. 努力培养倾听的兴趣

在倾听时，听者既要保持良好的精神状态，又要抱以开放的心胸和积极的态度，这样不仅能够听到谈话的主要内容和观点，还能够较容易地跟上说话者的节奏。即使听者对说话者所说的话感到失望，也要试着努力倾听正面的、有用的信息。一个有效的倾听者，常常会在倾听过程中思考以下几个问题。

（1）说话者谈论的主要内容和观点是什么？

（2）说话者采取了什么样的表达方式？

（3）哪些内容和观点对自己具有借鉴价值？

（4）自己从说话者身上能够学到什么？

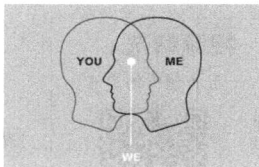

这些问题不仅能够帮助听者培养倾听的兴趣，还能够让听者从倾听过程中学到很多东西，这即是所谓的"从听中学"。但遗憾的是，人们在倾听时总是以自己的好恶进行取舍，只愿意听自己感兴趣的内容，而对自己不感兴趣的内容往往是充耳不闻。事实上，在交谈过程中，"没有无趣的主题，只有无趣的人"，关键在于自己能否培养出倾听的兴趣。

2. 保持目光交流

眼睛是心灵的窗户。细心、敏感的倾听者会适当注视说话者的眼睛，并保持与说话者的目光接触，而不是看窗外或天花板。如果直视他人的眼睛很困难的话，也可以用弥漫性的目光注视对方的眼睛周围，如发际、嘴、前额、颈部等。目光接触是一种非语言信息，表示"我在全神贯注听你讲话"。试想一下，如果你在说话时对方却不看你，你的感觉会如何？你很可能会认为对方冷漠或不感兴趣，即使有重要的话题也可能不愿意再继续讲下去了。

3. 了解对方的看法

听者在倾听时可以不同意对方的看法，但至少要认真倾听对方的讲话，也可以在对方讲话时点头，并说"原来如此""我本来不知道"等话语，鼓励对方继续说下去。说不定最终会让自己发现原来对方说的是正确的，甚至从中获益。如果自己不认真听对方讲完，就可能不会知道对方的真实想法。

4. 采取开放的姿势

人的身体姿势会暗示出对谈话的态度和兴趣。自然开放的姿态代表着接受、容纳、尊重与信任。调查研究发现，攻击的、恳求的或不悦的声调以及弯腰驼背、手臂交叠、跷脚、眼神不定等肢体语言，都代表并传递着负面的信息，并影响沟通的效果。所以，在倾听过程中，使用深感兴趣的、真诚的、高昂的声调会使人自信；恰当的肢体语言，如用手托着下巴等，也会显示出听者的态度诚恳，这些都能让说话者感受到听者的支持和信任。

5. 及时用动作和表情给予呼应

有效的倾听者不仅会对听到的信息表现出兴趣，而且会利用各种对方能理解的动作与表情及时给予呼应和反馈，如可以用赞许性的点头、恰当的面部表情与积极的目光接触相配合，向讲话者表明自己在认真倾听；也可以利用皱眉、迷惑不解等表情，给讲话者提供准确的反馈信息，以利于其及时调整讲话的内容。

6. 学会复述

复述是指用自己的话来重新表达说话者所说的内容。有效的倾听者常常使用这样的语言，如"我听你说的是……""你是否是这个意思……""就像你刚才所说……"等来复述对方说过的话，既表示了对说话者的尊重，同时又能够用对方的观点来说出自己的想法。这样，倾听者不仅能够赢得说话者的信任，而且还能够找到双方的共同语言，从而拉近彼此的距离。但需要注意的是，复述如果运用不当，往往被看作对说话人的一种不信任。可见，复述需要掌握一定的技巧，例如，运用表情、体态来说明自己并非怀疑对方讲话的内容，而只是想证实一下自己倾听到的内容与说话人所要表达的内容是否相符合。

视频精选

五种倾听的方法

7. 抑制争论的冲动

沟通中难免会出现不同的认识和看法，当自己的意见和看法与对方不一致的时候，听者一定要学会控制自己的情绪，尽量抑制内心争论的冲动，等着对方把话说完，再来表达自己的看法和见解。有效的倾听者绝不会随意打断对方的谈话，更不会轻易动怒或争论。要记住，倾听的关键是"多给别人耳朵，少给声音"，倾听的目的是了解而不是反对或争论。

📖 **拓展阅读**

倾听的技巧

尼基·斯坦顿在《沟通圣经》一书中，指出了有效"倾听"技巧的十种做法，分别是做准备、感兴趣、心胸开阔、听重点、批判性去听、避免分心、做笔记、协助说话者、回应、不插话。该书从两个方面分析了"说"的技巧：一是个人特质，如逻辑清晰、同理心、真诚、放松、眼神接触、外表等，这些均是和说话内容与行为举止有关的特质。二是声音特质，如说话的音量、腔调、语速、停顿、语调等，了解这些特质可以帮助讲话者运用好自己的声音。

二、倾听的注意事项

倾听是一项最值得重视的沟通技巧，但是，很多人却不愿意在如何实现有效倾听上下功夫。实际上，倾听能力是可以通过训练获得的。在倾听训练过程中，要注意以下几个问题。

（1）不要多说。大多数人乐于畅谈自己的想法而不是倾听他人说话。尽管说话可能更有乐趣，而沉默使人不舒服，但我们不可能同时做到听和说。一个好的倾听者，是能够做到多听少说的。

（2）不要中途打断说话者。打断别人说话，不仅是一种不礼貌的行为，而且不利于倾听。即使对方在反复说一件相同的事，听者还是要耐心倾听，这样做的收获会比插嘴说话的收获多得多。听者一定要让说话者讲完自己的想法，当他说完时你就会知道他说的是否真的有价值。

（3）不要轻易下结论。对说话者的肢体语言、面部表情或音调所传递的信息，如果自己心存疑惑，最好开口询问；如果不好意思问，也可以用非语言方式表达出自己的想法。不能凭借自己听到的只言片语轻易下结论，一定要把说话者的真正目的和意图了解清楚后再做出判断。

（4）不要心存偏见。人们在与别人沟通交流之前，总是以自己的主观印象或思维定势来推测对方的动机，"戴着"有色眼镜或带着偏见去看待别人，结果是对方还没有开口说话，自己就表现出了不想听、不耐烦或不感兴趣，从而可能会错过倾听一些有用的或重要的信息。因此，倾听时应诚实地面对讲话者，承认自己的偏见，并且倾听对方的观点，容忍对方的偏见。

（5）避免分心的举动和手势。在倾听时，注意不要进行下面几类活动：看表、心不在焉地翻阅文件、拿着笔乱写乱画等，这些活动会使说话者认为你很厌烦或不感兴趣。更重要的是，这也表明你并未集中精力听对方讲话，因而很可能会遗漏一些说话者想传递的重要信息。

（6）不要臆测。臆测是指听者在倾听过程中凭着自己的主观臆断对说话者进行推测或猜想。臆测是沟通的障碍，它常常会使人产生曲解或误解。所以，听者要尽力避免对说话者进行臆测。

第四节　倾听中的提问与反馈

提出正确的问题，往往等于解决了问题的大半。

——海森堡

一、倾听中的提问

提问能使倾听更具含金量。在倾听过程中，恰当地提出问题，与对方交流思想、意见，往往有助于人们互相沟通。沟通既是为了获得信息，也是为了知道彼此在想什么和要做什么。适时、适度的提问往往有尊重对方的意味，不仅能够促进、鼓励对方继续讲话，而且能够从对方讲话的内容、方式、态度、情绪等方面获得更多的信息，从而促进双方和谐关系的建立。

提问应掌握一些必要的技巧。恰当的提问能够使倾听效果锦上添花，而不适当的提问不仅会影响对方讲话，甚至会引起对方的厌烦和不满。概括而言，要做到适时、适度的提问需要注意以下一些方法和技巧。

（1）提出的问题要明确。进行有效的提问是沟通双方共同的责任，因为它可以使双方受益，即沟通双方能从提问和回答中获得对事物更深刻的认识。但不管谁来提问，提出的问题一定要明确具体。这里所说的明确具体，既包括表述问题的词义明确具体，便于理解，也包括问题的内容明确具体，便于回答。如果提出的问题含混不清或过于抽象，不仅使对方难以回答，还有可能造成曲解或误解。另外，在提问时还要尽量做到语言精练、观点明确、抓住重点。在很多情况下，人们在提问之前总愿意加上一些过渡性的语言来引出自己所提的问题。这里需要说明的是，过渡性的语言一定要精练、简短。否则，对方可能还没有听到你的提问就对问题或你本人产生了反感。

（2）提出的问题要少而精。恰当的提问有助于双方的交流，但太多的提问则会打断讲话者的思路，扰乱其情绪。至于提多少问题比较合适，不可一概而论，要根据谈话的内容、交谈双方的个人风格特点而定。如果你有爱问问题的习惯，在交谈时一定要控制自己提问的数量，最好做到少问问题或不问问题；如果你从不愿意问问题，最好预先设计一些问题，在交流时尽量把它提出来，以锻炼自己的胆量和勇气。但是，不管你具有什么样的个人风格和特点，在交谈时都必须牢记一点，那就是多听少问。

（3）提出的问题应紧扣主题。提问是为了获得某种信息，问什么问题要在听者总目标的控制掌握之下，要能通过提问把讲话人的讲话引入自己需要的信息范围。这就要求提出紧紧围绕谈话内容和主题的问题，不应漫无边际地提一些随意而不相关的问题，因为这既会浪费双方的时间又会淡化谈话的主题。

（4）提问应注意把握时机。提问的时机十分重要，交谈中如果遇到某个问题未能理解，应在双方充分表达的基础上提出问题。过早的提问会打断对方的思路，显得十分不礼貌；过晚的提问会被认为精神不集中或未能理解，也会让人产生误解。一般情况下，在对方将某个观点阐述完毕后应及时提问。及时提问有利于问题的及时解决，但"及时提问"并不意味着反应越快越好，最佳的时机还需要听者灵活地捕捉。如果在不适当的时机提出问题，往往会使对方感到不满。

（5）提问应采取委婉、礼貌的方式。提问时应注意方式，避免使用盘问式、审问式、命令式、通牒式等不友好、不礼貌的问话方式和语气。如果交谈的气氛较为紧张，有些人会对他人的行为、语调或话语产生防御性反应。解决方法之一就是用开放性的、友好的问句代替"为什么"型的问题，因为简单地问一问"为什么"易被看成威胁性的提问。例如，为避免造成紧张的气氛，我们最好不说"你为什么没准时到，让我们误车了"，而可以说"由于你没能准时到场，我们误了车，以后如果再有类似情况，你事先通知我们一声好吗？"

此外，提问还应与对方的年龄、民族、身份、文化素养、性格等特点相适应。有的人率直、热忱，这时你应坦诚直言地提问；相反，有的人生性狡黠多疑，这时你最好旁敲侧击，迂回提问。

二、倾听中的反馈

人们每天都在要求别人给予反馈，也都在对别人做出反馈。反馈是有效倾听的一个重要组成部分，如果只是倾听而毫无反馈，对于信息提供者来说就好比"对牛弹琴"。有效反馈是有效倾听的体现，在管理过程中，管理者应通过倾听获得大量信息，并及时做出有效反馈，这对激发员工的工作热情、提升工作绩效具有重要作用。不仅如此，反馈还能把谣言减少到最低限度，因为谣言往往是由于人们不能及时得到准确消息而起的。另外，有效反馈还能建立起领导和员工之间强有力的联系。

在倾听过程中，有效反馈可以起到激励和调节的作用。但要做到有效反馈，不仅需要沟通双方努力创造良好的沟通氛围，建立起相互信任的关系，而且还要注意以下几个问题。

1. 反馈语言要明确、具体

反馈要使用具体、明确、不笼统、不抽象和不带有成见的语言。例如，"你的任务完成得很好啊！"就不如"这次会展的组织工作完成得非常好，达到了我们预想的目的。"后者更明确、具体。有时人们只顾把自己的结论反馈给对方，却忘记了有义务和责任提供更多的细节。如果人们接受到不明确的反馈，可以再对其进行确认，以引导谈话向更有利于信息交流的方向发展。例如，当你听到对方"你的任务完成得很好"这样不太明确的评价时，可以这样反馈：你认为这次任务成功在哪里？有什么需要注意的吗？进行这样的有效反馈是双方共同的责任，能使双方共同获得对事物更深的认识并从中受益。

2. 反馈的态度应是支持性的和坦诚的

反馈的态度如果是支持性的和坦诚的，就有助于沟通双方建立起理解和信任的关系。反馈要明确、具体，但不能不照顾对方的感受，真正的双向沟通和反馈，是一个分享信任、取得共识的过程，而不是其中一方试图主导交流或评判对方的过程。要达到沟通的目的，必须把对方置于与自己同等的地位，任何先入为主、盛气凌人的做法都是对方不愿意接受的。例如，一位经理当着大家的面对一位下属的报告进行这样的反馈："你的报告提交得太晚了，不仅如此，字号还小得像蚂蚁一样。重新打印一份，马上交给我！"这样的反馈虽然具体、明确，却完全没有心理上的平等性可言，因而是无法与对方建立起信任和理解的关系的。

3. 营造开放的氛围，避免引起防御性反馈

在沟通的过程中，开放、坦诚的沟通氛围不仅有助于加深彼此之间的理解与交流，而且有助于调解矛盾和冲突。在建设性的、满意度较高的沟通氛围中，尽管双方持有不同意见，但他们对事不对人，是在共同向需要解决的问题挑战；而防御性氛围却没有积极作用，它往往会将人们导入批判的、对立的价值体系中去。

4. 把握适宜的反馈时机

一般情况下，我们应给予对方及时的反馈。及时反馈往往有利于问题的解决，否则矛盾逐渐积累，会越发不可收拾。但是及时反馈并不意味着立刻做出反应，而是要灵活地捕捉最佳反馈时机。有时需要立刻做出反馈，而有时反馈应在对方准备接收时做出。如当对方情绪激动、心烦意

乱、对反馈持有抵触心理时，就应推迟反馈时间。反馈时机还与谈话者言语中所表现出的情感有关。善于反馈的人应能识别对方言语中哪些是真情实感，哪些是表面情绪，并只对对方的真诚情感进行反馈。

5. 反馈必须恰当

尽管反馈在沟通中十分重要，但反馈也必须恰当，因为不适当的反馈会让对方感到窘迫，甚至反感。如果以判断方式作为反馈，这类判断最好能保持中立态度，不要简单地评论，如"这简直是大错特错！"另外，要记住的是：反馈只能是反馈，不能直接作为建议，除非对方有这样的要求。

思考与训练

1. 你是一个善于聆听的人吗？请结合自己的人际沟通实际，说说自己在倾听过程中存在的问题及应采取的对策。

2. 倾听的艺术不仅在社交中很重要，在日常的家庭生活中也同样重要。例如，一位名叫李萍的年轻母亲，每当儿子想同她谈话时，她都很认真地听。一天晚上，李萍在厨房和儿子明明讨论一些事情，忽然，明明说："妈妈，我知道你非常爱我。"李萍十分感动，便问道："当然了，我非常爱你，难道你不相信吗？"明明答道："不是这样的，妈妈。我这么说，是因为我知道不论什么时候我同你讲话，你都会放下正在做的事，很认真地听我讲。"

请根据上面的例子，回答下面的问题。

（1）结合上面这段材料和自己的经历，说说用心聆听别人的讲话会产生什么样的效果。

（2）你认为在别人讲话时，作为听众左顾右盼、心不在焉或随意插话有什么坏处？

3. 阅读下面这则案例，说说林克莱特这次采访成功的关键是什么。

有一次，美国知名主持人林克莱特采访一名小朋友，问他："你长大后想做什么呀？"小朋友天真地回答："嗯，我要当飞机驾驶员！"林克莱特接着问："如果有一天，你的飞机飞到太平洋上空，所有引擎都熄火了，你会怎么办？"小朋友想了想："我会先告诉坐在飞机上的人绑好安全带，然后我挂上我的降落伞先跳出去。"

当现场的观众笑得东倒西歪时，林克莱特继续注视着这个小朋友，想看他是不是自作聪明。

没想到，这个小朋友的两行热泪夺眶而出，这才使林克莱特发觉这个小朋友的悲悯之情远非笔墨所能形容。于是林克莱特问他："你为什么要这么做？"这个小朋友的回答透露出他真挚的想法："我要去拿燃料，我还要回来！我还要回来！"

4. 先请最擅长讲故事或朗诵的同学讲"唐国史补·王积薪闻棋"的故事，然后模仿朗诵者的神情和口吻当众复述这则故事。

王积薪的围棋造诣很深，他自己也觉得天下无人是他的对手。有一次他要去京城长安，途中住进了一家旅店。入夜熄灭了灯烛后，他听到店家的老妇人，隔着壁板问她儿媳妇："今晚这么好的时光难以打发，我们来下盘棋如何？"

儿媳妇回答道："行呀。"老妇人说："我在某处落子了。"儿媳妇说："我在某处也下了一子。"两人类似这样各说了几十次。老妇人说："你败了。"儿媳妇回应道："我认输。"王积薪将这一切都暗中记了下来，等到第二天来复验整盘棋的局势时，发现许多地方的奇妙处，都非自己所能理解与企及。

5. 听说互动训练。先请一位同学上台进行题为"先听后说，听说互动"的即兴演讲，其他同学认真聆听并仔细观察。然后，请几位同学概括该演讲的主要观点，并发表自己的看法。

6. 倾听习惯训练。同桌的两位同学组成一组，以人际沟通中的倾听为话题，进行 20 分钟的现场聊天。训练过程中务必达到以下要求：选择合适的位置，以便听清对方的话；复述对方的话，以确认理解；观察对方的肢体语言；做出回应和反馈之前，先让对方把话说完；谈话过程中通过点头等非语言行为鼓励对方；不关注对方的衣着和外貌；眼睛看着对方；注意对方的潜在情绪；在倾听时给出鼓励性的回应："我明白""嗯""是的"，等等；专注于对方所说的话；记下对方所说的关键之处；总结自己对对方所说内容的理解；适当模仿对方的身体语言，使其放松；考虑对方的立场。

7. 校外实践训练。利用双休日走出校园，走进超市、饭馆、茶楼、公园、广场等公共场所，接触不同的人群并和他们进行攀谈。对每次实践均应进行人际沟通中倾听技巧的总结，最后将多次实践形成一份倾听能力实训报告上交任课老师，任课老师对共性的问题进行课堂分析和具体指导。

第三章
Chapter 3 | 语言沟通艺术

在我们的生活中，有很多看似平凡和简单的问题，却常常给我们带来这样和那样的麻烦和烦恼。比如，多年的朋友生气地离自己而去；甜蜜的爱情总是与自己无缘；上级总是和自己过不去，找自己的麻烦；同事由于经常误解自己，与自己面和心不和；在大庭广众下，原来精心准备的发言突然卡了壳，让自己心慌不已；在一年一度的述职会上，因陈述得不够有力失去了升职的机会；

身为领导，因讲话不够有激情和说服力，缺乏鼓动性，而被下级另眼相看；在求职面试时，因紧张、恐惧而不能很好地表现自己，失去了被录用的机会等。到底是什么导致了这些麻烦的产生？那就是不善于进行人际沟通、不懂得语言沟通艺术。

语言沟通艺术是我们现代人必须具备的基本素质之一。对一名大学生而言，更应该具备较强的语言沟通能力。通过对本章的学习，应了解语言沟通能力的构成和表现；掌握语言沟通的有效方式；熟知语言沟通中的修辞；认识语言沟通中的误区并能有效地加以克服。

导入案例

如此请客

有个人请客，看看时间过了，还有一大半的客人没来。主人心里很焦急，便说："怎么搞的，该来的客人还不来？"一些敏感的客人听到了，心想："该来的没来，那我们是不该来的啰？"于是便悄悄地走了。主人一看走掉好几位客人，越发着急了，便说："怎么这些不该走的客人，反倒走了呢？"剩下的客人一听，又想："走了的是不该走的，那我们这些没走的倒是该走的了！"最后走得只剩下一个跟主人较亲近的朋友，看到这种尴尬的场面，就劝他说："你说话前应该先考虑一下，否则说错了，就不容易收回来了。"主人大叫冤枉，急忙解释说："我并不是叫他们走哇！"朋友听了大为光火，说："不是叫他们走，那就是叫我走了。"说完，头也不回地离开了。

思考与讨论：这段文字在带给我们笑料的同时，也带给我们深深的思考。好端端的请客吃饭，因为不会说话，弄得大家不欢而散。想一想，你曾经因说错话而把事情搞砸过吗？

第一节　语言沟通能力的构成和表现

对人类而言，语言是治疗苦恼的医师。

——佚名

一、语言沟通能力的构成

语言沟通能力不是耍嘴皮子所能获得的。口才的较量，不只是语言运用艺术的较量，更是思想、知识、思维、心理等各个方面的综合较量。我国有句古语说："一言知其贤愚"，即说明说话是一个人思想、品质、学识、智慧等方面的综合反映。因此，一个人要有较强的语言沟通能力，离不开相应的素质、修养和能力。

（一）素质

有些素质是先天的，有些素质是后天的。对语言沟通能力而言，能够对其产生影响和制约作用的，主要是心理素质。心理素质主要指人的气质、性格、兴趣爱好等方面，是一个人较稳定的、本质的个性心理特征。这些心理特征，对于语言材料的采集、构思和表达都有一定的影响。

1. 气质

古希腊医生希波克拉底把人的气质分为胆汁质、多血质、黏液质和抑郁质四种类型。不同气质的人即使在相同的环境里，也会有不同的态度和举止。在语言沟通方面，它表现为思想的开阔或闭塞，语言基调的高昂或低沉、明朗或黯淡，感情的奔放或内敛，风格的粗犷或细腻。

不同气质类型的人会有不同特征的心理表现，在语言沟通过程中虽然各有侧重，但每种气质类型都有积极和消极的两重性，并不存在绝对的优劣问题。重要的是我们在了解了不同的气质类型后，可根据自己的情况，做到扬长避短，通过学习和实践，纠正自己有缺陷的地方，从而达到更好地进行语言沟通的目的。

2. 性格

性格是个性的核心，是一个人区别于他人的个性心理特征，是人较为稳定的对现实的态度和与之相适应的行为方式，是一些最本质、最持久的心理特征的综合。不同性格的人在说话方式及其风格等方面也不相同。

性格既有先天的因素，也有后天的因素。通过后天的培养和环境的熏陶，人的性格是会改变的。一个人要培养自己的语言沟通能力，就要注意不断地把自己的性格向积极的方面培养，克服语言沟通中的心理障碍，提高语言沟通能力。

3. 兴趣爱好

兴趣爱好是推动人们寻求知识和从事某种活动的重要感情力量。兴趣爱好对于语言沟通来说有重要的影响，一种表现为它使人具有表达的欲望，另一种表现为增加表达的深度和广度。很多时候兴趣爱好是保持说话欲望、诱发表达激情的基础和前提，有了它，语言沟通者就有了积极沟通的动因。同时，兴趣爱好的深度和广度也在一定程度上决定着语言沟通的深度和广度，从而影响着语言沟通的实际效果。

（二）修养

修养是指知识、理论、艺术、思想等方面的水平。修养主要靠后天的培养。一般来说，一个人要有较强的语言沟通能力，就需要有比较好的思想修养、文化修养和表达修养。

1. 思想修养

沟通者的思想修养包括思想水平和理论水平，可概括为世界观、人生观、价值观、生死观、幸福观、荣辱观、责任感、义务感等一系列内容。

思想修养对沟通者来说有非常重要的作用。思想始终是话语的灵魂，说话者的思想水平、理论水平始终制约着说话者对表达对象各个方面的判断，也制约着说话者对各种关系的正确理解和处理。一个人只有具备了一定的思想修养，才能站得更高、看得更远，说起话来也才可能深刻、一语中的。

如果一个人的脑子里空空如也，即使他能巧舌如簧、滔滔不绝，其内容也多半空洞无物，不能打动人心。因此，要让自己有话可说，又言之有物，就必须注意丰富我们的头脑，提高我们的思想修养。

2. 文化修养

文化修养是指文化知识的储备。沟通者的文化修养越高，文化知识的储备越丰富，他的视野和思路就越开阔，说话就能够放得开、收得拢，不至于因为文化知识的欠缺而只能选择沉默寡言。一个有口才的人，从外在形式上看，是能说一口流利而又符合逻辑且生动形象的话；但从深层次来看，实则是其具有广博的知识和驾驭这些知识的能力。口才好比一片汪洋，表达是浪花，内涵是海水，完美的语言沟通需要完备的知识底蕴作为源泉。有了丰富的知识，才会有能言善辩的口才。

语言沟通能力不是一时"包装"出来的，也不能靠揠苗助长，知识积累是提高文化修养的首要前提。一个孤陋寡闻、不学无术者，不可能出口成章、妙语惊人，古今中外，凡是有杰出语言沟通才能的人，没有一个不是博览群书的。

3. 表达修养

表达修养是指沟通者运用语言来表达思想、抒发情感的能力。好的表达修养，是指能够熟练地把握叙述、描写、抒情、议论、说明等表达方式，能够灵活地选择材料、合理地安排结构以及恰当地运用语言表达形式和技巧来增强语言的表现力和震撼力。再好的思想也只有表达出来才能被人们所了解和接受。表达修养包括口头表达能力和书面表达能力两种，这两者有时并非相辅相成。有很多学富五车的老教授，能够写出非常精彩的、有价值的文章，但是口头表达却非常糟糕。完美的语言沟通也需要"两条腿走路"：一要有思想，二要表达好。高超的语言沟通能力需要两者兼备，缺一不可。

（三）能力

能力是完成一定活动的本领，包括完成一定活动的具体方式和顺利完成一定活动所必需的心理特征。语言沟通能力是在素质和修养的基础上培养起来的，除此之外，人们还必须同时具备以下几种能力。

（1）观察能力。观察能力是人们用各种感觉器官获取信息的基本途径，是提高语言沟通水平所必需的一种能力。要提高观察能力，就要在提高观察能力的"细、全、深"上下功夫，能透过现象看到本质。

（2）想象能力。想象能力就是人们把观察所得到的信息，在头脑中予以融会升华，重新组合，创造出新事物形象，或根据语言的表述而产生相应事物形象的一种心理能力。对于沟通者来说，丰富的想象力可以激活思维，使语言沟通在有深度、广度和力度的基础上更增添新颖与活泼的色调。

（3）思维能力。思维能力是指一个人在思维活动中所表现出来的能力。思维是人脑对思考对象的属性和规律的一种概括的、间接的反映过程，包括形象思维、逻辑思维和灵感思维以及建立在这三种思维方式基础之上的创造性思维。思维能力的强弱，具体表现在思维的快慢与深浅、思路的明晰与模糊等方面。

在语言沟通的口头表达过程中，语言与思维基本上是同步展开的，沟通者通常都是边说边想或者边想边说。思维敏捷的人，表达时就不会或者很少出现断档、口吃和延缓之类的现象，并且说话通常能够精练准确，具有条理性。创造性思维能够提高思维的深度和广度，有利于说话者打破习惯思维的影响而有所发现和创造，进而使语言表达具有创新性。

拓展阅读

沟通漏斗

沟通漏斗呈现的是一种信息的传递由上至下逐渐减少的趋势，因为漏斗的特性就在于"漏"。对沟通者来说，是指如果你心里想的是 100%的东西，当你在众人面前、在开会等场合用语言表达心里 100%的东西时，这些东西已经漏掉 20%，你说出来的只剩下 80%了。而当这 80%的东西进入别人的耳朵时，由于文化水平、知识背景等差异的影响，只剩下了 60%。实际上，真正被别人理解、消化的东西大概只有 40%。等到这些人遵照领悟的 40%具体行动时，已经变成了 20%。

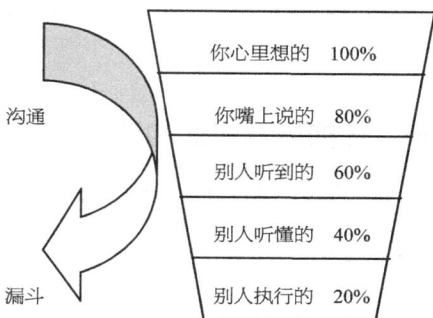

你心里想的	100%
你嘴上说的	80%
别人听到的	60%
别人听懂的	40%
别人执行的	20%

沟通
漏斗

二、语言沟通能力的表现

俗话说："好人出在嘴上，好马出在腿上。"这说明了语言沟通能力对于一个人的巨大作用。在现代社会，一个人的说话水平对其事业发展有很大关系。即使在日常生活中办一件极为普通的小事，说话水平不同，得到的效果和回报也不一样。

语言沟通能力可以表现在很多方面，但就主体而言，它主要表现为认识判断能力、适应应变能力和表现发挥能力，而这些能力的展现又通常是以上文提到的沟通者的素质、修养和能力等为基础的。

（1）认识判断能力。认识判断能力是指人们在沟通中所表现出的对沟通各方面的了解、识别和判定能力，如对沟通环境的观察能力、对沟通对象和沟通双方关系的把握能力以及对沟通结果的预测能力等。认识和判断是一个因果过程，一般来说，一个人的认识能力越强，他判断的结论正确率也就越高。一个善于体察对方的真实情感、真正需要以及实际动机，能准确把握自己与对方的关系，敏锐洞察环境变化，并采用适当的方式完成沟通活动的人，往往都具有较强的语言沟通能力，其沟通效果也常常是很理想的。相反，一个认识能力、判断能力不强，对别人的需要、情感及其与自己的真正关系把握不准确的人，往往不能有针对性地采取适当的、得体的沟通方式，最终导致沟通活动的失败。

（2）适应应变能力。适应应变能力是指人适应环境的变化，并不断根据变化的环境积极主动地调整自己沟通方式的能力。一个人在沟通中的适应应变能力，一般来说与这个人的思维能力，尤其是创造性思维能力有密切关系。人类的沟通复杂多变，沟通环境也在不断变化，只有具备较强的应变能力才能适应不断变化着的环境。适应应变能力不仅可以使人在熟悉或有利的沟通环境中实现沟通目的，还可以让人在陌生或突变的、不利的交际环境中顺利地进行沟通。

（3）表现发挥能力。表现发挥能力是指一个人如何通过自己的言谈举止等进行沟通活动的能力。它是一个人沟通能力中认识判断能力和适应应变能力等的综合体现与升华，是一个人素质、修养和能力的全面展现。

有一个关于林肯的语言沟通案例。有一次，一位自命不凡的外交官看到林肯在自己动手擦靴子，便带着嘲笑的口吻说："总统先生，你经常给自己擦鞋吗？"林肯笑答："是啊，不知道你经常给谁擦鞋呢？"林肯的应变能力和沟通艺术不能不让我们拍案叫绝，而他的语言沟通能力的精彩展示，正是他良好的心理素质、深厚的文化修养以及敏捷的思维能力等的综合体现。

第二节　语言沟通的有效方式

你说话的语气比你讲的话的内容要重要得多。

——佚名

一、自如地驾驭你的谈吐

语言作为人类的财富，首先体现在作为交流工具这层意义上。对那些不善于使用这种工具、不懂得应该如何交流的人来说，他所说语言的价值就打了折扣。"语言"没有固定的角色，在"语言"层面上，人是绝对平等的，它没有年龄、性别和高低、贵贱之分。说话的技巧，无论是对蓝领阶层、白领阶层，还是身价百万的明星、艺术家等人，都是一样的。

> 与人善言，暖于布帛；伤人之言，深于矛戟
>
> 可与言而不与言，失人。不可与言而与之言，失言
>
> 言行在于美，不在于多
>
> 耳不闻人之非，目不视人之短，口不言人之过
>
> 跟你嚼舌根的人，也会说你的闲话
>
> 微笑是无言的口才
>
> 辩者，求服人心也，非屈人口也

语言的迷人之处，不仅在于它是一种沟通的工具，还在于它本身就具有一种吸引力，人们对绝妙口语的迷信和崇拜是不言而喻的。熟谙语言表达技巧，运用它驾驭我们的谈吐，将会给我们带来快乐和机会。相反，谈吐上的缺陷可能会使我们时常因说错话而给自己带来麻烦，甚至还会让自己在生活和工作中处处碰壁。

人们常常会根据一个人的谈吐来决定是否聘任他，是否拥戴他为领导，或推举他为代表。它甚至能影响人们是否会下决心购买这个人推销的商品，是否愿意邀请这个人到自己的家中做客，并进一步和这个人交往。即便你的思想像星星一样闪闪发光，你为公司的经营所出的主意十分高明，你的头脑里充满了有关艺术、体育、航空、地质、音乐和计算机等方面渊博的知识，但这一切都无法使你不受语言障碍的困扰。除非你能引起人们的注意，文雅亲切地与人们交谈、沟通，否则没有人会愿意听你的见解。

如果语言出现障碍或表达能力欠缺，至少会使人低估你，甚至会导致关于你的流言蜚语无情地传播开来，进而歪曲你的形象。语言障碍有着各种各样的表现：有的像令人不满的外貌，需要通过整形外科手术来进行矫正；有的只需要像改旧衣服一样，略加修整即可；有的则像一个松弛的腹部，要把它收紧；有的像修理汽车一样，需要更换零件；有的像生锈的轴承，需要上一点油来润滑；有的像脏了的镜子，需要用水和肥皂擦洗一下。

每个人都渴望在工作中获得成功，那么，谈话时的自信、准确和说服力就非常重要了。在工

作中，人们首先要做的，就是推销自己。从申请第一项工作的晤谈到作为成功者发表演讲，在这漫长的过程中，你必须不断地说服别人。不管你打算做什么，你的谈吐形象，包括音容笑貌，都会成为决定你成功与否的关键。

能准确地运用语言表现自我，有才干并有沟通能力的人，其成功的希望将会更大。一个人的才干可以从他的言语谈吐之间充分地表露出来，这可使别人更进一步地了解并且信任他，只有这样，别人也才敢委以他重任。有语言才能的人，他的人生将会更加丰富多彩，因为他可以凭借自己驾驭语言的能力，给自己创造一个融洽的环境，一片任自己驰骋的天空。

二、努力把话说得又少又好

一个有学问而没有语言才能的人，与人沟通时往往会感到难以应付，这样会在无形中让自己减色不少。有许多人，在人际接触中，总觉得别人的话对自己很不友好，实际上这常常是因为他们自己不善于用巧妙的语言来润滑彼此的关系而造成的交际上的窘境。

话说得越多，出毛病的机会也就越多。大智若愚，有学问的人不会乱说话，只有胸无点墨的人才喜欢大吹大擂。"宁可把嘴巴闭起来，使人怀疑你的浅薄，也不要一开口就让人证实你的浅薄。"这是一句值得大家牢记的名言。所以，在研究说话艺术的时候，我们要先学会"少说话"。这里的"少说话"指的是既要说话，又要说得又少又好，这才是口才的艺术。

要记住这样一个原则：在任何场合，我们都要做到尽量少说话，缄默是值得提倡的。如果非说不可，那么我们就必须注意所说的内容、目的、措辞和声调以及说话时的姿势。在什么场合应该说什么话、怎么说，这是值得我们加以研究的。

无论是探讨学问、接洽生意还是娱乐消遣，我们所说的话，一定要有一个中心，要生动和具体。"不鸣则已，一鸣惊人"，我们虽然未必能达到这个境界，但朝着这个目标去努力总是不会错的。

为了使自己的话能为人们所重视和感兴趣，唯一的秘诀就是少说话。只有这样，我们才能有时间静静地思考，使说出来的话更精彩。

视野拓展
健身房猝死事件屡有发生，有效的沟通和反应关乎生死！

三、与人沟通做到辞必达意

在日常生活中，每个人都免不了会遇到需要自己说话的场合，如果话说得得体，往往就能使事情获得圆满的结果。

擅长说话的人，可以流利地表达自己的意愿，也能够把道理说得比较透彻、易懂，使别人很乐意地接受。有时候，他还可以从谈话中判断出对方的意图，或从对方的谈话中得到启示。

视频精选
郭德纲上《奇葩说》节目与马东对话

我们常常看到一些不擅长说话的人，所遭遇的情形恰恰相反。他们说话时不能完整地表达自己的意图，往往使对方听得费力，而又不能听明白他们所说的意思，这就使沟通出现了困难。

遇到有事情和别人洽谈，或有事情需要别人合作的时候，会说话的人，往往可以很愉快地把事情洽谈成功；而不会说话的人，其结果却往往是不欢而散。那么，怎样说话才算合适呢？

（1）对于每一个字，我们都必须发音准确、清楚。准确、清楚的发音，可以依靠平时的练习、注意别人的谈话、多朗读、多听广播来达到。

（2）说话的时候，要使每一句话都明白易懂，避免用一些生涩的词汇。不要以为用了这些词汇，就显得自己有学问。其实，这样说话不但会叫人听不懂，有时还会弄巧成拙，引起别人对自己的误解和疑虑，或认为你在故弄玄虚。

融洽的谈话，应该以大方、熟练和生动的语言来表达自己的意图，使自己说的话多姿多彩、扣人心弦。说话的速度既不宜太快，也不宜太慢，说话的速度太快会使对方来不及反应，而且自己也容易疲倦。有些人以为话说得快一些可以节省时间，其实说话的目的是使对方领悟你的意图，而不是快速地把自己的话说完。不管是讲话的人还是听话的人，都必须花时间思考，否则就不能确切地把握说话的内容。当然，说话太慢也是不可取的，既会浪费时间，又会使人听得不耐烦。

再者，说话是将文字、句子组合起来变成声音。"话"的实体是词句本身。词句的运用有以下几个原则。

（1）说话越简洁越好。有些人在说话时费了很大的力气，人们却不知道他们在说什么。即使他们用了许多华丽的字眼，也不一定能达到应有的效果，反而使人觉得他们不诚实。有些人在说话时，东拉西扯，缺少系统性，亦使人有不知所云的感觉。如果我们有上述缺点，只要记着在表述时尽量说得简明扼要就行了。在话未出口时，我们应先在脑子里构思一个轮廓，然后再按顺序一一说出。

（2）语句不要重复使用。说一句"为什么？"就够了，而有些人却要说"为什么？为什么？"答应别人一件事，说一两个"好"就足够了，但有些人却说"好，好，好，好……"。其实这些重复的词汇，只有在加强语气时才用，一般都不必重复使用。

（3）同样的名词不可用得太多。第一个用花来比喻女人的人是最聪明的，但第二个人再用同样的比喻就显得愚蠢了。我们当然不必拘泥于上面所说的，每说一事都要创造一个新名词，但如果我们把一个词或一句话在同一场合中反复用，就一定会使人厌烦。

（4）要避免使用口头禅。当某一句话成为自己的口头禅时，我们就很容易被它束缚住，以致无论我们想说什么，也不管是否适用，都会脱口而出。这种习惯是容易被人讥笑的。我们也许爱说"岂有此理"，也许爱说"绝对的"，也许爱说"没问题"，这些与自己要说的话毫不相关的口头禅，要尽量避免使用。

（5）不用粗俗的字眼。以前说"字为文章的衣冠"，现在我们说"言语为个人学问和品德的衣冠"，这没有什么不妥。有些人看上去虽道貌岸然，雍容华贵，但是不开口还好，一开口则言语粗俗不堪，甚至一些不雅的下流话也不绝于口，使人听了作呕，令人厌恶。

我们可以用幽默的话来表现自己的聪明、活泼和风趣，但不可以用低俗的话来表现自己。一句不恰当的话，可能就会使别人觉得我们粗鄙、轻佻和无知。

从前有个国王，有一天晚上他梦见自己的牙齿全掉光了，因此心情很糟糕，担心会有什么不好的事情发生。于是第二天他找来大臣们想聊聊这个梦到底是什么意思，国王问大家："为什么我昨晚梦见我的一口牙齿全掉光了，你们可有什么解释？"其中一个大臣说道："国王陛下，这个梦的意思是，在你所有的亲属一个不剩地都死去的时候你才能死去。"国王听后勃然大怒，觉得这个回答很是晦气，将这个大臣杖责二百之后赶出了皇宫。然后国王又问第二个人，你呢，你的解释跟他一样吗？于是第二个人不慌不忙地说："国王陛下，此梦的意思是，您是您的所有亲属中最长寿的人。"国王听后立即露出了笑容，夸这位大臣有学问，并命人赏赐给他100枚金币。大家看看，这两个人对于梦境的解释，意思其实完全一样，但是换种方式说出来给人的感觉却完全不同了。

四、充分发挥声音的"表情"作用

把握时机说话并让声音富有"表情"，这是较难做到的。我们不妨听听广播剧、看看电视剧或舞台剧中的演员们，感受一下他们那种充满激昂顿挫的声调和表情丰富的说话语感，还有那些口才奇佳的政治家们，无一不是能把声调、音量等各方面控制自如的人。他们高超的说话技巧，使我们很容易就能分辨出事情的是非曲直；反之，如果他们始终用相同的声调、语速，那么这些语言就会显得乏味。

良好的声音表情是指说话人的发音、语气顿挫和语调的变化。人们只有事先理解了所讲内容的内涵，才能以恰当的声调将其表达出来，两相配合、相辅相成。有些时候，我们的说话速度要慢，如叙述慎重的提案、令人痛心的事件、宗教问题等；相反，容易使人明白的朗读、有速度感的说明、讲述中顺便插入的例子以及警句等，为了不影响节奏，说话必须有较快的速度。人的声音天生就被赋予各种变化，语气、语速和声调的不同，能反映出人内心的情感和态度。

所以，当我们听到一段动情的演说时，我们可以认定那位演说者掌握了良好的说话时机和技巧。也就是说，他既知道该在什么地方放慢语速，在什么地方做必要的停顿，也知道该在什么地方加快语速，把听众带入高潮。具备这些能力的人，才是一位高明的演说家。那些口才优异的推销员，也一样要具备这些能力，只有这样，才能大大提高他们的推销成功率，并得到上司的赏识和器重。

五、懂得适时地结束谈话

说话时最糟糕的情形是，很多人往往沉溺于自己的谈话中，而不知如何结束话题或做一个结论。他们一旦讲起话来，就像打开的水龙头，水一直流个不停。即使是智力有问题的人，也能开口说话，但是，只有聪明的人，才能完美地结束话题。

有许多人信口开河，讲得精疲力竭，仍然继续说个不停。你对这种人是否曾有过这样的感觉："糟糕！那个喜欢唠叨的人又来了。他只热衷于自己的话题，每次一开口就不知道适可而止，真是讨厌！"这一类喜欢长篇大论的人，不但不受人欢迎，而且惹人厌烦。

如果我们一次只谈一个问题，并以此问题征求对方的意见，而且进一步请求对方阐明对这一问题的看法，那么我们就一定能赢得对方的好感，而我们自己也能达到说话的目的。这种说话的态度，不但能给予对方发表意见的机会，同时也使自己能专心倾听对方所说的每一句话。要知道，一个善于倾听并且能让对方有说话机会的人，才会受到众人的爱戴与欢迎。

六、能够与任何人自由交谈

有一位学者说过这样的话："如果你能和任何一个人连续谈上 10 分钟而使对方产生兴趣，你就是一流的沟通人才。"这句话看来简单，其实并不容易做到。因为"任何人"这个范围很广，他也许是个工程师，也许是个律师，或是教师、艺术家等。总之，无论哪个阶层的人物，我们都能和他谈 10 分钟而使他感到有兴趣，真不是一件容易的事。

我们常常看到许多人因为对于对方的事一无所知而相对缄默，这是很令人尴尬的。其实如果你肯下些功夫，这种让人尴尬的经历就会大大减少，你甚至也有成为一流交际人才的可能。

"工欲善其事，必先利其器。"这虽是一句老话，但至今仍然适用。所以，要做好人际沟通，我们必须充实自己，做到"利其器"。

一个胸无点墨的人，我们当然不能要求他应对如流。学问是一个利器，有了这个法宝，一切皆可迎刃而解。我们虽然不可能对各种专门学问都有精湛的研究，但是对一些常识却是有必要掌握的。有了一般常识性学问，如果我们能巧妙地运用起来，那么，与别人进行 10 分钟有趣的谈话，想必也并不那么困难。

　　　　有一个小笑话：某君以口才伶俐而见长。有人向他求教交谈的秘诀，他说："很简单，看他是什么人，就跟他说什么话。例如见了屠夫就谈猪肉，见了厨师就谈菜肴。"

　　　　那位求教的人又问："如果屠夫和厨师都在座，你谈些什么呢？"他说："我就谈红烧肉。"

　　可见，如果我们具备多方面的知识，又能看人说话，那么应付各种人物自然就能得心应手了。虽然不一定要各方面的知识都样样精通，但运用全在我们自己。假如我们不懂法律，但如果遇到了律师我们不妨与他谈谈最近发生的某件案子或提供给他案情，其余的时间就让他去说好了。积累足够的知识，并学会灵活应变，我们就能在沟通中与别人对答如流了。

七、学会在交谈时就地取材

　　在交际场合互通姓名之后，第一句话是很不容易开口的，因为我们不熟悉对方，不知道他的性格、爱好和品行，受时间的限制，我们也不能多作了解和考虑，同时又不能冒昧地提出特殊话题，这时不妨就地取材，寻找话题。

　　就地取材就是按照当时的环境而寻找话题。如果相遇的地点是朋友家中，或是在朋友的喜宴上，那么对方和主人的关系就可以作为第一个话题。可以说："您和某先生大概是同学吧？"或者说："您和新郎是同事吗？"

　　如此一来，无论问得对不对，总会引起对方的回应。问得对，就可以顺着原话题谈下去；问得不对，又可根据对方的解释顺水推舟，按对方的话题畅谈下去。

　　"今天的客人真不少！"这话虽然老套，却可以引起其他的话题。

　　"这礼堂布置得很不错！"赞美一样东西常常是最稳妥、最得体的开始。如果我们是在夏季湖边的游园会，则可以和对方说"湖边的杜鹃花开得很好看，颜色真鲜艳，您去看了没有？"或者和对方说"热天在园里喝茶，实在是太舒服了……"等。

八、讲话时避免说太多的"我"

　　千万别让"我"字充塞在我们的谈话之中。

　　在一次花园俱乐部的集会里，主人在 3 分钟的讲话中用了 26 个"我"字。我的花园、我的篱笆、我的事业……有个熟人走到他的身边说："很抱歉，您已经失去了您的太太？"主人反问道："失去了我太太？"对方答："请问您花园的一切跟您太太丝毫关系都没有吗？"

　　"我"字专卖者缺少笑话，缺少故事，缺少主见。自言自语是自我疯狂的一种行为，他们对于其他人的睡眠、叹息、打哈欠不理不睬，对其他事物的介绍感到害羞。可叹的是，患有自言自语毛病的人往往终身都不易改正这个缺点。

　　谈话好比驾驶汽车，说话者必须小心"交通标志"——听众的情绪。"交通标志"一方面能显示出听众对说话者的谈话内容是否喜爱、注意和接受；另一方面又能明确表达出他们的不耐烦、愤怒或不满。因此，如果说话者看到了"红灯"而不知结束谈话，他将成为"交通拥挤"——沟通障碍的主要原因。

　　有时，听者可能愿意让讲话者继续说下去而不打岔。即使这样，讲话者也不可忽略"交通标志"，若是听者真为你才华横溢的讲话技巧所陶醉，他们必定继续亮着"绿灯"。我们在讲话时应随时注意"交通标志"的变化，以及时做出相应的调整。

九、说话重在讨论而非争论

约瑟夫·爱迪生说："谈话心平气和比利用智慧更加适宜。"只要是立足于平等的谈话即是讨论。争论会使双方动气而猛烈地攻击对方又紧紧地保护自己，是谈话的仇敌。

说服和争论的区别在于，说服能够让对方不必生气而令人信服。中国有一句俗语："先吼者失利。"这并不代表坚持己见而动怒者一定错，只是说明了他没办法控制自己来表达意图。讨论的原则是要使用有利的证据、温和的语调与巧妙的说服方式。

客观公正讨论的前提，就是大家心平气和，情绪稳定，对事不对人。要不然大家为了一件事情争论得面红耳赤，怎么可能得出正确的结论呢？大家坐在一起说话聊天的时候，有一句话特别重要：只许吹牛，不许抬杠。大家各自吹自己的牛就行了，为什么要为了一件根本没有任何意义的事情火冒三丈呢？正所谓"赢了争论，却失去了一个朋友"。

争论让人们相互疏远，讨论使人们相互靠近；争论是野蛮的，讨论是文明的。争论在友情与婚姻之中也难以完全避免，但最好都能够在私底下进行。

十、与人交谈应开诚布公

在交谈中，有时为了说服对方，指导对方，解决问题，我们需要开诚布公地直接说出自己的观点。如果遇到不得不点破的事，不明说不行的人，我们也可以用严肃的态度和真诚的语言直言相告。

据《贞观史话》记载：李世民对官员的过失斥责得十分严厉。开国功臣尉迟敬德居功自傲，在出席宫廷宴会时，如果有人的座次在他之前，他就会当众质问人家有什么功劳，敢居他之上。有一次，任城王李道宗劝他不要吵架，他竟勃然大怒，险些打瞎任城王的眼睛。对此，李世民甚为不满。席后，太宗提醒尉迟敬德，想一想韩信、彭越是怎么死的，为什么会被汉高祖杀掉，并警告他说："国家纲纪，离不开赏罚，你不能居功自傲，否则，将后悔莫及。"这一警告果然有效，尉迟敬德吓得待在家里，再三要求辞去官职，表示再也不敢寻衅闹事。

其实，在人际沟通中遇到的许多矛盾，只要开诚布公地表达出自己的意见和看法，并注意自己说话的语气，对方在冷静思考之后往往都会诚恳接受的。

十一、语气婉转方能曲径通幽

在沟通中有一种有效的方法是迂回法，即当我们在交谈中直接向对方提出意见或谈看法感到困难时，可使用兜圈子、绕弯子的方法，把要说的话用婉转的言辞和温和的语气讲出来，使对方听了易于接受，以达到沟通的目的。

视频精选
蔡康永一席话把观众都感动哭了

运用迂回法，可以借用历史典故去启发对方思考，最后点明主题，达到沟通的目的；也可以用闲谈的方式，让对方在不知不觉中将话题接过去。这时，你要注意审视对方对这个话题的态度，再择机将主题点出来，让对方同意并接受自己的主张。

有一个《晏子春秋》中记载的晏子救人的事例。

齐景公喜欢捕鸟，让烛邹管理那些鸟，但鸟却飞走了。齐景公十分生气，下令官吏杀了他。晏子说："烛邹有三条罪行，请让我将他的罪行一一列出，加以斥责，然后再杀掉他。"齐景公说："好的。"于是齐景公就召见了烛邹。晏子在齐景公面前列数他的罪行，说："烛邹！你是我们君王的养鸟人，却让鸟逃跑了，这是第一条罪行；让我们君王为了一只鸟而要杀人，这是第二条罪行；让诸侯听到这件事，认为我们的君王是看重鸟而轻视手下的人，这是第三条罪行。罪状列完了，请杀了他。"齐景公说："不用处死了，我明白你的指教了。"

晏子表面上是在数落烛邹的罪状，实际上是在批评景公重鸟轻士的错误做法，晏子既没有使君王难堪，又救了烛邹的性命，真可谓一举两得。

十二、学会恰当地引用名言

引用古文、名人名言，是写文章、讲道理常用的方法，也是沟通者阐述观点的有力手段。我们如果把名人名言、文章词句、诗词歌赋引用到谈话当中，也能使对话更加精彩。

我们可以借用对联来表达自己的观点，增强说服力。例如，1983年刘吉在与大学生的对话中就巧用了对联的形式。大学生问："你认为党风怎样才能好转？"刘吉答："我喜欢一副对联，上联是'党风正官风正民风也正'，下联是'家风好厂风好国风也好'，横批是'干劲冲天'。"大学生又问："你是怎样抓党风的？"刘吉答："我也想起一副对联，上联是'前门不开，后门难堵'，下联是'正道畅通，邪道堵死'，横批是'开堵并举'。"

我们可以借用名人名言来说明自己的看法。例如，问："现在社会上泛滥新的'知识无用论'，你怎么看？"答："我一直坚信培根的一句话：'知识就是力量。'"答句借用培根的话，表明自己对"知识无用论"持反对态度。

我们可以借用小幽默、小笑话来增加对话的艺术效果，营造和谐的氛围。例如，问："现代化大生产运用的是高等知识，为什么还叫我们学习初中课程呢？"答："有个笑话，一个人在吃第五个烧饼时饱了，他说，早知如此，何必吃前四个呢？"答句似乎没有直接回答问题，但这个小笑话就足以说明"初中课程"与"高等知识"之间的关系。这种侧面回答幽默风趣，通俗易懂，要比正面回答好多了。

我们还可以借用古诗词为自己的语言增色。例如，郭沫若的《科学的春天》这篇演讲词的结尾就十分精彩："春分刚刚过去，清明即将到来。'日出江花红胜火，春来江水绿如蓝。'这是革命的春天，这是人民的春天，这是科学的春天！让我们张开双臂热烈拥抱这个春天吧！"郭沫若借用古诗词，短短几句话，表达了丰富的思想内容，充满了炽热的情感，从而使其演讲更加具有强烈的感染力和鼓动力。

拓展阅读

说话的艺术

（1）急事，慢慢地说。遇到急事，如果能沉下心思考，然后不急不躁地把事情说清楚，会给听者留下稳重、不冲动的印象，从而增加他人对你的信任。

（2）小事，幽默地说。尤其是一些善意的提醒，用玩笑话幽默地讲出来，就不会让听者感觉难堪，他们不但会欣然接受你的提醒，还会增强与你的亲密感。

（3）没把握的事，谨慎地说。对那些自己没有把握的事情，如果你不说，别人会觉得你虚伪；如果你能措辞严谨地说出来，会让人感到你是个值得信任的人。

（4）没发生的事，不要胡说。人们最讨厌无事生非的人，如果你从来不随便臆测或胡说没有的事，会让人觉得你为人成熟、有修养，是个做事认真、有责任感的人。

（5）做不到的事，别乱说。俗话说"没有金刚钻，别揽瓷器活"。不轻易承诺自己做不到的事，承诺了就一定要做到，这会让别人觉得你是一个"言必信，行必果"的人，愿意相信你。

（6）伤害人的话，不能说。不轻易用言语伤害别人，尤其在较为亲近的人之间，不说伤害人的话，这会让他们觉得你是个善良的人。

（7）伤心的事，不要见人就说。人在伤心时，都有倾诉的欲望，但如果见人就说，很容易使听者心理压力过大，对你疏远或产生反感。同时，你还会给人留下不为他人着想，想把痛苦转嫁给他人的印象。

（8）别人的事，小心地说。人与人之间都需要安全距离，不轻易评论和传播别人的事，会给人以交往的安全感。

（9）自己的事，听别人怎么说。自己的事情要多听听局外人的看法，一则可以给人以谦虚的印象；二则会让人觉得你是个明事理的人。

（10）尊长的事，多听少说。年长的人往往不喜欢年轻人对自己的事发表太多的评论，如果你说得过多，他们就会觉得你不是一个尊敬长辈、谦虚好学的人。

第三节　语言沟通中的修辞

一言之辩，重于九鼎之宝；三寸之舌，强于百万之师。

——史记

一、比喻

比喻就是打比方，即以彼物比此物。具体来说，当人们在语言交际中要描述某一事物或道理时，运用联想或想象，引用另一种事物或道理，以便把要描述的事物或道理表达得更具体、贴切、生动和富有感染力，使听者爱听，听得明白，并留下深刻印象。

刘向的《说苑卷第十一·善说》中有下面这样一个生动的故事。

有人对梁王说："惠子这个人说话善于打比喻。假若大王您不让他打比喻，那么，惠子就没法说话了。"于是，梁王对惠子说："希望你今后说话时不要打比喻了。"惠子回答说："假若一个人不知道'弹'为何物，您告诉他'弹'就是'弹'，他能明白吗？"梁王说："当然不明白了。"惠子说："我要把我知道的事物告诉不知道这事物的人们，您说不打比喻行吗？"梁王说："不打比喻是不行的。"这个故事中，本来梁王不让惠子再打比喻，可是惠子又悄悄地打了一个比喻，说服了梁王。

比喻一般由本体、喻体和喻词三部分组成。本体是被比喻的事物；喻体是用来做比喻的事物或对象；喻词则是标明比喻关系的词语，如"好像""恰似""像……一样"等。例如，毛泽东曾说，有些人写文章长而空洞，就像"懒婆娘的裹脚布，又臭又长"。这里，长而空的文章就是本体，臭而长的"裹脚布"是喻体，"就像"是喻词。

再看一个例子。一次，有人问爱因斯坦什么是相对论，爱因斯坦解释说："你同你最亲爱的人坐在火炉边，一个钟头过去了，你觉得好像只过了五分钟；反过来，你一个人孤孤单单地坐在热气逼人的火炉边，只过了五分钟，但你却觉得像坐了一个小时。这就是相对论。"爱因斯坦用人们日常生活中的真切体验来解释高深玄妙的相对论原理，使普通人也能理解。

人们说话是为了描绘事物、阐述道理或表达情感等，要把这些东西表述得生动具体，使别人印象深刻，并不是一件容易的事，如果能运用贴切的比喻，就能化难为易且具有说服力。当然，也不能滥用比喻，否则就会出现"比喻不当"的问题，或落入老生常谈的俗套。

二、象征

象征是比喻的延伸和扩大，它是借助于特定的具体事物，来寄寓某种精神品质或抽象道理的修辞手法。

一般来讲，象征可分为明征和暗征。明征就是象征客体、象征意义、联系词在话语中同时出现，这类象征意义比较明显、固定。例如，"人民英雄纪念碑是用一万七千块坚硬的花岗石和洁白的汉白玉砌成的。它象征着先烈们的丰功伟绩，寄托着全国人民对先烈的怀念和敬仰之情……"暗征则是通过对象征客体的精细、巧妙的说法来暗示其象征意义，以期引发人们丰富的联想和想象。

下面是一位医学院的教授给刚入校的新生们讲第一堂课时的开场白。

在暴风雨后的一个早晨，一个男人到海边散步。沙滩上有许多被昨夜暴风雨卷上岸的小鱼，它们被困在浅水坑里，挣扎着，想要回到大海的怀抱。走着走着，这个男人发现远方有一个瘦小的身影，不知疲倦地忙碌着。走近一看，原来是一个七八岁的小男孩，他正弯腰捡起水洼里的小鱼，然后用力地扔回大海，一次又一次不停地重复着相同的动作。男人问道："孩子，这海滩上有成千上万条小鱼，你一个人是救不过来的。""我知道。"小男孩头也不抬地回答着，并没有停止动作。"既然知道，干吗还干傻事呢？"男人又问。小男孩只是默默地捡起小鱼，再把它们扔回大海，并不回答。男人忍不住又问了一句："你这么做，又有谁在乎？"小男孩边扔边说："这条小鱼在乎！这条，还有这条……"

讲完这个故事，教授接着说："今天，你们在这里开始了大学生活，从此每一个人都将在这里学会如何拯救生命。虽然你们救不了所有的病人，但是你们可以救一部分人，为他们减轻痛苦。因为你们的存在，人们的生活从此便有所不同，你们可以使大家的生活变得更加美好，这是你们能够并且必须做到的。"

这位教授在演说中，先是讲述了一个富有哲理的小故事，然后借助这个小故事所喻示的精神品质，告诉他的学生们将来作为一名医务工作者应该具有的职业理想和追求。

三、夸张

夸张是为强调事物的某种特征而故意言过其实，或夸大事实，或缩小事实，以让听者对讲话者所要表达的内容有更深刻的认识和了解。合理地运用夸张技巧，一是便于揭示事物的本质；二是能加强说话的感染力；三是能启发听者的想象力。运用夸张，必须以现实生活为基础，不能漫无边际，要做到"言过其实"而又合情合理，不似真实而又胜似真实。

夸张虽在某些方面"言过其实"，但又有真实性作为基础，这有利于突出事物的特殊性，可以激发人们的想象，起到突出个性形象的作用。例如，有三个人在一起谈论如何节约，其中一个人说："我认识一个人，为了节约墨水，无论写什么，字都写得像芝麻粒儿一样大小。"第二个说："我认识一个人，为了减少手表的磨损，天一黑，就把手表给停了。"第三个人说："你们说的都一般，我认识一位老先生，为了节约眼镜，连报纸都不看了。"现在，我们来看，如果说为了保护眼睛连报纸都不看了还不算夸张的话，那么，为了节约眼镜连报纸都不看了就不能说不是夸张了。可以想象，这位节约眼镜的老先生用节约精神去做其他事情时，又该是何等节约啊！

还有一个笑话，说一个老人很健忘，去浴缸洗澡时竟忘了脱衣服，但衣服一点没打湿，原来是他忘了开水龙头了。其实，再健忘的人也不至于到这种程度。

夸张虽然言过其实，但不等于浮夸，它必须以客观事实为基础，必须反映客观事物的本质特征，做到"夸而有节""饰而不诬"，才能产生强烈的震撼效果。

四、比拟

比拟是根据一定的想象，把物比作人或把人比作物，或把此物比作彼物来表达的一种修辞技巧。比拟可分为拟人和拟物两种。拟人又叫"人格比"，就是赋予大自然、动物、抽象事物等以人的言行或思想感情；拟物即把人比作物，或把此物比拟为彼物。

比拟能使人产生联想，以获得话语的形象感和生动感。毛泽东曾多次告诫全党同志不要因为革命胜利而骄傲自大起来，他曾用"牛皮不要吹得太大，尾巴不要翘起来"作比拟。尾巴本来只有动物才有，这里却用来比拟人的自大情绪，这就是拟物，既形象生动，又引人联想。

例一：一位来自新加坡的老太太在游武夷山时，不小心被蒹葭划破了裙子，顿时游兴大减，中途欲返。女导游见状微笑着走近老人说："这是武夷山对您有情啊！它想牵住您，不让您离去，好请您多看她几眼。"几句话，使老人的不快消失得无影无踪。武夷山的热情好客是机敏的女导游所赋予的，这里就用了拟人的手法，而且表达得十分得体。

例二：在一个欢迎日本青年代表团的宴会上，热情的中国朋友用著名的"人参母鸡汤"来款待客人，不想这可为难了在场的翻译。原来，他没有记住日语"母鸡"这个词。只见他机灵地站起来，指着汤，笑着对客人介绍说："这是用公鸡的太太和人参做的汤，请诸位品尝。""公鸡的太太"用的就是拟人手法，这显示了翻译的机敏和幽默。

五、借代

借代就是不直接说出该人或该事物，而借用与要说的人或事物有密切关系的其他事物来代替的修辞技巧。借代的客观基础是事物的相关性，运用这种技巧可以使语言具体形象，富于变化。

例如，三国时期，马良五兄弟中，以马良的才学最高，刘备派他去办理外交事务，他每次都不辱使命地载誉而归。因此，当时就流传一句话，叫作"马氏五常，白眉最良"。原来，马良的长相有个特点，眉毛像雪一样白。这里不说"马良最优良"，而是说"白眉最良"，用"白眉毛"这个长相特征来代指马良。[①]

再如，有一个新闻标题是：火箭坠落"玫瑰园"。"火箭"坠落在"玫瑰园"，是怎样一番景象呢？初看标题，我们可能会觉得纳闷。其实，这是一则体育新闻的标题。"火箭"指代休斯敦火箭队，新闻报道的是 2009 年 4 月 21 日火箭队在波特兰玫瑰花园球场以 103:107 落败的赛事。标

---

① 出自《三国志·蜀书·马良传》。马良五兄弟的字分别为伯常、仲常、叔常、季常、幼常，其中马良字季常，马谡字幼常，故称"马氏五常"。

题巧用借代，既抓住了具有新闻价值的事实，又写得生动有趣。

六、对照

对照是指把两种不同事物或同一事物的两个不同方面放在一起相互比较，通过比较可使事物的性质、状态和特征等更加突出，并且鲜明地表现出说话人的立场和观点。在生活中，我们将两种不同事物进行对比，通常是为了使好的显得更好，坏的显得更坏，大的显得更大，小的显得更小；将同一事物的两个不同方面进行对比，往往是为了把事物说得更透彻、更全面、更鲜明。

鲁迅在《战士和苍蝇》一文中这样说过："有缺点的战士终竟是战士，完美的苍蝇也终竟不过是苍蝇。"这里，鲁迅把"战士"和"苍蝇"拿来对照比较，尖锐地讽刺了那些诬蔑革命者的可耻奴才，坚决地支持了坚持革命的勇敢战士。

再如，闻一多先生在《最后一次讲演》中多次运用对照技巧，如讲到国民党特务暗杀李公朴，还嫁祸于共产党，并说是什么桃色事件时，闻先生说："这是某集团的无耻，恰是李先生的光荣。"把国民党反动派的无耻和李公朴为革命而献身的光荣相对比，鲜明地表达了闻一多先生的爱憎之情。

七、引用

引用这种修辞手法的用法十分广泛，它是指在语言交际中引用名言警句、熟语、典故等，来证明事物、阐述道理的一种修辞手法。运用这种修辞手法可以增强说服力和感染力，使语言表达言之有据、生动形象。

引用可以借用多种语言、多种智慧的精华，显示说话者知识的渊博。因为一个人的语言表达能力无论多强，毕竟是有限的，引用就在于借助多种多样的语言材料，使其熔于一炉，产生以少胜多、言简意赅、韵味无穷、寓意深刻的表达效果。

引用的方式有许多种，常用的引用方式有暗引、正引、反引和撷引。

1. 暗引

暗引即暗示、引用。例如，"鲁迅的两句诗'横眉冷对千夫指，俯首甘为孺子牛'应该成为我们为人处世的座右铭。"这句话中引用鲁迅的两句诗作为激励、警戒我们的格言，简洁凝练，令人回味。

2. 正引

正引即用其原意原句。例如，在一个教师节的晚会上，一名学生在回答教育的作用时说："'在一个文盲的国家里，是不能建成社会主义的'（列宁语）。'一个受了不良教育的孩童，等于走失了方向'（肯尼迪语）。'知识才是引导人走到光明与真实境界的灯烛'（李大钊语）。所以，'教育是廉价的国防'（亚里士多德语）。'教育的根是苦的，但它的果是甜的'（约翰逊语）。教育的根就是我的根。"这一段话引用了列宁、肯尼迪、李大钊、亚里士多德等著名历史风云人物的名言、警句，揭示了教育为本的内涵，生动深刻，效果突出。

3. 反引

鲁迅《南腔北调集·关于妇女解放》中有这样一段话："孔子曰：'唯女子与小人为难养也，近之则不逊，远之则怨。'女子与小人归在一类里，但不知道是否也包括了他的母亲。后来的道学先生们，对于母亲，表面上总算是敬重的了，然而虽然如此，中国的为母的女性，还受着自己儿子以外的一切男性的轻蔑。"

"唯女子与小人为难养也，近之则不逊，远之则怨。"这是孔子说的一句话，字面意思是："这世界上，只有女人和小人最难相处，亲近他们，他们就会无礼；疏远他们，他们就会怨恨。"（"女子与小人"原意为"人主"所宠幸的身边人）。在要求妇女解放的时代，鲁迅先生反其意而用之，为妇女争取解放而大声疾呼，给人们留下了极其深刻的印象。

4．撷引

撷引是撷取原句中部分语句而用之。我们平时在谈到如何面对困难时，常常说："生于忧患，死于安乐""居安思危，有备无患"，这两句话都属于撷引。

"生于忧患，死于安乐"出自《孟子·告子下》："舜发于畎亩之中，傅说举于版筑之间，胶鬲举于鱼盐之中，管夷吾举于士，孙叔敖举于海，百里奚举于市。故天将降大任于斯人也，必先苦其心志，劳其筋骨，饿其体肤，空乏其身，行拂乱其所为，所以动心忍性，曾益其所不能。人恒过，然后能改；困于心，衡于虑，而后作；征于色，发于声，而后喻。入则无法家拂士，出则无敌国外患者，国恒亡。然后知生于忧患而死于安乐也。"

"居安思危，有备无患"出自《左传·襄公十一年》："居安思危，思则有备，有备无患，敢以此规。"

运用引用技巧时，所引用的内容必须对阐述问题确有价值，其内容既具有权威性、说服力，又不是老生常谈。

运用引用技巧时应注意两点：一是要保持引文的完整性，切忌断章取义；二是要将引文与所要表达的意思融为一体，成为论说的有机组成部分，不能生拼硬凑，甚至"贴标签"。

八、排比

运用排比可使语意表达层次清晰、语势强劲、节奏鲜明、语意畅达。这种修辞手法一般是由三个或三个以上结构相同或相似、内容密切关联、语气一致的词组或语句排列而成的，用以表达同一范围、同一性质的事物，以增强气势、节奏感、旋律美和语言力。

例如，马丁·路德·金在1963年8月28日美国华盛顿黑人集会上发表了一场精彩的演说，其中有这样几段话：

"一百年前，一位美国伟人签署了《解放宣言》。现在我们站在他纪念像投下的影子里，这重要的文献为千千万万在非正义烈焰中煎熬的黑奴们点起了一座伟大的希望灯塔。这文献有如结束囚室中漫漫长夜的一束欢乐的曙光。

然而，一百年后的今天，我们却不得不面对黑人依然没有自由这一可悲的事实；一百年后的今天，黑人的生活依然悲惨地套着种族隔离和歧视的枷锁；一百年后的今天，在物质富裕的汪洋大海中，黑人依然生活在贫乏的孤岛之上；一百年后的今天，黑人依然在美国社会的阴暗角落里艰难挣扎，在自己的国土上受到放逐。所以，我们今天到这里来，揭露这骇人听闻的事实。"

……

"这就是我们的希望。这就是我们带回南方的信念。怀着这个信念，我们能够把绝望的大山凿成希望的磐石；怀着这个信念，我们能够将我国种族不和的喧嚣变为一曲友爱的乐章；怀着这个信念，我们能够一同工作，一同祈祷，一同奋斗，一同入狱，一同为争取自由而斗争，因为我们知道我们终将得到自由。"

在马丁·路德·金这几段演讲词中，第二段以"一百年后的今天"领起的排比句，从黑人没有自由、受着种族隔离和歧视、过着贫困的生活等方面集中揭露了黑人悲惨严酷的生活现状，给人以心灵的震颤；最后一段以"怀着这个信念"领起的排比句，表述了所要进行的不懈努力、斗争原则和奋斗目标。文中排比句式的运用，如江河奔腾，气势磅礴，淋漓尽致地表达了演讲者的思想和感情，产生了激动人心的效果。

九、双关

双关就是有意识地使用同一个词或同一句话，在同一个语言环境中兼有两重意思，表面上是说这件事，实际上是暗指另一件事。一语双关，不仅能使话语含蓄、幽默，还能加深语意，引人思考，给人以深刻的印象。我们可以从下面的几个故事中，体会一下双关语的运用技巧。

例一：有个女婿，能言善辩，一次同媳妇一起到老丈人家去串门。老丈人是个吝啬鬼，在宴席上，只摆了一盘柿子和几样蔬菜。女婿伸手拿过生柿子，连皮一块儿吃。媳妇在屋里看见了，连连说："苦!"女婿一边吃，一边回答说："苦倒不苦，只是有些涩（啬）。"这里，苦涩的"涩"与吝啬的"啬"同音，女婿借此讥讽老丈人的吝啬。他吃柿子连皮一块吞，引他媳妇发问，以讥讽他的老丈人。在词语的选择上，女婿也是煞费苦心，不说柿子苦，而说涩，旨在运用谐音双关。虽然嘴受了点罪，却达到了讥讽以泄不满的目的。

例二：纪晓岚与和珅同朝为官，纪晓岚任侍郎，和珅任尚书。有一次，两人同饮，和珅指着一条狗问："是狼是狗?"纪晓岚非常机敏，立即意识到和珅是在转弯抹角地骂自己，就马上给予还击。他泰然自若地回答道："垂尾是狼，上竖是狗。"这里"是狼"与"侍郎"谐音，"上竖"与"尚书"谐音，和珅用谐音攻击纪晓岚，自以为稳操胜券，聪明卓绝，没想到纪晓岚用同样的技巧以其人之道，还治其人之身，使狡猾的和珅没有占到丝毫便宜。

例三：三个朋友到一家小酒店喝酒，店里只剩下一个空位子。三个人各不相让，争吵不休，最后商定："谁说得最有道理，谁就坐这个位子。"三个人中有一个是瞎子，他抢先说："我目中无人，该我坐这个位子。"另一个是矮子，他说："且慢，我不比常（长）人，应该由我来坐。"第三个人是驼背，他不慌不忙地说："你们都别争了，其实，你们都是直（侄）背（辈）的，这个位子，理所当然应由我来坐。"这三个人，皆用谐音技巧，真是各有千秋，难分上下。

第四节　语言沟通中的误区

病从口入，祸从口出。

——佚名

一、君子言贵，沉默是金

人类文明发展了几千年，向来对"沉默"这一语言形态所能发挥的力量和意义有诸多赞誉。

哲学家说：沉默是一种成熟；思想家说：沉默是一种美德；教育家说：沉默是一种智慧；艺术家说：沉默是一种魅力；科学家说：沉默是一种发明。

实践也证明，在人际交往当中，沉默是一种难得的心理素质和可贵的处世之道，因此"沉默是金"便成为人们生活中一个不言而喻的真理。但也正如人们所言："真理往前一步就是谬误。"恪守沉默或者信奉沉默的人在享受沉默的正面力量时，也在无形中承受着沉默的反作用力。鲁迅说："不在沉默中爆发，就在沉默中灭亡。"生活已经教会我们用辩证的观点来看这个世界，那么面对沉默，我们是否应该考虑一下自身和周围的环境再进行选择呢？回答应该是肯定的。原因很简单，一个人一味沉默，别人便无法了解他，他当然也无法与外界正常沟通，变成了孤家寡人，生活自然失去滋味，他的世界也会因此变得越来越小。因此，沉默不是不说话或不想说话、不屑说话，而是一种境界，需要各方面因素的配合，才会具有金子般的价值。

具备优势的时候需要沉默，"天地有大美而不言"，太阳不语，自是一种光辉，高山不语，自是一种巍峨，蓝天不语，自是一种高远……人也一样，取得成绩的时候需要沉默，"桃李不言，下自成蹊"。面对成绩和掌声，成功者报以深深的一鞠躬，这是无声的语言，是恰到好处的沉默。遭受挫折的时候需要沉默，在失败和厄运面前，拭去眼泪，咬紧牙关，默默地总结教训，然后再投入新的战斗。等待时机的时候需要沉默，造化总是把机会送给有充分准备的人，怨天尤人无济于事，不断充实和完善自己才是可靠的。承担痛苦的时候需要沉默，如果亲友沉浸在不能自拔的悲伤之中，此刻，无论你说什么，他都听不进去，那就默默地陪他度过一段时光，默默地为他做一些事情。沟通心灵的时候需要沉默，不要随便打断对方的话，而是要善于倾听，在倾听中汲取智慧，弥补纰漏，建立信任，获得满足。

总而言之，如果说不沉默需要说话的艺术，那么沉默则更需要说话的艺术。所以，我们应慎重地对待沉默。

二、一团和气，随声附和

每个人讲话都有其独特的方式，无论是讲话的语言还是手势，都具有个人色彩。如欧美人擅长以夸张的动作表现自己内心的感受；东方人则比较含蓄、内敛，不会轻易把自己内心的感受一五一十地说出来。很多人都有一个共同的特点，即随声附和，只不过有的轻、有的重、有的隐、有的显而已。随声附和虽在多数情况下表达着一种善意的成全，却不能表现出独立的人格与见解，且更容易让人觉得虚假。一个喜欢用极端的形容词来强调自己想法或意见的人，是很少以附和的口吻来表示自己看法的。

许多人在交谈时常使用类似"我同意……但是我认为……"这样的习惯用语。其实在与朋友的交谈中，朋友想要听的是你个人的看法，而不只是你附和的回答。要让自己成为更独特的人就必须与一般人有所区别，尽量地表现出自己的看法。因此，不妨多应用些特殊或有个性的例子来表达自己的想法，不要总是附和别人的想法。即使遇到让你左右为难的问题或场面，用一些模糊语言回答也比随声附和要好。

三、不苟言笑，板着面孔说话

在人际交往中，与别人谈话，无论双方意见或说法是否一致，都不能板着面孔，这是对双方交谈的一种不尊重，会招致对方的反感，谈话可能会不欢而散。

在人际沟通中，与我们交往、谈话的人无非有两种：一种是熟悉的人，如亲人、朋友和同事；另一种是陌生人。和熟悉的人谈话板着面孔，或许还可以得到理解和谅解。而和陌生人谈话的第一印象是非常重要的，它的好坏直接关系到谈话的结果，只有给别人一个好印象，才能顺利交谈，发展友谊，取得交际的成功。

不同的言谈神态会引起对方不同的对待和回应。俗话说："人都是有感情的动物"，你尊重别人，热情待人，谁又会驳你的面子呢？

与人交谈时一定要开朗、热情、主动，因为我们不是受到什么强迫才接近谁、喜欢谁，也不是由于什么人出类拔萃、有成就、有名气才去接近、喜欢这个人。亲切的话语，温暖的微笑，能拉近人与人心理的距离。相反，整天板着个冷冰冰的面孔，无论对什么人都是无益的。

四、自称"直脾气"而随意讲话

我们在与他人的交往中，常常会听到这样的话："我这人是个直脾气，说错了你别见怪。"乍一听挺真诚，其实仔细推敲起来，这句话不免包含了另外一种意思，即给自己说错话或可能说错话开脱。那么既然有开脱之嫌，时间一长，难免会被听者窥破。这样一来，即使你当时确实是出于真心，也还是会被对方误解，从而产生芥蒂。

因此，我们在日常谈话中，有时因为环境、氛围、心理等因素，有些话不便直接说出来，需要用婉转的语言来表达，即俗话说的拐着弯说，这样就可以避免给对方造成不良刺激，破坏谈话的情绪。

委婉和含蓄是紧密相连的，它并非花言巧语、含糊其辞，既不是为了哗众取宠，要什么花招，也不是语言不清，态度不诚恳，不让人弄明白意思。它是一种富于智慧、独具魅力的表达技巧，是为某种需要而采用的办法。培根说："含蓄和得体，比口若悬河更可贵。"为说明某些问题，适应某种场合，含蓄委婉地说话比直来直去让人受用得多。

鲁迅有一个叫川岛的日本学生，由于谈恋爱浪费了很多时间，鲁迅为了提醒他，在送他的书上写道："请你从'情人的拥抱'里，暂时伸出一只手来，接受这枯燥无味的《中国小说史略》……"鲁迅的赠言是含蓄的批评、幽默的提醒，不露声色而又意味深长。看到这样的赠言，他的学生必然会在一笑之余陷入深思和反省。

五、只顾自我表现，对他人视而不见

人际交往中的说话，同站在教室讲台上讲课或是站在演讲台上演说有很大的不同，讲课和演说，只有一个人在说话，别人不能插嘴。而社交中的说话，彼此处于对等的地位，如果在这种谈话中，你一直滔滔不绝，那对方就没有说话的机会，完全是你说人听了。这样你肯定不会受人欢迎，甚至会被别人疏远。

一位世界著名记者曾说过："不肯留神去听别人说话，是不受人欢迎的第一表现。"每一个人都有表现欲，如几个人聚在一起讲述故事，只有甲滔滔不绝地一个一个地讲下去，而乙和丙想讲

却没有机会，那么，乙和丙的心里一定不好受，自然会没有兴趣听下去，到最后大家就只能不欢而散了。

如果一个商店的售货员，拼命地夸赞他的商品有多好，而不给顾客说话的机会，就很难做成这位顾客的生意，因为顾客面对他巧舌如簧、天花乱坠的介绍，顶多只把他看作一个生意精，很难因此购买他介绍的商品。因此，只有给顾客留有说话的余地，使顾客对商品有询问或批评的机会，双方有问有答才有机会做成生意。

我们如果能够给别人说话的机会，也就给别人留下了一个好印象，在接下来的交谈中才会更加顺利。

六、好胜心强，喜欢与人争论

丹麦著名童话作家安徒生崇尚俭朴的生活，他经常戴着一顶破旧的帽子在街上行走。一天，有个富人嘲笑他："你脑袋上的那个玩意儿是什么？能算是帽子吗？"

安徒生不卑不亢地回敬道："你帽子下边的那个玩意儿是什么？能算是脑袋吗？"

嘲讽刻薄的话语被安徒生以牙还牙的机智幽默顺势一转，便狠狠地回敬了对方。反攻的力量如此强大，对方简直是搬起石头砸自己的脚。

人们总是把激烈的语言交锋称为唇枪舌剑，有时候两片嘴唇一个舌头，比真枪实弹的威力还要大。然而，针锋相对的反击虽然精彩，却无法赢得对方内心的好感。就人际关系而言，它不会给我们带来任何好处。因此，我们要尽量避免与他人争论。

人际关系专家告诉我们：绝大部分的争论，都会使双方比以前更加坚持自己的立场和观点。在争论中没有赢家。不管你是否在争论中占了上风，本质上你都输了。就算你在争论中把别人驳得体无完肤、一无是处，又能怎样？你可能会暂时高兴，但对方因自尊心受到了伤害，会对你产生怨恨的心理，并不会对你真正地口服心服。

因此，我们在做人做事时，要避免与他人发生争论。就像睿智的本杰明·富兰克林所说："假如你总是争论、辩驳，或许你偶尔能赢！可这种胜利是毫无价值的，因为对方内心的好感你是永远得不到的。"

如果不能赢得对方内心的好感，那我们的争论是否也失去了某种意义呢？难道我们用尽脑筋、费尽口舌，就是为了要得到那种语言上、表面上的胜利吗？在争论中，也可能你是有理的，但如果你想凭争论来说服对方改变他的意见，那你就错了。

林肯曾经这样批评一位和同事吵架的青年军官："任何想有所作为的人，绝不会把时间浪费在个人争执上。你承担不起争执的后果，如发火、失去自制等。在拥有相等权利的事物上，要多让对方一些；即使在明显是你对的事情上，你也要让一下。与其和狗抢路，被它咬伤，还不如让它过去；否则就算你把狗杀了，你还是已经被它咬了。"

小王和小李是一对关系不错的朋友，小王的性格非常固执，无论犯了怎样的错误，也绝不肯认错。有一天，他们两人正在闲谈，无意中谈到一种叫砒霜的毒药，小王偏说没毒，认为有时吃了还可以滋补身体。小李觉得不对，认定砒霜就是一种毒药。小王见小李反对自己，想方设法为自己的观点辩解。他说医治某病的药"九一四"中就含有砒霜，但是注射到人的血管中去，人并不会中毒而死。还说一到冬天，乞丐露宿街头，无法抵御寒冷，靠吃砒霜来御寒。小李觉得小王说的只是偶然的现象，不足为据，更不能以此就判定砒霜没毒，因此仍然坚持自己的观点。结果，小王见小李始终不承认自己是对的，为证明自己没错，就对小李说："你不相信，那我们可以当场试验，我来吃给你看，看看到底我吃了砒霜之后会不会死。"小李听后深恐小王真的中毒而死，所以竭力说砒霜有剧毒，劝小王无论如何不要冒险。然而，小王为维护自尊心，如何肯承认砒霜有毒而不吃呢？结果，小李越是劝他不要吃，他越是要吃给小李看，最后还是吃了砒霜而死。小王死后，小李非常悔恨，心想当时如果自己不和小王争辩，小王就不会死。他认为，小王的死，完全是自己造成的，于是整日闷闷不乐，从此一病不起。

上面的例子或许有些夸张，但事实上，在我们身边，由无谓的争论而导致的悲剧每天都在上演，只是轻重不一、程度不同而已。在人际沟通中，避免无谓的争论是有百利而无一害的。

七、语言冗长，长话不会短说

抓住要点，长话短说，是赢得听者喜爱的一件法宝，也是说话的一种谋略。当然，长话短说必须针对特定的对象。假如对方跟你并不是很熟悉，而你一上来就直奔主题，势必让人感觉唐突，其效果可想而知。

一般来说，针对那些跟自己关系比较熟悉的人，或者是在一些比较正式的场合，如商业谈判、做报告、演讲等，如果我们在讲话时能够做到抓住要点、一针见血，就会很快地吸引听者，使他们迅速地进入状态。而一味长篇大论，则会显得冗长啰唆，让人昏昏欲睡，不得要领。

德国著名诗人和戏剧家贝托尔特·布莱希特讨厌那些冗长单调而又没有多大效果的会议。一次，有人请他参加一个作家的聚会，并让他致开幕词。布莱希特公务缠身，不想参加，便委婉地拒绝了。但主办人并不罢休，他们想尽一切办法，直至布莱希特无可奈何地答应为止。开会那天，布莱希特准时到会，悄悄地坐在最后一排。主办人看到后，把他请到了主席台就座。一开始，主办人讲了一通很长却没有什么实际内容的贺词，向到会者表示欢迎，然后，高声激动地宣布："现在，有请布莱希特先生为我们这次大会致开幕词！"布莱希特站了起来，快步走到演讲的桌子前。到会的记者们赶紧掏出笔和小本子，照相机也"咔嚓咔嚓"响个不停。不过，布莱希特却让某些人失望了，他只讲了一句话："我宣布，会议现在开始！"

由此可见，我们必须学会长话短说，最重要的就是说出我们要谈论的主题，其余的客套话尽量少说或不说，这样听者才不会感到厌烦，才能收到较好的交流效果。

八、不懂装懂，哗众取宠

如果我们在某些事情上显得一无所知，心里便容易产生落于人后的压迫感，这也是人们常见的一种心态。在绝不服输的好胜心作祟下，一些一知半解的人处处装腔作势、不懂装懂，想以此来保全自己的面子。不懂装懂在无知的人面前也许能暂时抵挡一阵，保住自己的面子，可到了行家面前，就要大出其丑了。不懂装懂是极力掩饰自己知识贫乏、见识短浅的做法，说得越多，自己的缺点暴露得就越多。不懂装懂也是不诚实的表现，如果对方有意考验你的诚意，不懂装懂就会使其对你丧失信心，收回扶助你、点拨你的打算。

在生活中，有些人乍看很平凡且没有可贵之处，但经过认真的交谈之后，我们就能够很快被其思想所感染，这种人待人往往坦诚直率，所说的话也往往简单明了。朋友关系必须建立在真诚之上，华而不实的言论只适合逢场作戏，朋友之间靠的是相互欣赏和吸引，而不是为了使对方接受自己的意见故意卖弄一些偏僻冷门的词汇来表现自己的水平高人一等，这样只会让对方觉得和你格格不入而无法接受。

交朋友应该是相互取长补短，别人比自己专精的地方就要多学多问，即使是自己很专精的事，也要以很谦虚的态度来展现实力，这样才能说服他人。

朋友中最令人敬而远之的，就是那些不懂装懂的人。承认自己也有不知道的事并不丢人，为了自抬身价而不懂装懂，一旦被对方看穿，就会令对方产生不信任感而不愿与你交往。"闻道有先后，术业有专攻"，每个人都有自己的专长，不可能对每件事都很精通。所以，在人际交往中一定要保持一个良好的心态，切忌不懂装懂。

九、忠言逆耳，缄默不语

生活中很多人因为担心忠言逆耳，面对别人出现的错误行为宁愿三缄其口，也不愿加以劝阻，虽然他从未因此得罪过生活在他身边的人，但这种做法无疑是自私和不负责的，一旦被朋友意识到，朋友也会认为这个人不可靠。我们常说，忠告对于帮助他人和建立真诚的人际关系，起着难以替代的重要作用。那么反过来讲，不能给予他人忠告的人就不是真诚的人，这种人不将自己的真实感受告知对方，也就无法得到对方的信任。因此，我们应该欢迎忠告，更应该给人以忠告。但是，在忠告他人的时候，一定要注意运用恰当的方式和方法。

第一，谨慎行事。说到底，忠告是为了对方好。因此，要让对方明白你的一番好意，就必须谨慎行事，不可疏忽大意。此外，讲话时态度一定要谦和诚恳，言语不能激烈，也不必过于委婉，否则对方就会觉得你在教训他或假惺惺地不怀好意。

第二，选择时机。忠告虽然是为对方好，但是如果不注意选择适当的场合和时机，也可能达不到忠告的目的，甚至会给双方制造矛盾。例如，当下属尽了最大努力而事情最终没有办好时，最好不要向他们提出忠告。如果这时你不合时宜地说"如果不那样就不至于这么糟了！"之类的话，尽管你指出了问题的要害且很有道理，下属心里却会顿生"你没看见我已经拼命在做了吗？"的反感，效果当然就不会好了。相反，如果此时你能够说几句"辛苦你了""你已做了最大的努力""这事的确比较难办"之类的安慰话，然后再与下属一起分析失败的原因，这样下属才愿意接受你的忠告。除此之外，在什么场合提出忠告也很重要。原则上讲，提出忠告时，最好以一对一的方式，千万不要当着他人的面向对方提出忠告，因为这样做，对方就会受自尊心驱使而产生抵触情绪。

第三，切勿比较。在忠告别人的时候，不要以事与事、人与人比较的方式提出。因为此时的比较，往往是拿别人的长处比对方的短处，这样很容易伤害对方的自尊心。例如，一位母亲这么忠告自己的儿子："我说小强呀，你看隔壁家的小正多有礼貌，多乖啊！你可还比他大两个月哩，你要好好向他学习，做个好孩子哟！""哼，你嘴里整天是小正，这也好，那也好，干脆让他做你的儿子算了！"儿子的自尊心受到伤害，母亲的忠告也适得其反。

十、任性而为，不拘小节

人们在日常交谈中，常会犯些小毛病，有些人认为这都是生活中的小节，所以不去重视，甚至用"君子做大事而不拘小节"来宽慰自己。殊不知，就是这些不起眼的小节，在时刻影响着自己的形象，降低对方与自己交谈的兴趣，甚至引起别人的反感。所以，对于小节，还是应小心防范，并设法加以纠正为好。具体地说，应该注意以下几点。

（1）咬字不清。有的人在谈话中，常常会把有些字句说得含含糊糊，叫人听不清楚或者误解他的意思。所以，不说则已，只要开口，就最好把每个字清楚准确地说出来。

（2）话有杂音。在说话时，加上许多没有意义的杂音，这比喜欢用多余的字句更令人不舒服。例如，有的人一面说着话，鼻子里一面"哼哼"地响着；有的人每说一句话之前，必先清清自己的嗓子；有的人一句话里面一定会加上几个"哦"字……这些杂音往往会使对方产生一种心理上的不快之感。

（3）用字笼统。在说话时，有人喜欢笼统地用一个字去表达看法，例如，他在所有自己满意的场合，都用一个"好"字来代替。他会说："这歌唱得真好！""这是一篇好文章。""这山好，水也好！""这房子很好。""这个人很好。"……其实，别人很想知道一切究竟是怎样的好法。这房子是宽敞，还是设计得很别致呢？这人是很老实，还是很慷慨呢？单是一个"好"字，叫人有点摸不着头脑。还有这样的人，用"那个"代替几乎所有的形容词，例如，"这部影片的确是很那个的""这件事未免太那个了""这封信叫人看了很那个的"……这一类毛病，主要是由不肯多费脑筋去寻找一个适当的恰如其分的字眼去表达而导致的。如果放任这种习惯而不加克制，你所说的话就容易使人觉得笼统而空洞，没有内容，因而也就得不到别人的重视了。

（4）过于夸张。人们喜欢用夸张的语言去强调一件事物的特性，以引起别人的注意。例如，"这个意见非常重要！""这本书写得非常精彩。""这是一部非常伟大的戏剧！""这种做法是极端危险的！""这个女人的美丽简直无法形容。"……如此这般，这种话讲得多了，别人也就自然而然地把你所夸大的字眼都大打折扣，这就使你说话的分量大大降低了。

（5）逻辑混乱。在叙说事理时，最重要的是层次清晰，条理分明。所以，在交谈之前，我们一定要先在脑子里将所要讲的话好好地整理一下，分成几个清楚明确的段落，摒除不必要的细节。否则，说起话来就会拖拖拉拉，夹杂不清。特别是当一个人叙述自己亲身经历的时候，更容易因为特别起劲，巴不得把所见所闻全盘托出，结果却叫人听起来非常吃力。

（6）矫揉造作。矫揉造作有多种表现形式，有的人喜欢在交谈中加进几句英语；有的人喜欢在谈话中加进几个学术性的名词；有的人喜欢把一些流行的字眼挂在口头；有的人喜欢将名言引用在并不适当的地方。这些都会让对方觉得他们在卖弄学识、故作高深，还不如自然、平实的语言更容易让人接受。

　　2019年7月30日，某女司机驾驶保时捷违规掉头，认为正常行驶的开奇瑞车的男子挡了她的路，她不由分说，上去就挑衅，还先动手打了该男子一个耳光，接着却被该男子反抽一耳光。在网上的一段视频中，该女扬言："你要跟老子比速度，老子看到红灯从来都是闯，我打个电话就可以把违规全改……"，该女如此任性，却搬起石头砸了自己的脚。

思考与训练

1. 在语言沟通中，既要强调语言的通俗化、口语化，又要照顾到语言的文化内涵和艺术性。请结合实际谈谈如何在语言沟通中恰当地运用各种修辞方法。

2. 请结合自己的语言沟通经历，说说语言沟通有哪些常见的误区以及如何避免进入这些误区。

3. 请阅读下面一则故事，然后回答后面的问题。

据《韩非子·喻老》记载，春秋战国时期名医扁鹊有一次谒见蔡桓公，站了一会儿，他看看蔡桓公的脸色，然后说："国君，你的皮肤有病，不治怕是要加重了。"蔡桓公笑着说："我没有任何病。"扁鹊告辞后，蔡桓公对他的臣下说："医生就喜欢给没病的人治病，以便显示自己的本事。"

过了十几天，扁鹊又前来拜见蔡桓公，他仔细看看蔡桓公的脸色说："国君，你的病已到了皮肉之间，不治会加重的。"蔡桓公见他尽说些不着边际的话，气得没有理他。扁鹊走后，蔡桓公还没有消气。

又过了多天后，扁鹊又来朝见蔡桓公，神色凝重地说："国君，你的病已入肠胃，再不治就危险了。"蔡桓公气得叫人把他轰走了。

再过了十几天，蔡桓公出宫巡视，扁鹊远远地望见他，转身就走。蔡桓公很奇怪，派人去追问。扁鹊叹息说："皮肤上的病，用药物敷贴就可以治好；皮肉之间的病，用针灸就可以治好；在肠胃之间，服用汤药就可以治好；但是病入骨髓，那么生命已掌握在司命之神的手里了，医生是无能为力了。如今国君的病已深入骨髓，所以我不敢再去谒见了。"蔡桓公听后仍不相信。

五天之后，蔡桓公遍身疼痛，连忙派人去请扁鹊，但这时扁鹊已经逃往秦国躲起来了。不久，蔡桓公便病死了。

（1）蔡桓公为何没有把扁鹊的话当回事？

（2）请从语言沟通的角度分析扁鹊的失误，并说明应该怎样改进其语言沟通技巧。

4. 请阅读下面一则《蝎子太守》的小故事，谈谈在正式的交际场合遇到尴尬时应如何应对。

雍正初年，有一名同知随着吏部官员谒见皇上，没想到他的帽子中藏着一只蝎子，一时间无法赶它出来，蜇得这位同知的头部非常疼痛，眼泪鼻涕都流了出来。雍正帝看到他这样子，十分惊异，便问他是怎么回事。该同知于是脱下帽子，叩着头撒谎说："我因为深感康熙帝六十一年的深仁厚德，一家两代都蒙受皇恩，所以不由自主地哭了起来。"雍正听了说："这人还算有良心。"随即记下了他的名字，后来任命其为知府，人们于是管他叫"蝎子太守"。

5. 请分组练习下面一则绕口令，然后每组推举一人进行汇报表演。要求：咬字清，速度快，内容要重复三遍以上。

南边来了个瘸子，手里托着个碟子，碟子里装着茄子，地上钉着个橛子。地上的橛子绊倒了瘸子，撒了碟子里的茄子，气得瘸子撇了碟子，拔了橛子，踩了茄子。

6. 阅读下面一则故事，分析纪晓岚幸免一死的原因。

相传，清朝进士纪晓岚很有才学，他以说话风趣、能言善辩而出名。有一次，他背后称乾隆皇帝为"老头子"，恰好被乾隆皇帝听到了，便生气地问："纪晓岚，你叫我老头子是何道理？知罪吗？"纪晓岚答道："皇上息怒，听臣解说。群臣称皇上为万岁，岂不为'老'？头为万物之首，皇上乃一国之首，岂不为'头'？皇上乃真龙天子，岂不为'子'？三字合称，乃'老头子'也！"乾隆皇帝听他这么一解说，气也就消了，当然也不会再给纪晓岚定罪了。

7. 阅读下面一则故事，从修辞的角度分析一下李白的机智回答。

唐代开元年间，大诗人李白拜访当时的宰相杨国忠，自称为"海上钓鳌客李白"。鳌是传说中的海龟，奇大无比。据说远古一场战争后，天塌地陷，女娲便砍了鳌的四只脚当柱子把大地重新安置平稳了，可见鳌是多么大了。李白竟然自称是"钓鳌客"，于是，杨国忠想为难他，说："先生去沧海，钓这鳌，拿什么去钓呢？"李白机智地回答："我去钓鳌，拿虹霓做丝绳，用明月做钩子，取天下恶人做鱼饵。"杨国忠听了一哆嗦，心想："李白真是不好对付的人啊！"

8. 校外实践训练。利用业余时间，深入到学校附近的社区，在社区工作人员的引领和指导下，以志愿者的身份向社区的空巢老人提供服务，除了帮助老人们解决日常生活中的问题外，还应重点和老人们进行心灵的沟通和对话，使他们在精神上得到安慰。实践活动结束后，向任课老师提交一份以"空巢老人的精神世界"为题的实践报告。

第四章

Chapter 4

非语言沟通艺术

  非语言沟通是相对于语言沟通而言的，虽然在人际沟通中它只起到辅助性作用，但它的沟通效果却是极其明显甚至不能替代的。沟通是双向的，人们不仅可以通过肢体语言观察了解别人，也可以利用肢体语言向对方传达自己的意图，搭建友谊之桥。

  最初，人的四肢并非只用于劳动，更多的是可以使人由个体通过肢体上的交流与沟通联合为群体，团结在一起抵御外来的种种威胁，保持人类的延续。当人类尚未掌握语言时，利用肢体进行交流可能是人类交流最重要的手段。随着人类的进步和发展，在掌握了有声语言之后，祖辈们曾经依赖的肢体语言便开始退居次要地位了。

  随着社会的发展，人们开始研究自我，并且发现我们同别人沟通时，交际的手段并不限于语言，尽管我们以往没有意识到这一点。人们的表情、手势、身体其他部分的动作，都在向周围的人传递着信息。

  通过对本章的学习，应了解非语言沟通的含义及特点；明确非语言沟通与语言沟通之间的区别与联系；熟知各种非语言沟通的情绪表露方式；掌握各种非语言沟通方式的运用技巧并学会根据他人的非语言表现判断其真实意图。

> ### 导入案例
>
> #### 成功的竞聘演讲
>
>   态势语言是有声语言最默契的知音。在某高校学生会主席竞聘演讲中，李同学以丰富的演讲内容、精彩的有声语言和自信的微笑、灵动的眼神、潇洒的手势等态势语言，给观众留下了坚定自信、睿智从容的印象，最终赢得了竞选，成功当选为该校学生会主席。
>
>   **思考与讨论**：李同学的演讲为什么会取得成功？什么是态势语言？态势语言对演讲者的风度气质及演讲效果有何影响？

第一节　非语言沟通的含义及特点

  微笑是通向世界的护照，是拨动心弦最美好的语言。

——佚名

一、非语言沟通的含义

  所谓非语言沟通，就是使用除语言沟通以外的其他各种沟通方式来传递信息的过程。非语言沟通的方式有很多，它包括身体语言、副语言、空间语言以及环境语言等，甚至没有表情的表情、没有动作的动作都是非语言沟通的有效手段。非语言沟通在实际沟通活动中起着非常重要的作用，甚至比通过语言表达信息更为重要。事实上，国外心理学家调查研究发现，在信息传递的全部效果中，语言只占7%，声音占38%，而非语言沟通所达到的效果最为明显，占到55%。

例如，一个漂亮的少女在商店购买东西时，看见一个招人喜欢的小伙子迎面走来。当他走近时，她与他的目光接触了两秒钟，然后转过头，并微笑而略显着涩地走过。当他们擦肩而过后，她转过头来，看他是否在注意她。"沟通"这时就发生了作用，虽然他们并没有说一句话。显然，他们所进行的是非语言沟通。

在非语言沟通中，沟通双方相互作用的本质是十分明显的，即便没有说话，也能通过衣着、面部表情、姿势或其他非语言方式来沟通。仅仅是走过校园这一种简单的行为，你也在发出信息并从甚至不相识的过路者那里得到信息，你在想"多漂亮的大衣，不知道是在哪里买的？""他的个子真高，可能是一个运动员。"当别人看到你时，他们也可能同样在偷偷地对你进行评价。

视野拓展
16 种肢体语言解读

当你第一次听一位新老师上课时，你对老师所做出的最初判断也是建立在非语言行为上的。当他把讲稿拿出来，严肃地说明这门课程的教学目的和任务时，你就会想这位老师教学不含糊，可能不认真学习是过不了关的。作为老师，他也在评价你，通过你的坐姿、衣着来判断，回想他以前教过的与你类似的学生，并且判断你大概是哪一种类型的学生。

二、非语言沟通的特点

概括起来，非语言沟通的特点主要表现在以下几个方面。

1. 非语言沟通隐藏着丰富的文化内涵

一般来说，人们的大多数非语言行为是在孩童时期学到的，是由父母和其他相关群体传给的。因此，这些行为不可避免地受到文化环境、风俗习惯、思维方式以及价值观念的影响。例如，在我国和西方不少国家，那些有许多窗户和最好风景的办公室都是特意留给地位比较高的人的；而在日本却恰好相反，"坐在窗户旁边"暗示你已经从主要工作中被排除出来，或者已经被放在一边了。在德国，办公室是单独的、分开的，并且在紧闭的办公室门上写着主人的名字。德国人不愿在一个敞开的大办公室里工作，因为他们认为自己的谈话能被别人听到是一种缺乏隐私权的表现；而在日本，办公室一般是不分隔的，公司经常会使用一个很大的、开放并且很拥挤的办公室，包括老板在内所有的人都坐在这里，他们认为这样有助于消除那些阻止非正式交流的隔阂。

2. 非语言沟通所包含的信息远远超出语言所提供的信息

有关研究表明，非语言沟通所包含的信息要比语言沟通丰富得多，因为，语言有时会把人们所要表达的意思部分地隐藏起来。所以，要了解说话人的深层心理，即无意识领域，单凭语言是不够的，动作比语言更能表现出人的情感和欲望。人类语言传达的意思大多数属于理性层面，这种经过理性加工表达出来的语言往往不能真实地表露一个人的真正意向，甚至还会出现"口是心非"的现象。这就表明，当一个人在讲话时，他可能会戴上某种面具，讲的话可能是虚假的，而其身体语言的掩饰就不会那么有效了。正如人们常说的"不仅要听你说什么，更重要的是看你怎么做"。由此可见，非语言沟通在沟通中所表现出的真实性和可靠性要比语言沟通大得多，特别是在情感的表达、态度的显示、气质的表现等方面，非语言沟通更能显示出它所独有的特性和作用。所以，在人际沟通过程中，尤其在需要准确表达丰富的情感、增强表达效果、提供可靠的活动信息时，都需要运用准确的非语言表达方式。

3. 非语言沟通能够影响并调控语言沟通

在沟通过程中，非语言沟通不仅起着配合、辅助和加强语言沟通的作用，而且能够影响并调控语言沟通的方向和内容。例如，在交谈过程中，讲话者应把目光集中在听者身上，尤其是听者的面部，意思是"我在跟你说话"；而听者也应不时地注视一下讲话者，表示"我在听着呢"。讲话者在快讲完时，总是抬起眼望着对方，示意对方"该你讲了"。这时对方会接收这一信号，将目光移向别处，表示"我已经准备接话了"。然后，听者转为讲话者，重复刚才的一幕，谈话继续进行。如果在讲话者喋喋不休时，听者东张西望，那就表示"够了，别讲了"。这时讲话者应及时做出调整。这种目光信号的交换伴随着整个谈话过程，调节着谈话的节奏和内容。

不仅如此，非语言沟通还能验证和表达语言沟通所要传递的信息。例如，在一些娱乐节目中，我们会看到一种大众游戏，就是表演者不可以说话，但可以通过动作或者表情来表现一个成语或一句话，让另外的参与者来猜。有时表演者做得很传神，参与者便能回答准确；而有时表演者的表达不是很到位，参与者便会错误地理解表演者的意图而说出毫不相干的意思，令观众忍俊不禁。这就说明非语言沟通在表达准确时可以真实地传递信息，而这个信息传递的过程又会受到动作、表情、理解等众多因素的影响。

4. 非语言沟通能表明情感和态度

非语言沟通在很大程度上是无意识的，因而，它能更真实地表明人的情感和态度。当你与他人交谈后，你会很清楚地记得谈话的内容，因为，这些话是通过你的思考和选择并有意识地表达出来的。但在谈话时你做了哪些动作、用过什么样的姿势却难以说清，因为它们是自然而然地流露的，你并没有刻意地去选择在说哪些话时采取哪些姿势。例如，我们会不自觉地接近自己喜欢的人，而与自己不喜欢的人谈话时则离得远些；当反对某些意见时，可能会把双臂交叉在胸前，而对某些话题感兴趣时，会把身体倾向对方。面部表情、手势、形体动作和使用目光的方式，都向他人传递了我们的情感和情绪，别人能从我们的面部表情上发现愉快、悲哀、恐惧、愤怒和是否有兴趣。绝大多数人也能通过说话的速度、音调等准确地识别说话者的情绪。

视频精选

看洗脑式演讲是如何运用身体语言的

5. 单独的非语言交流符号具有依附性

单独的非语言交流符号只有同其他多种非语言符号相配合，并联系语言信息、交流情境等因素，才能使它们所要传达的信息更为明确。

在非语言行为中，人们的各种器官都可以被利用来传情达意，因此非语言交流符号通常以组合的方式出现，构成整体性的符号系统。例如，人们在争吵时眼睛会直接逼视对方，全身肌肉紧绷，甚至会有双手紧握拳头的动作；一个认真倾听谈话的人常会有眼睛睁大、身体向对方倾斜，甚至嘴巴张开等动作。所以，人们的各种情绪都可以由身体表达出来。但作为语言交流的辅助手段，非语言行为不如口头或书面语言直截了当，需要依附后者来使人们更清晰地理解它们包含的信息。

不少非语言符号还具有多义性，这些意义是由特定的语境和交流者的关系所确定的。例如，睁大眼睛这个常见动作能够表现"愤怒、好奇、仇恨、惊讶"等诸多含义。如果不结合语境就很难从纯粹的动作上判断其含义。同样，一个人习惯性的皱眉动作可能会被陌生人理解为不耐烦或生气，但熟识他的人则不会计较和误解。一般来说，非语言交流符号要么跟语言相结合，要么依附于环境，并结合交际双方的关系，才能表示明确的含义。

案例阅读与思考

一个拥抱胜过千言万语

在拉科鲁尼亚主场，对手因输球提前降级，考虑到对方球员的感受，梅西尽管很兴奋但也非常克制，并没有在球场内得意忘形地庆祝。

梅西此举为拉科鲁尼亚人留足了面子，这也是对手依然尊重他的原因。毕竟人家刚刚降级，而梅西的帽子戏法犹如在拉科鲁尼亚人身上戳了三个窟窿，滴血的伤口犹在，你就迫不及待地在人家的场地上庆祝，犹如在伤口上又撒了一把盐，人家会怎么想？

赛后还有一个感人的镜头，足以说明梅西在巴萨队内为什么会赢得队友的赞赏和佩服。终场哨响，当队员们正在庆祝夺冠时，梅西却悄悄地找到了伊涅斯塔，与他深情相拥。对于这位赛季结束就要告别巴萨的老战友，这份友情和情谊无须言表，只需一个拥抱就足矣。

思考与讨论：有时，一个表情、一个动作就能表达无限深意，你有过类似的体会吗？

第二节　非语言沟通与情绪表露

人会说谎，但身体不会说谎。

——佚名

一个正常的人，他的情绪变化，无论他本人是否感受得到，都会有意或无意地通过语言、动作等表露出来。当语言沟通与非语言沟通结合起来时，语言沟通起的是方向作用，而非语言沟通却能准确地反映出沟通者的真正思想和感情。

非语言沟通是一种可以相互沟通的"无声语言"，如果你留心观察别人的体态语，不仅可以比较准确地觉察别人的内心世界，也可以懂得对方此时其实是在向你暗示什么，从而帮助你做出恰当的反应。例如，当你正在侃侃而谈时，发现对方开始做一些似乎是无意识的小动作，如搔头、摸脸等，你就要意识到这是对你的话题不感兴趣的表现，这时你就要及时转换话题或尽快结束谈话。

一、眼睛的情绪表露

眼睛的动作一向被认为是最明确的情感表现，眼睛被喻为"心灵的窗户"，表明它具有反映深层心理活动的功能。一般来说，你越喜欢一个人，你就越爱与他目光接触。

1．注视

注视是指集中目光看，通常表示注意或重视对方的情绪。在注视别人时，有以下几个问题需要加以注意。

（1）直视与长时间的凝视可能被认为是对私人空间或势力圈的侵犯，所以是不礼貌的。

（2）与人交谈时，视线接触对方脸部的时间应占全部谈话时间的 30%～60%。超过这一范围，可认为对谈话者本人比谈话内容更感兴趣；低于这一范围，则表示对谈话内容和谈话者本人都不怎么感兴趣。

（3）倾听对方谈话时，几乎不看对方，那是企图掩饰什么的表现。女性对此表现得更为明显，往往内心喜欢对方，又不想让对方发现，只能用不看对方的方式来掩饰自己的想法。

（4）眼神闪烁不定通常反映一个人心里有鬼或在说谎。

（5）不愿目光接触，是由于心中隐藏着某件事而有所歉疚。

> 视频精选
>
> 憨豆先生的表情、肢体语言告诉你什么是喜剧大师

据一位有经验的海关检查人员介绍，他在检查报关人员已填好的报关表时，还要再问一问："表中内容都是据实填报的吗？"这时，他的眼睛不是看着报关表，而是看着报关人员的眼睛，如果该人不敢正视他的眼睛，那么就表明该人在某些方面可能有虚报的情况。

（6）睁大眼睛看人是对对方感兴趣的表示。

（7）眨眼也属于注视方式之一。

一般情况下，人们每分钟眨眼 10～20 次为正常；若眨眼次数过多，表示在怀疑对方所说内容的真实性；而眨眼时间超过一秒就成了闭眼，通常表示厌恶、不感兴趣。

2．视线交流角度

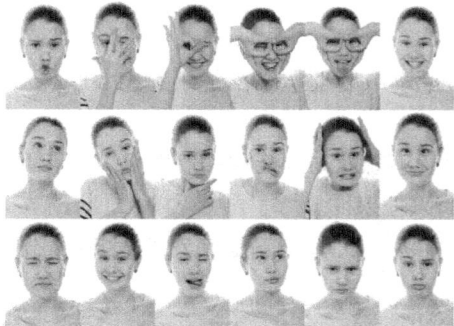

视线交流的角度也能表现出某种情绪，通常有以下几种情况。

（1）视线向下，表现父母、长辈对子女的爱护、爱怜与宽容的心理状态。

（2）视线保持平视，是基于理性与冷静思考和评价的成人心理状态。

（3）视线向上，表现出尊敬、敬畏和撒娇等纯粹以自我为中心的儿童心理状态。

3．瞳孔的大小

瞳孔的放大和缩小属于微表情。一般来说，瞳孔的放大传递出正面的信息，瞳孔的缩小则传递出负面的信息。例如，产生爱、喜欢或兴奋等情绪时，瞳孔就会放大；而产生戒备、愤怒等情绪时，瞳孔就会缩小。

二、嘴巴的情绪表露

嘴巴是说话的工具，也是用来呼吸和摄取食物的器官之一，它有吃、咬、吮、舔等多种动作形式。这些动作形式也能传递丰富的情绪信息。

（1）抿住嘴唇，往往表现意志坚决。如果抿紧嘴唇，且避免接触他人的目光，可能表明其心中有某种秘密，此时不想暴露。

（2）嘴自觉地张着，呈现出倦怠疏懒的模样，说明其可能对自己所处的环境感到厌烦。

（3）噘着嘴，是不满意和准备攻击对方的表示。

（4）注意倾听对方谈话时，嘴角会稍稍向上拉。

（5）遭到失败时，咬嘴唇是一种自我惩罚的动作，有时也表明自我解嘲的内疚心情。不满和固执时，往往会嘴角下拉。

三、颈部动作的情绪表露

颈部是连接头部与身躯的关键部位，也是传递情绪信息的关键部位。

视频精选

摇头这一常见举动在各种文化之中有很大不同，有兴趣的读者可看看印度人的摇头方式。

（1）点头与摇头。一般来说，点头是表示肯定的意思，摇头是表示否定的意思（由于文化不同，不同国家会有差别。例如，在保加利亚，表示肯定时是左右摇头，让对方看见耳朵，否定时则先将头后倒，然后向前弹回；而在叙利亚，表示肯定时则是头先向前倒，然后弹回，否定时头先向后倒，然后弹回）。点头除表示"是""肯定"之外，有时则是向说话者表示"应和"的意思，认真的、有节奏的"应和"，是向对方表示"我正在注意倾听你说话"。若是机械地应和，频频点头，至多表示形式上的敬意和礼貌，实际上听者对说话的内容可能并不感兴趣。

（2）低着头听人说话。低着头听人说话是在表示"严厉地"评价对方说话的内容，多半倾向于否定。

（3）垂头。垂头是体力与精力不支的表现，垂头加丧气，则是忧郁和苦恼情绪的反映。

四、四肢的情绪表露

通过对四肢动作的分析，我们可以判断出对方的心理活动或心理状态，也可以借此把自己的意图传递给对方。

（1）手臂交叉放在胸前，同时两腿交叠，这种姿势表示不愿意与人接触；微微抬头，手臂放在椅子和腿上，两腿交于前，双目不时关注对方，表示有兴趣来往。

（2）握拳。握拳是表现向对方挑战或自我紧张的情绪，以拳击掌是向对方发起攻击的信号。

（3）用手指或铅笔敲打桌面或在纸上乱涂乱画。这样的动作表示对对方的话题不感兴趣、不赞同或不耐烦。

（4）两手手指并拢放置于胸脯前上方呈尖塔状，表明充满信心。手与手重叠放在胸腹部的位置，是谦虚、矜持或略带不安的反映。

（5）握手时掌心出汗，表示处于兴奋、紧张或情绪不稳定的状态；若用力握对方的手，表明此人好动、热情，凡事比较主动；手掌向下握手，表示想取得主动、优势或支配地位；手掌向上是性格软弱，处于被动、劣势或受人支

配状况的表现；用两只手握住对方的一只手并上下摆动，往往表示热烈欢迎、真诚感谢或有求于人。

（6）用脚尖拍打地板或抖动腿部，都表示急躁、不安、不耐烦或为了摆脱某种紧张感。

（7）频频交换架腿姿势的动作，是情绪不稳定或不耐烦的表现。

五、腰、腹部动作的情绪表露

腰部在身体上起着承上启下的作用，腰部位置的"高"或"低"与一个人的心理状态和精神状态是密切相关的。同样，腹部位于人体的中央部位，它的动作具有极丰富的含义。

（1）鞠躬、弯腰，表示谦逊或尊敬之意。再者，心理上自觉不如对方，甚至惧怕对方时，就会不自觉地采取弯腰的姿势。

（2）腰板挺直，颈部和背部保持直线状态，则说明此人情绪高昂、充满自信、自制力强；相反，双肩无力下垂，凹胸凸背，腰部下塌，则反映出疲倦、忧郁、消极、被动、失望等情绪。

（3）双手叉腰，表示胸有成竹，对自己面临的境况已做好精神上或行动上的准备，同时也表现出以势压人的优越感和支配感。

（4）凸出腹部，表现出自己的心理优势、自信与满足感；抱腹蜷缩，表现出不安、消沉、沮丧等情绪支配下的防卫心理。

（5）解开上衣纽扣而露出腹部，表示胸有成竹，开放自己的势力范围，对对方不存在戒备之心。重新系一下皮带，是在无意识中振作精神、迎接挑战的信号；反之，放松皮带则反映出放弃努力以及斗志开始松懈，有时也意味着紧张气氛的暂时缓解。

（6）腹部起伏不定，代表兴奋或愤怒；极度起伏，意味着因即将爆发的兴奋与激动状态而导致的呼吸急促。

（7）轻拍自己的腹部，表示自己有风度、雅量，同时也反映出经过一番较量之后的得意心情。

六、背部动作的情绪表露

背部是与胸、腹部相对的部位，胸、腹部在身体的前面，比较容易传达人类的感情、情绪与意识，而背部在身体的后面，它掩盖和隐藏的功能大大超过了传达的功能。但背部不可能把人的情感、情绪全部掩盖起来，泄露出来的部分反而更加深刻地反映出被掩盖部分的本质。例如，一个女孩在哭，从其背部一抽一耸的动作，就可以知道她伤心的程度。

视频精选

NBA球星经典的庆祝动作

（1）脊背代表一个人的性格和气节，挺直脊背的人往往为人正直，严于律己，又充满自信，但思想可能比较刻板，欠缺弹性。

（2）采取驼背姿势或低头哈腰的姿势，表明此人具有闭锁性和防卫倾向。这种人虽然有不善于自我表现、慎重和自省的一面，但主要是表露自己心理上的劣势，即愤世嫉俗、孤僻、畏惧、惶恐、自卑等心态。

（3）挺拔地站在舞台上或讲台上的演员或教师，从他的姿势可以想象出他所受的严格训练。

（4）端坐的姿势是一种自我约束的表现，在对坐中，挺直脊背一直保持端坐姿势者，等于在他与对方之间筑起一道无形的墙，表示不可亲近、不愿迁就的意思。

（5）背向着对方或转过背去，一般可以理解为拒绝、不理睬或回避。有些女性，转过背去的动作有暗示等待男性来说服的意思。

（6）打电话时背向他人，多半是在谈论带有秘密性的事。因为背向他人即用背部挡住他人的介入，以消除自己心理上的不安。

（7）同性亲友之间互相拍背，往往表示有同感、共鸣，或为了鼓励、催促和怂恿；在同性中，不大亲密的朋友之间也常见使用接触背部的动作，在这种情况下可认为是关心对方或有进一步加强人际关系欲望的意思。

（8）异性之间，男性触摸女性的背部，表达了一种既渴望做进一步的接近，又害怕被对方拒绝的心情，有时也表达试探性地说服对方的意思。

七、腿部动作的情绪表露

腿部虽属身体的下端，但它往往是最先表露潜意识情感的部位。

（1）小幅度地摇动腿部或抖动腿部，传达着不安、紧张、急躁的情绪。

（2）一条腿自然地架在另一条腿上的女性，表示对自己的容貌、身材有自信。

（3）无论男女，频频交换架腿姿势的动作，都是情绪不稳定或急躁的表现。

（4）标准式架腿动作，即一条腿整齐地叠放在另一条腿上，一般在无意识中表示拒绝对方，并保护自己的势力范围，不让他人侵犯。

（5）并排而坐的同性或异性，如果这两个人都架腿，并互相构成一个封闭的势力圈的话，可以从中看出：①这两个人关系好，若是谈话，大概谈得比较融洽或投机；②他们构成的封闭圈表示将第三者圈在外面；③如果这两个人是一对情侣，这个封闭圈就表示他们的关系已经相当密切。

商务礼仪之坐姿　　商务礼仪之站姿

（6）你若就某个主题向对方说明时，对方开始架腿，这个动作实际上表示对方对你的谈话主题不感兴趣。如果你此时还继续你原来的话题，对方就会频繁地变换架腿的动作，表示不耐烦。

（7）张开腿部而坐是一种开放型的姿势或动作，表明此人有自信，另外也可表示有结束与对方谈话的倾向。

（8）把腿搁在桌子上，以此扩大自己的势力范围，这个动作表明此人有较强的支配欲和占有欲，而且在平时的待人接物上多半会有傲慢无理的表现。

八、足部动作的情绪表露

足部的动作通常可以表现与追求、个性和人际关系有关的情绪信息。人们无论坐着或站着，足部都是容易被看见的，所以足部动作所传递的信息也容易被对方看到。

（1）摇动足部或用脚拍打地板，所表达的意思与抖脚动作相仿，也表示焦躁、不安、不耐烦或为了摆脱紧张感。

（2）女性架腿在西方也被认为是不大雅观的，所以有教养的女性用两腿并拢、脚踝交叉的坐法替代架腿。这种姿势不仅外观优美，而且传递的表示拒绝的含义也比较含蓄而委婉。

（3）女性膝盖并拢的坐姿，表现出防御性的心理状态，且使对方产生严肃感。

身体姿势演示
站姿　　坐姿　　走姿

（4）男性脚踝交叉的坐姿，往往表示在心理上压制自己的情绪，如对某人某事采取保留态度，表示警惕、防范，或表示尽量压制自己的紧张或恐惧。公关人员总是要设法避开这种姿势，以营造开放而亲近的气氛。

（5）摇晃架在另一条腿上的足部，是心情放松的表示。如果进一步用脚尖挑着拖鞋或鞋跟摇晃，这就有了较强的放纵含义，如挑逗、诱惑等。

（6）鞋底的磨损程度。性格外向、生活态度积极的人，其鞋头外侧容易磨损；反之，鞋头内侧磨损较多者，属于内向性格。两侧都有磨损者，往往是温和型或平稳型性格的人。

（7）鞋尖的指向，可表现人际关系的亲密程度。譬如说，有甲、乙两人站着谈话，他们的鞋尖相对距离不远，而且基本上在一条直线上，我们可以由此判断他们两人的关系比较亲密或极为亲密，因为他们两人的鞋尖构成了一个封闭的共有势力范围，不容他人介入。

拓展游戏
你说我演

在对身体语言做出分析和判断时，我们需要十分细心，因为身体语言所表达的意义会随个人性格和文化背景的不同而不同，故而必须结合特定的场合体会其内涵。要注意的一点是，对方也可能会利用某些动作、姿势来迷惑我们，所以需要我们更加敏锐以及对对方的意图具有整体把握能力。

第三节　语言沟通与非语言沟通的区别与联系

学会适时闭嘴，是一种能力。

——佚名

一、语言沟通与非语言沟通的区别

在以下几方面，语言沟通与非语言沟通有较多的区别。

（1）环境。与语言沟通不同的是，当不能直接与人接触时，非语言沟通也能发生。例如，当你走进一个人的家时，看到他家里的重要位置放着家庭成员的照片，说明主人特别重视生活和家庭情感；家里放置大量的激光音乐唱片，说明主人是一位具有音乐品位的人；墙上挂了许多名人字画，说明主人是个书画爱好者。再如，如果一个人请别人在比较高档的饭店吃饭，说明客人很受重视；如果在一个简陋的饭店吃饭，通常说明招待的不是重要的客人。

视频精选
看大师卓别林用肢体语言诠释生命的意义

（2）反馈。像对他人用语言做出反应一样，我们也可以给予他人大量的非语言反馈。通过微笑和点头来表示对别人说的内容感兴趣，通过坐立不安、频频看手表来表示对别人的讲话不感兴趣和厌烦。很多情感反应是通过面部表情和身体动作的变化表达的。

（3）连续性。语言沟通会随说话的结束而结束，而非语言沟通是连续的。例如，一个人买东西时在柜台上看来看去，说明还没有拿定主意；一位顾客排着队不时地往前看，说明这位顾客着急。商店的所有人都向我们传递着非语言信息，并且是连续的，直到他们从我们的视线中消失为止。

（4）渠道。非语言沟通经常利用的不只是一条渠道。例如，当你穿着整齐的服装，用洪亮的声音进行演讲的时候；当你在球场上穿着与某个球队颜色一样的服装，在这个球队进球后你跳起来大声喊叫的时候。在你的沟通中，你既用了非语言沟通渠道，又用了语言沟通渠道。

（5）控制。语言沟通可以选择语言，是容易被控制的，但是非语言沟通就不容易被控制。例如，一个人高兴、惊奇、受到伤害或愤怒时，所表现出来的非语言符号是本能的、偶然的，是不容易被控制的。

（6）结构。非语言沟通是在无意中发生的，所以它们的顺序是随机的。语言沟通有构建句子的语法，而非语言沟通缺乏正式的结构。例如，坐着与人交谈时，你不会计划什么时候跷腿、从椅子上起来看着对方等。

（7）学习方式。语言沟通的许多规则，如语法等，是在结构化、正式的环境中得到传授的，如学生在写论文时，需要正规的书面语言，而演讲时，运用非正规的口头语言则更合适。相比之下，很多非语言沟通的方式没有被正式教授，人们主要是通过模仿学习的。

二、语言沟通与非语言沟通的联系

英国学者阿盖儿提出，非语言沟通有三个基本用途：一是处理、操纵直接的社会情境；二是辅助语言沟通；三是代替语言沟通。由此说明，语言沟通和非语言沟通各有其作用，它们相互作用、相互影响。有时语言沟通起主要作用，有时非语言沟通起主要作用，这就要求人们必须全面认识非语言沟通与语言沟通的关系，不能因强调语言沟通而忽视非语言沟通的作用，也不能因强调非语言沟通而忽视语言沟通的作用。事实上，在沟通过程中，非语言沟通与语言沟通常常是相伴而行的。可以想象，脱离非语言沟通的配合，语言沟通往往难以达到应有的效果；同样，脱离语言沟通的语意环境，独立地理解某一非语言行为的含义也是很困难的。概括而言，非语言沟通与语言沟通的关系主要表现在以下几个方面。

> **视频精选**
> 你的肢体语言塑造你自己
> [QR code]

1. 非语言沟通能够强化语言沟通的信息

非语言行为在许多场合能起到强化语言信息的作用，如在表达"我们一定要实现这个目标"时，要有力地挥动拳头；在表达"我们的明天会更好"时，要提高语调，同时右手向前有力地伸展等。这些非语言行为大大增强了语言的分量，体现出讲话者的郑重和决心。现实生活中，我们常用手势与语言相结合的方法来强调事物的重要性、紧迫性和真实性。例如，有时为了强调一个人、一件事物和某个地点，人们会一边指着一边说"就是他""就是这个""就是这儿"。人们在生气的时候常常提高声音强度，并以一些动作来表达自己十分生气，例如，一位顾客眉头紧锁、表情严肃地向销售经理诉说着自己的不满，并不时地挥舞着双臂表示愤怒；上司拍打着桌子对下属的失职表示愤怒等。上述这些都是利用非语言沟通来强化语言信息的例子。

2．非语言沟通能够代替语言沟通的信息

非语言行为作为一种特定的形象语言，它可以产生有声语言所不能达到的实际效果。许多用有声语言不能传递的信息，非语言行为却可以有效地传递。在日常工作中，人们都在自觉或不自觉地使用各种非语言行为来代替有声语言，进行信息的传递和交流。利用非语言行为进行沟通，有时能够省去过多的"颇费言辞"的解释而达到"只可意会，不可言传"的效果。这正像人们所说的"此时无声胜有声"。例如，老师在课堂上提出问题，学生们举手表示"我想回答"。如果学生面对老师的提问一再摇头，虽然没有说"不知道"，但同样传递了"我不知道"的信息。需要指出的是，在人际沟通中运用非语言行为，要尽量生活化，与当时的环境、心情、气氛相协调。如果运用非语言行为过分矫揉造作，只会给别人留下虚伪的印象，影响沟通的质量，甚至会起到相反的作用。

3．非语言沟通能够补充语言沟通的信息

非语言行为可以在语言信息之外增加信息，在多数情况下，非语言行为与语言二者并用，互为补充。例如，如果人们相谈甚欢，在一方站起身来说"我得走了"的时候，同时对方也会起身相送，双方告别时还会增加目光的接触，表示"我们的谈话很有趣，有机会我们再聊吧！"但是，如果此前的谈话很不顺利，那双方的表情会显得冷淡，尽管也会说"再见！"但非语言行为，如移开目光、坐着不起身相送等却可能暗示着"再也不想和你谈了""天哪，总算完了"等不同的含义。

2008 年 5 月 12 日，在北川灾区一片四周仍在冒烟的废墟上，一个左臂受伤的幼童躺在一块小木板做的临时担架上，他没有说一句话，只是用他稚嫩的右手向八位抬着他的解放军战士敬礼。

这个"敬礼娃娃"让无数人激动沸腾，而他只是个 3 岁的孩子，名字叫郎铮，当时是北川县曲山幼儿园的小朋友。

人们为小郎铮得到及时救治感到欣慰，小郎铮的敬礼之举也成为百折不挠精神的影像写照。

4．非语言沟通能够否定语言沟通的信息

人们对语言沟通所传递的信息表示不满或意见有分歧时，也可以通过非语言行为给予否定或拒绝。例如，当某人在争吵中处于劣势时，却颤抖地说道："我怕他？笑话！"事实上，从说话者颤抖的嘴唇上不难看出，他的确感到恐惧和害怕。这充分说明，当语言信息与非语言信息发生冲突时，最常被接受的是非语言信息的含义，或者说非语言信息暴露了真相。

5．非语言沟通能够验证语言沟通信息的真实性

非语言行为所包含的信息常常是在不知不觉中反映出来的，是人们内心情感的自然流露，

它所传递的信息更具有真实性。正因为非语言行为具有这个特点，因而，非语言行为所传递的信息常常可以印证有声语言所传递信息的真实与否。正确判断一个人的真实思想和心理活动，还要通过观察他的非语言行为，而不只是听他的有声语言，因为有声语言往往会掩饰真实情况。例如，在日常工作中，同事之间的一个很小的助人行为，就能验证谁是你的真心朋友。再如，在商务谈判中，我们可以通过观察对方的言谈举止，判断出对方的合作诚意和所关心的目标等。

思考与训练

1. 在人际沟通过程中，我们主要采用的是语言沟通，但非语言沟通始终伴随着语言沟通。可以说，没有纯粹脱离非语言沟通的语言沟通。请结合自身的人际沟通实践，说说语言沟通与非语言沟通的区别与联系。

2. 非语言沟通中的动作和表情都传达出人们的某种情绪，请举例说明如何在人际沟通中恰当地表露自己的情绪。

3. 空间距离在人际沟通中有着重要的作用，它会直接影响一个人的言行。例如，在家逞威风，到了外面瑟缩得像只小老鼠的孩子并不少见；有人在家中对妻子儿女颐指气使，摆尽大男人的架子，一到公司，摇身变成唯唯诺诺的"小媳妇"；而在自己科室里张牙舞爪、好不神气的科长，到了其他科室，立即收敛成谦恭有礼的好同事。

请结合上面的例子，回答下列问题。

（1）人们为什么会在不同的环境下表现出不同的言行？

（2）在人际沟通中，为了广建人脉，我们应该如何准确而有效地利用空间距离？

4. 阅读下面一则故事，说说非语言沟通在人际沟通中的重要作用。

一个人走进饭店要了酒菜，吃罢，摸摸口袋发现忘了带钱，便对店老板说："店家，今日忘了带钱，改日送来。"店老板连声说："不碍事，不碍事。"并恭敬地把他送出了门。

这个过程被一个无赖看到了，他也进饭店要了酒菜，吃完后摸了一下口袋，对店老板说："店家，今日忘了带钱，改日送来。"

谁知店老板脸色一变，揪住他，非剥他的衣服不可。

无赖不服，问："为什么刚才那人可以赊账，我就不行？"

店家说："人家吃菜，筷子在桌子上找齐，酒一盅一盅地喝，斯斯文文，吃罢掏出手绢擦嘴，一看就是个有德行的人，岂能赖我几个钱。你呢？筷子往胸前找齐，狼吞虎咽，吃上瘾来，脚踏上条凳，端起酒壶直往嘴里灌，吃罢用袖子擦嘴，分明是个居无定所、食无定餐的无赖之徒，我岂能饶你！"

一席话说得无赖哑口无言，只得留下外衣，狼狈而去。

5. 请按照下面提供的一则训练方案进行眼神训练。

训练目标：练就炯炯有神、神采奕奕、会说话的眼睛；同时，学会用敏锐的眼光洞察别人的心理。

训练口号：眼睛是心灵的窗口！灵魂集中在眼睛里！眼神是一种更含蓄、更微妙、更复杂的语言！让亲善的目光、如炬般有力的眼神成为你建立人格魅力的法宝！

训练方法：

（1）学会观察别人的神态与心理。

（2）配合眉毛和面部表情，充分表情达意。

（3）注意眼神礼仪。不能对陌生人长久盯视，除非关系很亲密或观看演出；眼睛眨动不要过快或过慢，过快会显得贼眉鼠眼、挤眉弄眼或不成熟，过慢会显得呆板、木讷；除非在特殊情况下，否则不要轻易使用白眼、媚眼、斜眼、蔑眼等不好的眼神。

（4）女士习惯眼部化妆，以突出刻画眼神，使之富有情调。生活妆，清新亮丽可增添情趣和信心；舞台妆，浓重或随心所欲，可改变形象。

训练步骤：

（1）眼部操分解动作训练。掌握眼部肌肉的构成，锻炼肌肉韧性。眼神的构成要素有以下几项。

A. 眼球转动的方向——平视、斜视、仰视、俯视、白眼等。

B. 眼皮与瞳孔开合大小——大开眼皮、大开瞳孔，代表开心，欢畅，惊愕；大开眼皮、小开瞳孔，代表愤怒，仇恨；小开眼皮、大开瞳孔，代表欣赏，快乐；小开眼皮、小开瞳孔，代表算计，狡诈。

C. 眼睛眨动速度快慢——快，代表不解，调皮，幼稚，有活力，新奇；慢，代表深沉，老练，稳当，可信。

D. 目光集中程度——集中，代表认真，动脑思考；分散，代表漠然，木讷；游移不定，代表心不在焉。

E. 目光持续长短——长，代表深情，喜欢，欣赏，重视，疑惑；短，代表轻视，讨厌，害怕，撒娇。

（2）眼神综合定位。练习用不同的眼神表示愤怒、怀疑、惊奇、不满、害怕、高兴、感慨、遗憾、爱不释手等情绪。

（3）模仿动物的眼神：男性的眼神像鹰一样坚毅、稳重、深沉、锐利；女性的眼神像猫一样柔和、善良、温顺、敏捷、灵气。

（4）课外训练。

A. 购物时，观察服务员的眼神与服务态度之间的关系。

B. 与亲朋好友进行目光交流，考察自己的眼神是否与自己的思想感情相符。

C. 在校园里与擦肩而过的同学进行眼神接触，试着揣摩对方的心理。

D. 与不同年龄、不同性别、不同职业、不同性格、处于不同情境的人交流，大胆尝试使用不同的眼神，并考察社交效果。

6. 请按照下面提供的一个微笑训练方案进行微笑训练。

训练目标：使自己拥有一种习惯性的、富有内涵的、善意的、真诚的、自信的微笑。

训练口号：笑吧，尽情地笑吧！笑对自己，笑对他人，笑对生活，笑对一切！

训练方法：

（1）他人诱导法——同桌、同学之间互相通过一些有趣的笑料、动作引起对方发笑。

（2）情绪回忆法——通过回忆自己的往事，幻想自己将要经历美好的事情，引发微笑。

（3）口型对照法——通过一些相似的发音口型，找到适合自己的最美的微笑状态。如"一""茄子""呵""哈"等。

（4）习惯性伴笑——强迫自己忘却烦恼、忧虑，假装微笑。时间久了，次数多了，就会改变心灵的状态，发出自然的微笑。

（5）牙齿暴露法——笑不露齿是微笑；露出上排牙齿是轻笑；露出上下八颗牙齿是中笑；牙齿张开能看到舌头是大笑。

训练步骤：

（1）基本功训练：

A. 课堂上，每个人准备一面小镜子，做脸部运动。

B. 配合眼部运动。

C. 做各种表情训练，活跃脸部肌肉，使肌肉充满弹性；丰富自己的表情；充分表达思想感情。

D. 观察、比较哪一种微笑最美、最真、最善，最让人喜欢接近、愿意回味。

E. 每天早上起床后经常反复训练。

F. 出门前，给自己心理暗示"今天真美、真高兴"。

（2）创造环境训练：假设一些场合、情境，调整自己的角色，绽放笑脸。

（3）课前微笑训练：每次上课前早到一会儿，对老师、同学微笑示意。

（4）微笑服务训练：在课外或校外，参加礼仪迎宾活动和招待工作。

（5）具体社交环境训练：遇见每一个熟人或打交道的人都展示自己最满意的微笑。试着用微笑化解矛盾，用微笑打动别人，用微笑塑造自我成功的形象。

7. 请按照下面提供的一则形体训练方案进行形体训练。

训练目标：坐、立、走等基本仪态；举手投足间，力求协调、昂扬、文明、富有美感；符合身份和情境的要求。

训练口号：让我的举止、体态和谐得像一支动人的旋律，给人意气风发、朝气蓬勃的感觉！我自信，我很美！尽情挥洒成功的气质和风度！

训练方法：

（1）课堂学习与课外训练结合。

（2）参考第二节末尾二维码所链接的内容，或者通过网络查找更多的形体训练视频。

（3）对正反两种案例进行比较，让同学们自己得出结论。

（4）举办活动，检验效果。如举办健美操比赛、时装表演等。

（5）注意社交场合及生活中举止文雅，内外兼修，文明与美观并举。

训练步骤：

（1）掌握基本动作要领及禁忌。

（2）分组分节做动作练习，建立良好的体态语言体系。

坐姿练习，要求精神、友好、自然、大方、优雅、轻松。

站姿练习，要求挺拔、向上。靠墙检查，头、背、臀、脚后跟四点一线。

走姿练习，要求协调、昂扬、有朝气、有节奏感。男性稳健、有力度；女性有弹性、轻盈。头顶一本书，来回走动不掉下来。

手势练习，要求亲切、适度。如握手、鞠躬、介绍、引领、招手、收递名片、鼓掌等。

（3）各种情境下的举止训练，在一些具体的情境（如交谈、辩论、演讲、歌唱、舞蹈、日常交往等）中有意识地训练自己的行为举止。

（4）避免不良的手势、动作与举止，及时纠正。

（5）同学之间互相监督提醒，随时以最佳状态出现在别人面前。

（6）自觉充当形象大使，以良好的气质和风度影响身边的每一个人。

8. 校外实践训练。利用双休日找一份兼职工作，如产品推广、散发传单、公益宣传等。通过这些活动，观察不同人群的非语言行为及情绪表露，同时有意识地锻炼自己的非语言沟通能力，并向任课老师提交一份以"非语言的力量"为题的实训报告。

第五章
Chapter 5 | 自我沟通艺术

你想知道自己是一个怎样的人吗？自己是像别人评价的那样吗？你懂得如何控制和调节自己的情绪，顺利地走向成功吗？如果你的回答是"否"，那你就要学习如何驾驭自己的情绪。

我们要能够站在更高的角度去面对身边所发生的一切，把那些令自己不愉快的事情统统忘掉。我们要承认自己的价值，正确地评价自己，提高自我认知的能力，认真反思过去、修正现在、规划未来。我们需要始终牢记，一切幸福和快乐来源于自己而非外界。

通过对本章的学习，应了解自我认识和自我激励的基本知识；懂得人际沟通中各种不同的情绪状态；掌握培养自我认知能力的方法和途径，从而在知彼之前先真正做到知己。

导入案例

小和尚卖石头的故事

从前有个小和尚，经常去问老和尚：人生的价值是什么？老和尚讲了很多，小和尚还是不明白。

于是老和尚给了小和尚一块石头，让他去询价，但不要卖掉。

小和尚把石头拿到菜市场，真的有人出价，有人出 1 元，有人出 2 元，有人出 10 元。小和尚很高兴，但是他记住了老和尚的话，没有卖。

第二天他去了珠宝市场，有人出 20 元，有人出 50 元，有人出 100 元，小和尚还是没有卖。

第三天他去了黄金市场，有人出 200 元，有人出 500 元，有人出上千元，他还是没有卖。

第四天小和尚去了古玩市场，有人出 2 000 元，有人出 5 000 元，有人出 1 万元。小和尚悟到一点点，回来就问老和尚：为什么不同的地方，石头的价格不一样，差距怎么这么大呢？

老和尚说："你要知道人生的价值也是如此！你的价值取决于你把自己放在哪里！

思考与讨论：

1. 老和尚让小和尚去卖那块石头的目的是什么？
2. 通过这个故事，你悟出了什么道理？

第一节 自 我 认 识

每个人都可以变得更好，但是，不是要我们变成别人，而是要变成更好的自己。

——佚名

人们在日常生活中常常会问自己：我究竟是一个什么样的人？这是一个非常难以回答的问

题，关键在于我们怎样看待和评价自己。在某种程度上，自我认识是自我沟通的基础。

一、正确认识自我

所谓自我认识是指注意力不因外界或自身情绪的干扰而迷失、夸大，产生过度反应，在情绪困扰中仍可保持中立自省的能力。

自我认识可以简单定义为：察觉到自己的情绪以及对这种情绪的看法。

自我认识还可以解释为对内心状态不加反应或评价的注意。

良好的自我认识能力对一个人是否能成功起着关键的作用。你认为自己是怎样的人，就会怎样去表现，这两者是一致的。你觉得自己是个有价值的人，你就会变成有价值的人，做有价值的事，而且拥有一些有价值的事物；你觉得自己一文不值，就只会让自己变得越来越没有价值。

拓展阅读

性格决定命运，什么决定性格？

一个人的性格一半来自遗传，另一半则来自后天环境，包括一个人所处的生活环境、家庭氛围和接受的教育方式，甚至包括居住条件和饮食习惯。并且随着一个人的慢慢长大，在社会生活中接触的范围扩大，他的性格趋向社会性，受环境的影响加深，成长道路中各种错综复杂的外界因素都会影响其性格的形成。事实上，在人的一生中，性格都有变化和被重塑的可能。这也就是我们经常说的性格既有稳定性，又有可变性。

不管是来自遗传还是后天环境，对于一个孩子来说，性格都具有不可选择性，只能被动接受；在这两者的作用下，塑造出一个独特的自己，并最终在21岁左右完全形成并稳定下来。

从这一点来说，一个人性格的形成，是一个完全被动的过程。所以，当我们的性格中存在着种种不足时，我们无须苛责自己，而要接纳自己。我们要知道，这一切并不是自己的错！

虽然一个人的自我教育在性格塑造中也起着非常大的作用，但再进一步想想，自我教育的意识在人的性格形成的时期并非人人都能被及时赋予，这其实恐怕又是一种先天的能力。如此来看，性格似乎就成了注定之物，是在每个人懵懂的年纪，在不知不觉，甚至在抵触与拒绝中被塑造成形的，或好或坏，完全凭运气而定。

所以，成年后的我们，我们的躯体——硬件，不过是被我们的性格——先天嵌入的软件所驱使。"天地不仁，以万物为刍狗"，也许说的就是这个道理。

我们要接纳不完美的自己，即使不能再造一个全新的自我，我们也可以改善我们的性格，改变我们的态度，欣然接受自己，多一些快乐，少一些无谓的烦恼，不要纠结在自我否定中。

成功、快乐的起点，就是良好的自我认识。在你真正喜欢别人之前，你必须先接纳自己。在你接纳自己之前，动机、设定目标、积极的思考等都不会为你所用。在成功、快乐属于你之前，你必须先觉得这些事情很值得。具有不良的自我认识的人，总是觉得自己是在为他人工作，而不是在为自己工作。

一个人能不能成功，不在于他拥有多少优越的条件，而在于他如何评价自己，这种自我评价，

也决定了别人对他的评价。

在人的生存和发展过程中，情绪常常伴随左右，各种不同的情绪对人的事业、爱情、家庭都会产生巨大的影响。

在人们所表现出来的情绪中，一种情绪往往隐藏在与之对立的另一种情绪的后面。发现和研究隐藏起来的情绪，对于人们更好地生存和发展有着非常重要的意义。

拓展阅读

什么是自我?

（1）自我也称自我意识或自我概念，在心理学中主要是指个体对自己存在状况的认知。它包括两个方面：一方面是个体对自身的认识、体验和评价；另一方面是个体对自己与周围环境的关系的认识、体验和评价。自我意识是意识的核心部分，就是一个人对自己的认知，其内容包括自己的生理状况（生理自我）、心理特征（心理自我）及自己与他人的关系（社会自我）。

（2）自我意识的发展可以分为自我中心期、客观化时期和主观化时期三个阶段。

（3）自我意识的表现形式。自我意识中的自我，包括主观的"我"和客观的"我"。它通常表现为三种形式——自我认知（我是个什么样的人）、自我体验（我喜欢自己吗）和自我控制（我应该成为什么样的人）。

二、自我激励

自我激励是指个体具有不需要外界以奖励和惩罚作为激励手段，就能为设定的目标自我努力工作的一种心理特征。自我激励是一个人迈向成功的关键。人生来就有软弱的一面，任何伟人都有与常人一样的弱点，但不同的是，他们善于战胜这种人性的弱点。人性的弱点是永远存在的，我们要生存和发展，就必须进行自我激励，战胜人性的软弱。

自我激励和抑制冲动是一对孪生兄弟，当你定好目标，通过自我激励去完成它的时候，就要克服一切影响达到目标的诱惑给你带来的冲动。例如，唐僧西天取经就是一个自我激励和抑制冲动的典型故事，取经路上他经历了"九九八十一难"，最终取得了真经。

若你把考上研究生定为自己的目标，那么你就要排除一切干扰，这些干扰有来自家庭的、社会的、经济的、观念的，还有来自自身的。例如，有一位女生来自一个贫困家庭，当她把考研究生的打算告诉父母时，父母认为她作为女孩，能在当地随便找一个工作就可以了，不用再继续读书了。但她坚定信念，说服了父母，开始进行研究生考试的复习。复习期间，学习的艰难困苦曾经动摇过她的信心，但是她控制住了情绪的波动，没有退缩，最终如愿以偿考上了理想的学校。

案例阅读与思考

尼克·胡哲的奋斗故事

尼克·胡哲（Nick Vujicic，1982年12月4日生于澳大利亚墨尔本），塞尔维亚裔澳大利亚籍基督教布道家，"没有四肢的生命"（Life Without Limbs）组织创办人。他生来肢体就是残疾的，从肩部开始，没有上肢；从臀部开始，没有下肢，医学上命名为"海豹肢症"。但他勇于面对身体残障，创造了生命的奇迹。

在尼克的整个童年，他都在与自卑和孤独做斗争。他经常问父母："为什么我与

其他孩子不同？为什么我一出生就没有手足？"尼克经历过许多挫折，在 7 岁时，他尝试了许多特殊设计的电子手臂和双腿，希望自己能和其他孩子有更多的相似之处。在使用电子手臂的短短时间里，尼克认识到即使他使用这些设备也改变不了别人对他歧视的目光，并且这些设备对于他来说太沉重了，他的心灵受到了严重的伤害，他甚至曾经想淹死自己。

随着尼克的成长，他学会了接受自身的不足并开始做越来越多的事情，他开始适应生存环境，找到方法去完成其他人必须靠手足才可以完成的事情，如刷牙、洗头、使用电脑、游泳、做运动等。随着时间的推移，尼克开始热爱他的生活环境并努力完成更伟大的事情。在读七年级的时候，他被选为学生会主席，与学生会的其他人一起工作，处理地方慈善机构和残疾组织的各种事情。毕业之后，尼克继续学习深造，并取得了会计和金融企划的双学士学位。

在 25 岁时，这位没有手足的年轻人所完成的事情要比很多同龄人还多。尼克是一个国际公益组织的总裁，同时又有自己的演讲公司。自从 19 岁完成第一次充满力量的演讲之后，他的足迹开始遍布全世界，与数十亿人分享他的故事、经历，为各行各业的人做演讲。

在一次采访中，尼克说："人们会问我'你怎么能笑呢？'然后他们就会意识到'如果现在有一个没有手足的青年能生活得比我有意义，世界上就会有一些比只用眼睛看到的更有意义的事情'。"

尼克·胡哲精彩的人生

思考与讨论：

1. 尼克·胡哲对自我的认识经过了怎样的变化？
2. 尼克·胡哲的奋斗故事对你有什么启发？

自我测评

自我认识测评

下面是以著名的美国兰德公司（战略研究所）拟制的经典心理测试题为蓝本，根据中国人的心理特点加以适当修改后形成的一套心理测试题，已被一些著名大公司作为对员工心理测试的试卷，效果很好。完成测试，认识一下也许你都不知道的自己！

注意：每道题只能选择一个答案，且为你"第一反应"的选择。

1. 你更喜欢吃哪种水果？
   A. 草莓　　　　B. 苹果　　　C. 西瓜　　　　D. 菠萝　　　　E. 橘子

2. 你平时休闲经常去哪些地方？
   A. 郊外　　　　B. 电影院　　C. 公园　　　　D. 商场　　　　E. 酒吧　　　　F. 歌厅

3. 你认为容易吸引你的是什么样的人？
   A. 有才气的人　B. 依赖你的人　C. 优雅的人　D. 善良的人　E. 性情豪放的人

4. 如果你可以成为一种动物，你希望自己是哪一种？
   A. 猫　　　　　B. 马　　　　C. 大象　　　　D. 猴子　　　　E. 狗　　　　　F. 狮子

5. 天气很热，你更愿意选择用什么方式解暑？
   A. 游泳　　　　B. 喝冷饮　　C. 开空调

6. 如果必须与一个你讨厌的动物或昆虫在一起生活，你能容忍哪一个？
   A. 蛇　　　　　B. 猪　　　　C. 老鼠　　　　D. 苍蝇

7. 你喜欢看哪类电影、电视剧？

    A. 悬疑推理类   B. 童话神话类 C. 自然科学类   D. 伦理道德类 E. 战争枪战类

8. 以下哪个是你身边必带的物品？

    A. 打火机   B. 口红   C. 记事本   D. 纸巾   E. 手机

9. 你出行时喜欢乘坐什么交通工具？

    A. 火车   B. 自行车   C. 汽车   D. 飞机   E. 步行

10. 以下颜色你最喜欢哪一种？

    A. 紫   B. 黑   C. 蓝   D. 白   E. 黄   F. 红

11. 在下列运动项目中挑选一个你最喜欢的（不一定擅长）。

    A. 瑜伽   B. 自行车   C. 乒乓球   D. 拳击   E. 足球   F. 蹦极

12. 如果你拥有一座别墅，你认为它应当建在哪里？

    A. 湖边   B. 草原   C. 海边   D. 森林   E. 城中区

13. 你更喜欢以下哪种天气现象？

    A. 雪   B. 风   C. 雨   D. 雾   E. 雷电

完成答题后扫一扫二维码，查看本测试的参考意见。

14. 你希望自己的窗口在一座 30 层大楼的第几层？

    A. 七层   B. 一层   C. 二十三层   D. 十八层   E. 三十层

15. 你认为自己更喜欢在以下哪个城市中生活？

    A. 丽江   B. 拉萨   C. 昆明   D. 西安   E. 杭州

    F. 北京

第二节　沟通中的情绪状态

    两个人的沟通 70% 是情绪，30% 是内容。如果沟通情绪不对，那沟通内容就会被扭曲。所以在沟通之前，情绪层面一定要梳理好，不然误会只会越来越深。

——佚名

    下面列举的情绪状态，都有着情绪的根源和诱发因素，认识这些情绪的目的是超越自我、采取超越情绪的行动，从而改变自己的生活状态。

一、情绪的各种不同状态

1. 快乐

    快乐是人人都能感受到的情绪，当你上小学，作文被老师作为范文在全班朗读的时候；当你拿到某大学录取通知书的时候；当你获得硕士或博士学位，穿上学位服参加毕业典礼的时候；当你挽着心爱的女人走向婚礼殿堂的时候；当你享受天伦之乐的时候……你激动、你喜悦、你高兴，如此等等，

> ➤ 当你为自己没有鞋子穿而哭泣时，你会发现其实有人却没有脚
>
> ➤ 世上没有绝对幸福的人，只有不肯快乐的心
>
> ➤ 你什么时候放下，什么时候就没有烦恼
>
> ➤ 快乐，不是拥有的多，而是计较的少；乐观，不是没烦恼，而是懂得知足

这就是你在感受快乐。但是，人们并不能事事如意，常常会受到一些不愉快的事情的干扰，使自己出现忧郁、忧虑情绪甚至达到愤怒的边缘。别人获奖而自己却没有；有人在领导面前打你的小报告，领导训斥你；按资历和表现，该升职的是你，但你的下属反而成了你的上级……这些对你来说可能都显得有失公正，使你不能享受快乐。

有一位学者曾经说过："幸福来源于你自己而非外界。"也就是说，感受幸福和快乐的是你自己，只有内心情绪的调适才能使你获得永恒的幸福和快乐。美国的西奥多·德莱塞说过："如果一个人想得到快乐，就不能只想着自己，而应为他人着想，因为快乐来自你为别人、别人为你。"

一个人要善于调节自己的情绪，在亢奋的情绪和低落的情绪之间保持一种动态的平衡，这是维持快乐心境的重要条件。快乐的心境是对生活的乐观态度，有了这种心境，人们在面对挑战或挫折时就不会满腹焦虑、意志消沉。日常生活中，尤其是在闲暇时，我们看小说、看电影，参加各种游戏活动或与朋友相聚，都是为了保持快乐的心境。

2. 愤怒

假如遇到以下几种情况，你会是什么感觉？

——你刚刚买了一辆新摩托车，你的同事要借用，你勉强借给了他，可是他不小心把车给撞坏了。当他把车推回来还你时，什么也没有说，也没有道歉。

——你要去约会，并且是一个非常重要的约会，是决定你一生的大事。但是有人违反了交通规则造成堵车，使你误了约会的时间。

——你在外地辛辛苦苦赚钱，回到家里，看到爱人和别人约会。

在这些情况下，你应该愤怒吗？你会任由自己愤怒吗？你的愤怒有多少是由事情本身引起的，有多少是由相关的事情引起的？上述出现的情况你都有充足的理由发脾气，但在你愤怒的成分中，也混杂着大量的畏惧因素：

——你怕车坏了受到家人的责备。

——你怕误了约会，终身大事受到影响。

——你怕爱人变心并离你而去。

由以上这些情形导致的愤怒还有一些其他情绪，包括焦虑、被抛弃、被侮辱等感觉。

愤怒可以引起人们生理上的变化，如心脏怦怦直跳，喉头或胸部发紧，脑后部刺痛，胸部、心脏部位疼痛等。尽管这些征兆会让人们不适，但如果能对愤怒有正确的认识，它们就会变弱。愤怒是本能的，具有原始性，如果因愤怒而失去自我控制，

> ➤ 愤怒以愚蠢开始，以后悔告终
> ➤ 动辄发怒是放纵和缺乏教养的表现
> ➤ 愤怒对别人有害，但愤怒时受害最深者乃是本人
> ➤ 脾气不好，其实就是修养不够
> ➤ 愤怒不能解决任何问题

任何事情都可能发生。人如果丧失了理智，就会变得不可理喻、发狂甚至精神失常。

了解愤怒，在于找到引起愤怒的原因。首先要认清我们所有的潜在情绪是什么，并用加倍的小心和爱心去对待自己；其次要学会感受愤怒并化解怒气。

3. 忧虑

忧虑是一种状态。当我们在工作中出现重大失误或者发生可能无法控制的事态时，就会产生

这种心理状态。忧虑与成功紧密相连，因为它一般会在我们进入充满变化和成长的新领域时出现，在很大意义上，忧虑对我们试图在任何领域取得成功都很关键，因为它能促使我们把事情做得更好。忧虑是人生体验中的一个重要组成部分，存在于畏惧和兴奋之间。如果我们趋于兴奋，忧虑将赋予我们充分施展身手的活力，但如果陷于畏惧，忧虑的体验会使人束手无策。所以，我们应远离畏惧，向兴奋靠拢。

人永远不会对完全不关心或完全有把握之事感到忧虑。如果你爱上一个人，却不知道这个人的想法如何，你会不会忧虑呢？如果你不感到忧虑，那说明你可能并没有坠入爱河。

当我们相信自己能够应付遇到的一切问题时，信心就会取代忧虑；随着自信的建立，信心会让人变得兴奋。我们不能确定家人、朋友和同事是否会给予帮助，但可以确定的是，我们肯定会得到自己内在情绪的帮助，在认知情绪的过程中，这些内在的情绪就会表露出来。

忧虑出现时，我们常会有一种压抑的感觉，如胸口发紧或嗓子发干，有时胃可能会痉挛，腿可能会发抖，有时我们甚至会做出咬指甲、摆弄头发、吸烟或暴食等行为。

> 不为模糊不清的未来担忧，只为清清楚楚的现在努力
> 喜也一天，忧也一天，遇事不钻牛角尖
> 君子坦荡荡，小人长戚戚
> 不管多大的事，只要你不把它当回事儿，它就不叫个事儿
> 想想你现在的烦恼，十年后还会是烦恼吗？三十年后呢？更久以后呢？
> 同样的瓶子，你为什么要装毒药呢？同样的心理，你为什么要充满着烦恼呢？

忧虑的根源在于对未来的畏惧。例如，"死亡"不可避免而又使人畏惧，因为它涉及未知世界。

忧虑与压力有关，而我们对付压力的能力因人而异。有些人对压力更敏感，总是担心或忧心忡忡，甚至会感到恐慌。同样的事有的人会感觉到压力，有的人却很从容。不要拿自己和别人比较，而要拿不同时期的自己作比较，随着时间的推移，你会发现自己已逐渐变得能够应对过去困扰你的局面了。对情绪的把握会回赠你更多的自信和更精彩的生活。

心理学家曾做过一个实验：请很多被试每周日晚上把下一周令他忧愁的事都写在张纸上，并将这张纸投入烦恼箱，3周后打开箱子。结果发现超过90%的事情都没发生。据统计，一般人的忧虑40%属于过去，50%属于未来，只有10%属于现在，而92%的忧虑却从未发生过，剩下的8%则差不多都能够轻易应对。可见，大部分人都是自寻烦恼。

4. 嫉妒

嫉妒指人们为竞争一定的权益，对应当团结的人怀有的一种冷漠、贬低、排斥或敌视的心理状态。就传统而言，嫉妒有着极坏的名声。基督教将其列为七宗罪之一，认为它代表恶意和邪恶。精神分析家将嫉妒视为有高度破坏力的情绪。但实际上嫉妒也有潜在的价值，它可以成为动力，例如，我嫉妒你是由于你比我强，我就可以通过努力去赶上或超过你。有学者称"嫉妒是缺陷的坐标"，这句话也是有道理的。

> 嫉妒是对别人幸运的一种烦恼
> 好嫉妒的人就像锈腐蚀铁那样，以自身的气质腐蚀自己
> 嫉妒就是比较，如果你不比较，嫉妒就会消失

嫉妒不仅会腐蚀嫉妒的人，有时被嫉妒的人也会被腐蚀。如果你被他人羡慕着，你可能会以一种骄傲的方式对其做出反应，因为你已成功地获取了别人欠缺的某些东西。而当你意识到朋友或同事们的嫉妒时，你的满足感很快就会转化为一种压力。

嫉妒是一种让人极度痛苦的情绪，它还常掺杂着愤怒、贪婪、憎恨、孤独和抑郁等情绪。受嫉妒支配的人常常会觉得生活不公平，认为自己受到了不公正待遇。

因为嫉妒是一种让人不舒服的情绪，所以人们常常竭尽全力不去感受它给自己带来的痛苦折磨。人们常通过以下几种方式减轻嫉妒造成的痛苦：一是贬低所嫉妒的事物；二是贬低自己，把批评转向自己，"是我不行，是我没有做好"；三是煽动别人，让别人也感受它，也就是把自己的嫉妒转嫁给别人，但这往往会影响人际关系；四是把嫉妒转化成自己的动力以获得比被嫉妒者更高的成就。

有这样一个故事：有个人幸运地遇见了上帝。上帝对他说：从现在起，我可以满足你任何一个愿望，但前提是你的邻居必须得到双份。那人听了喜不自禁，但仔细一想后心里很不平衡：要是我得一份田产，那邻居就会得到两份田产；要是我得到一箱金子，那邻居就会得到两箱金子；更要命的是，要是我得到一个绝色美女，那个注定要打一辈子光棍的家伙就会同时拥有两个绝色美女！那人想来想去，不知该提出什么愿望，因为他实在不甘心让邻居占了便宜。最后，他咬咬牙对上帝说："请挖去我的一只眼睛吧！"

这则流传在东南亚一带的故事，反映的是传统的东方式嫉妒，读后让人毛骨悚然。它告诉我们：如果让人类的这种心态恶性发展下去，所有美好的东西将成为嫉妒的陪葬品。但嫉妒其实还有积极的一面：你好，我要比你更好！生活的强者常把嫉妒当作一种动力，激励自己努力进取。

5. 恐惧

身体对恐惧的反应很明显，包括剧烈的心跳、胃的痉挛、严重的头痛、战栗、盗汗和刺痛等。例如，"他被吓得头发都竖起来了""他被吓得目瞪口呆，心脏都要从胸口蹦出来了"等都是对恐惧的形象描述。

当我们的身体面对危险时，就会快速本能地避开，用最大的能量去对付危险。

身体和精神是我们机体的组成部分，一部分发生的情况会影响到另一部分。因此，通过解决心理问题，克服恐惧，可以使身体和精神获得新的平衡。

恐惧是一种传染性很强的情绪。在一个空间中，一个人很快就能把恐惧传递给其他人，如果恐惧以这种方式传递，则可以减轻传递者的恐惧。

6. 悲伤

悲伤是人们对丧失某些自己心爱的东西或人时的一种自然反应，是一种需要运用想象来调理的情绪。在人们的一生中，总是在丧失一些东西：容貌、青春、父母、朋友、工作、机会、爱情，最后是生命本身。我们常会将失去东西后的悲伤积郁于心，直到我们愿意让它成为过去。

悲伤出现以后，人们可能对一切都觉得没

> ➤ 人之所以痛苦，在于追求错误的东西
> ➤ 与其说是别人让你痛苦，不如说自己的修养不够
> ➤ 如果你不给自己烦恼，别人也永远不可能给你烦恼。因为你自己的内心，你放不下
> ➤ 悲伤不可避免，但它总会过去，那么请尽量缩短它的时间

有兴趣，任何安慰的话都听不进去。在此阶段，一个人总是感到失望或绝望，失望意味着放弃了对未来的具体计划，绝望意味着落入了悲伤的陷阱。随着时间的流逝，悲伤会逐渐淡化，无论丧失什么，我们都应让它尽快成为过去，要明白过去已无法改变，我们应该开始新的生活。

案例阅读与思考

不要为打翻的牛奶哭泣

桑德斯现在十几岁了，可他还是经常会为各种各样的事情发愁，比如，他会为昨天犯下的错误而烦恼，在夜里辗转反侧，还会担心第二天的考试不及格。他想着这样那样的事。自己做过而没做好的，他希望自己当初没有那么做。他很想回到从前，因为他觉得上次那些话讲得太差劲了，如果能重新来过，他肯定会说得更好。

这一天早上是实验课，全班同学一起来到了实验室。保罗老师把一瓶牛奶放在桌子边上，全班同学都静静地望着那瓶牛奶，没人知道这瓶牛奶和实验课有什么关系。

就在这时，保罗老师突然站了起来，然后猛地一巴掌把牛奶瓶打碎在了水槽里。大家开始惊慌失措了，纷纷议论开来：牛奶被打翻了，多好的一瓶牛奶，打碎了，好可惜啊……

这时，保罗老师用很大的声音说："不要为打翻的牛奶哭泣。"他让所有的人都到水槽边上去，好好看看那瓶打翻的牛奶。

他说："我希望你们能够仔细看看，也希望你们可以牢记一生。这堂课很重要，它告诉我们，牛奶已经没有了，洒光了。不管你们怎么着急，或者向我发牢骚，或者向我抱怨，都没有用，不能挽回一滴。明明之前多用一点预防的方法，就可以保住这瓶牛奶。可是，现在太迟了，我们所能做的，就是接受这个现实，然后忘记这件事情。丢开它，把注意力集中在下一件事情上。"

别为打翻的牛奶哭泣。我们的一生，必须不断地接受和适应那些无法避免的事实。谁知道下一秒会发生什么呢？

面对生活，你可以选择悲伤，但是不能选择永远悲伤。领养的宠物走失了，我们会难过好一阵子，毕竟那个小可爱陪伴我们走过太多的日子；心爱的人过世了，我们会难过好一阵子，毕竟那个人曾经在我们的生命中停留许久。有人喜欢沉浸在悲痛中，永远为了令人惋惜的事情而难过。可是，这样做又有什么用呢？

一切还将继续。我们无法改写历史，只能把握现在。中国有句俗话：车到山前必有路，船到桥头自然直。如果学会"放下"，积极地去面对现实中发生的事情，那么我们很快就会发现，世界变了模样，一切会重新开始。

思考与讨论：想一想，自己正在为哪些不可挽回的事情而不断自责，是不是该放下了？

7. 恨

恨是一种很复杂的心理反应，恨别人和知道被人恨都是非常痛苦的。恨是具有破坏性的，甚至可能导致谋杀和毁灭，它产生于个人、派别、种族之间，所导致的后果是虐待、杀害、破坏和战争等。

恨也可以是建设性的，如当人们为没能得到想要的东西而愤愤不平时，就可以用"恨"这个词来形容。如小孩子会说："我恨你，妈妈！"妻子也可能对丈夫说："我恨你成天把家里搞得这么乱！"恋爱的双方，爱和恨常常是纠结在一起的。

恨的感觉范围较广，它与挫折、失望和焦虑不安引起的憎恨有相似之处。当恨达到破坏程度时，人们极可能把它隐藏起来。恨的感觉同时具有好坏两方面的作用。不好的方面是它会带给人太多的愤怒和痛苦；好的方面是它能带给人们力量，使人们能够在心理上压倒那些伤害他们的人。有一个妇女这样描述："当我痛恨我的妈妈对我的恶劣态度时，我就咬牙切齿。也许我就是想要咬她——恨她的感觉比压抑、无助反而要好一些。"在其他一些情绪中可能也会夹杂着恨。例如：

——如果我们感到嫉妒，那就意味着我们注意到另一个人有的东西我们没有，而这个东西正是我们朝思暮想的，嫉妒再往前一小步就是恨。

——如果某些人是我们所爱的人，他们背信弃义或以某种方式侮辱我们，就会使我们受到伤害，在这种情况下，爱就很可能变成恨。

恨除了表现为对他人的恨以外，还有自恨，它使人对自己感到失望。自恨有时与沮丧相近，但又有不同之处。沮丧是一种活力的降低，而自恨需要热情。自恨经常集中于一种具体属性，如"我恨自己为什么会做出这么愚蠢的事"或是"我恨自己长得太胖了"等。自恨的突出特征是它有诸多理由，但这些理由不一定站得住脚。支撑自恨的是一个人对自己的缺陷和信仰感到失望，如果这种缺陷可以得到弥补，那么他的这种悔恨之情也就会得到释然。

如果你认为你工作得不好是由于自己笨，你就应该检查一下自己是否踏踏实实地努力工作了，还是因为你选择了一个不适合自己的领域。如果你因自己太胖而自卑，就该检查一下你的想法是否正确，许多人可能认为胖也是一种美。自恨能给予我们一个重新调整目标的机会，并使自己如愿以偿的可能性最大化。

无论是爱还是恨，根源都非常相近。它们不是相互对立的，而是相互联系的。恨是爱的相反形式，往往是由于一个人受到伤害而产生的。从某种程度上说，恨有时会包含着一部分爱。

许多工作环境剥夺了人们的自主权和独立性。无论何时，只要人的自由和自我价值受到威胁，就很可能产生对剥夺其权利的人或组织的恨。另一个恨的触发器是婚姻，因为除非夫妻俩相敬相爱，否则就可能因爱生恨，导致家庭不睦甚至离婚。

摆脱恨的唯一出路是理智地承认自己的恨，不要试图躲避。只有明白自己的恨，不向他人发泄，我们才能把它锁在笼子里而不会做出极端的事情。

8. 希望

三国时期，有一个"望梅止渴"的故事，在这个故事里，曹操就是用希望稳定了军心。希望是一种能够感受到的情绪，但需要有相当的智慧，它可以成为一个巨大的动力源，为生活带来改变或奇迹。当希望处于最佳状态时，它就是我们提升生活质量的动力，酝酿着机会、变化、兴奋和成就；当希望处于最差状态时，它可能会变成失望和绝望，在希望未能实现或未能满足我们的期待时更是如此。能容忍这种失望，是重获希望所不可缺少的。如果我们已多次失望，就很容易陷入绝望，绝望是放弃对成功的期望。

> ➤ 世上没有绝望的处境，只有对处境绝望的人
> ➤ 有志者千计万计，无志者千难万难
> ➤ 当你的脑子说着要放弃，希望再轻语：再试一次

希望在人们的生活中是不可或缺的，假如人们安于现状，不再多求，那么人们可能希望保持目前的状态；如果人们把希望推向未来，就意味着人们会为此投入精力。希望隐含着人们渴望对现状的改变，也暗示着人们对现状的不满。我们可能对一些事情的发生怀有一种期待，例如，希望朋友的病能很快康复；希望爱人不要离自己而去；希望乘坐的飞机不会失事等。我们的期望无论是积极的还是消极的，都包含着对未来变化的愿望和期待。

在未能实现既定目标的情况下，希望就可能变成绝望。但是只要还有一丁点儿的希望，我们就要有继续前进的勇气。

与希望相关的情绪有期待、期望、渴望、恐惧、畏惧、焦虑等。

希望常常与幻想联系在一起。例如，你的上司总是跟你过不去，使你十分紧张，常常出错。当你觉得压抑的时候可能会幻想：那个上司被调走或是被撤职了，你成为接任他的人，你做得很好并受到周围同事的称赞。有些幻想对自己情绪的好转是有好处的。

9. 爱情

爱情是一种非常抽象的东西，是一种感受、一种体味、一种身心超越现实的纯美感应，牵动着一个人的整个身心和悲喜情绪，而且力量巨大，大到往往不是理智可以控制的，或根本无理可讲。世界上的感情中唯有爱情是两个人相互结合的，这种感情没有亲情那么浓郁，也没有友情那样义气，可以说很容易破裂，但有时又坚不可摧。一方面，爱情能给人很多动力，让人在面对困难的时候更有勇气；而另一方面，爱情也可以毁掉两个人原本幸福的生活。爱情是缘，聚也由缘，散也由缘。

很久以前有个书生，他和心上人约好在某年某月某日成亲。可到了那一天，他心爱的女子却嫁给了别人。书生受此打击，一病不起。这时，恰巧路过一位云游四海的僧人，他从怀中摸出一面镜子让书生看。书生看到一名遇害的女子一丝不挂地躺在海滩上；路过一人，看一眼，摇摇头，走了；又路过一人，将身上的衣服脱下，给女尸盖上，也走了；再路过一人，走上前，挖了个坑，小心翼翼把尸体掩埋了。僧人解释道："那具海滩上的女尸，就是你心爱女子的前世。你是第二个路过的人，曾给过她一件衣服。她今生和你相恋，只为还你一个情。但是她最终要报答一生一世的，是那个将她掩埋的人，那个人就是她现在的夫君。"书生顿悟。

或许，每个人的前世，都是那具被弃沙滩的尸体，每个人的今生都注定了要与给自己衣服的人相恋或相许，而冥冥中却仍要去寻找那个将自己埋葬的人。每个人注定了要在今生苦苦寻爱、久久等待，只是为了偿还自己前世欠下的债。前世缘，今世情，要找的人只有一个，不要被路过的风景所迷惑，每个人都会有他最终的归宿。

10. 拒绝

当我们被拒绝时，痛苦就会慢慢地渗透出来。我们被拒绝的，可能是自己特别想要的一份工作，极其想从事的事业，倾心已久的房子，或者可能是一位长期的朋友，一个深爱

的人。人们被隔绝、被抛弃、被搁置，就会觉得彻底完蛋了，成了一个彻底的失败者。被拒绝往往是一个人寻求自杀或陷入绝望的起因，有时它给人的感觉是如同遭遇了有生以来最可怕的时刻。但这个时刻同样也是最具有潜力的时刻：一个梦想或激情的尽头往往能让人爆发出新的力量和能量。被拒绝是痛苦的，但事实上，由此展开的新局面却包含着无数新的可能。

当人们被拒绝后，相关的情绪有愤怒、悲伤、沮丧、仇恨、恐惧等。这些情绪都是消极的，有可能使人们表现出不当的行为。

只要有足够的自信，你就不会被他人的拒绝所伤害，要始终相信当人生为你关掉一扇大门时，也会为你打开一扇窗，更好的选择也许还在后面，"塞翁失马，焉知非福"。

案例阅读与思考

第 71 次拜访

在销售中，坚持就一定能胜利吗？那当然！坚持就是胜利，只要你比客户多坚持一会儿、遭遇多次拒绝后再坚持一次，说不定成功就属于你了！

日本著名保险销售员原一平在初入保险行业时曾有过这样的经历：有一次，他了解到某大公司总经理的家庭住址，于是去向这位素未谋面的总经理销售保险。可是，不论原一平什么时候去，都会被一位面目慈祥的老人以这样或那样的借口打发走。前后 70 次的拜访都无果而终，可原一平仍没有放弃。后来他意外地从一位客户那里得知，拒绝他的那位老人就是让他扑空 70 次的总经理。原一平马上行动，进行了第 71 次拜访。功夫不负有心人，这一次，原一平终于获得了一份价值可观的保险单。而此时，距离他初次拜访已经有 3 年零 8 个月的时间了。

成功贵在坚持，没有一个人可以一步登天，也很少有人总是一帆风顺。将客户的拒绝当作成功的起点，坚持往正确的方向前进，我们总会收获成功的。

思考与讨论：想一想，有哪些事情是因为自己没有坚持到底而至今后悔莫及的？以后再遇到这样的事情该怎么办？

二、解决负面情绪的思路和方法

解决负面情绪的方法有很多，无一定之规，如倾诉、转移注意力、冥想等。

在与他人沟通的过程中，谁都可能产生一些负面情绪，这时可能没有时间或没有机会摆脱沟通活动去单独处理负面情绪。读者可从以下关键词中斟酌能快速处理负面情绪且适合自己的思路和方法，日常多加练习，以尽可能提高自己的沟通技能。

出现愤怒的情绪时：换位思考，温和表达，控制，自尊。

出现忧虑的情绪时：信心，希望，意义，目标。

出现嫉妒的情绪时：自尊，自强。

出现恐惧的情绪时：勇气，兴奋，忘我。

出现悲伤的情绪时：机会，希望，转变。

出现恨的情绪时：宽容，爱，反思，自强。

出现寂寞的情绪时：感情，联系。

第三节　自我认知能力的培养

当我们驾驭情绪时，我们是情绪的主人；当情绪驾驭我们时，我们就是可怜的疯子。

——佚名

一、情绪的自我认知

1. 情绪的生理表现

在神经生理学的研究中，人们发现，植物神经系统对人的情绪变化起着主要作用。植物神经系统包括交感神经系统和副交感神经系统。当人们在恐惧、愤怒或是剧烈运动时，交感神经系统就会发挥作用：加速心脏的跳动、使肝脏释放更多的血糖、暂时缓解或停止消化器官的活动等，这使得人们可以调动全身的力量应付紧急情况。当危机过去时，副交感神经系统开始发挥作用，它的功能是抑制体内各器官的过度兴奋，使它们获得必要的休息。情绪的生理表现有以下几种情况。

（1）呼吸。研究表明，人在平静时：每分钟一般呼吸 20 次左右；愤怒时，每分钟呼吸可达 40～50 次；悲痛时，每分钟呼吸 9 次左右；突然惊惧时，人的呼吸会暂时中断；狂喜时，甚至可能会有呼吸痉挛的情况发生。呼气和吸气在不同情绪状态下也有所变化：笑的时候，呼气快而吸气慢，呼气的比率低至 0.3；惊讶时，吸气是呼气的 2～3 倍；恐惧时，呼气和吸气的比率会从正常情况下的 0.7 上升到 3.0 或 4.0。

（2）血液循环。人们在吃惊、恐惧情绪的状况下，血液循环加快，其外在表现是脸涨得通红，心率比平时增加 20 次左右，血压也会升高。这种现象女性表现得比男性更明显。血液循环系统状况是肌体唤醒状态的标志之一。

（3）皮肤电反应。当人们的情绪变化时，皮肤电反应在情绪的刺激下，加强了皮肤电阻的变化，使皮肤的导电性加速波动，这种加强可能是非常短暂的。皮肤的电反应是由情绪状态中皮肤血管收缩的变化和汗腺分泌的变化引起的。在等待状态下，皮肤电阻降低；过度疲劳时，皮肤电阻增大。

（4）脑电反应。人们情绪的变化可以通过脑电图测定值表现出来。当人们紧张和忧虑时，脑电波波幅降低，波动频率增大，会出现低振幅快波 β 波；当个体出现病理性情绪障碍时，则会出现高振幅慢波 α 波，不同情绪状态下人的脑电图也是不同的。

（5）内外分泌腺的反应。人体的内分泌腺有甲状腺、肾上腺、脑垂体腺和性腺等。汗腺、泪腺、唾液腺、消化腺为外分泌腺。情绪状态的不同会引起各种腺体分泌的变化。例如，在悲痛或过于高兴的情况下人们可能会落泪；焦急或恐惧时可能会冒汗；紧张时，唾液腺等消化腺的分泌活动会受到抑制，人会感到口干、食欲减退等。在引起内分泌发生变化的情绪中，较明显的是紧张和焦虑会使肾上腺素分泌增多。

拓展阅读

管控好你的情绪只需冷静三秒

在盛怒之下，保持三秒的静默，能够让人保持清醒的头脑，避免出现极端的言行，在最短的时间分析各种利弊，找到解决事情的办法。

在新闻中经常会看到这样的消息：街上或者店里有人发生口角斗殴致死或致伤。每次看到这样的新闻，大家都会叹息，好端端的人竟会因小小的口角之争而丢了自己的性命。前段时间《陈翔六点半》的演员刘洁在昆明医科大学因与人发生口角而被捅了两刀，不幸丧命。那么年轻的生命，那么美好的年华就此戛然而止。倘若她稍微冷静三秒，分析一下当时的情况，不与醉酒的人起口角之争，或许就不会发生这么悲惨的事情。

2018年的重庆公交车坠江事件，起因不过是道路维修改道，司机没能在女乘客想下车的地方停车，女乘客便破口大骂，两次动手打人，司机忍无可忍进行回击，就在电光火石之间，车子冲出护栏，坠入江中。

情绪失控的后果，往往是惨烈而不可知的。仔细想想，因为一件芝麻大小的事，破坏了心情，丢失了性命，那才叫因小失大。所以，每一起惨痛的事件看似离我们很远，实则很有可能就发生在我们身边。要想远离天灾，也许我们的力量过于渺小；但若想远离人祸，我们务必学会控制自己的情绪，收敛自己的言行。

情绪就像一面放大镜，会放大一个人的缺点。情绪爆发时静默的那三秒就是强有力的"镇静剂"，利用好这三秒的时间，调控好自己的情绪，就可以避免很多恶性事件的发生。

2. 情绪体验

情绪体验是指人们在情绪发生时，心理上各种不同层次、不同水平整合后的感受。它可以发生在感觉水平层面，也可以发生在认知水平层面；可以发生在下意识水平层面，也可以发生在有意识水平层面。

当一个怕蛇的人看到蛇的图片时，他皮肤上的感受自己就能察觉到了。虽然不承认害怕，但蛇的照片在他面前晃动时，他却在出汗。这些无意识的情绪刺激强度在不断增加的情况下便进入意识层面。这就是情绪生理启动往往先于人对情绪本身的清醒意识。

当你和别人吵架几小时后，烦躁易怒的情绪还在你的意识层面之下涌动翻腾，并支配你的愤怒反应。一旦这种反应进入意识层面，你就可以重新评价此事，即决定是否消除先前的遭遇给自己留下的感受，改变观点或转化情绪状态。因此，只有在情绪自我感知的基础上才能摆脱恶劣的情绪。

情绪是一种相对独立的心理过程，它既有自身的信息加工过程，又能参与到认知加工过程中。这种加工过程对情绪本身、认知和人的行为有驱动的作用。

有一个战时入伍的护士，那些残肢断臂、血肉模糊的伤兵给她留下了创伤性的记忆。多年后，家里的一股恶臭突然使她心里涌起了恐惧和厌恶，她因此变得惊慌失措。原来是一块婴儿的湿尿布被错塞进衣橱而发臭，从而触发了她对当年战地医院的糟糕回忆。

当情绪唤起某种特别的力量时，大脑中的杏仁核最倾向于把这样的时刻印在记忆里。杏仁核唤起越是强烈，记忆就越是深刻。我们一生中最心慌、最毛骨悚然的体验是最令人难忘的。这也意味着，人的大脑有两套记忆系统，一套记忆普通事物，另一套记忆有情绪意义的事物。情绪记忆的这套系统能使人们牢牢地记下最有威胁或最想得到的事物。

案例阅读与思考

钉子与木板

以下是一个真实的关于成长的故事。

有一个年轻人因为无法控制自己的情绪，经常与同事吵架。他与同事的关系很紧张，并且直接导致他在公司中朋友很少，也直接影响了自己的工作和情绪。年轻人的父亲看出来了，经过了解也知道了年轻人的一些事；年轻人也知道责任在自己，可他就是不能控制自己的情绪。

有一天饭后，父亲拿出一包钉子和一块木板，对年轻人说，从今天开始，如果你生气了，你就在木板上钉一颗钉子；如果生气并与人吵架了，就在木板上钉两颗钉子；当连续三天木板上的钉子数量没有增加时你再来找我。

第一天下来，年轻人的木板上多了三颗钉子，第二天一颗，第三天两颗……到了第29天、第30天、第31天，连续三天木板上的钉子数量都没有增加，此时木板上已经有40颗钉子了。年轻人就找到父亲说，我已经连续三天没有与人吵架了。父亲说，很好，从今天开始，如果哪天没有生气或与人吵架，你就从木板上拔下一颗钉子来，当全部钉子被你拔下来后，你再来找我。

第一天下来，年轻人没能拔下一颗钉子，因为一点小事与同事吵架了；第二天，年轻人拔了一颗钉子；第三天没有拔下钉子；第四天拔下来一颗……就这样，到第35天，木板上一颗钉子也没有了，其中最后5颗钉子是在5天内每天拔下一颗的，说明年轻人已经连续5天没有与别人生气或吵架了。

年轻人将全部钉子和被拔下全部钉子的木板拿到父亲面前，虽然从开始拔第一颗钉子到全部拔出，所用时间超出了父亲的想象，但是父亲仍然很高兴。

父亲指着木板上的钉子孔语重心长地对年轻人说："孩子，你看，每一颗拔出的钉子都会在木板上留下一个孔，就像在木板上留下一个伤口，虽然你将钉子全部拔出来了，但是在木板上留下的伤口却是永远无法愈合的。为人处世也是一样，与人生气或吵架于人于己都没有好处，伤害的是双方，就像木板上留下的伤口一样，再怎么努力你与别人的关系也无法再恢复成原来的样子了。"

年轻人彻底醒悟了，从此，他与别人再也没有发生过不愉快。

思考与讨论：想一想，你自己身上是否存在类似的问题？从上面的故事中，你能得到什么启示？

3. 如何摆脱情绪对自己的困扰

每个人可能都有过这样的经历：早晨想起了之前发生的一些不愉快的事，就会一整天打不起精神来，闷闷不乐。如果一个人对自己处于某种境遇时的负面情绪一无所知，或者在潜意识中没有一种乐观倾向，那么他就无法有效地控制自己的负面情绪，不可避免地会遇到各种各样的麻烦。如果任凭某种负面情绪无限发展，最终会导致一个人身心失衡。

当人们受到情绪的困扰时，要以回忆为纽带，溯流而上，慢慢回味自己过去曾经体验到的各种情绪，这叫情绪倒嚼；情绪倒嚼可以使一个人变得心平气和。只有善于思考、乐于冥想、严于自律的人，才能懂得运用"情绪倒嚼"以达到自我感知的境界。

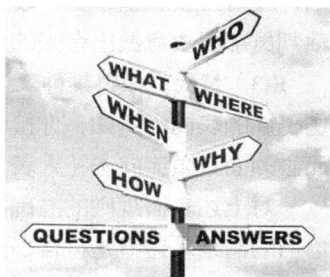 **拓展阅读**

费斯汀格法则

美国社会心理学家费斯汀格（Festinger）有一个很出名的论断，被人们称为"费斯汀格法则"：生活中的 10% 是由发生在你身上的事情组成的，而另外的 90% 则是由你对所发生的事情如何反应决定的。换言之，生活中有 10% 的事情是我们无法掌控的，而另外的 90% 却是我们能掌控的。

费斯汀格在他的书中举了这样一个例子。

卡斯丁早上起床后洗漱时，随手将自己的高档手表放在洗漱台边。妻子怕被水淋湿了，就随手拿过去放在餐桌上。儿子起床后到餐桌上拿面包时，不小心将手表碰到地上摔坏了。

卡斯丁爱惜手表，就将儿子揍了一顿。然后黑着脸骂了妻子一通。妻子不服气，说是怕水把手表打湿才把它放在餐桌上的，卡斯丁说他的手表是防水的。于是二人便激烈地争吵起来。一气之下，卡斯丁早餐也没有吃，直接开车去了公司，快到公司时突然想起忘了拿公文包，又立刻转回家。

可是家中没人，妻子上班去了，儿子上学去了。卡斯丁把钥匙落在了公文包里，他进不了门，只好打电话向妻子要钥匙。

妻子慌慌张张地往家赶时，撞翻了路边的水果摊。摊主拉住她不让她走，要她赔偿，她不得不赔了一笔钱才摆脱。

待拿到公文包后，卡斯丁已迟到了 15 分钟，挨了上司一顿严厉的批评，卡斯丁的心情坏到了极点。下班前又因一件小事跟同事吵了一架。

妻子也因早退被取消了当月的全勤奖。儿子这天参加棒球赛，原本夺冠有望，却因心情不好而发挥不佳，第一局就被淘汰了。

在这个事例中，手表摔坏是其中的 10%，后面的一系列事情就是另外的 90%。由于当事人没有很好地掌控那 90%，才导致了这一天成为"闹心的一天"。

试想，卡斯丁在那 10% 产生后，假如换一种反应，比如，他安慰儿子："不要紧，儿子，手表摔坏了没事，我拿去修修就好了。"这样儿子高兴，妻子也高兴，他自己的心情也不至于太差，那么随后的一切就不会发生了。

可见，你虽然控制不了前面的 10%，但你完全可以通过控制自己的心态与行为决定剩余的 90%。在现实生活中，常有人抱怨：我怎么就这么不走运呢，每天总有一些倒霉的事缠着我，怎么就不让我消停一下，有个好心情呢，谁能帮帮我？这其实就是一个心态问题，能帮助自己的不是他人，而是自己。倘若我们了解并能熟练运用"费斯汀格法则"来处理问题，很多问题就能迎刃而解了。

二、情绪的自我表达

当对情绪有了正确的认识以后，恰当的自我表达尤为重要，它不仅关系到人的心理健康，还关系到事业的成败、人际关系的改善等问题。

1. 情绪如何恰当地自我表达

由于人们的情绪会对他人产生各种积极或消极的影响，而表情又是表达情绪的最直接的方式，通常情况下，主要有以下三种表情规则。

（1）缩减。缩减是指将某些情绪的外部表现降到最低的限度。例如，当孩子们和权威人士一起看恐怖片时，就会压制自己的表情；如果他们自己单独看恐怖片时，就会把恐惧的情绪尽情地表达出来。

（2）夸张。夸张是指将某种情绪有意突出、放大，以实现自己的目的。孩子们被别人欺负之后，经常会故意歪着脸、皱着眉头、噘着嘴，跑到妈妈面前去诉苦；运动员被撞后，往往会跑到裁判员那里故意做出夸张的痛苦表情，使裁判员认为他受到了严重的冲撞，从而判对方犯规。

（3）替代。如果某种表情可能会伤害到别人，那么就应将这种表情掩藏起来，代之以不具有伤害性的表情。例如，你接收了一件不喜欢的礼物，但不能在送礼人面前表露自己的真实情绪，而必须面带微笑向送礼人表示感谢。

对上述表情规则的准确把握和运用，能够使我们的情绪表达符合社会规范。也可以这么说，恰当的情绪表达就是符合表情规则的表达。情绪表达除了运用表情以外，人们还可以通过语言或其他非语言沟通方式等表达自己的情绪。

2. 情绪应在不伤害别人自尊心的前提下表达

当人们产生情绪时，身体语言会无意识地泄露其内在的情绪，这有时会伤害别人的自尊心。例如，当你需要和别人礼节性地交谈时，如果你对他的谈话不感兴趣，可能会无意识地表现出一些小动作，像打哈欠、看手表或晃动身体等。这些小动作很可能会引起对方的注意，并伤害他的自尊心。因此，要有意识地控制这些小动作，用其他有利的表情替代，如点头微笑、注视对方等。

> ➤ 毁灭一个人只要一句话，培育一个人却要一千句话，请你嘴下留情
>
> ➤ 当你劝告别人时若不顾及别人的自尊心，那么再好的语言都是没用的
>
> ➤ 自尊心是一个膨胀的气球，戳上一针就会爆掉

有意识地控制自己的身体语言，还可以为自己提供积极的心理暗示，有利于情绪的稳定和心理健康。例如，人们在求职或公开演讲时，总是通过挺起胸膛来体现自己的自信和从容。目光坚定地盯着听众，恰当地摆好姿势，这些都可以给听众留下良好的印象。

3. 情绪应真诚、坦率地表达

真诚坦率是表达情绪最根本的原则。判断某人是否在真诚坦率地表达情感，需要注意倾听他声音的语调，观察他的面部表情以及与之相伴随的一系列举动和行为。

当你经历感情变化时，你的语言、行动能够为你表情达意。语言和行动非常和谐，说明你的情感真实、坦诚；如果你受到情绪的困扰，自己却装作一副满不在乎的样子，压抑自己的情绪，那么你说话时就会词不达意。

情绪的存在，其作用是不但用实际表现告诉你自己，同时也在告诉他人，某件事情已经触及了你的情感，影响了你的思维模式和价值观念。愤怒、痛苦、失望、厌恶或者恐惧之类的情绪体验，的确让人感到不愉快，但是，承认这些情绪的存在，接受它们，并以恰当的方式表达出来，对于我们的心理健康是至关重要的。

三、情绪的自我调节

（一）情绪冲动可以引起极端行为

每个人都体验过愤怒、悲痛、抑郁等不良的情绪状态，有的人能够很快地从这些情绪中摆脱

出来，维持快乐的心境；有的人则在较长的时间内被这些情绪所困扰，并可能在某种刺激下行为失控。

我们经常听说一些人由于一时冲动导致极端行为的发生。

例如，在美国曾发生过轰动一时的"上班女郎命案"。有一个惯偷假释出狱后决心改过自新，但由于女友和孩子急需生活费，他决心再干一次。他闯入了一幢公寓，正好女主人在家，他就用刀子威胁她并把她绑了起来。在搜寻财物时，女主人的同伴回来了，他同样也把她绑了起来。这时这位女主人警告他：她会记住他的相貌并会协助警察逮捕他。这位惯偷本想干最后一次就收手，一听这话顿时心惊肉跳，慌忙抓起玻璃瓶子把两位女士打昏，再用刀子向她们刺了数刀使其毙命。几分钟的情绪失控使他失去了改过自新的机会。

再如，有一位在美国攻读博士学位的高才生，他认为在论文答辩时受到了不公正的待遇，居然持枪杀害了几位著名教授后自杀。

以上所说的由情绪冲动而导致的极端行为具有一个共同的特点，就是当事人实施这些行为时，自己并不明白是在干什么，也很少考虑行为的后果。

人们在冲动的时候，脑部边缘系统会在一瞬间发出紧急信息，号召其他组织一起反应，而大脑新皮质根本来不及了解情势，更不能权衡轻重。研究表明，杏仁核在情绪反应中起关键的作用。当自身被情绪俘虏之时，思维中枢尚未察觉，杏仁核的反应已经是暴跳如雷。这是因为杏仁核的反应先于思维，它会独立地激发人们原始的情绪反应。

（二）如何调节自己的情绪

在人的生存和发展中，情绪总是伴随和影响着人们的思维和行为。因此，如何控制和把握自己的情绪，是每个人都应该关心的重要问题。

有人做过这样的实验，实验者让几百名被试者都戴上提示器，提醒他们记录下自己的情绪。结果发现，一些非常快乐的人也有火冒三丈或十分抑郁的时候，但他们能在这两者之间保持平衡，因而能经常体会到幸福和快乐。

实践证明，人要成功，不仅要靠才能，更重要的是还必须有一种能力，即在受到打击时，具有能够调整自己的心态、保持高昂的精神状态并持续努力的能力。

下面一些做法有助于我们有效地调节自己的情绪。

1. 保持一个冷静的头脑

无论遇到什么事都要保持一个冷静的头脑，这是至关重要的。

冷静的头脑可以使人理智地去思考问题，而不至于造成过激行为。不能使人冷静的情绪是"激动"。人们常常用这样的话来劝慰心脏病患者："不要太激动，这对心脏不好。"不仅对心脏病人如此，即使健康的人，因暴怒、狂喜和恐惧而引起情绪激动时，肾上腺分泌的大量肾上腺素也会导致呼吸加速、心跳加快、血压和血糖升高等生理反应，严重的还会导致器官供血不足、组织损伤，从而危及身心健康，甚至危及生命。

《三国演义》中的"三气周瑜"，就是由于周瑜过于激动导致的意外。周瑜才高气傲但心胸狭窄，诸葛亮就是成功地利用了他容易激动的弱点。在三次较量中惨败的周瑜，盛怒之下，连喊"既生瑜，何生亮"后吐血身亡。

情绪激动常使人丧失理智，而在冲动之下做出遗憾终生的事。人难免会情绪激动，关键在于如何正视它，保持冷静的头脑，把激动的情绪控制在最低的限度。当发觉自己异常激动时，我们应运用正确的方法加以处理，具体方法如下。

一是要"冷处理"，不要马上将自己的情绪爆发出来，而是通过一些轻松的活动缓解激动的强度，使其逐渐平息。

二是要求自己表现出一种愉快的表情，并想象一种愉快的情境，使紧张的情绪得到放松。

三是要换位思考，就是从积极的角度重新认识引发不良情绪的事件，从而得出新的结论，使自己获得新的平衡。例如，"就当交学费吧""遇坏运，好运正等着呢"。

四是要学会自嘲，对自己的缺陷、无知或者狼狈的模样进行自嘲从而缓解精神上的压力，达到稳定情绪的目的。

拓展阅读

情绪 ABC 理论

让我们难过和痛苦的，不是事情本身，而是我们对事情不正确的解释和评价，这就是心理学上的情绪ABC 理论的观点。情绪 ABC 理论的创始者埃利斯认为：正是我们常有一些不合理的信念，才使我们产生情绪困扰，如果这些不合理的信念日积月累，还会引起情绪障碍。

情绪 ABC 理论中，A 表示诱发事件；B 表示个体针对此诱发事件产生的一些信念，即对这件事的看法和解释；C 表示个体产生的情绪和行为结果。通常，人们会认为诱发事件A 直接导致了人的情绪和行为结果C，发生了什么事就引起了什么情绪体验。然而，同一件事，人们的看法不同，情绪体验也不同。

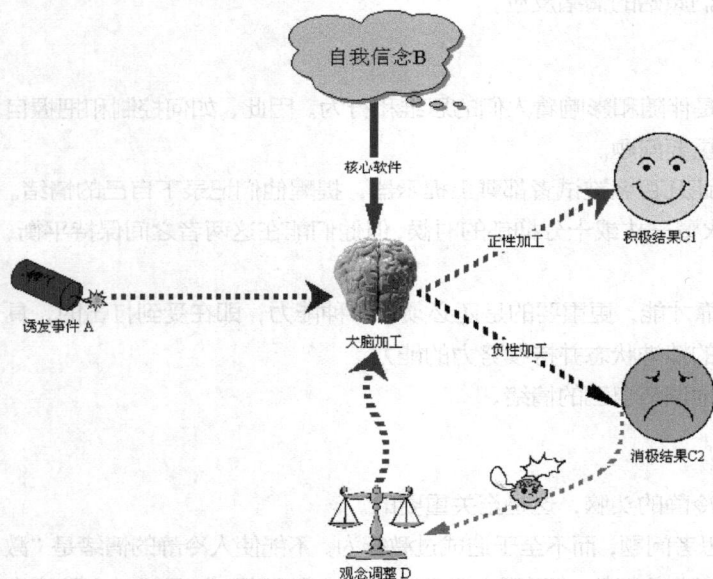

比如，同样是失恋了，有的人放得下，认为这未必不是一件好事；而有的人却伤心欲绝，认为自己今生可能都不会再相信爱情了。再比如，在找工作面试失败后，有的人可能会认为，这次面试只是试一试，不成功也没关系，下次可以再来；有的人则可能会想："我精心准备了那么长时间，竟然没通过，是不是我太笨了？我还有什么用啊，人家会怎么评价我？"这两类人因为对事情的评价不同，他们的情绪体验自然也不同。

对于失恋的年轻人来说，失恋只是一个诱发事件 A，结果 C2 是他情绪低落，生活受到影响，无法专心工作；而导致这个结果的，正是他的认知 B——他认为自己付出了一定要收到回报，自己太傻了，太不幸了。假如他换个想法——她这样不懂爱的女孩不值得自己去珍惜，现在她的离开可能避免了以后她对自己造成更大的伤害，那么他的情绪体验自然就不会像现在这么糟糕，即观念调整 D。

2．拥有一种好的心境

追求快乐是人的天性，人要有好的心境。卡耐基说过：拥有好心境的人，才是最富有的人。

要拥有好的心境，就要正确地评价自己。我们要保持自己的本色，善用自己的天赋，建立自己的乐园。道格拉斯·马罗奇的《做最好的自己》中是这样写的：

如果你不能成为山巅上一棵挺拔的松树，

就做一棵山谷中的灌木吧！

但要做一棵溪边最好的灌木。

如果你不能成为一棵参天大树，

那就做一片灌木丛林吧！

如果你不能成为一丛灌木，

何妨就做一棵小草，

给路旁带来一点生气。

如果你做不了麋鹿，

就做一条小鱼也不错！

但应是湖中最活泼的一条！

我们不能做船长，总得有人当船员，

不过每人都得各司其职。

不管是大事还是小事，我们总得完成分内的工作。

做不了大路，何不做条羊肠小道；

不能成为太阳，又何妨当颗星星。

成败不在于大小——

只在于你是否已尽所能。

思考与训练

1．在人际沟通中，人们一般会表现出哪些情绪状态？结合自身实际，谈谈如何保持、控制或调解这些情绪以利于人际沟通的顺利进行。

2．你有没有自我反省的习惯？说说自我反省在培养自我认知能力中的作用。

3．请阅读刘餗《隋唐嘉话》中"唾面自干"的故事，然后回答后面的问题。

唐朝名臣娄师德的个性深沉而有度量，当他的弟弟将要赴山西代州担任刺史一职时，娄师德就说："我现在正辅佐皇上而任职宰相，你如今又成为代州的州牧，这种荣宠过于显赫，难免会遭人嫉妒。你将如何面对这种问题，以求自免呢？"他弟弟于是跪着说："从今以后，就算有人朝我脸上吐口水，我也只会把它擦掉罢了，这样一来便应该不会让哥哥您担忧了。"听到这话，娄师德面色忧愁地说道："你这样做，正是让我担心之处，试想有人对你吐口水时，那他一定是很愤怒了，你若是把口水擦掉，岂非违背他本意，正好加重了他的怒气。你所要做的，应该是让口水自干而面带笑容去承受这一切。"

（1）除了大度、容忍之外，你还从这则故事中得到了哪些启示？

（2）请你说说在人际沟通中"以血还血，以牙还牙"的害处。

4．请从情绪状态的角度分析，下面一则故事中的"哭婆"为什么变成了"笑婆"。

《禅海珍言》一书中有一则"哭婆变笑婆"的故事：京都南禅寺以前住着一位老太太。她下雨天哭，晴天也哭，成年累月神情懊丧，面容愁苦。南禅寺的和尚问她："你怎么总是哭呢？"她边哭边回答："我有两个女儿，大女儿嫁给了卖鞋的，小女儿嫁给了卖伞的。天晴的日子，我想到小女儿的伞一定卖不出去；下雨的天气，我又想到大女儿的鞋一定没有人去买。我怎么能不伤心落泪呢？"

和尚劝她："天晴时，你应去想大女儿的鞋一定生意兴隆；下雨时，你该想到小女儿的伞一定卖得很多。"老太太当即顿悟，破涕为笑。此后，她的生活内容未变，但由于观察生活的角度变了，便由"哭婆"变成了"笑婆"。

5. 请先阅读下面一则题为"生气时跑三圈"的故事，然后分组讨论在人际沟通中应如何控制自己的情绪。

有个年轻的庄稼汉，每次与人发生纠纷快要起冲突时，他便立刻冲出现场，回到自家田园旁，绕着田地和舍房左跑三圈右跑三圈，跑得气喘吁吁，然后一屁股坐在家门前静坐沉思。次数多了，大家都很好奇，询问他这到底是怎么一回事，他每次都笑而不答，众人也理不出头绪。由于他很少与人结怨，或者对人大发脾气，因此人缘甚佳，样样事情都很顺利，房子一间一间地增建，田地一直不断扩充。不到几年，已是富甲一方。可是每次遇到不愉快的事情他仍转身就走，跑回自己的家园左绕三圈右绕三圈。后来年纪一大把了，子孙们不忍见他如此疲累，纷纷劝阻并一再请求他说明个中原因，拗不过大家的苦苦哀求，他终于揭开了数十年来的秘密。

其实很简单，年轻时每次正要发火，不管谁是谁非，他总是跑回家，边跑边告诉自己："我的房屋如此简陋，田地这么少，努力都还来不及，哪有时间与人生气争吵？"等到有了点成就，他又这样告诉自己："我的家业都这么大了，还为这么一点小事与人争斗，度量也未免太小了吧！老天爷已对我这么宽厚，我还计较什么、气愤什么呢？"一股似火山即将爆发的怒气，就这么被他轻轻一"绕"后消失得无声无息了。

6. 面对批评与指责，请尝试下面的训练方法以提高自我认知能力并控制自己的情绪。

（1）当你在批评别人、指责别人时，请这样思考并反问自己：

我深深地知道对方就是我，其实我是在批评、指责我自己。不断重复地告诉自己，对方就是我。并且再三问自己：

"从这当中我看到了自己的什么过失？"

"我体会到了何种感受？"

"我在批评什么？指责什么？"

从中我将体悟到，原来我只是忙于引导别人去看别人的缺点，而且最好不要看到我自己的缺点，原来我在指责别人的同时，正是在指责自己啊！

（2）当别人在批评、指责我时，请这样思考并告诫自己：

我深深地感受到了对方的愤怒。

谦虚地告诫自己："千万不要试图去证明谁对谁错。"

反复地告诉自己："不要去证明对与错。"

此时更要敞开心扉，感同身受地去理解对方愤怒的情绪，用更大的慈悲与宽容去面对对方的指责。

7. 当无法忍受别人的行为与缺点时，请按下面的方法训练自己的思维并调整自己的情绪。

我深切地明白别人的行为风格及缺点，正凸显出我自己隐藏的问题所在，来自过去的我，来自隐性的我，感谢对方的出现，让我见识到我无法面对的另一个我。

耐心地告诉自己："当我无法忍受对方的缺点时，正是无法忍受自我隐性的缺点。"

反复地告诉自己："对方的缺点正是我的缺点。"

此时你将明白，无法忍受别人的行为风格及缺点，正是自己的行为风格及缺点。

8. 当无法对别人诚实并且不断说谎时，请按下面的方法进行思考并调整自己的情绪。

　　扣心自问：自己是否在隐瞒对方已造成伤害对方的事实，或是有哪些行为是害怕对方知道的。

　　诚实地问自己："有哪些事是自己不该做而去做了？"

　　反复地问自己："有哪些事是不想让对方知道的？"

　　此时你只有两种选择：一种选择是继续说谎，隐瞒到底，让自己每天生活在暗无天日的日子里，并且不断地制造谎言来掩饰或粉饰自己所处的境况。另一种选择是面对你说谎隐瞒的对象，将所做的一切摊在阳光下，诚实和客观地面对自己。如需忏悔，则坦率、虔诚地忏悔，从此过上充满阳光、幸福自在的日子。

第六章
Chapter 6 应酬沟通艺术

　　人生是一场单程旅行，一旦出发，就无法回到生命的原点。在人生的几十年中，有的人能做出一番惊天动地的事业，有的人却一辈子默默无闻、一事无成，这其中很重要的一点就是前一种人能够悟透处世的哲学，即应酬之道。处世的哲学和智慧便是他们获得成功的重要保障。

　　只要稍加观察，就不难发现，大凡成功的人，除了自身具备过硬的专业知识以外，还具备洞悉人性、在复杂的交往中能左右逢源、在成为众人焦点时会隐藏自己、在尴尬情景下能轻松进退、在坐冷板凳时能委曲求全等综合素质。

　　现实生活中，每个人都渴望成功。但是勤奋者未必能成功，机遇也不一定总是青睐做好准备的人。成功之法，自然包括奋斗、敬业、吃苦耐劳等众人皆知的途径，但是也包括圆融、屈伸等与应酬有关的学问。如果要在人生的河道上架设一座成功的木桥，前者就是那一块块的木板，而后者则是连接这些木板的链条。

　　通过对本章的学习，应熟知介绍、称呼、拜访、迎访、问候和探望的基本规矩；牢固掌握介绍、称呼、拜访、迎访、问候和探望的常用技巧；通过日常生活中的练习，做到能够熟练地运用各种应酬技巧与他人进行沟通。

导入案例

内向从不是进步的绊脚石，而是成功的阶梯

　　不管是在生活还是工作中，很多人总是陷入一种错误的思维中，认为性格内向的人，是比较孤僻的，是不善交际的。久而久之，很多与周围人格格不入的那些人或者在社交上感到吃力的人，都把这些挫败感归结为"我太内向了"。

　　的确，以这个世界主流的价值观或者评判标准来看，貌似那些起主导作用的确实是性格外向的人，比如上学时候的班长是侃侃而谈的人，工作后业绩好的是那个"口才好""话多"的人。这就给了大家一个固性的思维，成功者的性格都是外向的，那些性格外向的人，更善于交际，更容易获得成功，而那些内向的人不擅长交际又孤僻。

　　然而事实并非如此。曾有研究表明：世界上70%的成功者都是性格内向的人。就连那些世界名人大部分也是性格内向的人，比如比尔·盖茨、巴菲特、斯皮尔伯格、爱因斯坦等。

　　1. 内向者不是不善于交际，而是更善于独处

　　很多人总是给性格内向的人贴上"不擅交际"的标签，总认为他们不像那些高谈阔论的人一样活泼开朗，在人际交往中，他们不大会主动和别人交流、沟通，总是埋头在自己的事情里。

　　事实上，真正的内向者并不是不擅长交际，只是更喜欢独处，他们也能在需要沟通、需要交流的时候，顺畅地表达自己内心的想法，了解别人的需求，只不过他们不像那些外向者，不管熟

不熟悉都能拉着别人聊上两句。

内向只是他们的表象，实际上内向的人能在自己独处的空间里，更加清晰明了地考虑事情，进而以一种冷静沉稳的姿态展现在大众面前。

看似安静的内向者，更能以沉稳的姿态出现，这样的内向者看似不擅交际，实则暗藏能力。

2. 性格内向者比性格外向者更容易成功

不论是工作还是生活，我们总被一种假象迷惑，我们总认为外向的人更容易成功，外向的人更容易走上更高的职位，因为他们交际能力强。

事实上，这只是大部分人的认知误区。在职场上，性格内向者比性格外向者更容易成功。美国的一项研究证明，性格内向大多是与生俱来的，而且，内向的人在工作中更容易取得成功。因为与性格外向的人相比，性格内向的人在处理很多信息的时候，其大脑的某些区域比外向者更活跃，所以他们能深入地思考，不会花时间去扯闲话，也能更加专注地朝一个目标努力，所以他们做决策的时候会更加谨慎和注重细节，当然，最后成功的概率也就更大。

我曾亲眼见到过两个销售人员去拜访同一个客户，前面一个性格外向的人去了几次，每次都和客户谈得很开心，他自信满满地说这个客户十之八九就是自己的了，结果其他公司的一个销售人员也来拜访这个客户，相对前面那个，后面的销售人员性格要内向很多，在和客户交谈的时候他没有扯那些闲话，反而是针对客户的需求，结合自己的产品，给客户仔细讲解了两次，最后顺利地拿下了单子。

这就是性格内向的力量，性格内向不是不善于交际，相反，性格内向的人更懂得深入挖掘他人的需求，而不是浮于表面地扯闲话、套近乎。正是因为能深入思考、深度挖掘客户的需求，那位性格内向的销售人员才得到了客户的青睐。

思考与讨论：性格内向一定不好吗？性格外向一定好吗？

第一节 介 绍

在社交场合，幽默的自我介绍就像一个令人难忘的广告。

——佚名

一、自我介绍时的沟通

巧妙得体的自我介绍，可以为双方进一步交往奠定基础，也可以显示一个人良好的交际风度。自我介绍可以在许多场合进行，如宴会、舞会、亲友聚会、寿庆、婚礼、会议、商店，甚至路上等。

自我介绍的基本程序是：先向对方点头致意，得到回应后再向对方介绍自己，同时递上事先准备好的名片。自我介绍时，可以掌心向内，右手轻按左胸，但不能用拇指指向自己；表情要自然、亲切，注视对方，举止庄重、大方，神态镇定而充满自信，表现出渴望认识对方的热情。

> **视频精选**
> "非我莫属"中嘉宾
> 的自我介绍

做自我介绍时，要注意把握时机，如初次见面的时机或对方有兴趣的时机。自我介绍的内容

要繁简适度，态度谦虚，注意礼节。自我介绍时长一般以半分钟为宜，即使情况特殊也不宜超过1分钟。如对方表现出有认识自己的愿望，则可在报出本人姓名、供职单位及职务的基础上，再简略地介绍自己的籍贯、学历、爱好、专长及与某人的关系等。当然，在进行自我介绍时应该实事求是，既不能把自己拔得过高，也不必贬低自己。介绍用语要留有余地，不宜用"最""极""特别""第一"等表示极端的词语。

在交际场合，如果我们想结识某人，就可以采取主动的自我介绍方式，例如："您好！我叫×××，见到您很高兴。"以引起对方的回应。也可以采取被动的自我介绍方式，先婉转地询问对方："先生您好！请问我该怎样称呼您呢？"待对方做完自我介绍后再顺势介绍自己。总之，自我介绍必须表现得诚实和坦率，使对方愿意同你结识。

自我介绍除了用语言之外，还可以借助介绍信、工作证或名片等信物证明自己的身份，以增强对方对自己的信任。

以下是艺人凌峰在一次晚会上的一段自我介绍：

> 在下凌峰……这两年，我大江南北走了一道，男观众对我的印象特别好，因为他们见到我有点优越感，本人这个样子对他们没有构成威胁，他们很放心，他们认为本人长得"很中国"，中国五千年的沧桑和苦难都写在我的脸上了。一般来说，女观众对我的印象不太良好，有的女观众对我的长相已经到了忍无可忍的地步。她们认为我是人比黄花瘦，脸比煤球黑。但是我要特别声明，这不是本人的过错，实在是父母的错误，当初并没有征得我的同意就把我生成这个样子。但是，时代在变，潮流在变，现在的男人基本上可以分为三种：第一种，看上去很漂亮，看久了也就那么一回事，比如我的好朋友刘文正；第二种，看上去很难看，看久了以后是越看越难看，比如我的好朋友陈佩斯；第三种，看上去很难看，看久了以后你会发现，他有另一种男人的味道，比如在下就是这一种。鼓掌的都表示同意了！鼓掌的都是一些长得和我差不多的！

二、居中介绍时的沟通

居中介绍即为他人做介绍，就是介绍者把一个人引见给其他人相识的沟通过程。善于为他人做介绍，可以使我们在朋友中具有更高的威信和影响力。充当居中介绍人员者，一般是公关礼仪人员、东道主、在场地位最高者或与被介绍的双方都相识的人。

1. 介绍顺序

居中介绍时，介绍者处于双方当事人之间。因此，介绍者在介绍之前必须先了解被介绍双方各自的身份、供职单位以及双方有无相识的愿望，或衡量一下有无为双方介绍的必要，然后再择机行事。介绍的先后顺序，应坚持受到特别尊重的一方有了解对方的优先权的原则，应将职位低者介绍给职位高者，将年轻者介绍给年长者，将年龄和职务相当的男士介绍给女士，将客人介绍给主人，将未婚者介绍给已婚者，将本公司职务低的人介绍给职务高的客户，将个人介绍给团体，将晚到者介绍给早到者。在口头表达时，应先称呼职务高者、长辈、女士、主人、已婚者、先到场者，再将被介绍者介绍出来，而后介绍先称呼的一方。这种介绍顺序的共同特点是"尊者居后"，以表示对"后来居上"的尊敬之意。对来宾中的已婚夫妇，即使他们站在一起，也应分别介绍。如丈夫将妻子介绍给朋友相识，应先将朋友介绍给妻子，然后再将妻子介绍给朋友；而当妻子介绍丈夫给朋友相识时，应先将丈夫介绍给朋友，再把朋友介绍给丈夫。

2. 介绍人的神态与手势

居中介绍者在为他人做介绍时，态度要热情友好，语言要清晰明快。做介绍时，介绍者应起立，行至被介绍人之间，在介绍一方时，应微笑着用自己的视线把另一方的注意力引导过来。正确姿势是抬起前臂，五指并拢伸直，手掌向上倾斜，指向被介绍者，但介绍人不能用手拍被介绍人的肩、胳膊和背等部位，更不能用食指或拇指指向被介绍的任何一方。

3. 介绍人的陈述

介绍人在做介绍时要先向双方打招呼，使双方有思想准备。介绍人的介绍语须简明扼要，分寸恰当，使用敬词；一般不介绍私人生活方面的情况，如居住地址、婚姻等。在较为正式的场合，介绍人可以说："尊敬的×××先生，请允许我向您介绍一下……"或说："××，这就是我向您常提起的×××。"同时，介绍人在介绍中要避免过分赞扬某个人而给他人以厚此薄彼的感觉。在介绍别人时，介绍人切忌把复姓当作单姓，常见的复姓有"欧阳""司马""司徒""上官""诸葛"等，注意不要把"欧阳明"称"欧先生"。当介绍人为双方介绍后，被介绍人应向对方点头致意，或握手为礼，并以"您好""很高兴认识您""幸会、幸会"等友善的话语问候对方，表现出结识对方的诚意。介绍人在介绍后，不要随即离开，应给双方交谈提示话题，可有选择地介绍双方的共同点，如相似的经历、共同的爱好和相互的职业等，待双方进入话题后，再去招呼其他客人。

视频精选
综艺节目主持人介绍
节目来宾

视频精选
介绍礼仪要领

4. 对介绍的应答

一旦被介绍给他人，我们即应做出应答：一是如果坐着应起立，如不能起立，也应欠身表示；二是注视对方，面露微笑，以示对对方的尊重；三是握手，这是对他人尊重的表示，也是互相致意和问候的一种方式；四是向对方打招呼，重复对方的名字或职务。

三、集体介绍时的沟通

集体介绍也有顺序上的尊卑先后之别。集体介绍分"单向介绍"和"多向介绍"两种。集体介绍的顺序应比照"居中介绍"的顺序，并考虑"单向介绍"和"多向介绍"的特点。

单向介绍，如讲演、报告时，介绍者可只介绍主角；如为两个团体进行介绍，应先介绍东道主或人少的一方。介绍人还要注重被介绍人的身份、地位，对尊者最后介绍。多方介绍则由尊至卑，或由近而远。其排序方法有：或以负责人身份为准，或以单位规模为准，或以单位名称的英文字母顺序为准，或以抵达的时间为准，或以座次为准，或以距介绍者的远近为准。

集体介绍的方法，原则上与"居中介绍"的方法相同。

第二节 称 呼

称呼不得体注注会引起对方的不满和愤怒，令双方陷入尴尬境地，使交注受阻。

——佚名

一、称呼的原则

称呼是当面招呼对方用的表示彼此关系的名称。称呼语是交际语言中的先锋官。一声亲切而得体的称呼，不仅能体现出一个人待人谦恭有礼的美德，而且还能使对方如沐春风，有助于拉近双方的距离，为深层沟通打下基础。

社会是一个大舞台，每个社会成员都在这个舞台上充当着特定的社会角色，而称呼最能准确地反映人际关系的亲疏远近和上下尊卑，具有鲜明的褒贬性。亲属之间，按彼此的关系，都有固定称呼。在社会交际中，人际称呼的格调则有文野、雅俗、高下之分，它不仅能反映一个人的身份、地位、职业和婚姻状况，而且还能反映一方对另一方的态度及双方的亲疏关系。不同的称呼可以使人产生不同的情感，例如对老年人可称其为老人家、老同志、老师傅、老大爷、老先生、老伯、老叔，对德高望重者还可称其为"某老"；却不可称"老头子""老婆子""老东西""老家伙""老不死"等。很显然，前者是尊称，带有尊敬对方的感情色彩；而后者则是蔑称，带有蔑视对方的厌恶情绪。在交际开始时，只有使用高格调的称呼，才会使交际对象产生同你交往的欲望。因此，在使用称呼语时需遵循以下三个原则。

视频精选

称呼礼仪

1. 礼貌原则

礼貌原则是人际称呼的基本原则之一。每个人都希望被他人尊重，而合乎礼节的称呼，正是表达自己对他人的尊重和表现自己有修养的一种方式。在社交接触中，称呼对方要用尊称。常用的尊称有："您"——您好，请您……；"贵"——贵姓、贵公司、贵方、贵校、贵体；"大"——尊姓大名，大作等；"贤"——贤弟、贤媳、贤侄等；"高"——高寿、高见、高明等；"尊"——尊客、尊言、尊意、尊口、尊夫人等。

2. 尊崇原则

一般来说，汉族人有从大、从老、从高的心态。如对同龄人，你可称呼对方为哥、姐；对既可称"爷爷"又可称"伯伯"的长者，以称"爷爷"为宜；对副科长、副处长、副厂长等，也可以直接以正职相称。

随着时代的发展和受西方文化的影响，尊崇原则有了一些变化，如对较自己大十来岁的女性，有时称呼姐姐比称呼阿姨更讨对方喜欢。这一现象在大中城市、私人场合、年轻人、女性中更流行一些，在中小城市和农村、正式场合、年长者、男性中则更倾向遵守尊崇原则。

3. 适度原则

许多年轻人往往对人喜欢称师傅，虽然亲热有余，但文雅不足，且普适性较差。对理发师、厨师、企业工人等称师傅恰如其分；但对医生、教师、军人、干部、商务工作者等称师傅就不合适了。如把小姑娘称为"师傅（尼姑）"，则要挨骂了！所以，要视交际对象、场合和双方关系等选择恰当的称呼。在与众多人打招呼时，还要注意亲疏远近和主次关系。一般以先长后幼、先高后低、先女后男、先亲后疏为宜。

案例阅读与思考

五里与无礼

称呼，是待人接物时说出的第一个词，也是人们进入社交大门的通行证。称呼得体，可以拉近双方的距离，称呼不得体，就会引起对方的不快，使双方陷入十分尴尬的境地。

有这样一个故事：有个年轻人骑马赶路，眼看已近黄昏，可是前不着村，后不着店。正在着急时，忽见一位老汉路过，他便在马背上高声喊道："喂！老头儿，这儿离客店还有多远？"老人回答："五里。"年轻人策马飞奔，急忙赶路去了，结果一口气跑了十多里，仍不见人烟，他暗想，这老头儿真可恶，说谎骗人，非得回去教训他一下不可。他一边想着，一边自言自语道："五里、五里，什么五里！"猛然，他醒悟过来了，这个"五里"，不就是"无礼"的谐音吗？于是他拨转马头往回赶。碰上了那位老人，他急忙翻身下马，亲热地叫声："老大爷。"话没说完，老人便说："客店已走过头了，如不嫌弃，可到我家一住。"

这个故事之所以流传很广，是因为它说明了一个朴素的道理：与人交往中，称呼是个大问题，称呼得当，对方自然会高兴，但如果称呼不当，那就麻烦了。故事中的年轻人，就因为对老人的称呼太无礼，结果被老人教训了一次，但当他礼貌地称呼老人时，老人也改变了态度，亲切地邀请他去家中做客。

思考与讨论：有些好朋友之间经常互开玩笑，甚至骂骂咧咧，好像也并不拘泥于什么礼节，但双方关系却十分亲密。而有些人之间客客气气，反倒关系一般。这两种现象是否与人和人之间讲究礼仪的原则相悖呢？

二、称呼的礼俗

美国交际学家戴尔·卡耐基说："一个人的姓名是他自己最熟悉、最甜美、最妙不可言的声音。"在交际中，最明显、最简单、最重要、最能得到别人好感的方法，就是记住人家的名字。记住并准确地叫出对方的姓名，会使人感到亲切自然、一见如故，否则，即使有过交往的朋友也会生疏起来。

要记住人家的名字，应注意以下几点：一是对需要记住的姓名，注意力一定要高度集中。初次见面被告知对方姓名时，自己最好重复一遍，并请对方把名字一字一字地分别解析以加深印象。二是把姓名脸谱化或将其身材形象化，将对方的特征与姓名联系起来，如有个青年叫聂品，他的名字是"三个耳朵三张口"，这样就容易记了。三是把对方的名字与某些事物（如熟悉的地名、物名、人名等）关联起来。四是通过交谈，相互了解熟悉，并在交谈中尽量多地使用对方的名字。五是借助交换名片，并将名片分类整理，或把新结识人的姓名及时记在通讯录上经常翻阅。这样，新结识的朋友就不容易忘记了。

1. 称呼的方式

称呼的方式有多种：其一，称姓名，如"张三""李四""王娟"等。称姓名一般适用于年龄、职务相仿的人之间，或是同学、好友之间，否则，就应将姓名、职务、职业等并称才合适，如"张三老师""李四处长""王娟小姐"等。其二，称职务，如"王经理""孙局长"等。其三，称职业，如"老师""乘务员""医生""律师""营业员"等。其四，称职称或职衔，如"工程师""教授""上尉""大校"等。其五，拟亲称，如"唐爷爷""钱叔叔""胡阿姨"等。其六，一般称，如"先生""夫人""太太""小姐""同志"等，这是最普遍、最常用的称呼。

一般在正式场合，称呼时应注重对方的身份、职务、职称、职衔等；在非正式场合，则可以辈分、姓名等称呼。在涉外活动中，应按照国际通行的称呼惯例，对成年男子称先生，对已婚女子称夫人、太太，对未婚女子称小姐，对年长但不明婚姻状况的女子或职业女性称女士。这些称呼均可冠以姓名、职称、职衔等。如"布莱克先生""上校先生""护士小姐""怀特夫人"等。对部长以上的官方人士，一般可称"阁下""先生"或称其职衔。如"部长阁下""总统阁下""总理先生阁下"等。但在美国、墨西哥、德国等没有称"阁下"的习惯。因此，对这些国家的人士，可以"先生"相称。在君主制国家，按习惯人们称国王、皇后为"陛下"，称王子、公主、亲王为"殿下"。其他有爵位的人，人们可以其爵位相称，也可称"阁下"或"先生"。对有学位、军衔、技术职称的人士，人们可以称他们的头衔，如"××教授""××博士""××将军""××工程师"等。外国人一般不用行政职务称呼别人，不称"××局长""××校长""××经理"等。

2. 称"字"不呼"名"

在古代，中国人除了有名之外还有字。《礼记·曲礼上》云："男子二十，冠而字。""女子许嫁，笄而字。"文人雅士还要以居处、境况、志趣等为自己取号。一般来说，名是由长辈起的，是供尊长叫的；字是为了"敬其名"而由他人取的，是供别人叫的。如刘备被称为刘玄德，诸葛亮被称为诸葛孔明，关羽被称为关云长等。朋友及平辈之间互称其字，以示尊敬和亲近，自称只能称名，表示谦逊。

三、称呼的忌讳

在人际交往中，为了使自己对他人的称呼不失敬意，我们应避免在对人对事称呼上的一些忌讳。

1. 不要使用绰号和庸俗的称呼

随意给人起绰号，或不分场合称呼别人为"哥们儿""姐们儿"等，不仅难登大雅之堂，而且会使对方不悦。

2. 不滥用行业性或地域性的称呼

师傅、老板等称呼带有行业性；"爱人"这一称呼带有地域性，在境外或国外时往往被理解为充当第三者的"情人"。

3. 对不吉利的词语和恶言谩骂的词语要避讳

对于不吉利的词语，中国人历来就十分忌讳，例如"死"字，就另造了其他一些词来表达其含义，如百年之后、去世、下世、过世、辞世、病故、病逝、长逝、长眠、仙逝、作古、远行，等等。再如，北京地区为了避免骂人嫌疑，将沾了"蛋"字边的东西都改了名：鸡蛋叫鸡子儿，炒鸡蛋称为摊黄菜，鸡蛋汤叫木樨汤。这些言语忌讳不仅反映了人们趋利避害的思想倾向，也表示了对他人的尊重。

案例阅读与思考

职场中如何称呼他人？

职场中，如何得体地称呼他人也是一门学问，有人琢磨了很久也没有找到诀窍，有人却如鱼得水，促进了与同事的交流。除了正常的职务称呼以外，如何称呼他人，折射着你对这个人的态度，也体现出你和他的亲疏，更代表着你们之间的级别关系。当然了，这种称呼也不是一成不变的，有时候会随着环境的变化而变化。

职场中，我们既要接受别人对自己的不同称呼，也要学会如何在不同环境下称呼别人。如果不去研究怎么称呼别人，可能会导致因未能顾及别人的感受而造成称呼不当。有时，忽略了双方的地位和职位，盲目地称呼，可能会适得其反，引起对方不爽甚至妨碍人际交往的继续进行。

老张在设计院工作，有一天他和同事王某、李某、赵某一起去给某个项目的甲方提供技术支持。甲方对于设计院来的人还是很高看一眼的，毕竟都是自己请来的老师。他们经过几天的工作，圆满地完成了任务，临走前，甲方的几个经理请客吃饭，对他们表示感谢。也就是在这一场宴会上，甲方的一个经理孙某，在跟他们喝酒的过程中，略有喝高，开始跟王某称兄道弟起来，得知王某比他年轻几岁，就嚷着要喝酒："小王，哥敬你……"

王某听了很不高兴地放下了杯子，回绝了他的敬酒。在他看来，同行的李某、赵某，都被以李经理、赵经理地称呼着，怎么到自己这里就成了小王了？觉得自己年轻？瞧不起自己？所以王某很不高兴地把事儿挑明了转身离去。

很多人习惯在称呼别人的时候，在姓氏的前面加上一个"小"字，觉得那样听起来比较亲切。这要看在什么场合，还要看你跟对方的关系和地位。并不是所有人都喜欢被称为"小某"，尤其是被职位比自己低的人这么称呼，就更不妥了。相比之下，职场上有两类人可以这么称呼别人——一类人是别人的前辈，还有一类人是别人的顶头上司。除此之外，任何想套近乎的不恰当称呼，都非常有可能引起对方的排斥心理，从而引起对方的反感，影响自己的职业前途。

思考与讨论： 请与同学进行交流，看看各自在称呼方面都曾有过哪些困惑，应如何解决。

第三节　拜　访

礼尚往来，往而不来非礼也；来而不往，亦非礼也。

——《礼记·曲礼上》

人和人之间、社会组织之间、个人与组织之间，总少不了相互拜访。拜访可分为事务性拜访、礼节性拜访和私人拜访三种，而事务性拜访又有商务洽谈性拜访和专题交涉性拜访之分。不管哪种拜访，都应遵循做客的礼节，以便达到交流信息、沟通情感、增进友谊的目的。

一、事先预约，不做不速之客

拜访友人，务必选好时机，事先约定，这是进行拜访活动的首要原则。一般而言，当我们决

定要去拜访某位友人时，应先打电话与被访者取得联系，约定宾主双方都认为比较合适的会面地点和时间，并把拜访人数和拜访意图告诉对方。一般应避开吃饭和午休的时间，晚上拜访时间不宜太长。在对外交往中，未曾约定的拜会，属失礼之举，是不受欢迎的。因急事或事先并无约定而必须前往时，拜访者则应尽量避免在深夜打扰对方；如万不得已非得在休息时间约见对方，则见到主人时应立即致歉，说"对不起，打扰了"，并说明打扰的原因。

二、守时践约，不做失约之客

宾主双方约定了会面的具体时间，作为拜访者应履约守时，如期而至。拜访者既不能随意改变时间，打乱主人的安排，也不能迟到或早到，准时到达才最为得体。如因故迟到，拜访者应向主人道歉；如因故失约，也应事先诚恳而婉转地说明。在对外交往中，我们更应严格遵守时间。日本人安排拜访时间常以分钟为计算单位，在瑞典，如迟到 10 分钟，对方就会谢绝拜访。准时赴约是国际交往的基本要求。

三、登门有礼，不做冒失之客

无论是到别人的办公室还是家中去拜访，客人一般都要坚持客由主定的原则。如果是到别人的家中拜访，客人在进入主人住所之前，应轻轻叩门或按动门铃，若是熟人、亲属，可在敲门后立于门口；若是初访或身份为下级，应侧身站在门口的一侧，待有人开门相让，方可进入。若是主人夫妇同时相迎，则应先问候女主人好。若不认识出来开门的人，则应问："请问，这是××先生的家吗？"得到准确回答后方可进门。当主人把你介绍给他的妻子或丈夫相识，或向你介绍家人时，你都要面带微笑，热情地向对方点头致意或握手问好；见到主人的长辈应恭敬地问安，并问候主人家中的其他成员；当主人请坐时，你应道声"谢谢"，并按主人示意的座位入座；若带有鲜花、水果、书籍等礼物，你可在进门之初送给主人；主人上茶时，要起身双手接迎，并热情道谢；喝茶时要慢慢品饮，果品要小口细嚼，烟要少抽或不抽，如要抽烟应先征得主人和女士的同意；对后来的客人，自己也应起身相迎；必要时，应主动告辞；如带小孩做客，应让孩子尊敬地称呼主人家所有的人；如主人家中养有狗或猫，不应表示害怕、讨厌，也不应去踢它、赶它。当然，主人也应遵循"尊客之前不叱狗"的传统礼节。

四、举止文雅，不做粗俗之客

古人云："入其国者从其俗，入其家者避其讳。"人们常说"主雅客来勤"，也可以说"客雅主喜迎"。在做客时，谈话应围绕主题，态度也要诚恳自然，如有长者在，亦应用心听长者谈话。在朋友家里，不要乱脱、乱扔衣服；与主人关系再好，也不要翻动主人的书信和工艺品。未经主人相让，不要擅入主人的卧室、书房，更不要在桌上乱翻或在床上乱躺。他人低语私聊时，切记不要侧耳偷听。

五、适时告辞，不做难辞之客

"串门勿久坐，闲话宜少说。"初次造访以半小时为宜，一般性拜访以不超过一小时为限。造访目的达到，见主人显得疲乏，或意欲他为，或还有其他客人，就应适时告辞。假如主人留客心诚，执意强留用餐，我们在饭后应停留一会儿再走，不要吃完便走。辞行要果断，不要"告辞"说过几次，却口动身不移。辞行时要向其他客人道别，并感谢主人的盛情款待，出门后应请主人留步。

<hr />

第四节 迎 访

花泾不曾缘客扫，蓬门今始为君开。

——杜甫《客至》

一、预做准备

古人云："有朋自远方来，不亦乐乎？"这说明广交朋友，礼貌待客是中华民族的传统美德。迎访包括迎客、待客两个方面。如何礼貌地迎宾待客，总的原则应是主随客便、考虑周全、讲究礼仪、关怀备至，使来访者有宾至如归之感。

为了让客人有一个好的"第一印象"，主人平时应将办公室、会客室或家里的客厅收拾整洁，以免因"不速之客"的光临而手忙脚乱。从迎访角度讲，社交活动中的来访也分礼节性来访、事务性来访和私人来访三种。礼节性来访一般时间较短，主人待客要热情周到，事后还要注意"礼尚往来"；事务性来访一般时间略长些，主人要想方设法替客人节省时间，并尽可能地使客人满意而去；私人或消遣性来访通常伴有娱乐性活动和闲谈等，主人待客应尽量做到轻松愉快。

无论是接待哪一类的来访者，特别是应邀而来的客人，主人事先都应做必要准备。这包括做好室内外的卫生和室内的布置，"洒扫门庭以迎佳宾"；备好待客的用品，如糖果、香烟、饮料和水果、点心等。如留客人吃饭，主人还得预备丰盛可口的饭菜；如有小朋友同来，主人还需预备一些玩具和童书。为了向客人表示敬意，主人还要特别注重自己的仪表，作为女主人更应穿着得体。

二、热情迎候

"在家不会迎宾客，出外方知少主人"。如来访者来自外地，主人应按事先约定的时间专程前往车站、码头或机场迎候，接到客人后应致问候，并说一些简短的欢迎词。如果是久未见面的朋友，主人在见面时可以说"久违、久违"（即久违雅教之意）。对初次登门的客人，主人应到门口或楼下迎接，见面时可以说"久仰、久仰"；未及亲迎的，可以说"失迎、失迎"或"有失远迎"等以示歉意。

三、待客以礼

客无亲疏，来者当敬。在接待中，主人对任何客人来访都应热情欢迎，毫不见外地奉之为上宾。

接客人进屋，应主人在前，客人在后；进客厅后，为了表示对客人的敬意，主人应请客人在上座就座。所谓上座，即指较为尊贵的座位。室中的上座有：比较舒服的座位，较高一些的座位，宾主并排就座时的左座（接待外宾时一般为右座）和面对正门的座位。客人一旦落座，主人就不要再劝其换位。

客人如果是老友、挚友，主人可以不拘礼节，随便一些反而显得亲密无间；客人如果是师长，主人则应注重礼节，不可轻率、随便。如客人不期而至，则主人无论有多忙多累，都应立即停止手中的工作，热情接待。有的人对不速之客冷眼相向，或边跟客人聊天，边看电视、看报纸、织毛衣，这是极不礼貌的。

如在同一时间接待多位客人，应注意待客有序和一视同仁。

客人进屋后，主人应处处体现对客人的恭敬与谦让。客人落座后，主人应热情献茶或奉上糖果、饮料；与客人谈话时，主人的态度要诚恳热情，不要频频看表，也不要显出厌倦或不耐烦的样子。万一主人有急事要办，应向客人说明并致歉。

四、礼貌送客

在人际交往中，好的开场就像一束美丽的鲜花令人愉快；精彩的告别就像一杯芬芳的美酒令人回味。否则，送客时如有失礼之处便会造成热情迎宾、冷淡送客的不良后果，给客人留下不好的印象。当客人要走时，主人应婉言相留，这应是情感的自然流露，并非客套与多余。当客人起身告辞并伸出手时，主人方可出手相握，切不可在送客时先"起身"或先"出手"，否则会有厌客之嫌。

迎客时主人应走在前面，送客时应让客人走在前面。主人送客，一般应送到门外或楼下，目送客人远去时，可挥手致意，并道以"欢迎再来"。和上司一起送客时，要比上司稍后一步。

客人来访，常备有礼品，主人应表示谢意，说声"让您破费了"或"让您费心，真不好意思"等，绝不可若无其事，显出理所当然或受之无愧的样子。

拓展阅读

拜访亲友和接待客人应注意哪些礼仪？

探亲、访友、接待客人是生活中常见的交往形式，借由这些形式可给亲戚以关心和安慰，与朋友联络感情、传递信息。做客与待客在家中进行时，不用像在公共场合下那么正式，因此，这种特殊形式的交往具有轻松愉快、亲切友善的特点。

年轻人成家后，要经常抽时间去看望长辈。带上一些礼品，合家去看望父母、爷爷、奶奶、姥姥、姥爷，给他们带去亲人的爱，与他们共享天伦之乐。

在日常生活中，每个人都有许多朋友。和志趣相投的朋友在一起，可以让彼此心情愉快，增进相互间的感情，在这个信息时代，还可以此扩大信息量。拜访朋友前，一定要事先约好时间，以免吃闭门羹或当不速之客，打乱朋友的日常安排。约好时间后应准时赴约，如不能按时赴约要提前通知朋友，失约是很不礼貌的行为。拜访时不要选在对方正在吃饭的时间，以免打扰人家，最好是在节假日的下午或平日晚饭以后，但不要选择周末的晚上。晚上拜访，不要影响别人的休息，因此拜访时间要尽量缩短。

除此之外，去朋友家做客还要懂得以下一些常识：

做客要注意仪容，衣着要整洁、朴素、大方，穿戴要与季节、环境和气氛协调。进门前要轻轻敲门，不能推门而入，再熟悉的朋友也要等主人招呼后再进门。见到长辈和其他人要问好，不要随便自行选择地方就座或坐在床上。做客时举止要稳重得体，不经允许不可闯到主人的其他房间里去，除了翻阅摆在桌面的书刊外，随便翻动书柜里的书籍、笔记、信件都会令人反感。不要过多地对房间里的摆设进行评论和批评，也不要随便乱动这些摆设。谈话要注意分寸，避开主人家里对一些话题的忌讳，要避免发生争执，即使对某一问题的探讨十分激烈，也要注意控制好自己的情绪，不要大声说话。做客时，如遇有其他客人，要礼貌地打招呼，若别的客人有急事先走，应主动起身告辞，一般是先来做客的客人先告辞，以示对后来客人的尊重。

待客时，作为主人要尽量从始至终对客人热情、周到，使客人感到像在自己家里一样亲切。

对预先约好的客人，应尽可能地准备一下，打扫干净房间，准备一些茶点和水果，便于聊天时气氛更加轻松自然。

客人来访时，要热情地招呼客人"请进""请坐""请不必拘束"。要把客人介绍给家里其他人，把客人让到显要的位置上或尊位上。

对于很要好的老朋友，不必过分客套，但也要准备茶点、糖果，热情招待，使之感到就像到了自己家一样。

对于因公事前来的客人，备茶备烟就可以了，因为他们有更重要的事要谈，不需计较更多小节。

当请客人留下吃饭时，要多考虑客人的习惯，不应过分劝酒，也不要殷勤地给客人夹许多菜，免得客人不喜欢吃也不好拒绝，一切都要顺应客人的需要。

有客人在家时，应禁止以下举动：打扫房间卫生、扫地、翻箱倒柜找东西、训斥孩子、与家人口角等。

客人逗留的时间过长，又不好直接催促，可以减少谈话、不往茶杯添水等作为暗示。

客人要告辞时，可以婉言相留："如果不忙，就多坐一会儿。"等客人站起来后，主人再站起来，让客人走在前面，送至大门口，目送客人远去，不能客人还没离去，主人却早已消失了。

无论是客人还是主人，都要力争做到让对方满意，给对方留下一个温馨的回忆。

第五节　问　候

美好的一天，从问候开始！

——佚名

问候是一束最沁人心脾的鲜花，是一根最能拨响心音的琴弦。问候有多种形式和方式，是礼节性较强的一种举动。每一句真诚的问候，都是对被问候者尊敬和关心的表示，亲切、得体的问候有助于保持良好的人际关系，沟通彼此的感情。

一、问候的形式

问候的形式可以分为日常问候和特殊问候两种。

1. 日常问候

日常问候是亲友之间互致的问候，日常生活中的问候大致有下列几种。

（1）按时间问候。如"早安""早上好""晚安"等。

（2）按场合问候。如家人在离家时，离家者应向在家的人道别："我走了""再见"。在家的人也应回答："你走好，早点回来！"在归家时，归家者应与在家的人打招呼："我回来了。"同样，在社交和商务场合，熟人相遇，朋友相见，互致问候便是第一道程序。即使是一面之交，相遇也应打招呼。若你毫无表示，或漫不经心，则会被认为是傲慢无礼的表现。

（3）祝愿式问候。如"您好""新年快乐""圣诞快乐""福寿康宁"等。

（4）关心式问候。如"您身体还好吧？""一切都顺利吧？""家里人怎么样？"等。

2. 特殊问候

特殊问候是亲友之间在不同情况下的问候。一是节日问候。在节日到来时，我们应向在远方的或不常见面的亲友及时送去自己的问候，这是沟通感情、表明心迹的最简便而又极有效的方式。二是喜庆时的问候或道贺。如对方事业有成、乔迁新居时，我们要向他们表示祝贺并致问候。三是不幸时的问候或安慰。如对方发生事业受挫或家庭变故等不幸的事，我们要向其表达同情和安慰，并给予必要的帮助。

3. 问候的方式

如何表达上述种种问候呢？常见的有以下几种方式：口头问候、书信问候、贺卡或明信片问候、电话问候等。我们在致以各种问候的同时，如有条件可再适当送些礼物表达心意，则更为妥当。

二、问候的礼节

晚辈应先问候长辈，年轻人应先问候老年人，下级应先问候上级，男性应先问候女性，但年轻女性应先问候比自己年长的男性。总之，主动问候，是尊重他人的表示，即使你比对方年长，主动问候也于己无损，只会多增加一份友情。

第六节　探　　望

> 朋友邀宴，可以缓赴；朋友有难，当须速赴。
>
> ——佚名

探望，也称探视、探访，可分为专程探望、顺便探望、委托他人代为探望等，是人们用以表达对亲朋好友和同事关怀的一种方式。除正常情况下的探望之外，更重要的是对身体不适或住院亲友的探望，这是一项较为特殊的交际活动。天有不测风云，人有旦夕祸福，在社交圈内，同事、亲友患病或不幸伤残，在所难免。当一个人患病住院时，无论在身体上还是精神上都是比较痛苦的，需要外界的帮助和关怀。如果我们对病人进行合乎礼节的探望，会使其得到极大的安慰；但在探视时，如果方法失当、礼节不周，也会适得其反。

一、掌握探视时间

探视病人，要为病人着想。要严格遵守院方规定的探视时间，并应避开吃饭和睡觉的时间，尤其要避开治疗和护理的时间。如病人在家休养，则以下午探访为宜。当然，探望停留的时间也不宜太长，一般以 15～30 分钟为好；即使病人挽留，最多也不要超过 1 小时，以免病人疲劳。

二、注意表情和谈吐

探视者的使命，就是要充当"社会护理"的角色，对患者进行精神上的安慰和必要的帮助，使患者增强战胜疾病的勇气。因此，探视者探视前应了解患者的病情和治疗进程，弄清患者的心态。在患者面前，探视者表情应当自然、亲切、冷静，一如既往；不要愁眉苦脸、故作沉重、长吁短叹，更不要一见面便"人未语，泪先流"，使患者思绪烦乱，六神无主，这不利于其康复。探视者与患者交谈的基本原则应是"报喜不报忧"。探视者应尽量选择轻松愉快的话题，多谈患者关心、感兴趣的事，以转移其注意力，减轻其精神负担。特别是对身患绝症的患者，有时善意的谎言胜过不该说的真话。探望病情严重的患者时，探视者不要谈论他们的病情，也不要对医生的水平、治疗方法及用药妄加评论，更不应介绍偏方、谈患者敏感的问题；只能针对患者的心态或释疑、释虑，或开导、规劝，或鼓励、安慰。对患者的亲属，探视者不仅要给予安慰，还应具体地帮助其做一些力所能及的事情。

还有一种特殊的探望，即对在监狱服刑的囚犯的探望。这些失足者，他们虽然因违反法律而身陷囹圄，但我国传统的道德观念主张的是"浪子回头金不换"，国家政策也是希望用各种方法将他们改造为对社会有用的"新人"。除管教人员对他们的帮教外，亲人朋友对他们的探视也是一种帮教手段。

探望囚犯时，须遵照政府规定的探视时间，探视者应将探视活动视为与囚犯进行沟通的一个机会。在有效的探视时间内，对囚犯动之以情，晓之以理，送去他们最关心的消息，表达亲人对他们的思念，同时在钱资方面对他们进行必要的帮助。另外，探视者还要注意倾听他们的诉求，适时解答他们的困惑，帮助他们减轻心理上的负担，设法使他们的心情愉快，对前途树立信心。

思考与训练

1. 在我们的日常生活中，有的人在称呼别人时非常随便，有时还会因称呼不当而引起口角，请结合生活实际说说称呼的原则和忌讳。

2. 在人际沟通中，任何一个人都不可能做到滴水不漏、十全十美，请总结自己在以往的应酬沟通中存在的不足，结合所学知识，说说今后的努力方向。

3. 请阅读下面一则案例，然后回答后面的问题。

小刚和部门罗经理共事三年，他们关系一直不错。可是最近罗经理的一次工作疏忽给公司造成了比较大的经济损失，导致公司最高层决定撤掉他部门经理的职位，具体安排什么新岗位还需要公司最高层研究后决定。在此期间，新的部门经理到岗。小刚作为罗经理的老部下，觉得如果按罗经理原来的职位称呼他，新经理听到后会不高兴；如果直接称呼罗经理的姓名，罗经理刚刚进入职业低潮，正不痛快，改口这么快又会让大家觉得自己为人太势利。小刚进退两难，尤其是新、旧经理同时在场时更尴尬。

（1）如果你是案例中的小刚，你觉得应该如何称呼已被撤职的罗经理？并说明这样称呼的理由。

（2）如果你是案例中的罗经理，你觉得在你被撤职后，你的老部下应该怎样称呼你才得体？为什么？

4. 请阅读下面的一则故事，说说丈夫到底应该如何称呼自己的妻子，一个让妻子满意的称呼是不是在任何情况下都得体。

有这样一对夫妻，丈夫对如何称呼妻子拿不准，妻子不愿意丈夫再继续叫她"老婆"，因为里面有个"老"字，怕被叫老了，于是丈夫便改叫"太太"。

过了几天，妻子觉得"太太"也不好，说那是旧社会称呼姨太太之类的人的，于是丈夫又改叫"娘子"。这个更叫不长，因为连孩子听着都觉得酸。

丈夫想了一阵，觉得"夫人"很不错，并举出"居里夫人""撒切尔夫人"的例子来，说这些可都是大人物。但是，一会儿"夫人，你去买点儿菜"，一会儿"夫人，你去送孩子上学"，"夫人"被支使得干这干那，虽说干这些事并没有怨言，可"夫人"却一点儿也没找着大人物的感觉，于是她拒绝丈夫再喊她"夫人"了。

丈夫绞尽脑汁，把古今中外的各种称呼都搜罗出来，也没找到令老婆满意的，情急之下，无奈地说了一句："亲爱的，你到底让我叫你什么好呢？"没想到老婆说："就是这个好，做女人百听不厌的就是这个'亲爱的'"。于是丈夫就张口闭口都是"亲爱的"了。

可是有一天，两人一起坐公交车，丈夫要买票，高声问老婆："亲爱的，你有零钱吗？"引来车上人侧目。丈夫不解，对老婆耳语道："亲爱的，他们为什么那样看着我？"

丈夫感叹：对老婆到底称呼什么好呢？

5. 请阅读下面一则案例，说说年轻的女服务员为什么惹那位阿姨生气了。在"靓女""靓仔""美女""帅哥"等时髦的称呼和"大姐""大哥""阿姨""叔叔"等传统的称呼之间，你认为应该做出怎样的选择？时髦的称呼和传统的称呼之间能否和谐并存、相得益彰？

在某商场，一位年轻的女营业员对正在试穿一件衣服的阿姨说："靓女，您穿上这件衣服真好看。"那阿姨先是一愣，接着反问一句："你见了你妈也叫靓女？"然后将衣服往女营业员身上一扔，很生气地扬长而去。女营业员不但生意没做成，还把自己弄得很尴尬。

6. 请阅读下面一则案例，分析服务员惹怒客人的原因，并说说正确的做法是什么。

一个深秋的晚上，三位客人在某家饭店的中餐厅用餐。他们在此已坐了两个多小时，仍没有去意。服务员心里很着急，到他们身边站了好几次，想催他们赶快结账，但一直没有说出口。最后，她终于忍不住对客人说："先生，能不能赶快结账，如想继续聊天请到酒吧或咖啡厅。"

"什么！你想赶我们走，我们现在还不想结账呢。"一位客人听了她的话非常生气，表示不愿离开。另一位客人看了看表，连忙劝同伴马上结账。那位生气的客人没好气地让服务员把账单拿过来。看过账单，他指出有一道菜没点过，却算进了账单，请服务员去更正。这位服务员忙回答客人，账单肯定没错，菜已经上过了。几位客人却辩解说，没有要这道菜。服务员又仔细回忆了一下，觉得可能是自己错了，忙到收银员那里去改账单。

当她把改过的账单交给客人时，客人对她讲："餐费我们可以付，但你的服务态度却让我们不能接受。请你马上把餐厅经理叫过来。"这位服务员听了客人的话感到非常委屈。其实，她在客人点菜和进餐的服务过程中并没有什么过错，只是想催客人早一些结账。

"先生，我在服务中有什么过错的话，我向你们道歉，还是不要找我们经理了。"服务员用恳求的口气说道。"不行，我们就是要找你们经理。"客人并不妥协。

服务员见事情无可挽回，只好将餐厅经理找来。客人告诉经理，他们对服务员催促他们结账的做法很生气。另外，服务员把账目多算了，这些都说明服务员的态度有问题。

"这些确实是我们工作上的失误，我向大家表示歉意。几位先生愿意什么时候结账都行，结完账也欢迎你们继续在这里休息。"经理边说边让那位服务员赶快给客人倒茶。在经理和服务员的一再道歉下，客人们终于不再说什么了，他们付了钱，余怒未消地离去了。

7. 请你积极参加学校的礼仪服务队，充当"礼仪小姐"或"礼仪先生"，全方位地锻炼自己的应酬沟通能力。

8. 校外实践训练。请同学们课余在饭店找一份兼职，在为形形色色的客人服务的过程中提高自己的应酬沟通技能，并向任课老师提交一份实训报告。

第七章
Chapter 7 交友沟通艺术

没有朋友的人生是孤独的人生。要摆脱孤独，丰富自己的人生，就需要广交朋友，加强朋友之间的情感沟通。朋友是我们人生中一笔宝贵的财富，所以无论在什么时候，无论身体多累，工作多忙，时间多紧张，我们都不要忘记新朋旧友。我们要真心地为朋友们着想，适时地为朋友们帮忙，通过寒暄、问候、交谈、赞美等方式，经常地、适时地与朋友们保持必要的情感沟通。

在社会交往越来越频繁的今天，人脉资源丰富与否、交际范围广泛与否，已经成为衡量一个人能否成功的重要标准。那些懂得经营人脉的人，往往都善于抓住每一个机会扩大自己的交际圈，尽可能多地结交朋友。对他们而言，别人的朋友也可以是自己的朋友，甚至敌人也可以变成朋友。多一个朋友多一条路，多一个敌人多一堵墙。对于当代的大学生来说，应该掌握交友沟通的艺术，广建人脉，为自己事业的发展铺平道路。

通过对本章的学习，应熟知交友的基本原则；掌握交友沟通的技巧；懂得交友沟通的忌讳；通过实际锻炼，广交朋友且能和朋友们和谐相处。

导入案例

曾仕强：做人要广结善缘，留住生命中的贵人

"贵人"一词，不仅是指在关键时刻能帮助自己的人，也是指对自己有知遇之恩的人，或者是几句话使自己惊醒的人，总之就是对自己起到正面作用的人。这种人在这个社会上属于稀缺资源，可遇不可求，那么如何才能遇到自己的"贵人"呢？

在我们的人生当中，"贵人"是一个极富含金量的字眼。有了贵人的提携，我们做起事来就会顺风顺水、事半功倍，更容易达成自己的目标。

俗话说："千里马常有，而伯乐不常有。"我们一生中，能遇到的"贵人"其实是很少的，有时候还会因一时疏忽，与其擦肩而过，实在是非常遗憾。

所以，我们常说，"贵人可遇不可求"。但如果自己不主动去做，贵人也不会轻易光顾。

所谓广结善缘，换句话说就是要广交朋友。只有平时注意结交各方面的朋友，将来有困难时，才会有人来帮助自己。

人是很复杂的，你认为能救你的人将来可能会害你，你认为与你毫无关系的人，可能会成为你的死敌。

广交朋友，也可以得到很多好处。因为只有广交朋友，才能保证在你需要时，有人会施以援手。最可怕的是只与自己的学业或工作相关的人交往，而不接触其他的人。所以，不要自我设限，尽量扩大交友的范围，与三教九流的人都可以交朋友。

我们都知道"山不转水转，水不转人转"的道理，一方面我们要力求做到不得罪人，以免冤

家路窄；另一方面也要广结善缘，以便随时随地可以找到熟人，比较方便地办事。

同时，结交各行各业的朋友，不但可以使自己扩大见闻、增长知识，而且能够随时向朋友们请教，不致遇到困难的时候求告无门。

思考与讨论：你认为多交朋友仅是为了得到他人更多的帮助吗？为什么？

第一节　交友的基本原则

生活中若没有朋友，就像生活中没有阳光一样！

——佚名

视野拓展
曾国藩的交友原则

结识朋友、建立友谊，既是事业的需要，也是生活的需要。交一个挚友，不仅能使自己享受到友谊的快乐，帮自己分担生活中的忧虑，而且还能使自己得到有益的启示。尽管如此，交友仍要慎重，不能盲目交友。孔子曰："益者三友，损者三友。友直，友谅，友多闻，益矣。友便辟，友善柔，友便佞，损矣。"由此可见，我国古代思想家孔子早就将朋友分为益友和损友两种类型。生活中，每个人都有自己的择友标准，其中，品德好应该是摆在第一位的。真正的好朋友应该在工作上互相支持，学习上互相帮助，生活上互相关心，互相信任、互相理解和互相尊重。

视频精选
法治集结号：交友不慎染毒瘾，以贩养吸将获刑

此外，交友还需考虑性格是否合适，爱好是否相投。我们在结交朋友时应考虑双方是否志同道合，有没有共同理想，以及对事物有没有共同的看法。交友对于每个人来说都很重要，古往今来，人们对交友也都十分谨慎。一般来说，交友要遵守以下几个基本原则。

一、大度集群朋

俗话说，"大度集群朋"。这句话之所以能够从古流传到今，是因为它从侧面说明了人际交往中的真谛。与人交往，如果没有宽阔的胸怀，怎能广交朋友？一个人若想广交朋友，保持永恒的友谊，就要宽厚待人。

为此，交朋友首先就要相互信任，交而不疑。信任能为人与人之间建立起友谊的桥梁。春秋时期，管仲荐相的故事可给人以启示。

据《吕氏春秋·贵公》记载，相国管仲病重，齐王见他病势沉重，便问他：你的好朋友鲍叔牙能接替你管理国家吗？管仲说：他虽德高望重，但对别人的过错他总记在心上，做相的人度量不大怎么成？齐王又问：隰朋如何？管仲说：他为人谦虚，遇事不耻下问，又能公而忘私，可以为相。齐王又问管仲：易牙为了让我尝尝人肉的味，把自己的儿子都杀了，说明他爱我超过了爱他的儿子，能让他做相吗？管仲回答说：不行，人们最疼爱自己的儿女，他能把自己的爱子杀了，对你又会怎样呢？齐王与管仲的谈话被传到易牙那里，易牙马上找到鲍叔牙说：老将军，谁不知道管仲做相是你推荐的啊！可他是个忘恩负义的人，国君让你做相，他却说了你一大堆坏话，推荐了

隰朋，我真替你不平！易牙原想挑拨管、鲍之间的关系，为自己出气。哪想到鲍叔牙反倒哈哈大笑，说：管仲忠于国家，不讲私情，这正是我推荐他的缘故啊！隰朋比我强多了，他推荐得好！

这个故事首先告诉我们：建立在彼此信任基础上的友谊，是牢不可破的。

其次，我们还要学会忍让，善于团结人。自古以来，中华民族有许多忍辱负重而又宽宏大量的人杰。东汉寇恂、贾复之交便是如此。

据《后汉书·寇恂列传》记载，东汉开国初年，社会很不稳定，贾复部下的一个将官抢劫并杀害了颍川的一户人家。颍川太守寇恂立即派人进行追捕，审讯清楚后，当众正法，深得百姓的拥护。贾复知道后，发誓要给寇恂一点颜色看看。寇恂知道贾复要跟自己较量，便对部下说："他来意不善，我还是回避一下好。"部下说："你同他官职一样，为什么怕他？"寇恂说："不是谁怕谁。我们两虎相争，必有一伤。现在正是多事之秋，要以国家利益为重，个人受点委屈算什么？"寇恂执法如山、廉洁奉公、为国忍让的精神，终于感动了贾复，两人从此结为好友。

类似的故事还有许多，例如，齐桓公不记私仇，起用射了他一箭的管仲为相，成就了霸业；韩信虽受他人胯下之辱，但功成名就后反而能对侮辱他的人以德报怨；等等。他们都成了世人赞美宽厚品格的典型。

二、患难见真情

真正的友谊还应体现在患难之时。

据南北朝刘义庆编写的《世说新语》记载，荀巨伯从远方来探望生病的朋友，恰逢匈奴围攻朋友所在的这座城池。朋友对荀巨伯说："我现在快死了，你可以赶快离开了。"荀巨伯回答道："我远道而来看你，你让我离开，让我背信弃义而求活命，这能是我荀巨伯所做的事吗？"匈奴兵闯进门来，对荀巨伯说："大军已到，全城之人皆逃避一空，你是什么人，竟敢独自留下来？"荀巨伯说："朋友生了重病，我不忍心丢下他，宁愿用我的身躯换朋友的性命。"匈奴人相顾而言："我们这些没有道义的人，却闯入了有道义的国家！"于是匈奴头领率军撤退了，全城人的生命财产得以保全。

从这个故事中，我们可以看到古人对朋友无私奉献的精神。当朋友处于危难之中时，是离他而去，还是向他伸出援助之手，这是对友谊的考验。友谊要讲奉献，只有奉行"给"比"拿"更愉快的交友之道，才能赢得真正的、牢固的友谊。

三、交友重大节

古往今来，许多优秀人物在某一方面都可以作为我们学习的榜样，如徐原的正直、蔺相如的谦和、廉颇的勇猛等。但榜样并非完人，他们身上也会有这样或那样的不足。要维护和发展友谊，就应看其大节，对小节不必苛求。

据《三国志·胡质传》记载，魏国名将张辽同武周原是密友，但因一点小事反目。后来，张辽听说胡质的学问和人品都不错，便请胡质出任幕僚，胡质以病推托。后来，张辽对胡质说："我有心任你做官，你为什么辜负我的厚意呢？"胡质诚恳地说："交朋友应看大节，才能保持永恒的友谊。武周为人不错，现在只为一点小事，你就不理他了。

由此看来，你是一个计较小事的人。我想，我的才学比武周差远了，更不能使你把我作为知心朋友。既然我们好不了多久，还不如不交。"张辽听了这一席肺腑之言，又惭愧又感激。事后，他向武周作了自我批评，两人和好如初。

四、平等相待

为了保持永恒的友谊，朋友间还需平等相待，尤其要乐于交"弱友"。宋代学者何坦主张"交朋友必择胜己者，讲贯切磋，益也。"结交胜己者，能给自己以帮助，当然是好事，但从某种意义上说，真心实意交"弱友"，于己、于社会都是件好事。《后汉书·王烈传》记载的王烈感化盗牛人的故事就是一例。

有一个人偷了别人的牛，被捉住了。他说："我偷了你的牛不对，以后绝不再干了。现在你怎么处罚都行，只求别让王烈知道。"有人将此事告诉了王烈，王烈立即赠给盗牛人一匹布。人们问起原因，王烈说："做了贼而不愿让我知道，说明他有羞耻之心。知耻就不难改变，送布是为了激励他改过从善。"一年后，有位老人挑着重担赶路，遇见一人，这个人主动帮老人挑到家里而不留名。后来老人赶路时丢了一把宝剑，待发现后回去寻剑时，发现那位守剑人正是上次替他挑担的人。在老人的请求下，那人才把姓名告诉了老人。王烈听后很感动，随即设法打听，原来守剑人就是那位盗牛人。

王烈与众不同之处在于他对大家鄙视的偷盗之人也能尊重，并友善地对待他，用友爱的精神去感化他，教育他重新做人，使他改邪归正，成了有道德的人。

第二节　交友沟通的技巧

这个世界上没有陌生的人，只有还没有来得及认识的朋友。

——佚名

一、结交志同道合的朋友

我们平时常说："酒逢知己千杯少，话不投机半句多。"志同道合的朋友是我们的知己，可以心心相印、患难与共。所以，我们择友除了要遵循交友的基本原则之外，还要注意结交志同道合的朋友，而这也是我们平时应该遵循的社交准则。

例如，东汉名士管宁与华歆曾同窗苦读，但管宁在了解了华歆欲出仕为官的想法后觉得他与自己的志向不合，当即"割席"绝交，此事被后世演化为成语"割席断交"。后管宁为避乱，迁居山东30余年，常着皂帽布裙，安贫乐道，终身不仕。而华歆则志迷官场，出仕曹操，寻官谋禄，追求荣华富贵。两人走的是截然不同的人生道路。

再如，在大家所熟知的小说《钢铁是怎样炼成的》中，主人公保尔和冬妮娅曾经有过真挚的友谊，但终因选择的道路不同，谁也无法改变对方的志向，最后两人彻底决裂了。

从以上两例可以看出，不论是古代的管宁还是现代的保尔，他们选择朋友的标准都是志同道合。一旦发现原来最亲密的朋友与自己志向不同时，分手便是最好的选择。

"相交满天下，知己有几人？"涉世之初的人在迈进社会大门之时，常常会发出这样的感叹。在社会中行走，找不到与自己志同道合的人，是人生最大的不幸。要结交志同道合的朋友，需要主动找到共鸣点，使自己的"固有频率"与朋友的"固有频率"相一致，这样才能互相吸引并结成知己。结交志同道合的朋友有如下好处。

（1）可携手前进，共同奋斗。工作上互帮互助，学习上取长补短，事业上同勉共进，这是志同道合者的最大作用。诸如同仁、同窗、同事、同行等方面的朋友不乏其例。志同道合的朋友可以帮助彼此走向成功，实现理想。

（2）使我们的生活充满意义。假如我们有一个乃至几个爱好、兴趣一致的朋友，那么，我们的生活就会充实很多。与棋友切磋棋艺，与钓友郊外远足，与球友驰骋绿茵，与诗友酬答应和，与书画朋友共入艺术殿堂，与文学朋友笔耕文会……不仅其乐融融，而且陶冶情操，有助于自己精神境界的发展和提高。

（3）更好地塑造自我。《颜氏家训》有言："与善人居，如入芝兰之室，久而自芳也；与恶人居，如入鲍鱼之肆，久而自臭也。"可见，交什么样的朋友，对自己一生的成长有着重要的影响。在社交中，找到志同道合的朋友不但可以帮助我们改变不分好坏滥交朋友的坏习惯，还能够磨炼我们的意志，陶冶我们的性情，更能丰富我们的人生阅历，使我们的人生更加精彩。

> 孙膑与庞涓乃是同窗至交，同在鬼谷子门下学艺，两人感情深厚、情同手足。孙膑聪敏好学，深得老师鬼谷子的欣赏。后庞涓听闻魏王发布求贤榜，以优厚待遇招纳天下贤才，便经不住富贵的诱惑、耐不住山中的寂寞，辞别老师下山。而孙膑不为所动，仍留下来随师钻研兵法。临行前，庞涓对孙膑说："你放心，如果我被魏王重用，倘能建功立业，一定把你推荐给魏王，我们兄弟齐心合力辅佐魏王，共享荣华富贵。"

> 庞涓见到魏王后，魏王向其询问治国安邦、统兵打仗、内外邦交之策，庞涓倾尽胸中所学，对答如流。魏王大喜，任命庞涓为帅，统领魏国军队。庞涓在后来几次与别国的交战中取得胜利，更得魏王信任。

> 学完老师所授，孙膑也下山准备一展所学。他想起庞涓临行前所言，便决定前去投奔。临行前，鬼谷子暗示孙膑要对庞涓有警惕之心，告诉他此人心胸狭窄，万不可深交。孙膑并未将老师的话放在心上，他认为以自己对庞涓的了解和跟庞涓的师兄弟之情，是老师多虑了。庞涓见到孙膑后，表面上热情备至，心里却暗生嫉妒，他知道自己不如孙膑聪明，更何况孙膑又比他在老师身边多待了几年，还得到了老师传授的更多兵法，才能远在自己之上。庞涓担心孙膑的到来会取代他在魏国和魏王心中的地位，便在魏王面前进谗言，说孙膑志不在魏而在齐，才能又在自己之上，万不能让齐国得到孙膑，成为魏国的威胁。魏王听信了庞涓的谗言，便找了个借口对孙膑处以膑刑，并派人看押起来。其间庞涓仍假意照顾并替孙膑鸣不平，骗孙膑为他默写了鬼谷子所授的兵法。后来孙膑在家丁的告知下才知道了真相，不禁仰天大哭，叹自己交友不慎！后来孙膑装疯卖傻，在齐国田忌的帮助下辗转逃入齐国，得以见到齐威王。他靠毕生所学辅佐齐威王，最终将庞涓乱箭射死于马陵道那棵著名的树下。

> 识人是一门学问，交到一个好的朋友，他会在你犯错时直言相告，在你遇到困难时

雪中送炭。孙膑的经历令人感慨万千，他因识人不清，交友不慎，最终落得遭受膑刑的下场。今人要以史为鉴，在社会中、职场上不乏此种案例。交友要有智慧，才能让友情之花开得更加绚烂。

二、朋友之间应保持适当的距离

和朋友建立一份真诚的友谊的确是一件美好的事情，但千万不要与朋友整天守在一起，因为距离才能产生美。

世上没有完全相同的两个人。两个人不论形体上多么相像，都绝对没有完全相同的性情、爱好，也没有完全相同的经历和对事物的认知，于是，距离就存在了。距离是人际关系的自然属性，有着亲密关系的两个朋友也毫不例外。成为好朋友，只能说明两人在某些方面（或许多方面）具有共同的目标、爱好、见解，心灵相通，但并不能说明两人之间是毫无间隙、融为一体的。

赵晶和石苇是一对令人美慕的好朋友，两人在一起总有说不完的话。她们一起上学、放学，手拉手逛街，但两人还是觉得相处的时间太少。于是，在征得家长同意之后，两人在校外合租了一个房间成为室友，这样来往就更方便了。然而一段时间后，两人的友谊产生了裂痕，赵晶觉得石苇性子太急、脾气太暴躁，而石苇则认为赵晶太懒，从不收拾房间，慢腾腾地，什么也做不好。终于，两人为了一件小事大吵了一架，从此谁也不理谁了。石苇很后悔，她对自己的朋友说，如果当初不和赵晶住在一起就好了，那样的话，大家一定还会是好朋友。

是的，正因为距离之美，人与人之间才会有"一见如故""相见恨晚"的感觉。之所以会有"死党"的产生，是因为彼此的气质互相吸引，一下子越过鸿沟而成为好朋友，这种现象无论是异性或同性都一样。但再怎么相互吸引，双方还是有些差异的。彼此来自不同的环境，受过不同的教育，因此人生观、价值观再怎么接近，也不可能完全相同。当两人的"蜜月期"一过，便无可避免地要碰触彼此的差异，于是，瑕斑的影子在双方的心里隐现，两人从尊重对方，开始变成容忍对方，到最后成为要求对方，少许的违背都会使彼此特别在意。当要求不能如愿，便开始在背后互相挑剔、批评，然后结束友谊。

人就是这样奇怪，未得到时总想得到，未靠近时总想贴在一起，可真正得到和靠近后却又太过苛求。所以，再好的朋友也要保持距离。

何谓"保持距离"？简单地说，就是不要太过亲密，不要一天到晚在一起。也就是说，心灵是贴近的，但彼此在空间上要保持距离。能"保持距离"就会产生"礼"，就能尊重对方，这"礼"便是防止"相互碰撞"而造成伤害的"海绵"。

人与人之间的差异是客观存在的，交往的次数越是频繁，这种差异就越是明显，经常形影不离会使这种差异在友谊上起不到应有的作用。而且，交往过密而不留距离，还会占用朋友过长的时间，把朋友束缚得紧紧的，使朋友心里不能轻松、愉快。当友谊从一个极端走向另一个极端时，双方就会形成可怕的对立。所以，与朋友保持一定的距离，创造一种轻松的共处氛围，会给你的生活带来更多的快乐。

每个人都有自己的生活空间与个人隐私不愿被他人侵犯，所以即使是好朋友也不可能真的亲密"无间"。如果你想为了表示亲密友善而靠近别人，应注意不要过分；贴得太近未免无礼，必将适得其反。

交友需要空间，更需要距离，因为，只有距离才能产生美。每个人都有缺点和不足，和朋友贴得太近了，就像用放大镜看朋友一样，各自的缺点都会暴露出来。所以，为了维持友谊，朋友之间还是保持距离为好。

三、好朋友也要"明算账"

朋友之间，礼尚往来，互赠物品，或者在适当的时候一起吃饭喝酒等，是常见之事。但如果认为"好朋友在经济上可以不分你我"，那就大错特错了。

俗话说得好："交义不交财，交财两不来；要想朋友好，钱财少打扰。"友谊一旦和金钱挂钩，就像把大楼建在沙滩上一样，是极不牢靠的。所以，即使是好朋友也要"明算账"，否则将会对友谊产生不利影响。

湛明和姜林是多年好友，但后来二人突然闹翻。起因是姜林抱怨两人在一起总是他花钱。他们从初中到大学都是好朋友，刚毕业时两人又一起合租房子，那时两人发了工资就随手放到客厅的柜子里，谁想用就自己去拿，从来不分你我。后来由于工作调动，两人各自租了房子，但感情却没有变，谁缺钱了只要说一声，几百元钱就送过去了，从来也不记账。

后来，姜林交了个女朋友，花费多了起来，常向湛明借钱，湛明渐渐地有点不高兴了。有一次姜林又要借1 000元钱，湛明拒绝了他。于是姜林很生气，他跟别人说："这么多年了，这小子不知道从我这里拿了多少钱，一起吃喝都是我付账，没想到他翻脸就不认人了！"湛明也很生气："他花了多少钱？上次他妈妈住院，不是我送去了5 000元吗？刚毕业时我挣得比他多一倍，那些钱都让谁花了？"于是两人大吵了一架，从此谁也不理谁了。

如果朋友之间像湛明和姜林这样，在经济上长期不分你我，那么必然会带来恶果，甚至导致像他们二人这样的情况发生。朋友之间在经济上不分你我，主要会带来以下几个方面的不良后果。

（1）经济上不分彼此会使友谊变质，使纯洁的友谊被金钱腐蚀。天长日久，相互之间平等的关系会变成经济上的依附关系。

（2）由于物质至上主义的侵蚀，朋友之间平等的关系还会被金钱交换关系所代替。这时，被金钱腐蚀了的"友谊"就可能变成掩盖错误甚至包庇违法犯罪行为的"保护伞"。经济上的不分你我，就会演变成不讲原则，不分是非。

（3）因为受金钱腐蚀，"以财交友，财尽则交绝"，最终会使友谊不复存在。上例中，姜林便因为湛明不再借钱给他而与湛明绝交。

但是朋友之间免不了要牵涉经济问题。朋友之间为了增进友谊、加深了解，一起吃饭、娱乐，甚至一起出去旅游，都是很正常的事情。在这种情况下，自己一定要表现得大方一点，因为没有人愿意同小气的朋友来往，互相算计的友谊是长久不了的。AA制是朋友间共同消费时很不错的解决办法，但要注意的是，有些人不喜欢AA制，觉得这样疏远了感情，为此就要事先沟通好，要将AA制的形式提前提出，然后才能执行。

遇到红白喜事，作为朋友、亲戚、同事，都要表表心意，根据关系的远近还要注意轻重有别。所以，朋友之间既然免不了礼尚往来，就一定要把握好尺度。首先，不能超出自己的经济承受能力，要量入为出；其次，要考虑到对方的经济条件，因为这些人情礼都是要"还"的，礼送得太重，就等于给朋友增加了包袱，这样做也不合适。

朋友之间对借钱问题向来很敏感，往往是一方不好意思开口，另一方也不好意思拒绝。处理这个问题，作为借钱的一方，开口前要想到以下问题：能否想出别的办法，比如向银行贷款；对方的实力如何，借钱给自己是否有难处；自己的偿还能力怎么样，可以向对方承诺多长时间内一定还清借款等。而出借的一方，一旦朋友开了口，碍于面子又不好拒绝，那么自己就应该想好了：首先这个朋友是不是有信用；其次自己是否真有这样一笔闲钱，是否需要从自己的开支中省出来；最后对方的还钱能力是否无可置疑。自己辛辛苦苦挣来的钱当然要花在刀刃上，有去无回的借钱是绝对不能忍受的。如果朋友已经有过一次借钱不还的情况，绝对不要再给他第二次骗你的机会。借钱不还的人终归是没有信用、不值得深交的朋友。

其实，友谊的无私与朋友间的"明算账"并不矛盾。"明算账"是维护友谊的必要手段，目的是寻求朋友交往的相对平衡。为此，与朋友相交"明算账"，我们要做到以下几点。

1. 区别情况，学会算账

第一，朋友合伙做生意时要认真算账，不能马虎。因为这时的钱物往来是以共同赢利为目的的，而友谊只是一种辅助的因素，如果现在以友谊代替算账，可能以后两人的友谊会因经济纠纷而被破坏。

第二，借用与支援朋友财物时也应算账。如果对方不还了，也要看看是还不起还是不愿还。还不起就将这个账一笔勾销；不愿还就要记下这笔账，以后付出时就要当心了，不要伤了情谊。

第三，财物的馈赠与捐赠。这是一种特殊的财物往来形式，它通常以表达心意为宗旨，是以物质形式进行的交换。对这种往来则只需要做大概计算即可。

由于交往中财物与友谊纠缠在一起，从而使算账变得复杂起来。一般情况下，友谊对财物往来的不平衡都有一定的承受能力。但是，如果钱物往来超过了友谊所能承受的极限，友谊便难以包容，矛盾就会产生。所以，为了友谊而算账就要区别不同的情况，弄清钱物及人情账往来的状况，防止双方在"量"上过分失衡。

2. 把握时机，适时算账

一般来说，为友谊而算账以"短算"为宜。在一段时间内，比如几个月、半年，把彼此往来的情形清点一番。如果拖得太久，欠账（包括人情账）太多，影响到关系时才察觉，则很容易激化矛盾。

其实，"短算"是为了"长交"，两者相辅相成，没有"短算"就难以"长交"。短算也不必"日清月结"。如果算得太勤，朋友之间占不得一点便宜、吃不得一点亏，斤斤计较，那就又走到另一个极端了，同样有损于双方的交情。

3. 肯于亏己，友好算账

我们都知道，真正的友谊是金钱买不来的。算账只是手段，目的是使友谊长存。友谊遵循的恰恰是一种亏己式的"倾斜"，即对朋友要付出得更多一些。这种有意向他人倾斜的心理是换取真正友谊的内在动力。人们的心意、友情虽然本身无价，但在交往中它们又可以成为具有特殊价值的砝码。当人们把情谊投入到交往过程中时，它们就变得"价值连城"，同样可以对物质投入起到平衡作用。

因此，为了友谊"算账"寻求的是大体平衡，而不是绝对平衡。如果是后者，那么友谊又会被商品等价交换的性质所取代，使友情被"铜臭味"熏染，这同样会破坏彼此的友谊。只有把握好了财物来往与友谊交往的关系，才算真正学会了"算账"。

> 应该肯定的是，朋友之间经济上的帮助是应该的，也是无私的、不图对方报偿的，但这只是事情的一个方面。另外，帮助从来是相互的，即使被帮助的一方无力对等地给朋友以相应的帮助，也要做到心中有数，当有机会能对朋友的帮助进行报答时，一定要及时报答，以使这种物质上的来往大体保持平衡。
>
> 总之，当朋友之间已产生较大的经济利益关系时，不要忘记"好朋友还需明算账"，采取适当的方法，妥善处理相互之间的经济利益关系。只有这样，才能避免日后产生经济纠纷，使彼此之间的友谊更加牢固。

四、尊重朋友的隐私

劳伦斯基认为："如果一个人没有一点属于自己的秘密，那他就不是一个可靠的人。"每个人的心里都藏着一些属于自己的秘密，对我们而言，是我们的自由和权利，谁也不能干涉，包括我们的朋友。所以，千万不要去打探朋友的隐私，但如果他愿意告诉你，那你一定要守口如瓶。

不要认为你与朋友的关系非比寻常，就去随便打探朋友的隐私，那是属于他一个人的秘密，不要跨入他的禁区。

有时候，人们遇到一些伤心事，比如家庭纠纷、个人恩怨等纯属个人隐私的事情，闷在心中实在难耐，一般都会向自己的知己好友诉说，希望能得到朋友的同情、安慰，或者帮自己出点子、想办法。但当朋友告诉了他的隐私后，自己一定要为他保密，这不仅是对朋友隐私的尊重和对他的保护，也是不辜负朋友信任的一种表现。

> 萍萍找了个如意郎君，马上就要步入婚姻殿堂了。萍萍的好友李宁也由衷地为她感到高兴，但李宁发现萍萍却始终像有什么心事似的高兴不起来。终于，在结婚的前几天，萍萍把自己的秘密告诉了李宁：原来萍萍患有特纳综合征，她的子宫是呈线性纤维状的，根本没办法生孩子。李宁听了萍萍的话，心里很难受，后来她又告诉了另一个好朋友。谁知此事被萍萍知道了。萍萍非常气愤，结婚那天，她没有请李宁参加。此后，这对好朋友变成了陌生人。

其实，朋友把自己的隐私告诉了你，即使没有叫你保密，也证明了他对你的极大信任。你一旦将这件事传扬出去，就等于辜负了他的信任。严重的，他会认为你背叛了他。对于朋友悄悄告诉自己的隐私，保密就成为一种义务、一种责任。把朋友的秘密告诉别人，可能就会引起不少人的风言风语，甚至歪曲事实和真相，伤害到自己的朋友；同时可能使自己失去这位朋友，甚至可能失去周围人对你的信任，最终让自己成为孤家寡人。

两个人作为朋友，就算关系再好，平时再怎么无所不谈，也不要去涉足对方的隐私世界。这并不是对朋友冷漠的表现，而是对朋友的一种尊重。除非朋友自己亲口说出的隐私，作为朋友可借着他所诉说的心事来安慰和开解他，打开他的心结，但事后不要像上例中的李宁那样，向别人传播朋友的隐私，因为这只能是属于两个人之间的秘密。

朋友是因为信赖自己才愿意将他的隐私说出来，如果因为这种信赖而产生不良的后果，那很可能让对方刚刚打开的心门立刻关闭，并蒙上一层阴影。同样，如果在无意中知道了朋友的隐私，也不要对外宣扬，一定要做到守口如瓶。

总的来说，要尊重朋友的隐私，不要强行追问或打听朋友的隐私。擅自偷看或泄露朋友的秘密是交友的大忌。

五、对朋友保持忠诚

忠诚的朋友是无价之宝，他可以丰富我们的生活。但要想得到朋友的忠诚，自己就要敞开心扉，对朋友坦诚相待，这样才能换来朋友对自己的忠诚。

忠诚的朋友会完全承认我们的自主权，从不干涉我们的所作所为。他只会带给我们安全感，这种安全感来自忠诚的友谊。

故事一

一位先生，他有一个朋友坐了牢。这位朋友既不是行凶抢劫犯，也不是强奸、杀人犯，更不是纵火犯，他只不过是在企业经营中无意触犯了法律。这位先生当时不知道自己的朋友进了监狱，当他打电话到对方的办公室得知此事以后，便在星期六清晨开车跑了 60 多千米去探望他。到监狱以后，由于探监的家属太多而未能见到这位朋友。下一个星期六的清晨，他又去了一次，但由于证件的问题，他还是没能见到这位朋友。第三次去后，他终于和这位朋友见了面。当这位朋友谈到自己在监狱的经历时，他只是静静地听着，不提问，不做任何评价。当然，这位朋友与他在一起也觉得很有安全感。当这位朋友获释后，两人继续保持着友好的关系。

故事二

古希腊民间传说中的达蒙和皮斯亚斯是忠诚朋友的典型。皮斯亚斯由于反抗君主被判了死刑，达蒙用生命为其做担保，使他能回家料理私事及与家人告别。但是，执行死刑的日子快到了，这时皮斯亚斯还没有回来，君主嘲笑皮斯亚斯的忠诚，说达蒙是个傻子，把友情看得过重，白白为朋友送命。君主还说如果达蒙能真正了解人的本性，他会明白现在皮斯亚斯早已逃之夭夭了。执行死刑的那一天，正当达蒙被押上刑场时，皮斯亚斯赶到了，他十分激动地冲上前去，上气不接下气地解释了自己迟到的原因。两个朋友亲切地互相问候，做了最后的告别，场面非常感人。君主被他们的真挚友谊深深感动，便宽恕了皮斯亚斯，并带着美慕的口吻说："为获得这种友情，我甘愿失去我的王国。"

常言道："物以类聚，人以群分。"也就是说，什么样的人就会和什么样的人在一起，因为彼此的价值观相近，所以才能凑在一起，也即《易经》中所说的"同声相应，同气相求"。所以，性情耿直的人和投机取巧的人合不来，喜欢酒色财气的人也不会跟自律甚严的人成为好友。只要观察一个人的交友情况，大概就可以知道这个人的性情了。

没有忠诚便没有真正的友谊，如果你希望朋友能对你推心置腹，那么就不要试图以自己的圆滑和虚伪来赢得友情。

六、别伤了朋友的自尊

每个人都喜好赞扬而厌恶批评，这是人类崇尚自尊的天性使然。在人际沟通中，凡是弱点、缺点、污点，一切不如别人之处都有可能成为他人的忌讳。因此，千万不要去踏这个"雷区"。和朋友交往，切记别伤了朋友的自尊。一般来说，以下三种情况最容易触发人们的忌讳心理，甚至引起朋友反目。

第一，触碰朋友的短处。人人都有爱美之心，很多身体有缺陷者都有自卑心理，不愿听到跟自己的短处有关的话题。如谢顶者忌说"亮"，胖子忌说"肥"，矮子忌说"矬、短"，其貌不扬者忌说"丑、怪"，跛子忌说"拐"，驼背者忌说"弯、曲"等。这种完全正常的心理应该得到人们的充分理解。

第二，触碰朋友的失意之处。人生在世，总希望自己能一帆风顺，有所作为，实现人生的价值。但是人难免有失意之处，或高考落榜，或恋爱受挫，或久婚不育，或夫妻反目，或工作不顺利，或职称评不上等。诸如此类的失意暂时忘却倒也轻松，可偏有人有意无意旧事重提，这往往会使人心烦意乱、沮丧不已。事业有成、踌躇满志者则多以昔日的失意为忌讳，生怕被传播出去，有失自己的尊严。

第三，触碰朋友的痛悔之事。人一生免不了要犯这样或那样的错误，而一旦认识到错误后便会有痛悔之意，以后一想起自己曾犯过的错误就自感脸上无光。犯过品质错误者更是讳莫如深。如果听到有人说起类似的错误，就会有芒刺在背、无地自容之感。

有极少数人以触别人的痛处、犯别人的忌讳为乐事，这是很不道德的表现。即使无意中犯忌，也有可能影响朋友感情。一个有修养、有道德的人，说话时总是尽量避讳。避讳既是对朋友的尊重，实际上也是对自己的尊重。那么，该怎样做才能维护朋友的自尊呢？

一要慎言。跟朋友说话时先要了解对方的情况，着重注意其有无忌讳。对朋友的忌讳之事要视为禁区，十分谨慎地避开，以免触痛对方。在高考落榜者面前不要炫耀自己的大学生活，在久婚不育者面前不要谈生儿育女的事，在官运亨通者面前不要言及他昔日潦倒失意的窘态，在曾有偷窃行为者面前莫议《十五贯》中的"娄阿鼠"。慎言相避的关键是在得意时切忌自我吹嘘。自我吹嘘，很可能会无意中触犯别人的忌讳。

> ➤ 人生最美好的东西，就是他同别人的友谊
> ➤ 除了一个真心的朋友之外，没有一样药剂是可以通心的
> ➤ 没有真挚朋友的人，是真正孤独的人
> ➤ 生意场上的朋友胜过柜子里的钱款
> ➤ 人家帮我，永志不忘；我帮人家，莫记心上
> ➤ 良言一句三冬暖，恶语伤人六月寒
> ➤ 对一个尚未成熟的少年来讲，坏的伙伴比好的老师起的作用要大得多

二要婉言。有时人们无法避开交谈对象的忌讳，则不妨以婉词相代，尽量不使其过于难堪。例如，某大龄青年因择偶屡屡受挫而灰心丧气，而你有意为他牵线搭桥。"假如你还没有找到对象，我想为你介绍。"如此直言相告必定犯其忌讳，令人扫兴。"假如您对个人问题还没有考虑成熟，我愿意提供一位较合适的人选，您意下如何？"这样以婉词相代，就能让对方有"主动权在我手中"之感，有关介绍对象的交谈自然也就能顺利进行了。

三要巧言。说话再谨慎的人也难免有冒犯别人忌讳之时。如果突然发觉因自己失言而刺伤了别人的自尊心，该怎么办呢？这时，切忌慌乱之中作说明，因为越想说明，结果必定越说不明，反而会弄巧成拙。最明智的方法是用巧妙的语言岔开话题，使双方及时从尴尬中解脱出来。例如，

甲、乙两位老朋友周日闲谈，说起甲的哥哥年近三十仍孑然一身，甲随口说："他曾谈过几个，都因女方嫌他个子太矮而告吹。"说到这里，甲猛然发觉自己失言，因为乙的个子更矮，而且也因此而苦恼。此时甲急中生智，忙说："其实，有资料表明，矮个比高个更聪明，寿命也更长。就说我哥哥吧，他最近翻译出版了一部英国长篇小说，你是英语教师，正要请你指正呢！"如此岔开话题，可以化解尴尬，避免伤害对方的自尊。

总之，维护朋友的自尊不仅是语言艺术问题和处理人际关系的技巧问题，更是对待朋友的态度问题。要想真心诚意地尊重他人，就必须学会在交谈中避讳，这样就如同给朋友间的亲密关系罩上了一层保护网，也只有这样，朋友之间的友情才能不断得以发展。

七、对待朋友不宜过分客气

与朋友交往，客气是不可避免的。适度的客气是一门艺术，可以收到很好的交际效果；但过度的客气则是对自己的伤害，因为它使你无节制地看低自己，不仅不会使对方心情愉悦，相反更易引起对方的反感。说话恭敬、对人客气是一种美德，但不分青红皂白地恭敬，过度客气，那就不大好了。

假如你到一个朋友家里拜访，你的朋友对你异常客气，你每说一句话，他只以"是是"作答，唯恐你不高兴，如此一来，你一定觉得如芒在背、坐立不安，最终逃之夭夭。过度的客气显然是令人痛苦的。"己所不欲，勿施于人"这句至理名言应当谨记。

开始会面时的几句客气话是应该的，如果继续说个不停就不太妥当了。谈话的目的在于沟通双方的情感，增加双方的兴趣，而客气话则恰恰是横阻在双方中间的一堵墙，如果不把这堵墙搬走，人们就只能隔着墙做简单的敷衍应答。

朋友初次见面略谈客套话后，第二、第三次的见面就应竭力少用那些"阁下""府上"等名词；如果一直用下去，则真挚的友谊是无法建立的。客气话的"过剩"，必然会损害快乐的气氛。

客气话是用来表示你的恭敬或感激的，不是用来敷衍朋友的，所以要适可而止。如果多用就会流于迂腐和虚伪。有人替你做一点小小的事情，例如递给你一杯茶，你说"谢谢"就够了。要是在特殊的情形下，那么最多说"对不起，这件事要麻烦你"也就够了。但是有些人却要说"谢谢你，真对不起，我不该拿这些小事情麻烦你，真使我觉得过意不去，实在太感激了……"等一大串，这会让人觉得不舒服。

说客气话时要真诚，像流水般泻出来的客气语，最易使人生厌。说话时的态度更要温文尔雅，不可显出急促紧张的状态。还有，说话时要保持身体平衡，通过过度的打躬作揖来表达你的谦恭或卑微并不可取，有时会让人过于看轻自己。

总之，朋友之间的客气话不能"过剩"，只要把平常对朋友太客气的说话方式改得略微坦率一点，朋友之间保持适度的礼貌就足够了。

八、要真诚地向朋友道歉

不愉快的情绪是每个人都可能有的，其表现多种多样，生气就是其中之一。在交往的过程中，我们的朋友常常会生气。这可能是他对其他人有什么不满，但更有可能是因为我们做错了什么事。当我们发现是因为自己做错了事才使朋友生气时，我们应该怎么办呢？我们不妨说"我真诚地向您道歉。"

凯斯思的高尔夫球伙伴莫斯里是一位来自阿根廷的具有杰出贡献的移民，他在房产开发行业中卓有成就。在一次业余高尔夫球比赛中，莫斯里在比赛开局时状态良好，但是后来的击球却很糟糕。莫斯里在击球时错误地看高而打空了，使球只沿着跑道跑了几码远。原本心情就不好的大卫脸色立刻变得铁青，气愤地向莫斯里走来，并大声地责备他。

而莫斯里，一位擅长劝说的人却没有对他朋友的无理生气进行回击，也没有嘲笑和敷衍他的朋友，他只是真诚地说："大卫，我的朋友，我真诚地向您道歉。"气愤从大卫的身上慢慢消失。"噢，没关系。"大卫嘟哝着说，"这不是您的错。"

"我真诚地向您道歉"这句话是如此具有魔力，在莫斯里"真诚"的攻势下，大卫的愤怒化解了，也加固了两人之间的友谊。当然，你也不能过多地道歉，对方接受道歉就表明你的道歉已经足够了。

对付生气的人还有另外一种较有效的方式，那就是承认他说得有道理，但也可以使用类似"我没有经验"这样的话去委婉地表达自己的不同意见。

乔治给他的朋友做帮手，有一次，他的朋友对他大叫："这个广告册子真是太糟糕了！如果将它刊印出来，我们就会成为别人的笑柄！""我没有经验。"乔治静静地回答。"我们不能告诉顾客，我们的竞争对手卖的玉米片比我们便宜得多，否则他们就会到我们的竞争对手那儿去购买了。"他的朋友大吼道。"我没有经验。"乔治继续平静地回答。"还有这个热线电话，它使得消费者不停地打进电话抱怨一些事情，电话费的花销要比玉米片的销售额还多，我们会破产的。"他的朋友经过发泄后，渐渐消了气。

对付生气的人切忌以好斗的语气说话。保持低调，几乎是压着嗓子说："我没有经验。"其实这也是一种道歉，只是不太直接，不过这丝毫不能掩盖你的真诚。

总而言之，当你与朋友相处时做错了事，不妨真诚地向他道歉，这样就不会破坏双方的关系。

九、应珍惜同窗友谊

同学关系是我们在读书时建立起来的人际关系，较其他关系自然要单纯得多。也许在我们的社交网络中有很多人，但同学无疑是其中走得比较近的，在某种程度上超越了一般的人际关系。

有人说："同学之情只有几年，一旦缘尽则情尽，没什么值得留恋的。"其实不然，要知道，大千世界，茫茫人海，能成为同学，实是缘分不浅。当你与同学们分开后，还能保持相互联系的话，那对你的一生，或者说对你将来的事业会有很大好处。很多人都有这样一种感受：毕业之后，在社会上所构建的人际关系（如同事关系），多半都有隔阂，而相比之下，同学关系作为在学校读书期间所构建起来的人际关系，就显得单纯多了。这主要是因为同学之间本来就没有什么真正的利害冲突，这种单纯的同学关系有其纯洁性的一面。

三国时，蜀国刘备曾有过这样的经历：刘备在读私塾时，由于他讲义气、聪明，因此成了同学中的老大，在读私塾的这几年中，他经常帮助其他同学，与他们的关系处得非常好。长大后，大家虽然分开了，刘备却很注重与同学们的联系。其中有一位叫石全的人，是刘备读书时最好的朋友，他完成学业后，仍回家继续供奉自己的老母亲，以尽孝道，靠打柴、卖字画为生。刘备不嫌其清贫，经常邀请石全到家中做客，共同探讨当时的天下形势。这样的聚会每次都很成功，刘备与石全的关系也在不断地加强，两人情同手足。

后来，刘备带领一支队伍参加了东汉末年的大混战。初时，刘备的军事实力很小，不得不依附其他人。在一次交战中，刘备所带的军队被全歼了，只有他一人逃脱，石全将他隐藏起来，这才使他逃过了一劫。

刘备的同学石全在危急关头帮了他的大忙。但是，有一点很重要，那就是关系的维系得益于自己长期的努力，如果刘备在与同学分开之后并没有与他们保持联系，那就另当别论了。

有的人可能觉得跟不太熟悉的同学联系有点难为情，其实即便你在学生时期不太引人注目，交往的范围也很有限，你也大可不必受限于昔日的经验而使自己的想法变得消极。因为，每个人踏入社会后，所接受的磨炼均是不同的，绝大多数人都会受到洗礼，从而变得相当注意人际关系。因此，即使与完全陌生的人来往，通常也能相处得很好。由于这个缘故，再加上曾经拥有的同学关系，你完全可以重新进行人际关系的塑造。换言之，不要拘泥于学生时期的自己，而要以目前的身份来展开交往。

可以说，一个人在社会交往中，同学关系应该是维护成本最低的人际关系。因为曾经的青春年少和不设防，每个人的内心世界都曾袒露在别人面前。因此，在同学中最容易找到合适的朋友。这就如同酿酒，时间久了必有醇厚之香。

一般情况下，朋友从相遇到交往，再到培养和建立关系，通常需要长久的酝酿期。倘若这种交往形态发生在同学之间，其酝酿期必将缩短不少。另外，因为同学之间的关系非常纯洁，相比其他人更有可能发展为长久、牢固的友谊。

有人时常慨叹自己的社会资源少，可以交往的人不多，那么为什么不考虑将同学编织在自己的社交网络当中呢？但我们如何将同学编入自己的社交网络呢？

（1）跟同学们保持联系。有空给远在异地的同学打打电话、与其聊聊天，询问对方近来的工作、学习情况，介绍自己的情况，互相交流，这是很有必要的，这点时间绝对不能省。碰上同学们的人生大事，如果有时间最好尽量参加，如果实在脱不开身，最好是写封信或托人带点什么礼物，不然怎么算得上同窗情谊？

（2）对方有困难的时候更应加强联系。当听到同学的家人生病或遇上不幸的事时，应马上想办法去看看。平日尽管因工作忙、学习任务重而没有很多时间来往，但同学有困难时的鼎力相助才更能显示出朋友的价值。"患难朋友才是真朋友"，关键时刻拉人一把，别人会铭记在心。

（3）经常往来。朋友间交际的一个重要原则是通过多次见面和接触来加强联系。原则上要求和对方直接接触，只要有见面的机会，就应该积极和对方接触。去某地旅游，可以去找找当地认识的同学；去同学所在的城市出差，最好去看看对方，加深双方之间的感情。常常和同学们保持联系对我们有许多好处。和同学经常联系、谈心，一旦我们碰上什么事情，如找工作、找对象等，多听听同学的意见，或者请他们帮忙，对自己都会是直接或间接的帮助。如果平时没有和同学们联系，只在有困难时找上门去，别人是不会愿意帮助你的。

拓展游戏

测测自己的人际财富

同学关系是社交网络中最重要、最得力的一种社会关系，如果能与同学一直保持相互联系和历久弥坚的关系，那对我们的一生将会非常有帮助，说不定还会有意料之外的收获。

第三节　交友沟通的忌讳

先淡后浓，先疏后密，先远后近，交友之道也。

——《胡氏家训》

有人认为，朋友之间可以无话不说，说什么都不会得罪人，其实并非如此。如果朋友之间说话"口无遮拦"，动辄挖苦讥讽、满口粗言秽语，同样会令朋友尴尬和不快。长此以往，朋友还愿意和你相处吗？

交朋友的目的之一就是彼此从对方那里得到精神愉悦。若不如此，则彼此相处时得到的都是烦恼不快、尴尬窘迫，那么这种交往就会失去吸引力，友谊就可能降温。为了使每次朋友相聚都能成为愉快的回忆，人们在交谈时应注意口下留情。为此，有几类话应在忌讳之列。

一、揭短挖苦的话

在大多数情况下，人们都愿意听赞扬的话，如果一见面你就揭朋友的短，即使说的是事实，人家心里也会不高兴的，尤其是反复指出朋友的某一缺点或不足，就更不讨人喜欢。一般来说，揭短挖苦的话有以下几种。

（1）嘲笑别人身体上的缺陷。

（2）嘲笑别人不光彩的历史。

（3）嘲笑别人的缺点。

（4）嘲笑别人忌讳的其他方面。

哪怕是以开玩笑的方式经常揭朋友的短处也属不宜。

视野拓展
人际交往的十大
黄金法则

二、过分指责的话

工作上有时出现了一点问题，有的人不问青红皂白就指责、抱怨朋友，盲目做出结论，为自己开脱，这也会引起朋友的不满和失望。例如，"我说如何如何吧，你偏不，看，搞砸了吧！听你的准没有好。"对于这样的指责，朋友为了照顾面子也许并不会说什么，可是心里必定会不高兴。

三、贬低对方的话

对于自己的才干、能力和成绩，人们总是希望得到他人公正的评价，特别是朋友的肯定。如果在朋友那里听不到赞扬，反而听到一些贬低自己成就和才干的话，人们心里就会有一种失落感。贬低对方的话，一般有以下几种：①贬低对方的工作成绩；②贬低对方的优点；③贬低对方的优势；④贬低对方的才干和能力。

四、揭老底儿的话

每个人都可能有过失、有毛病，但并不喜欢被他人提及这些。与朋友相处时，如果你有意无意地把人家的老底儿翻出来，对方就会感到难堪。例如，一位女士指出某女士不像话、把老公管得太紧时，她的一位朋友就揭其老底儿说："你还说人家呢，每次你老公一出门，你先翻他的口袋，一块钱你都不放过，为这事你们还打了一架呢！"对方的脸一下子红到脖梗上。

思考与训练

1. 朋友多了好办事，我们都希望自己拥有众多而又真诚的朋友。但是，我们也要谨记：在交友的时候，既不能过于随便，也不能过于苛刻。请结合实例说明交友应遵循的基本原则。

2. 结识一位新朋友不容易，而要维持已有的朋友关系更不容易。如果在与朋友的交往过程中不注意自己的言行，就可能使多年的老朋友离自己而去。请结合自己的交友经验说说交友沟通中的忌讳。

3. 请阅读下面一则案例，然后回答后面的问题。

大学生小 A 和小 B 是一对要好的朋友，在学习和生活中形影不离。后来小 A 察觉到小 B 常常周末时不在教室自习，就问她去做什么了。小 B 不肯说，又担心小 A 多心，影响两人的关系，内心很矛盾。小 A 则很不高兴，认为两个好朋友之间不该有个人隐私，若保留个人隐私就不是真正的友谊。

（1）如果你是小 A，你应该如何对待小 B？为什么？

（2）请结合身边的实例，说明打探别人隐私的害处。

4. 请结合下面的一则案例，说说朋友的请求是不是一定要满足，朋友之间相互帮忙应该有怎样的范围和尺度。

朱某与张某是好朋友，两人来往密切，经常在一起吃饭、打牌。2017 年 10 月，朱某患有痔疮，在医院治疗一个星期后感觉效果不是很显著。这时朱某想起张某曾无意间透露过家中有一个祖传偏方能治疗痔疮，便央求张某为其治疗。张某告诉朱某，自己虽有秘方但没有执业资格和行医执照，起初并没有答应。但朱某坚持要求医治，并承诺病好后给付一定的酬金，张某这才答应为其治疗。治疗大概半个月后，朱某发现自己的伤口长期感染而流脓，于当年 11 月 13 日前往医院检查，被诊断为"肛瘘"，当即在医院进行了根除手术，并花费医药费 3 977.50 元。2018 年 8 月，朱某向法院起诉，要求张某承担自己的医药费及精神损失赔偿金共计 5 000 元。

朱某认为，张某的秘方不但没有使自己痊愈，反而使病情更加恶化，应对自己进行赔偿；而张某辩称当初是朱某再三央求，自己才答应为其治病的，治疗有风险，出现问题应当由朱某承担。

一审法院认为，被告张某无行医执业资格，仅靠"祖传秘方"就为原告朱某治疗痔疮，致使朱某身体受到伤害，病情加重，应负主要责任；而原告朱某明知被告张某无行医执业资格，仍坚持接受其治疗，也应承担一定责任。原告提出的精神损害赔偿因无证据证实，依法不予支持。被告应承担原告做手术所花费医药费的 60%，共计 2 386.5 元，其余由原告自行承担。

5. 请结合下面的一则案例，说说朋友借钱是否一定要解囊相助，并谈谈你对好朋友"明算账"的理解。

朋友开口借钱，解囊相助后非但没有得到感激，反而换来闹上法庭的结果。家住安徽省蚌埠市的居民刘某就碰上了这样的烦心事。安徽省蚌埠市禹会区人民法院对该起借款纠纷案做出一审判决，判决被告付某于判决生效之日起偿还原告刘某借款本金 3 000 元及利息。

付某与刘某系多年的朋友。2018 年 1 月 23 日，付某因做生意急用资金，遂向刘某借款 3 000 元周转使用，约定当月 30 日偿还。到了还款日，付某没有还钱，反而以给刘某装修房屋、刘某未给其结算装修费为由拒绝还款。刘某一气之下向法院起诉，要求付某还本付息。至此，双方的朋友关系彻底瓦解。

法院审理认为：原、被告间的借贷关系明确，属合法的民间借贷，应受法律保护。被告应当偿还欠原告的借款本金 3 000 元。因原、被告在借款时约定的还款期限是 2018 年 1 月 30 日，原告要求被告承担逾期利息的诉讼请求应予支持。遂依法做出上述判决。

6. 请结合下面的一则案例，从交友的原则出发，分析小 B 在交友过程中所犯错误的根源，并说说小 A 应该如何处理这件事才有望延续两人的友谊。

小 A 与小 B 是某高校大三的学生，同住一个宿舍，两人是形影不离的好朋友。小 A 活泼开朗，小 B 性格内向，沉默寡言。慢慢地，小 B 觉得自己像一只丑小鸭，而小 A 却像一位美丽的公主，心里很不是滋味。她认为小 A 处处都比自己强，把风头占尽，因此，她变得越来越嫉妒小 A，两人的关系也不像之前那么好了。有一次，小 A 参加了学校组织的服装设计大赛，并得了一等奖。小 B 得知这一消息后妒火中烧，趁小 A 不在宿舍之际将小 A 的参赛作品撕成碎片，扔在小 A 的床上。小 A 发现后，不知道该怎样对待小 B，更想不通自己为什么会被小 B 这样对待。

7. 请结合下面的一则案例，说说交友过程中注意场合的重要性。同时，你认为小秦和小芳坚决断交符合交友之道吗？

小芳与小秦是非常要好的朋友，两人在一起简直是无话不谈。小芳性格开朗、直言快语，说话毫无顾忌，而小秦沉着冷静，不善言谈，有些内向。因此，从性格上来看，这两人应该可以成为很好的朋友。但是，她们之间的友谊却在一次游玩时完全破裂了。

那天，她们来到动物园，两人边看边聊，非常投机。来到猴山时，她们停了下来，观看猴子的精彩表演，小芳不由自主地随口说了一句："小秦，你看那些猴子长得多像你，尤其是那副脸蛋与你长得最像。"

小秦还没来得及说话，她们旁边的几个游客就哈哈大笑起来。顿时，性格内向的小秦羞得无地自容，她什么也没说，双眼含泪地跑出了动物园。小芳站在后面大喊："小秦，我跟你开句玩笑，你何必当真！"

但是，小秦却头也不回地回到了家里，她发誓以后再也不与小芳这样的人来往了。虽然小芳后来找过小秦，但小秦仍不肯原谅她，因为她让自己在大庭广众之下丢失了颜面。

8. 校外实践训练。走出自己的校园，到兄弟院校去走走，积极地参加校际间的一些有益的活动，努力在此过程中结交一些新朋友，并向任课老师提交一份以"多一位朋友 多一条路"为题的交友实训报告。

第八章
Chapter 8
与异性沟通的艺术

在现实生活中，人们谁都不可能不去和异性交往。然而，总有一些人不懂得与异性交往的艺术，于是，生活中就出现了由此而引发的各种各样的矛盾。不过，那些与异性交往的美丽故事，又成为各种艺术表现的主题，千古流传。

语言的交流更多的是一种情感上的互动。交谈的目的是给双方带来愉悦的身心感受。特别是和异性交往，更应该以轻松愉悦为目的，加强彼此间的情感互动。要做到这一点，关键是找到有趣的话题，含蓄地赞美对方，制造轻松浪漫的气氛，让对方加深对自己的好感。和异性交谈时，切忌过于严肃，或只顾自己夸夸其谈，不顾对方的内心感受。否则，不仅会使谈话陷入僵局，还会直接影响对方对你的印象与评价。

> **视野拓展**
> 好的爱情与坏的爱情——张小娴

通过本章的学习，应该明白与异性沟通是人际沟通的一个重要组成部分；与异性沟通的艺术是当代大学生必备的素质之一；熟悉与异性沟通的基本技巧；掌握恋爱中与异性沟通的特殊技巧；学会克服与异性沟通中可能会出现的各种障碍，为自己未来的生活和工作打下一个良好的基础。

📎 导入案例

不沟通，是压垮婚姻的最后一根稻草

2019 年早已过半，民政部门披露了第一季度结婚和离婚数据：全国登记结婚的人数达到了281.52 万对，同比减少了 6.7%；登记离婚的人数达到了 104.84 万对，同比增长了 7.8%。这也意味着每有三对夫妻结婚，就有一对夫妻离婚。

无论你是未婚还是已婚，都请记住以下这三个忠告。

1. 择偶时，三观比五官更重要

吴桂君的诗《喜欢一个人》里面有一句话：喜欢一个人，始于颜值，陷于才华，忠于人品。

其实人们找对象，三观比五官更重要，不能光看外表，而要综合考虑对方是不是适合自己。三观才是决定两人是否适合生活在一起的重要因素。好比你喜欢旅行，对方却觉得旅行是烧钱败家的行为；你觉得女人应该有事业，他却认为女人结了婚就该辞职当全职主妇。总之，你喜欢的东西，对方不认同也就罢了，还强烈反对，这就是三观不合。与三观不合的人结婚，哪怕对方再帅，也会有看腻的一天。你做什么他都反对，即使你脾气再好，也会有忍受不了的一天。所以说，择偶时千万不能鬼迷心窍，眼缘固然重要，但三观、性格、人品、原生家庭等因素也必须考虑。毕竟结婚是一辈子的大事，一定要三思而后行。

2. 爱一个人，就要尊重他（她）的不同

周末，我和家人去吃火锅，看见邻桌有一对夫妻因为点什么锅底吵了起来。妻子喜欢麻辣锅底，丈夫喜欢清汤锅底。妻子说不如点鸳鸯锅底，有辣有不辣。丈夫不同意，他希望妻子和自己

一样也不吃辣。他的妻子说自己是湖南人，一顿饭没有辣椒都不行。后来妻子还是妥协了，但眼里难掩失望与不满。

无论是在恋爱中还是在婚姻中，都应避免霸道专制的作风。婚后要一起面对的事情太多，如给孩子取名、择校，买车、买房，等等，这些都不是一个人可以说了算的。夫妻俩来自不同的家庭，肯定会有不同的爱好和生活习惯，不能要求对方和自己一样，非要按照自己的方式生活。

好的夫妻应该尊重爱人的不同，不干涉对方的生活习惯，这才是爱的最高境界。

3. 不沟通，是压垮婚姻的最后一根稻草

当夫妻之间因为某件事情产生了分歧，一方希望说服对方而大嚷大叫，试图让对方屈服自己，而另一方面对这种强硬的态度，自然会感到不高兴，往往会采取不理睬的态度，拒绝和对方交流，自己生闷气。这样就导致夫妻之间没有良好的沟通，如果夫妻之间没有良好的沟通，那夫妻之间的信任就会降低，以后就更容易发生争吵。时间久了，感情就会越来越淡，甚至把对方当成陌生人。

这样造成的结果是，双方负面情绪积累，原本很小的问题被放大了，最终出现难以挽回的局面。有的夫妻甚至因为一点小矛盾就大打出手。如果夫妻之间一沟通就像火星撞地球，每天的生活不是沉默就是吵架，这段婚姻多半是出了问题，最后就只能以离婚收场了。

我有一个朋友结婚十年，分居八年，双方没有沟通、没有交流，无话可说，只要一方说什么，另一方就不耐烦或者暴跳如雷。孩子在这种家庭氛围里长大，每天都战战兢兢。有一天，她问妈妈：你们到底什么时候离婚？妈妈说：你还小，等你长大了再说吧！可是孩子却说，别人的爸爸妈妈都是笑呵呵地聊天，我从来没有看见你们对彼此笑过。孩子的妈妈陷入了沉默与深思。

如果说出轨是击垮婚姻的利刃，那么不沟通就是压垮婚姻的最后一根稻草。

思考与讨论：没有幸福的婚姻就很难有幸福的人生，你认可这句话吗？

第一节　与异性沟通的基本技巧

在 100 多年前，当马克·吐温回顾自己的一生时，他由衷地感慨：生命如此短暂，哪有那么多时间来争吵、道歉、伤心或者斤斤计较呢？一切稍纵即逝，我们的时间就只用来爱吧。

一、说话投机的技巧

视野拓展

大数据告诉你男女交往最忌讳什么

在与异性沟通时，很多人都希望你一言、我一语，双方配合默契、谈兴不减、其乐融融。人们要做到这样，就需要融心理、社交、口才等知识和技巧于一体。否则，与异性交流时，就容易羞怯局促、紧张失措，连说两句应酬话也会显得生涩，平日的伶牙俐齿、妙语连珠也不知都躲到哪里去了。

我们只要掌握以下一些基本技巧，就能够在和异性交流时应付自如。

1. 以对方感兴趣的话为题材

在与异性谈话时，恰到好处地选择那些生活中的趣事作为话题，既可以缩短彼此之间的距离，又容易产生共鸣，增加亲切成分，比如诗情画意的校园生活等。这类话题不但可以激起彼此的谈话兴趣，而且话题的外延广、内涵深，不至于大家刚聊了两句就没话了。

2. 激发对方交谈的兴趣

在与异性的沟通中，我们往往也会遇到一些说话很被动的女子。当男子首先与她说话时，她会惜语如金，仅用"是"与"不是"作答；无论我们如何发问，她总是简单作答。遇上有一定社会经验的男子，还会锲而不舍、耐着性子继续"进攻"下去，他相信，只要坚持下去就能逐渐让对方放下戒备、打开心扉，改变"话不投机"的局面。

小高因为一篇市场调查报告，需要找资料室的崔小姐查看有关资料，可看见崔小姐那严肃的神情，小高有点儿心虚，但还是与她攀谈起来："崔小姐每天挺忙啊！""对！""你查找资料如此熟练，有些资历了吧？""不长！"几个回合下来，崔小姐不但始终吝于作答，而且脸上一直霜冻未解。于是小高转变谈话策略，"听办公室主任讲，我们单位有两个天使，你猜是谁？""不知道！"崔小姐依然简单作答。"好，我告诉你，一个是公关天使小陈，另一个就是你呀！"小高放慢谈话速度说。"他们叫我什么天使？"小高见崔小姐终于活跃起来，故意顿了顿说："叫你冷艳天使啊！""简直胡说八道，小高你看我像不像？其实……"

在本例中，小高面对冷若冰霜的崔小姐，抓住对方的"冷艳"这个特点，假借第三者的谈话进行出击，而崔小姐唯恐被误会，于是便连珠炮似的辩驳小高，从而使双方的谈话能继续进行。

3. 女性可主动引出话题

在许多社交场合，我们常常发现，当男女被介绍相识后，大多数女子都表现得比较矜持，不愿意主动开口说话。由于女子心理的敏感、细腻、脆弱等特点，她们在交往的范围和与人接触时都显得比较隐秘、谨慎，不可被随意冒犯。社交经验不太丰富的男性往往会被这种情形难倒，话在嘴边口难开。而如果让女性主动打开话匣子，那情况就迥然不同了。因为男性的生活圈子一般比较广，加之男子汉不像女性那么娇气，遇到任何事情都不会那么小家子气，因此与他们谈话的题材就比较随意、广泛，即使偶有说话不当，也常一笑了之。所以在与异性交往中，女性向男性主动抛砖引玉，男性一般都会很热情地给予回答。

所以，异性间相互交谈，女性应该主动些，而男性应该设法让女性主动地引出话题。与异性交流并不是一件很难的事情，只要积极行动、多多实践，就能挥洒自如。

二、缩短心灵距离的技巧

很多人都希望能结交知心的异性好友，更希望能和自己的恋人成为心灵相通的精神伴侣，却又往往不能得其门而入，只能一直停留在较浅的交往层次上，无法更进一步。

1. 寻找共同话题

"物以类聚，人以群分"。每个人的社交圈，实际上都是以自己为圆心，以年龄、爱好、经历、知识层次等共同点为半径构成的无数同心圆。双方的共同点越多，越容易引起对方的共鸣。例如，同班同学就比同校学生亲密，同宿舍的又比同班的亲密，同桌比同宿舍的更容易建立起牢固的友谊，如果既是同桌又是老乡，那简直可以成为"铁哥们儿"。因此，在与他人搭讪时，一定要注意共同点，并不断把共同点扩大化，双方谈起来才会兴致勃勃，这样就会"粘"住对方，谈话才会深入、持久。

2. 多谈对方关心的事情

在谈话中，不能大肆吹嘘自己，否则会令对方反感，我们必须多谈对方关心的事。人们最关心的往往都是自己，这是人类最普遍的心理现象。比如，当我们观看一张合影照时，最先寻找的就是自己，如果自己的面目照得走样了，就会认为整张照片拍得不好。因此，我们必须多谈对方所关心的话题，这样才能使其认为我们重视、关心和体贴他。

3. 不要过于严肃或摆架子

与陌生的异性交谈，不能过于一本正经、态度严肃，而要有幽默感。幽默是人际关系的润滑剂，是智慧的结晶，它带给别人的是快乐，谁会拒绝这种让人心情愉悦的交流方式呢？来看下面的情景：在拥挤的公共汽车上，一个小伙子不慎踩了别人的脚，回头一看，原来他踩到的是一位姑娘，姑娘满脸怒气，小伙子忙说："对不起，对不起，我不是故意的。"接着伸出一只脚，认真地说："要不，你也踩我一下。"姑娘一下子被这句话逗乐了。小伙子又趁机搭讪，姑娘很乐意地和他交谈。他的幽默，给姑娘留下了很深的印象。

有的人自我感觉很好，而且各方面条件确实不错，但为什么常常在与异性搭讪时会遭到冷遇、自讨没趣呢？关键就是有优越感，爱摆架子，谈起自己时得意扬扬，这是很容易令人反感的。即使你取得了巨大成功，但如果一味地自吹自擂，也只会令人敬而远之。一般而言，人们对那些经历坎坷、屡遭不幸而最终出人头地的人容易产生同情和佩服的心理。因此，有些政治家或明星为了赢得支持，往往再三渲染自己为取得成功付出的巨大努力或童年的不幸遭遇。这实际上是一种技巧，借所谓心理学上的通感效应来赢得人心。由此可见，在与陌生的异性交谈时，对自己的成功不妨"不经意"地谈谈，更要多谈谈昔日的坎坷、拼搏的历程和不幸的遭遇，这样就容易唤起对方的好感和钦佩之情。

4. "制造"一个会面的机会

有时，你可能没有机会和陌生的异性接触，更谈不上去搭讪，在这样的情况下，你可以"制造"一个搭讪的机会。

一个星期六的下午，一位五官端正、衣着入时的青年手捧一束红玫瑰，礼貌地敲开了一间公寓的门。公寓的主人是某公司年轻的女秘书海因兹。她谨慎地打开门，面对这位不速之客，她不知所措。难堪之际，这位男士连连道歉："我敲错了门，是个误会，请原谅。"然后转身离去。未走两步，他又转身走过来对海因兹说："请收下这束鲜花，作为我打扰你的补偿。"海因兹感到盛情难却，便开始与他交谈，两人就这样认识了。实际上，这个偶然的误会是男青年早就策划好了的。不过，像这样的善意"欺骗"，并不会伤害对方。

需要注意的是，在与陌生异性交谈时，不要争执，不要议论彼此熟悉的人的长短，更不可刨根问底地打听别人的私生活。要把握分寸，如果不小心谈及对方敏感的内容，要巧妙而迅速地转移话题。另外，不可嘻皮笑脸、胡搅蛮缠，更不能用粗俗、下流的语言挑逗对方，这是品质低劣、内心肮脏的反映，只会引起对方的反感和排斥。

三、保持适度的神秘感

有人认为，与人交往应当真诚、直率，说话直截了当。这句话本来没错，但在与异性交往中往往收效不佳。其实，在与异性交往时适度地保持神秘感，反而可以进一步引起异性的兴趣。有位追求女孩子颇有心得的人曾经这样说过："追求女人，如果让她看穿你的生活，就完蛋了。"他的意思其实是说，保持部分的秘密，才能掳获异性的心。虽然这位小伙子不是什么情感专家、恋爱顾问，但是他这番话也的确有几分道理。

一般而言，如果有人敞开心扉、十分坦白，多数人都会对其产生好感。从心理学来说，这便是"自我开放"。但是在异性之间，有些事情是不一样的。当然，将自己开放到一定程度也是两人交往时相当重要的条件，但如果将自己所有的一切完全呈现在对方面前，就有可能会带来负面效果。因此，心理学家建议，要想让人喜欢，将自己开放到80%的程度就好，余下的20%则不需要让对方知道。

四、赞美异性的技巧

赞美，是男女双方将爱慕之情传递给对方最好的方法。赞美，也使彼此更具吸引力。如果一个男人对某个女人有好感，他就有可能通过赞美让对方了解自己的心意，只是有时候男人会以他所期望的方式赞美对方，而非以女人习惯接受的方式为之。同样地，许多女人也不清楚该怎样成功地赞美男人。一般来说，男人往往希望得到肯定，女人则往往希望得到爱慕。

当男人的某项决定或行动得到对方的认可，就等于给了他最高度的赞美。所以，当约会时，如果女方表示今天的晚餐很美味、电影很好看、欢度了一个愉快的夜晚，男人会觉得很开心，很有成就感。以看电影为例，当男人提议的电影让女人觉得"这真是一部好电影"时，男人会非常得意，因为这意味着女人对他眼光的认可。

另外，女性赞美男性时要含蓄。女人是感性的，当对男性嘉许时，赞美之意往往溢于言表，但身为女性，有时直接地夸赞男性，不仅会使自己的形象受损，同时也会使受夸赞的男性不自然。虽然有时候你的赞美并没有其他的含义，但如果你直接说出心里话，就可能会引起不必要的误会。如果是因为真心的赞美而引起误会，这不仅达不到取悦对方的目的，反而会适得其反，甚至会引起对方的厌恶或疏远。因此，女性应保持适度的矜持并讲究语言艺术，否则即使对方不误会，也会显得自己没有内涵。

总而言之，在赞美男性时，话语一定要含蓄，只有这样才能达到目的，收到应有的效果。

对于女人来说，直接赞美更能使她们感到满足。男人如果直接赞美女人，会令女人感受到对方的珍惜与尊重，拉近双方的距离，并且愿意做出更多的回应。但是男人往往不懂得这个道理。其实最简单的方式就是以真诚的态度直接赞美对方，这不只是让对方得到被爱慕的感觉，更增加了你在她心中的好感。这和男人所喜欢的赞美方式不太一样，让我们从例子中去详细体会这种差异。间接赞美（适合赞美男人）："我觉得今晚很愉快。"直接赞美（适合赞美女人）："你真是个好女孩。"当一个女人间接赞美某个男人时，可以鼓励对方继续追求她，让他对自己更有信心、更有成就感，并对她的好感大增。如果她不是以这种方式赞美对方，可能会在双方之间造成距离感。

如果一个女人赞美她男友的车子、音响，或他最喜欢的足球队，其实就等于是在赞美他。但是女人不一样，她们喜欢对方直接赞美她这个人本身。因为这表示对方在注意她、关心她。

无论是男人还是女人，在与异性交往时，都应该巧妙地运用赞美之言，这样就可以抓住对方的心。

第二节　恋爱中的异性沟通

在找到合适的另一半之前，唯一需要做的就是让自己足够优秀。

——佚名

一、恰当地表达爱意

视野拓展
男女交往的十大误区

"关关雎鸠，在河之洲。窈窕淑女，君子好逑……求之不得，寤寐思服。悠哉悠哉，辗转反侧。"的确，在悄悄地爱上了一个人之后，却又苦于不知道怎样表达，这是不少青年男女常常碰到的难题。爱在心头口难开，又羞于向人求教，唯恐"落花有意，流水无情"，只能缄默、着急、苦恼。

其实，找到恰如其分的时机和方法，张开你的"金口"，也许爱情之花就会开放。

1. 曲折含蓄

如果你的心上人文化素质与领悟能力都比较强，那么你可以不显山不露水，把你对他的爱慕若隐若现地包含在彼此的谈话中，使他在咀嚼之余，倍感爱情的神秘与甜蜜。

有一位小伙子在参加散文大奖赛中荣获头等奖，得到了一台微波炉。他把这个消息告诉了心上人，说："我终于有了自己的微波炉，这是散文大赛头等奖的奖品哩！"姑娘也兴奋地说："那我祝贺你！""这样庆贺太没劲了，咱们搞个家宴，怎么样？"小伙子提议。"可以呀！""可是我不会做菜怎么办？"小伙子显得为难起来。"我可以试试呀！"姑娘毛遂自荐。"那太好了，我如果能经常吃到你做的菜，那该多好啊！""只要你不嫌我笨手笨脚，我答应你就是了！"小伙子用奖品作话题，以做饭为主线，绕了一个大圈子，终于巧妙地将彼此的谈话导入表情达意的"正常轨道"，在不经意之间，仿佛就确定了恋爱关系。

2. 直抒胸臆

直抒胸臆是指有些人表达爱意十分简明直率，不虚伪造作，大胆而毫无保留地向对方倾吐自己的感情，宛如潺潺的小溪，汩汩而流。一般而言，性情直率、表达思想感情喜欢开门见山的人宜采用此法。显然，对于交往比较深，有一定的感情基础，或者两人已经互相倾慕，只需"捅破那层纸"的双方来说，直抒胸臆表达爱情更省力，也别有一番趣味。

视频精选
爱情应有的样子

列宁寄给克鲁普斯卡娅的求爱信就直截了当地写："请你做我的妻子吧！"而一直爱慕列宁的克鲁普斯卡娅的回信也很干脆："有什么办法呢，那就做你的妻子吧！"列宁的表白言简意赅，感情真挚，同时，也让克鲁普斯卡娅清清楚楚地看到一个真诚的心灵世界，这很容易激起双方爱的涟漪。

3. 诙谐幽默

将神圣的爱情寓于俏皮逗趣的说笑中，让对方不知不觉地体会你的心思，在幽默中完成一次"试探"，既不显得羞怯，又不会出现让人难堪的场面。

黎夫陪筱卉到商厦买东西，他为了在筱卉面前玩潇洒，对售货员指东呵西，最终一件东西也没买，为此惹怒了售货员，双方唇枪舌剑地争论起来。当黎夫显然处于无理的劣势时，筱卉站出来从中斡旋，为他挽回了面子。黎夫很感动地对她说："人们常说'英雄救美人'，今日倒好，成了'美人救狗熊'，我真该好好感谢你才是啊！"筱卉止住笑，俏皮地追问："好啊，那你怎么谢我呀？""我送你一件最珍贵而稀有的礼物，不知你喜不喜欢？"黎夫显然已成竹在胸，献殷勤般地调侃。"说出来看看吧！""我把我自己送给你，接不接受啊？"黎夫巧妙的回答，使筱卉充分感受到了他的风趣睿智，赢得了筱卉的芳心。

4. 画龙点睛

画龙点睛是指彼此虽心有期许，却又飘忽不定、犹豫不决，恋爱的一方借助某种氛围和物质的烘托，将爱情推向"白热化"。

剑鸣只差一步之遥就能获取阿佳的芳心，可阿佳近来却对他若即若离，剑鸣着实乱了方寸。情人节这天，剑鸣本想买束花送给阿佳，可花市鲜花告罄，于是他直奔乡下花圃。当他抱着一大捧鲜艳的红玫瑰，正要献给在公园门口等自己的阿佳时，被一群囊中有钱、手上无花的俊男靓女拦住，要买两束。剑鸣灵机一动，不无得意地大声说："按说，我有这么多鲜花，卖你们两束也可以，可是，这是我特意从花圃采来献给我的天使的，花儿代表我的心，此花只属阿佳一人！"阿佳顿时陶醉在一片羡慕声中。剑鸣通过赠花，将对心上人的情感在大庭广众之下表露出来，既表现了他对阿佳爱情的忠诚，又使阿佳在大家面前风光了一回，使其虚荣心得到了极大的满足。

5. 借题发挥

借题发挥是指巧妙地将情感蕴涵在隐晦的言语中，借用某一事物或人物等形式，小题大做，把绵绵情意传递给对方。

杰借给菲他新买回而自己尚未看的一本书，菲深情地对杰说："我借别人的书，总是很快就读完，而你借给我的这本书，怎么也读不完，可能要读一辈子，你是愿意伴我读完呢，还是让我割舍不读呢？"他们为发展彼此的关系，利用双方的共同爱好，经常交换、推荐好书，借"书"让两人爱情的种子开始萌芽。

总之，向心上人表白，是一种甜蜜而又伤脑筋的微妙的情感活动，但只要你张开"金口"，大胆主动、锲而不舍地坚持，就一定能拥有甜蜜的爱情。

二、初恋的沟通技巧

1. 与"搭桥式"恋人交谈

一般来说，男女双方经人介绍初次约会时，常会感到忐忑不安，生怕留给对方不好的印象。

越是这样就越不能羞羞答答、木讷寡言，而应该落落大方、主动启齿。那么，双方该如何进行交谈呢？以下一些方法可供我们参考。

（1）先谈些闲话，进而转入正题。

（2）开门见山地自我介绍一下，诸如年龄、学历、工作、脾气、爱好，家庭情况，以及对未来的向往等。

（3）谈些你和对方都熟悉的或共同感兴趣的事。

（4）交谈的内容，必须注意对方的理解能力、接受能力，不然就难以使对方明白你要讲的意思，甚至产生不必要的误会。

（5）如果你认为自己喜欢上他（她）了，那么，你可直言不讳地说："我觉得与你认识真是件愉快的事情……你呢？"

（6）如果双方或一方有待进一步认识和考虑，那就可以说："我希望我们的交往以后能继续下去……你有这个意思吗？"

（7）如果双方或一方感到不满意，就可以委婉地说"让我们都慎重地考虑考虑吧……"或者说"我需要征求我父母的意见……"以此作为托词，对方要避免不满情绪的流露，保持交往的礼仪，做到互相尊重。

2. 与"友谊发展式"恋人交谈

在两位年轻人经历了漫长的友谊过程后，随着年龄、感情的增长，友谊出现了"飞跃"，产生了爱恋。向所爱的人表白爱情的言谈，可以称为恋人的第一次交谈。这样的交谈包括以下三种方式。

（1）巴斯特式。

19世纪法国著名的微生物学家路易·巴斯特，他表达爱情的方式是颇具特色的。巴斯特在法国斯特拉斯堡大学任教时，认识了校长洛朗的女儿玛丽小姐，在友谊持续了一段时间后，巴斯特深深地爱上了玛丽。于是，他分别给洛朗先生、洛朗太太、玛丽小姐写了求婚信。除了表达真挚的爱情外，巴斯特在给洛朗先生的信中写道："我应该先把下面的事实告诉您，让您容易决定允许或拒绝。我的家境小康，没有太多的财产。我估计，我的家财不过5万法郎，而且我早已决定把我的一份送给我的姐妹们了。所以，我可以算是一个穷汉。我所拥有的只是健康、勇敢和对科学的热爱，然而，我不是为了地位而研究科学的人。"巴斯特的语言非常坦率、诚恳，又饱含着炽热的情感，他终于赢得了爱情。

（2）马克思式。

马克思同燕妮的爱情故事更是脍炙人口。马克思与燕妮从小青梅竹马，他向燕妮求婚时说："我已爱上了一个人，决定向她求婚……"此刻，一直深爱着马克思的燕妮心里急了，她问："你能告诉我，你所选择的恋人是谁吗？""可以。"马克思一面回答，一面将一个小方盒递给了燕妮，并接着说："在里边，等我离开后，你打开它，便会知道。"马克思走后，燕妮怀着忐忑不安的心情，小心地打开小方盒，里边装的只是一面镜子，其他什么也没有。镜子里照出燕妮自己的容貌，燕妮顿时恍然大悟，幸福地笑了——被马克思所爱、所追求的人正是她自己。

（3）列宁式。

列宁同克鲁普斯卡娅的爱情似乎有着传奇的色彩。列宁自己风趣地说，他是在伏尔加河畔认识克鲁普斯卡娅的，是在"吃第四张春饼时爱上她的"。由于列宁没日没夜地为革命工作忙碌，没有时间顾及个人的恋爱私事，他只能把爱情的种子深深地埋在心底。直到列宁被捕后，被流放到西伯利亚，在流放生活中，他抑制不住相思的痛苦，才在给克鲁普斯卡娅的信中向她求婚。在信的末尾，列宁是这样写的："请你做我的妻子吧。"列宁坦率、真情的求婚，使克鲁普斯卡娅非常激动，她毫不犹豫，勇敢地来到严寒的西伯利亚，与列宁生活、战斗在一起。

3. 同"一见钟情式"的恋人交谈

伟大的诗人普希金的代表作诗体长篇小说《叶甫盖尼·奥涅金》中，女主人公达吉雅娜是个朴素热情、富于幻想、热爱自然的姑娘，她见到男主人公奥涅金后就立即爱上了他，并大胆地写信向他表白，诗中写道：

> 别人啊！……不，在世界上无论是谁，
> 我的心也不交给他了！这是神明注定的……
> 这是上天的意思：我是你的。
> 我的一生原就保证了，
> 和你必定相会；
> 我知道，你是上帝派到我这里来的，
> 你是我的终身的保护者……
> 你在我的梦里出现过。
> 你奇异的目光使我苦恼，
> 你的声音在我的心灵里，
> 早已响着了……不，这不是梦！
> 你一进来，我立即就知道了，
> 完全昏乱了，羞红了，
> 就在心里说：这是他！

达吉雅娜见到奥涅金，真可谓"一见钟情"。人们所说的"一见钟情"式的恋爱，是指由恋爱双方的直觉产生的，是由对方的形象起决定作用的，如外貌、风度、言谈等，使男女双方的"钟情"往往产生于"一见"之际。

在 1920 年巴黎的一次舞会上，上尉戴高乐邀请汪杜洛小姐说："我有幸认识你，小姐，使我非常荣幸，是一种莫名其妙的荣幸……"而汪杜洛则说："不是吗，上尉先生，我不知道还有什么比你的话更动听，比此刻的时光更美丽……"他们一边跳着舞，一边倾诉着，当跳完第六支舞曲时，他们已经山盟海誓，定下终身了。这闪电式的恋爱，的确是一见钟情！

由于人们的个性不同，职业各异，文化修养有高有低，气质有别，因此他们同一见钟情的恋人进行的第一次交谈，没有固定的模式，表达方式、言谈内容都不尽相同。但总体上说，这样的交流应遵循以下一些原则：在理想上要谈得高远些；在感情上要表达得丰富些；在态度上要表现得诚恳些；在情爱上要表达得含蓄些。如能这样，你同恋人的初次交谈将会非常成功。

三、约会的技巧

当你对一个异性朝思暮想时，你的内心也许正在酝酿一次甜蜜的约会。而在有些人的观念中，主动约会的一方会有失身价，在今后恋爱过程中会处于被动地位。这样的想法是既幼稚而又有害的。男女双方都可以主动提出约会，尤其是男方，在这方面更应表现出一种主动的姿态。不过，提出约会时，应注意以下几个方面的问题。

（1）无论是用电话还是口头等方式约对方会面，都不能以生硬的口吻和态度勉强对方，而应以温和商量的口吻与对方协商。

（2）选择时间和地点时，要充分考虑对方是否赴约方便，在商量时，最好让对方提出意见，以她的方案为主。如果对方提不出具体意见，则可以提出自己的想法，经对方同意后再做决定。

（3）约会的时间地点一经确定，没有十分特殊的情况，双方都不应失约，也不能迟到，更不可事先不通知对方便单方面改变约会的时间地点。否则既不礼貌，也会使对方久等失望而产生不满情绪。

（4）因交通不便或交通工具出了故障，或因其他客观原因而迟到的一方，应主动向对方表示歉意，并说明原因，请对方谅解。同时，先到的一方，对于对方因客观原因而迟到，应予以充分的体谅和安慰。不可表示怒意，更不可使性子，也不能一句话不说便丢下对方扬长而去。双方约会时应尽可能地在时间上留有余地，以免因意外情况而无法准时赴约。如果约会是去看电影或戏剧、体育比赛等，则双方都应提前到达，不可迟到。如果一方迟到，既会让对方等得焦急不安，又会因进场较晚而影响他人，显得没有礼貌。

一般来讲，第一次约会时须遵守以下几项原则。

（1）真诚、坦率。对对方希望了解的情况和提出的一些问题，应如实地介绍和回答。有一说一，既不能有意隐瞒，更不能说谎欺骗。

（2）尊重对方，谦虚礼貌。无论是谁主动提出约会，无论是谁在追求谁，在约会谈话时，都不可表现出得意扬扬之态，或以开玩笑的方式贬人褒己。如果实在谈不下去，想尽早离开时，也应先征得对方同意，切不可不辞而别。

（3）内容广泛，不涉及隐私。交谈的内容应尽可能广泛些，除了解对方的一些基本情况外，还可找一些话题以交换看法，从中了解对方的观念、兴趣等。第一次交谈，不要直接问及对方的家庭财产以及对方以往的恋爱史等问题。

（4）不唱独角戏。考虑到各人性格上的差异，不可要求对方在第一次见面时便滔滔不绝，同时，自己也不可毫不在意对方的反应而唱独角戏。要善于掌握分寸、寻找话题，更要善于引发对方谈话的兴趣。

四、使感情升温的技巧

恋爱中的男女，相处时间一长，感情难免较之热恋时期会淡一些，约会次数减少，关心程度降低，此时若能有效地使双方感情升温，使双方的关系上升到一个更为亲密的阶段，则可避免因感情变淡而逐渐疏远的问题。

（1）寻找两人独处的机会。当恋爱关系明确后，彼此的依附心理增加，特别是女方，除希望两人能有更多的时间独处之外，更希望男方能多陪陪她，即便是什么事都没有，也希望能形影不离。因此，双方都应该多寻找一些两人独处的机会，只要没有要紧的工作、学习安排，就应考虑对方希望两人独处的心理需要，把空余时间尽可能留给对方。

（2）捕捉对方细微的变化。要从对方的神情中敏锐地捕捉到他（她）的心理反应，快乐、沮丧、不满、痛苦……各种情绪会在神色言语间显露出来。特别是涉及对你的不满和某种要求等情绪时，他（她）不会直截了当地说出来，但往往会在神色言谈间有所表示。比如，她希望你送她一束花时，可能就会在鲜花店前驻足片刻，或者会说她某同事的男朋友天天送花来，你一定要对对方的这种细小言行多留意。

（3）多形式传情。虽说恋人几乎天天在一起，但时间久了双方也会有烦腻之感，甚至会感到两人在一起似乎从未认真地谈感情，只是在一起玩乐而已。因此，两人要运用多种形式来传情。送鲜花是一个老办法，却相当有效果。此外，还可用电话、微信、QQ 等向对方嘘寒问暖，表达关心。

（4）从细节上体现关心。体贴关怀是热恋中的男女都希望从对方那里得到的一种感觉。关心不能只体现在一些大事情上，细小的事情同样不能忽略。虽说女孩子喜欢男孩显得粗犷些，不要婆婆妈妈，但男孩子在一些细小事情上关心她，她也很受用；而男孩子则更喜欢事事细心的女孩子。

（5）不要过分取悦对方。在恋爱中，适当地迁就对方是有必要的，但不要让迁就变为过分的取悦。不能在任何事情上都唯唯诺诺、唯命是从，否则会让对方觉得你毫无主见。在有些事情上，适当地坚持自己的立场，特别是自己判断正确的事情，要显得"霸道"一点。作为男性，更应该注意这一点，用"占支配的地位"来显示你的自信、才略。女性也应适当地坚持己见，以证明你并非只是"小鸟依人"。

（6）距离产生美。从心理学角度来说，并不是接触越多，感情就越深。有时，适度的分离更能加深彼此的爱恋，"小别胜新婚"便是这个道理。

五、恋爱中"斗嘴"的技巧

玩过碰碰车的人都知道，其乐趣全在于东碰西撞、你攻我守中。这种游戏的新鲜与刺激绝非四平八稳地行车能比的。在许多青年恋人中，尤其是在有较高文化素养的情侣们中间，有一种十分独特、有趣的语言游戏，很像这种碰碰车游戏，那就是"斗嘴"。斗嘴，不是吵嘴，不是口角。天真无邪的斗嘴是"爱的养料"。

斗嘴，既然是一种游戏，就有它的游戏规则，千万不可只为刻意追求斗嘴的效果，而失了分寸。

1. 要把握好感情的深浅

谈话有一个总的原则，"交浅不可言深"，这句话同样适用于恋爱中。如果双方还处在相互试探、感情朦胧的阶段，最好不要选择"斗嘴"的方式来增加了解。因为毕竟你对对方的个性还不是很了解，容易产生不必要的误会，而且很容易将斗嘴演化成辩论，那就更不好了。要想以斗嘴来加深了解，可以选择一些不涉及双方感情或个人色彩的一般话题，如争一争是住在大城市好还是隐居山林好，斗一斗是左撇子聪明还是"右撇子"聪明等，这样双方可以不受拘束，"安全系数"也大。

2. 不要伤害对方的自尊心

恋人间斗嘴，最爱用谐谑的话语来挪揄对方，往往免不了夸张与丑化。但是这种夸张与丑化，也要照顾到对方的自尊，最好不要涉及对方很在乎的生理缺陷，更不可攻击他（她）很敬重的父母或偶像，否则就有可能自讨没趣，弄得不欢而散。

"你说，你最崇拜谁？""我最崇拜我爸爸，他是个真正的男子汉。什么伟人、英雄，他们都离我太远。""这么说你爸爸就是你心中的上帝？""那当然，你不服气？""你这个上帝只不过是个小职员，有什么了不起？""好啊，你看不起我，我，我今天算把你看透了……"显然，这样的斗嘴就得不偿失了。

现在的青年人心目中都有自己的偶像，偶像在他们的心中有很高的地位，青年恋人之间千万不要在斗嘴时攻击对方的偶像，否则会让对方很生气。

有这样一段情侣对话。女曰："C 罗太帅了，今天他又进球了，还是关键球呢！"男曰："我就搞不明白，怎么那么多人喜欢他，他有什么好的，他太狂妄了！"女曰："哼，C 罗就是好，怎么着，再说，你就给我出去。"

由此可见，对方的偶像可不是随便可以攻击的。

3. 要留意对方的心情

斗嘴虽然是唇枪舌剑的交锋，但也需要有一个宽松的环境，才能享受它带来的快乐。因此，斗嘴时要特别注意恋人当时的心情。大家都有这样的体验，心情愉快时，可以随便开玩笑。可如果你的恋人正在为工作调动没有结果而一筹莫展时你却来一句："你怎么啦？满脸旧社会，像谁欠你八百吊钱似的。"她准会埋怨你："人家烦都烦死了，你还有心取笑，我看你真是没心没肺。"这样，斗嘴的味道就变了。

六、初见对方父母的沟通技巧

许多人，尤其是现在的年轻人，都觉得恋爱结婚是两个人的事，与其他人没有什么关系，实则不然。别人的意见你可以置之不理，但父母这一关，你是永远也无法回避的。一个人无论长多大，甚至已经为人父母，但在他的父母眼里，永远都是孩子。恋爱、结婚是人生中的一件大事，这意味着孩子将组建起自己的家庭独立生活，做父母的自然对这些十分关注。他们心中对未来的女婿或儿媳都有自己的标准，但总结起来，无非就是一点，你要让对方的父母感到把他们的女儿或儿子交给你是放心的。倘若过不了对方父母这一关，不能让对方父母感到放心的话，那日后的麻烦就多了。生活中婆媳不和，丈夫在母亲与妻子间受"夹板气"的事屡见不鲜。所以一定要将这件事充分重视起来，掌握初见对方父母时的沟通技巧，以博得对方父母的喜爱。由于男方父母与女方父母在心态上存在较大的差异，因此准儿媳和准女婿在拜见未来的公婆和岳父母时的沟通技巧也有所不同。这里分别加以介绍，以供大家借鉴。

1. 拜见男方父母时的沟通技巧

在中国人的意识里，婆媳关系是件让人头疼的事情，生活中我们听到的婆媳关系紧张的事情远比婆媳和睦、关系融洽的多得多。那么，准儿媳如何在初次拜见准公婆时留下好印象呢？

（1）注意自己的形象。你一定要以落落大方的形象出现在准公婆的面前，千万不要浓妆艳抹。一般来说，上一代人的思想都较为保守，过于时髦的打扮他们接受起来很困难，因此穿着一定要大方、得体。

（2）要懂礼貌。一般而言，首次拜见对方的父母都是事先约好的，也是较为正式的。所以准公婆心里预先一定是有所准备的，他们会用自己的标准来给女方打分，而是否懂礼貌，通常是第一个标准。双方见面以后，自然是由男方将你介绍给他的父母，这时一定要选择合适的称谓。如果男方父母的年龄比自己父母的年龄大，可称为伯父、伯母，反之可称为叔叔、阿姨（这一点在会面前就应该弄清楚）。女方到男方家做客，自然是客人，作为主人的男方父母招待你是很正常的事情，此时要多使用礼貌用语，比如，准婆婆给你倒水，要说："谢谢伯母。"在谈话的过程中要使用尊称"您"，这样会让她感到你尊敬老人、懂礼貌。

（3）说话时语气要柔和。在现实生活中，没有哪个人希望自己的儿子找一个"厉害"的媳妇。一则怕儿子在婚后的生活中受欺负，成为"妻管严"；二是怕媳妇太厉害以后难以相处。因此，女方在第一次见准公婆时一定要表现得谦逊有礼，过高的音调和失礼的言行都会让准公婆感到很不舒服，所以，千万不能给准公婆留下不好的印象。

（4）巧妙夸赞准公婆。人都是喜欢听别人夸奖的，如何夸赞未来的公婆呢？这需要男方的配合，男方一定要将自己父母一生中引以为傲的事情告诉女方，也好让女方有所准备。

秀秀到男友小刚家做客，彬彬有礼的秀秀让小刚的父母十分满意。中午，小刚的母亲张罗了一桌好菜，留秀秀吃饭，秀秀推辞不过，就留下来了。席间，秀秀对小刚的母亲说："伯母，您的手艺可真不错，伯父真是好福气。伯母，我要拜您为师，好好学两手。"小刚的母亲乐得合不拢嘴，连声说："行，行……"秀秀这一句话，既夸赞了小刚的母亲厨艺精湛，又夸了小刚父亲有福气，同时又表现出自己的谦虚，小刚的父母听了夸赞心中自然高兴。而且秀秀主动提出要学做饭，这更令小刚的父母高兴，因为这说明秀秀是个会过日子的人，这样的儿媳谁不喜欢呢？

2. 拜见女方父母时的沟通技巧

在对待儿女的婚姻上，女方父母与男方父母的心态有着很大的不同。女儿是父母的掌上明珠，就要离开父母了，父母未免担心，总怕自己的宝贝女儿受委屈。因此，他们要求自己未来的女婿，首先必须是个忠诚可靠的男人，说得更直白一些，就是不希望未来的女婿是个"花心大萝卜"。其次才是能干，能给他们的女儿创造好的生活环境，保证女儿一生的幸福。至于外表、财富，女方父母的在意程度远不如前面两项。男士首先要明白这个道理，再加上些语言技巧，才会给未来的岳父母留下好印象，让他们放心地把女儿交给你。那么，准女婿如何在初次拜见准岳父母时留下好印象呢？

（1）举止要稳重，语言要得体。有些男士在初见准岳父母时显得很紧张，其实这大可不必。如果你见准岳父母时表现得慌慌张张、手足无措，那他们怎么可能放心地将女儿交给你呢？你必须表现出一个成熟男人应有的稳重，说出的话不仅要有礼貌，而且要有水平，不说失礼的话，不做失礼的动作。另外，说话一定要大方、直率，扭扭捏捏会给人一种缺乏男子汉气概的感觉。

（2）对问题要有自己的见解。一般来说，准岳父在初次见面时都会考察一下准女婿的见识，看看你是不是有主见。比如，他会问你一些当时社会上的热门话题，这时你千万不能随声附和，要有自己的见解。但要注意的是，陈述自己的观点要把握好时间，切记不要长篇大论、口若悬河，否则会给人以不懂礼貌、没有修养的感觉。另外，不要与准岳父发生争论，即使你们的观点完全不同或针锋相对，你也不要与他辩论，要想办法把问题化解。比如，你可以说："您说得也有道理，我以前没有想到这一层……"

（3）适当地表决心。在男方初次拜见未来的岳父母时，女方总是会制造些机会，让男方与自己的父母单独相处，这时男方一定要抓住这个机会，向准岳父母表一下决心。但要注意的是，话不能说得过大过空，要尽量实在些，虽然不能让女方父母对你完全放心，但至少要给他们一份承诺，让他们感到你是很有责任心的。例如，华带男友江来家里见父母，大家谈得很开心。快到中午了，华说："你们先聊着，我去做饭了。"说完就到厨房去了。江知道这是华给自己一个向她父母表白的机会，于是说道："伯父，伯母，我和华相处这么长时间了，华可能已经向二老讲了我的情况，请二老放心，我会照顾好华的。大富大贵不敢说，但我一定会让她幸福的。"几句朴实的话语，打动了华的父母，江也成功地通过了华的父母对他的"考察"。

七、恋爱沟通的禁忌

视频精选
爱情保卫战：程序员男友不会沟通，现场交谈都程序化

热恋中的青年男女，往往都是如胶似漆，热情如火，认为对方就是自己的一切，可以无话不谈。殊不知，恋爱沟通中也有雷区。

1. 过分的玩笑话

恋爱中，有些人总爱开个玩笑来考验一下对方，看看对方"到底爱我有多深""对我有多真"。如果考验一两回倒也无妨，但次数多了，甚至以假装分手来考验对方，这玩笑就有点过分了，不仅会影响对方的情绪，还有可能造成恶果。

4月1日是愚人节，锋约他的女友丹去看电影。丹为了考验男友对自己爱的程度，便向锋撒谎说想和他分手，让他死了这条心。愚人节这天所说的话半真半假，所以锋在雨中等了丹两个小时，但一直未看到丹的身影。锋彻底失望了，打电话对丹说同意分手。丹泪流满面地告诉锋，她只不过想跟他开个玩笑，根本没有跟他分手的意思。可锋觉得与丹在一起太累了，不想再继续相处，丹追悔莫及。

恋爱中的人，最好不要随随便便说"分手"，就如同夫妻之间闹了别扭不能随便说"离婚"一样。即使是开玩笑也不行，这会给对方的感情造成极大的伤害。

2. 对方的敏感话题

恋爱中的青年男女都或多或少地存在着自己的"敏感话题"。对这些"敏感话题"，即使是以开玩笑的方式也不能去触及。

星期天，帆到女友慧的家中去玩。慧正在床上用手机听歌，听得很入迷的样子，那个手机是慧以前的男友给她买的圣诞礼物，虽然两人已经分手了，但慧仍把他当作朋友，因此，慧对此很敏感。帆明知道这些，但他仍然以开玩笑的口吻说："听什么呢，这么入迷，是不是又在想那个梦中的他了？"慧一听，芳容顿变，生气地说："我现在就想他呢，关你什么事？不信我现在就给他打电话！"帆忙上前解释，好说歹说总算把慧给说高兴了，但慧心中的阴影却难以一下子抹去。

一般来说，这些敏感话题都带有一些隐私的性质，虽然是恋人关系，但并不等于自己就是对方生活的全部，相反，双方都有各自的心理空间。帆明知慧与前任男友的事是个敏感话题，还故意去提及，这给慧造成一种帆不信任自己的感觉，险些闹出误会。

3. 有伤自尊的话

恋爱中，随着双方关系的逐步加深，彼此之间的言语也会变得随便起来。但不论怎么随便都

应把握好一个"度"，即言谈不得伤害对方的自尊。否则，即使对方明知你是在开玩笑，心里也会感到不舒服。

　　一天早晨，宁领着女友晶到朋友辉家做客。辉问："你们是不是准备结婚了？"晶说："只要我们有了房子，就可以结婚。"辉又问："当时你单位盖家属楼，你为什么不要一套？"晶说："想分房的人太多，没要上。"这时坐在一旁的宁接过话来说："她不是没要上，而是不愿意要。当时她父母想把她卖个好价钱，找个有房子的老公，可结果没找到。"晶也知道宁是在开玩笑，但总觉得他当着别人的面说自己，是对自己尊严的一种伤害，当时就摔门而去，与宁分了手。

对一个人来说尊严是十分重要的，"士可杀，不可辱"说的就是这个意思。恋爱中的男女更要尊重对方，尤其是在有第三者在场的情况下，更要尽力维护对方的尊严。

4. 反复追问的话

恋爱中，出于某种疑惑或担心，可以向对方询问一些问题。但一旦对方给了明确的回答，就不要再反复追问，否则会使对方产生反感。

　　进与婷恋爱了。一次，进看到婷与一位男士在酒店吃饭，担心婷会变了心。约会时，进问婷："上次与你一起在酒店吃饭的那个人是谁？"婷说："别多心了，他是我单位的一个同事，我和他只是同事关系。"之后，进就这一问题又两次拐弯抹角地问婷，第一次问，婷还是耐心地做了说明。进再次追问时，婷生气地说："不是给你再三说明白了吗，你怎么三番五次地问。你要是不相信，咱们就别谈了。"说完起身就走。

爱，需要的是双方的理解与信任，失去了理解与信任，爱就会变得苍白无力，就成了单纯的占有。爱一个人，就一定要相信她（他）。

5. 操之过急的话

恋爱时交谈的内容应随着双方关系的发展循序渐进，而不能操之过急。如果在恋爱初期就将热恋阶段才能说的话"兜"出来，就会使自己处于尴尬的境地。

　　恋爱不久，宇对女友说："你喜欢男孩还是女孩？"女友红着脸说："女孩。"宇接着说："那咱们婚后就要个女孩吧！"女友听了这话沉默不语。过了一会儿，她对宇说："我觉得咱俩刚认识不久，相互间还不太了解，咱们当然要抱着好的想法来处朋友，但以后的事谁也说不准，结婚要孩子的话我们现在还是不说为好。"女友的一席话说得宇很不好意思。欲速则不达，爱情之花需要细心照料、耐心呵护，切不可操之过急，只要你有耐心，自会有水到渠成的那一天。

6. 品评对方父母的话

青年男女在恋爱了一段时间后，往往会把对方带到自己家里让父母看看。这样也就常常出现一方对另一方父母随意发表看法的情形，这是很不好的。一般来说，父母在孩子心中的位置是无人可以取代的，作为孩子，谁都不喜欢听到别人当面品评自己的父母，即便是恋人也不例外。

　　星期天，敏带男友亮到自己家中吃饭，敏父亲的听力不是很好，因此说话声音较大。回去的路上亮对敏说："你爸说话怎么这么大声，像是审犯人似的。"敏一听生气地说：

"你又不是和我爸谈恋爱，我爸的脾气关你什么事？"亮一下弄了个大红脸，一时不知说什么好。

八、否定恋人意见的技巧

有的人认为，对恋人的要求都照单办理，一切就妥了。但事情并非这么简单。其实，恋人的意见并非全部都要接受，也不能对所有的事情都言听计从。那么，对恋人应如何运用否定和拒绝的艺术呢？

1. 寓否定于含糊

含糊其辞在恋爱语言中意义非凡。女朋友穿一条裙子，自觉漂亮，在你面前得意地转了一圈后问你："美吗？"你不仅认为不美，还觉得有点难看，于是你含糊其辞地回答："还好！"这样，对方便能体会到这句话的真正含义。

2. 寓否定于感叹

如果你的女友希望你给她买件像样的衣服，于是暗示你："瞧，人家的衣服多漂亮，是男友送的。"但你觉得她的衣服已经够多了，如果说不买，女友会觉得你很小气，怎么拒绝呢？于是你可以说："的确美，不过我赞同苏格拉底的一句话'女性的纯正饰物是美德，不是服装'。"这句感叹的话表面并未拒绝，但也没有同意，问题在不了了之中得到解决，谁也不会感到难为情。对于恋人的要求，你不赞同也不接受，虽然仅仅是一句感叹的话，却也能让对方听出弦外之音，彼此都不会觉得难堪。

3. 寓否定于肯定

女友的生日，男友送她一套衣服，她并不喜欢。他问"喜欢吗？"女方若直截了当地回答"不喜欢"，他此时一定会觉得很伤心。若答"要是素雅些就更好了，我比较喜欢浅色的"，这样说，就把否定的话说得委婉一些了。

4. 寓否定于商量

恋人希望你陪他（她）参加朋友的一次聚会，可你觉得目前不便或不妥，于是你用商量的口气说："现在实在没时间，以后行吗？"显然，恋人此时的邀请有他（她）特定的意义，可你用这样的借口，他（她）也实在不好勉强。

5. 寓否定于玩笑

通过开玩笑的方式来否定，既可以达到否定的目的，又不至于使双方尴尬，是一种很好的否定技巧。例如，你男朋友邀请你去他家，你觉得时机尚未成熟，不便答应，这时你可以问："有什么好吃的吗？"你的男友会列出几样东西来，于是你可接着说："没好吃的，我不去。"这是巧妙的玩笑，不仅拒绝了对方的请求，还可避免回答"为什么不去"的理由，可谓一举两得。

九、拒绝求爱的技巧

被爱是一种幸福，如果爱你的人正是你所爱的人，你当然会有幸福的感觉；假如爱你的人并不是你的意中人，或者你一点儿也不喜欢对方，你就不会感觉被爱是一种幸福了，你可能会产生反感甚至痛苦，这份你并不需要的爱甚至会成为你的精神负担。

别人向你求爱，并没有错；你拒绝对方的爱，也没错。但关键是看你怎样拒绝，如果拒绝得恰到好处，对双方都是一种解脱，也可以免去许多麻烦。如果你不能恰到好处地拒绝别人求爱，不但可能会伤害他人，说不定也会危害自己。因此，拒绝求爱一定要讲究技巧。

1. 直言相告，以免误会

你若已有意中人，又遇求爱者，那么就应该直接明确地告诉对方，你已有爱人，请他另选别人，而且一定要表明你很爱自己的恋人，但切忌向求爱者炫耀自己恋人的优点、长处，以免伤害对方的自尊心。

2. 讲明情况，好言相劝

倘若你认为自己年龄尚小，不想考虑个人恋爱问题，那就讲明情况，最好以当面交谈的方式好言相告。

3. 婉言谢绝

倘若你不喜欢求爱者，可以在尊重对方的基础上婉言谢绝。对自尊心较强的男性或羞涩心理

较重的女性，适合委婉、间接地拒绝。因为有这类心理的人，往往是克服了极大的心理障碍，鼓足勇气才说出自己的感情，一旦遭到断然拒绝，很容易受到伤害，甚至可能会痛不欲生，采取极端的手段以平衡自己的感情创伤。因此拒绝他们的爱，态度一定要真诚，言语也要十分小心。你可以告诉他（她）你的感受，让他（她）明白你只是把他（她）当朋友，当同事或者当兄妹看待，你希望你们的关系能保持在这一层面上，你不愿意伤害他（她），也不会对别人说出你们的秘密。

比如，你可以说："我觉得我们的性格差异太大，恐怕不合适。""你是个可爱的女孩，许多人喜欢你，你一定会找到合适的人。""你是个很好的男人，我很尊重你，我们能永远当朋友吗？""我父母不希望我这么早谈恋爱，我不想伤他们的心。"

如果他（她）们没有直接示爱，只是用言行含蓄地暗示你，那么，你也可以采取同样的办法，用暗含拒绝的语言表明你的态度。

要记住，拒绝别人时千万不要直接指出或攻击对方的缺点或弱点，不能以一种"对方不如自己"的优越感来拒绝对方。特别是一些条件优越的女青年，更不能认为别人求爱是"癞蛤蟆想吃天鹅肉"，对别人不屑一顾，态度生硬，让人难以接受。

无论如何，在爱情之路上，当你遇到不满意或不能接受的求爱时，最好采用恰当的语言，婉言拒绝，巧妙收场。

思考与训练

1. 与异性沟通是人际沟通的一个重要组成部分，与异性沟通有其自身的特殊性。请结合实际谈谈与异

性沟通有哪些基本技巧。

2. 在人们的各种关系中，恋爱关系是一种最微妙的关系，这种关系需要双方精心地呵护，否则，稍有疏忽就有可能造成误会，甚至导致分手。请举例说明恋爱沟通中的禁忌。

3. 请阅读下面一则案例，然后回答后面的问题。

刘女士和丈夫结婚虽没几年，日子却越过越心烦。丈夫身上那些以前被忽视的、不尽如人意之处，越来越让她难以忍受，而自己在丈夫的眼里也变得越来越平淡无奇。她虽然还是像以前那样做菜，丈夫却非说不如以前可口了；她虽然还是像以前那样收拾房间，丈夫却非说不如以前打扫得干净了；等等。

有一次，刘女士因公外出一个月。最初几天，她倒没觉得有什么异常感觉，反而感到非常清静。可10天没过，她开始思念起丈夫来，而且思念得越来越强烈。说起来也奇怪，以前对丈夫的种种抱怨，此时也被思念冲刷得烟消云散了。想起来的，都是丈夫的好处。她深深体会到了丈夫在自己生活中的价值和地位。

出差期满，刘女士迫不及待地赶回家。出乎意料的是，丈夫看到她，竟像恋爱时那样，扑上来一把搂住她，热烈拥抱亲吻她。丈夫热烈的吻使她明显地感到，丈夫对她的思念绝不亚于她对丈夫的思念。

（1）恋人之间或夫妻之间是不是越是形影不离感情就越深、越牢固？

（2）从上例中你得到了什么启示？

4. 请研究下面的一则案例，替这位女大学生想想办法，使她既能和男同学自由地交往又不影响自己的学业。

我生长在农村，爸爸一心想让我跳出农门，走进城市，于是我身负重任，认真学习，成绩一直较好。在中学就读时，我的主要心思专注于学习，也受到学校整体气氛比较守旧的影响，平常一直很少和男生交往。进入大学之后，看到男女生之间经常有说有笑，互相讨论问题，从开始的不适应渐渐转为羡慕，就学着周围女同学的样子，开始试着和男生接触。初次跟男生接触，我别提有多紧张了，说话结结巴巴，连走路都极不自然，晚上老想着我和他们说过的话是否有错，他们是否在笑我。由于长期处于紧张状态，我的成绩下降了。我想这完全是我和男生接触造成的，于是就不再和他们交往了。可是我又觉得他们在注意我，书一点也看不进去。唯恐他们和我说话、与他们眼神相对，谨小慎微地生活更影响了我的学习。本来大学的学习氛围是相对轻松自由的，但我觉得比中学的时候还辛苦。

现在我正在准备期中考试，我想轻松地学习和生活，不再想这一切，可是怎么努力也无法排除这种矛盾心理的影响，男生毕竟生活在我的周围，我又重新掉进了进退两难的旋涡不能自拔，我到底该怎么办呢？

5. 请先仔细阅读下面的一则案例，然后分析"我"和"男朋友"各自的错误和不足，并为"我"指出一种修复相互关系的方法。

我和男朋友是大学同学，恋爱三年，已到了谈婚论嫁的时候。男友刚工作一年，没有攒下多少钱，他家在农村，经济上也帮不了他。但他是一个很要面子的人，想有了房子再结婚。我在上海有一份比较稳定且收入丰厚的工作，因此在经济上能够帮助他，我父母也答应帮助我们。男友在苏州工作，他不想过两地分居的生活，他的工作虽然好，但他是一个人在苏州，父母还在外地农村，而我是上海本地人，父母都在上海。我很爱他，为了和他在一起，我愿意放弃自己现在的工作。我们商量好在苏州买房子，首付120万元，我家拿出了100万元给他。因为还没有结婚，我父母让他写一张借条，也不是让他还，主要是心理上有个安慰，因为毕竟我父母也是很普通的工薪阶层。可是，他很不愿意写借条，为此，我们闹了矛盾，我说了伤害他的话。一气之下，他瞒着我从乡下父母和那些生活困难的亲戚那里借了钱还我。我现在真是后悔莫及，虽然已经向他道歉，向他父母道歉，可是他还是不肯原谅我，坚持要和我分手。

他觉得假如他再接受我，就无法再去面对那些借钱给他的亲戚，而我也没有脸面再站在他的亲戚面前。他一直认为，如果我爱他，就不应该分彼此，写借条是对他的不信任和侮辱。还有，当我父母提出，房子要写两个人的名字时，他也很反感、很生气。我爱他，不愿意和他分手，但我真不知该怎么办！

6. 请分析下面的一则案例，为这位女员工想想办法以实现她的愿望。

从外语学院毕业后，我进了一家外资公司。我的部门领导是个中年人，他对我很照顾，可以说是无微不至。可时间一长，我就隐隐感到一些担忧。我发现领导关心我，是对我有某种难以启齿的需要。他是个有妻子的人，再说我也不爱他，顶多是感激罢了。

我拒绝了他的几次明显暗示，他从此就很冷落我，工作上也常常挑剔我。女同事中，有的同他关系很不正常，便受重用；有的同他公事公办，就总遭排挤。

我很清楚自己的处境，再拒绝他，我在这个部门就很难待下去；如果迎合他，肯定能得到很多好处。我不想丢掉这份工作，又不想卖身投靠。我该怎么办呢？

7. 请阅读下面的一则案例，说说你是否喜欢"我"所述的那类女同事，并说明在与异性相处的时候，女性应特别注意哪些事项。

我害怕说话特嗲的女同事，她们喜欢用"好可爱""好卡通"胡乱赞美男同事；动作行为又很夸张，娇滴滴的；她们通常有太多的偶像，还强求别人欣赏她们的偶像。

我害怕那些在办公室收到花的女孩，她们串通或者威逼某个男人送花到办公室，收到花后极其骄傲，尤其看到别的同事露出羡慕的神情后，骄傲得有些猖狂。

我害怕在办公室打私人电话语气特暧昧、特放肆的女同事，她们没完没了地调情，大笑不止，或者对和她通电话的人发小姐脾气，恶言恶语，挂起电话来恶狠狠的，完全不顾及同事的感受。

我还怕大大咧咧的女同事，假女权主义者，对什么是女权主义不求甚解，却大肆散播她的伪理论。在办公室抖露自己的隐私，事无巨细，如某个男人怎么追她，他们之间发生了什么，怎么发生的，等等。

8. 校外实践训练。积极参加学生社团组织的各项社会实践活动，在活动中训练和提升自己与异性沟通的能力。

第九章
Chapter 9
团队沟通艺术

　　一个积极向上的团队能鼓舞团队中每一个人的信心；一个充满斗志的团队能激发团队中每一个人的热情；一个善于创新的团队能为每一个成员的创造力提供足够的空间；一个协调一致、和睦融洽的团队能给每一位成员带来良好的感觉。

　　今日的世界是一个合作的世界，作为公司的一名职员，单凭一个人是无法完成一个上规模的项目的。公司的命运和利益决定着每一个公司员工的命运和利益，没有哪个员工可以使自己的利益与公司脱节。只有整个团队获得更多利益，个人才有希望得到更多利益。因此，每个员工都应该具备团队精神，融入团队，以整个团队为荣，在尽职尽责的同时与团队成员协同合作。

　　作为一名大学生，除了要掌握扎实的专业技术知识和技能外，还要懂得团队沟通艺术，强化自己的团队协作精神。

　　通过对本章的学习，读者应了解团队的基本概念、构成及要素；明确高效团队的特征；熟知团队沟通的程序；了解团队沟通中的障碍及克服技巧。

> ### 导入案例
>
> **天堂和地狱的故事**
>
> 　　有一个人请求上帝带他参观一下天堂和地狱，希望通过比较后再选择自己的归宿。上帝答应了，先带他参观了由魔鬼掌管的地狱。进去之后，只见一群人，围着一个盛满了肉汤的大锅，但这些人看起来都愁眉苦脸、无精打采，一副营养不良、绝望又饥饿的样子。仔细一看，原来每个人都拿着一只可以够到大锅的汤匙，但汤匙的柄比他们的手臂长，所以没法把东西送进嘴里。他们看起来非常悲苦。
>
> 　　紧接着，上帝带他进入另一个地方。这个地方和先前的地方完全一样：一锅汤、一群人、一样的长柄汤匙。但每个人都很快乐，吃得也很愉快。上帝告诉他，这就是天堂。
>
> 　　这位参观者很迷惑：为什么差不多的两个地方，情形却大不相同？最后，经过仔细观察，他终于找到了答案，原来，地狱里的每个人都想着自己舀肉汤，而天堂里的每一个人都在用汤匙喂对面的另一个人。结果，地狱里的人都挨饿而且可怜，而天堂里的人却吃得很好。
>
> 　　**思考与讨论：**团队合作非常重要，在和谐的团队里，人们在帮助别人的同时也能得到别人的帮助。想一想，你知道的那些成就斐然的名人是如何得到团队帮助的？

第一节　团队沟通概述

如果说我看得远，那是因为我站在巨人们的肩上。

——牛顿

一、团队基本分析

（一）团队的概念

20 世纪 70 年代，团队精神日益受到企业的高度关注和重视。团队建设与团队精神在企业再造和建立学习型组织、无边界组织中得到了广泛的运用，已经成为组织提高其竞争力的一种基本手段。在管理科学和管理实践中，人们对团队有着基本一致的看法。所谓团队，是指一个组织在特定的可操作范围内，为实现特定目标而建立的相互合作、一致努力的由若干成员组成的共同体。作为一个共同体，其成员们努力的结果，能够使该组织的目标较好地达到，且可能使其绩效水平远大于这些个体成员绩效的总和。

任何团队都包含五个要素，简称为"5P"。①目标（Purpose）。每个团队都有一个既定的目标，这可以为团队成员导航，使其知道向何处去。没有目标的团队是没有存在意义的。②人员（People）。个人是构成团队的细胞，一般来说，三个人以上就能构成团队。团队目标是通过其成员来实现的，因此，人员的选择是团队建设与管理中非常重要的部分。③定位（Place）。团队的定位包含两层意思：一是团队整体的定位，包括团队在组织中处于什么位置，由谁选择和决定团队的成员，团队最终应该对谁负责，团队采取什么方式激励下属等；二是团队中个体成员的定位，包括成员在团队中扮演什么角色，是指导其他成员制订计划，还是帮助其具体实施或评估等。④职权（Power）。团队的职权取决于两个方面：一是整个团队在组织中拥有什么样的决定权；二是组织的基本特征，如组织的规模有多大、业务是什么等。⑤计划（Plan）。从团队的角度看，计划包括两层含义：一是由于目标的最终实现需要一系列具体的行动方案，因此，可以把计划理解成实现目标的具体工作程序；二是按计划进行可以保证团队的工作顺利，只有在计划的规范下，团队才会一步步地贴近目标，从而最终实现目标。

团队与一般意义的群体的明显区别在于：首先，群体的绩效依赖于群体中的每个成员，而团队的绩效不但取决于每个成员的贡献，还应该实现团队共同的奋斗目标。其次，在群体中，尽管每个群体成员都将自己的资源聚集在一起实现目标，但一般来讲，个人只为个人的工作结果承担责任，不必为群体承担责任；而在团队中，所有人都得为结果承担责任。再次，团队不但像一般的群体一样有着共同的目标，而且还要对这个目标做出承诺。最后，在群体中，群体成员的技能有时是相同的，有时是不同的；而在团队中，团队成员的技能通常是互补的，他们在各自擅长的领域发挥作用，共同实现目标。

（二）团队的构成

在团队中，起主导作用的是团队成员之间的相互配合和成员之间能够进行有效的团结与协作，从而能够产生个体功能相加之和的效果。反之，若团队成员之间相互摩擦掣肘，能量相互抵消，团队则会一事无成。因此，加强团队成员之间的相互协作与配合，就成为团队建设与管理的核心问题。一般来说，团队的构成主要包括以下几个方面。

1. 团队大小

团队有一定的人数限制。国外对小型团队的规模问题曾做过大量研究，有人提出小型团队的规模最好是 3～9 人，而有人则主张为 20～40 人。一个小型团队的人数应根据它的性质而定：第一，小型团队人数的下限要能保证顺利完成任务；第二，小型团队的人数应以保证团队工作效率能达到最佳程度为准；第三，超过了上限人数，工作效率就会下降，出现人浮于事的现象。所以，团队人数有一个最佳值的问题，团队人数过少或过多都会影响团队的效率。

2. 团队结构

团队结构是指团队成员的组成，它包括年龄结构、专业结构、能力结构、性格结构、知识结构等。一个团队的构成应是这些结构因素的有机结合，各种人员搭配，协调一致、取长补短、紧密团结，能提高工作效率，激发团队的创新力；反之，如果人员搭配不当，则会使团队产生内耗甚至冲突，降低团队的效率。

3. 团队搭配

所谓团队搭配，就是指团队成员在团队中的不同地位和不同作用。团队角色有固定角色和流动角色之分。固定角色是个性特征显著并在团队活动中地位稳定的主要人物；流动角色是围绕某一具体项目组合起来的能发挥一定作用的人物。固定角色与流动角色必须合理搭配，团队才能如同一台由不同部件严密组成的机器一样高效运转。

（三）团队的类型

从一般意义上讲，团队可以分为以下四种类型。

1. 问题解决型团队

在团队出现的早期，大多数团队属于问题解决型团队，即由同一个部门的若干名员工临时聚集在一起而组成。他们会经常聚会，一起讨论如何提高产品质量、提高生产效率、改进工作程序和工作方法等问题，互相交换看法或提出建议。但是，这类团队没有对自己形成的意见和建议单方面采取行动的决策权。

2. 自我管理型团队

由于问题解决型团队在员工参与决策方面权力缺乏，为了弥补这种缺陷，就需要独立自主地解决问题，并对工作的结果承担全部责任的团队，即自我管理型团队。

自我管理型团队的人数通常为 10～15 人，他们承担了一些原本是上级所应承担的责任。一般来说，他们的责任范围包括控制工作的节奏、决定工作任务的分配等。这种自我管理型团队甚至可以自由组合，并让成员相互进行绩效评估，这就使得主管人员的重要性相应下降，甚至影响了主管人员的职位设置。

3. 多功能型团队

多功能型团队由来自同一等级、不同领域的员工组成，他们聚集在一起的目的就是完成一项特定的任务。可以说盛行于今的项目管理与多功能型团队有着紧密的联系。

多功能型团队能使组织内不同领域的员工互相交换信息，激发出新的观点，协调复杂的项目，解决面临的问题。在其形成的早期阶段往往需要大量的时间来使团队成员学会处理复杂多样的工作任务，使背景、经历和观点不同的成员之间建立起相互信任的关系。

4. 虚拟型团队

随着通信技术的普遍应用，一种新型的团队形式应运而生，这就是所谓的虚拟型团队。虚拟型团队是一种以虚拟组织的形式出现的新型工作组织模式，是一些人由于具有共同的理想、共同的目标或共同的利益，结合在一起所组成的团队。虚拟型团队只需通过电话、网络、传真或可视图文来沟通协调，甚至通过共同讨论、交换文档，便可以分工完成一项事先订好的工作。换句话说，虚拟型团队是在虚拟的工作环境下，由进行实际工作的真实的团队人员所组成的，能够在虚拟组织的各成员相互协作下提供更好的产品和服务的团队。

（四）团队发展的五个阶段

从团队的创建和发展过程来看，一般可以分为成立、震荡、规范化、高产和调整五个阶段。

1. 成立阶段

在团队的成立阶段，要由团队创建人完成一系列的准备工作。这一阶段首先要考虑的问题是团队的定位，这包括：第一，创建者必须根据团队的任务、目标来思考创建一个什么样的团队，即团队的类型与功能；第二，本团队应该控制在多少人的规模；第三，本团队应该包含哪些必需的技术人才、管理人才等，各自的角色是什么。对这些问题，创建者必须拿出一个明确的规划方案来。如果目标不明确，在选择团队成员的时候，就会出现成员配备不当的问题。当团队得到正式认可并召开第一次会议后，这一阶段的工作即基本完成。

2. 震荡阶段

团队成立后，原先的新鲜感和冲动感逐渐消失，成员们彼此的性格特征和行为风格的差异会逐渐暴露出来，冲突也在所难免。这时，团队成员就需要做好协调和沟通，在工作任务方面进行磨合。由此，团队运作就进入了震荡阶段。

震荡阶段的团队可能有以下表现：①成员的期望与现实脱节，隐藏的问题逐渐暴露出来；②成员有挫折感和焦虑感，对目标能否完成失去信心；③团队中人际关系紧张，冲突加剧；④成员对领导者不满，尤其是当出现问题时，个别成员甚至会挑战领导者的权威；⑤组织的生产力持续遭受打击。

针对这一阶段出现的问题，具体的应对措施有：首先，安抚人心，这是最重要的应对措施。团队的领导者要认识并能够处理冲突，不能以权压人，还应当鼓励团队成员对有争议的问题发表自己的看法，积极进行有效沟通。其次，建立工作规范，领导者要以身作则。最后，调整领导角色，适度对团队成员进行授权，鼓励团队成员参与决策。

3. 规范化阶段

在团队建设的过程中，经过了震荡阶段后，团队开始逐步走向稳定和成熟，沟通之门逐渐打开，相互信任加强，团队内部成员开始关心团队的共同发展问题，团队开始建立工作规范和流程，团队的工作风格逐渐形成，成员们的工作技能也有所提升。

这一阶段是组织建设团队文化的最有利时期。团队文化建设的目的是培养成员互助合作、敬业奉献的精神，增强其对团队的

视频精选

马云教你怎样带领狼性团队

| 视频 1 | 视频 2 |

归属感和责任感，促进团队共同价值观的形成，鼓励团队成员为共同承诺的团队目标尽责。

这一阶段的最大问题是：团队成员怕发生冲突，怕得罪他人而不提问题，不正面提建议。

4. 高产阶段

"高产"是组织的目标，也是团队成立的原因。团队只有接受和完成好一项任务，才能充分体现团队的绩效，也才能对团队成员的合作状态进行检验。如果是一个成功的团队，而且团队成员之间已经非常默契，他们就会把全部的精力投入到如何提高团队绩效上来，这时的团队就真正成了团结合作的集体。

团队在高产阶段的表现有：①团队成员享有一定的决策权，能自由分享组织的信息；②团队成员信心强，具备多种技巧，能协力解决各种问题；③组织和团队用民主的、全通道的方式进行平等沟通，化解冲突，分配资源；④团队成员有着成就事业的高峰体验，具有完成任务的使命感和荣誉感。

5. 调整阶段

随着工作任务的完成，很多团队会进入调整阶段。这个调整有时就是中止。在此阶段，大部分任务型团队会解散，有的团队可能会继续工作，但往往也会休整一段时间，或许还会发展新成员。在这一阶段，成员反应差异很大，有的沉浸于团队的成就中，有的则会很伤感，惋惜团队的解散。

（五）团队的作用

团队是组织的重要组成部分，是由个体构成的，但它不是个体简单的聚合，而是有组织、有领导、有规范、有共同目标的人群结合体。它能把每个成员的个体力量汇合成整体力量，这一整体力量往往大于每个个体力量的简单相加，其增加的力量正是团队力量。团队不仅影响组织与个人绩效，而且是上下沟通联系的桥梁和纽带。团队的具体作用如下。

1. 完成组织的任务

一个组织有总目标和总任务，组织会把总任务逐级下达给所属的团队并由这些团队去推进和完成。团队在接受上级下达的任务后，就要组织团队成员根据本团队的分目标制订出每个人的具体目标，团队领导要通过宣传、鼓励和思想教育工作，使大家齐心协力地、出色地完成各自的任务。为了确保完成组织交给的任务，团队要协调团队成员的人际关系，促进团结，增进友谊，促使个人目标的实现，从而实现团队的分目标。

2. 满足团队成员的心理需求

团队成员有着不同的处境和经历，这使得他们有不同的心理需求，而团队能在一定程度上满足团队成员的这一需求。第一，团队中的个体通过建立联系，进行沟通，可以获得同情、支持与友谊，避免孤独、寂寞。他们会产生归属感、安全感，并满足交际的需要，个体由此会产生自我确认感。第二，当遇到困难时，个体会得到其他成员的帮助和支持，从而增强自信心、力量感。第三，团队有润滑、协调人际关系的作用。团队成员认识上的分歧、利益上的冲突，需要团队领导进行调节。团队领导还可以改善团队成员间的人际关系、化解矛盾、妥善处理实际问题、促进成员的团结与进步。

 案例阅读与思考

马云的"十八罗汉"

众所周知，马云的创业团队有一个大名鼎鼎的名字——"十八罗汉"。"十八罗汉"组建于1999年，当时，马云经过深入的思考，下定决心在杭州开始创业。在团队成员大会上，马云侃侃而谈，谈梦想、谈方向、谈计划、谈发展，当时被马云拉来的17个朋友听得是热血沸腾，纷纷表示愿意跟着马云一起干。就这样，包括马云在内的18个人共筹资50万元，注册成立了阿里巴巴公司，从此，大家同舟共济，不分昼夜地工作了起来。这18个人，各有所长，有的懂技术，有的懂市场，有的懂战略，他们的合作就好比是"少林寺十八罗汉阵"，配合无间，因此被称为"十八罗汉"。

2000年左右，互联网行业进入寒冬时期，马云和他的团队却硬是挺了过来，"十八罗汉"在一起抱团取暖，共同迎来了阿里巴巴最温暖的春天。仅仅在一年后，马云就成功拿到了2 500万美元的风险投资。此后，"十八罗汉"告别了杭州湖畔花园小区那间属于马云的小房子，进驻杭州华星科技大厦，开始招兵买马，扩展业务，也纷纷开始表现出自己强大的能力，各自在熟悉的领域为阿里巴巴攻城略地。经过二十年的努力，如今的阿里巴巴已经成为全球互联网巨头，而当初的"十八罗汉"也都在阿里巴巴这个大平台上开创了属于自己的事业，有的成了首席财务官，有的成了首席人力官，有的成了用户体验设计总监……

思考与讨论：马云的"十八罗汉"中，有他的老师、同学、学生等，他把大家团结在自己的身边，同心协力才有了阿里巴巴今日的成就。你若想将来也取得巨大成功，想一想有哪些人是可以与自己一起并肩作战的呢？

二、高效团队的特征

团队始终是组织内部的一个"任务的接受者""问题的发现者和解决者"及"发明创造者"，一个高效和成功的团队一般具有以下一些特征。

1. 适度的团队规模

一个高绩效的团队，其规模一般都比较小。如果团队成员太多，相互之间缺乏了解和理解，就难以形成凝聚力和相互信任感。有学者指出，富有成效的团队，其成员人数一般控制在12人以内为宜，如果一个单位人数众多，而管理者又希望采取团队模式，可以采取把一个工作群体分成几个工作团队的做法。

团队规模还受许多其他因素的影响。研究表明：①当团队的任务是做出高质量的复杂决策时，最好由7~12人组成；②当团队的主要任务是解决矛盾和冲突并取得协议时，最好由3~5人组成；③当团队既要取得协议，又要做出高质量决策时，最好由5~7人组成；④当团队要迅速做出决定并采取行动时，团队成员的人数最好是奇数。

2. 合理的成员能力结构

一个成功的团队不仅注重个人的技能和价值，而且更加注重团队成员之间技能的互补和融

合。看重具有不同技能的人的价值，是因为这些人具有不同的视角、不同的专长，从而能发挥出不同的作用。团队的主要职责就在于将不同特质的人团结在一起，并使他们相互协作，以尽可能地完成团队的任务。一般来说，要想有效地运作，一个团队需要有三种不同技能的成员：其一，具有技术专长的人员；其二，具有解决问题和决策技能的成员，这些成员能够发现问题，提出解决问题的建议，并权衡这些建议，然后做出有效的选择；其三，具有若干善于倾听、反馈、解决冲突及拥有处理人际关系技能的成员。

3. 共同的愿景和目标

美国著名心理学家马斯洛说："杰出团队的显著特征，是具有共同的愿景与目标。"可以说，拥有共同的愿景和目标是企业获得成功的重要因素之一。所谓愿景，就是一种描绘组织目的、使命和核心价值理念的未来发展"蓝图"，是一个组织最终希望实现的美好前景；所谓目标，是指个人与组织进行某种活动所从事范畴或追求对象的具体标准。目标与愿景有着紧密的、内在的联系。愿景作为一种远见，比具体的目标要大、要高。团队成员对于要实现的团队愿景要有清楚的了解，并坚信这一愿景包含着重大的意义和价值，这种意义和价值往往要有所体现，而目标正是共同愿景在客观环境中的具体化，并随着环境的变化而有所调整。共同的愿景和目标包容了个人愿景和个人目标，充分体现了个人意志与利益，它们是鼓舞成员斗志、协调成员行为的核心力量，具有强大的凝聚力和吸引力，使团队中的各个成员都愿意为之而努力奋斗。

4. 强烈的团队意识

团队意识主要表现为团队成员对团队的责任感、满足感、自豪感和归属感。这种意识能凝聚人心、鼓舞斗志，吸引团队成员自觉地实现团队目标，自愿地为团队作出贡献。例如，中国科学院心理研究所曾对某工厂一个"信得过"的班组进行了个案分析。研究表明，这个拥有14人的先进班组的基本特点就是每个成员都具有很强的团队意识。形成团队意识的条件有以下几条：第一，共同的利益和共同的目标是形成团队意识的基础；第二，合理的管理制度和奖惩制度有利于团队意识的形成；第三，开展团队之间的竞争有利于团队意识的形成；第四，自然形成的群众领袖人物是形成团队意识不可缺少的条件；第五，友爱互助是团队意识的纽带。

5. 良好的行为规范

团队规范是团队成员都必须遵守的行为准则，它影响着团队成员的行为，并决定着团队对其成员行为可以接受或不能容忍的范围。每个成功的团队都具有良好的行为规范，这种行为规范或是明文规定的，或是不成文的，它能够对团队成员产生积极的影响。团队成员能够按照团队的行为规范自觉约束自己的行为，也能够通过观察和学习其他团队成员的行为使自己更好地遵从团队的规范。

6. 通畅的沟通渠道

一个团队如果拥有了全方位的、正式的和非正式的沟通渠道，信息沟通便会畅通高效，层次少，基本无滞延，沟通的气氛也会开放坦诚。成员在团队会议中既能够充分发表自己的意见，也能够接纳他人意见，并能够及时得到反馈。

7. 团队成员相互激励

在一个成功的团队中，团队成员不仅要有过硬的专业知识、实用的技能和丰富的经验，更重要的是，团队成员能够相互合作、相互学习，能够公而忘私，把团队的利益放在第一位，并且能够勇挑重担、不断进取。当遇到困难时，团队成员能够相互激励、相互帮助、齐心协力，共同战胜困难；当发现错误时，团队成员能够相互包容，而不是相互指责、埋怨；当团队取得成功时，团队成员能够彼此分享成功的喜悦，并由衷地产生自豪感和荣誉感。总之，一个成功的团队能够荣辱与共，在失败和成功中接受考验和锻炼。

三、团队沟通的要素及特点

（一）团队沟通的要素

一般来说，团队沟通的要素包括行为规范的制定、成员的角色和领导者的素质等。

1. 团队的行为规范

团队的行为规范是团队成员共同遵守的行为准则。一般来说，团队的规模越大，团队的行为规范可能就越复杂。团队行为规范可以以明文规定的方式存在，如规定、条例等，也可以以心照不宣的方式存在。前者容易被遵守，而后者往往被团队新成员所忽略，或在不经意中被触犯。

通常，校正"违规者"的行为可以采取以下几种方式：①让时间来校正，潜移默化；②以幽默轻松的方式提醒；③调侃违规行为或严肃劝说等。

团队行为规范对团队来说非常重要，通过理解并遵守团队规范，不仅可以使团队成员知道自己该做什么、不该做什么，而且能够建立起相应的团队规则和秩序，增强团队成员相互合作的主动性和自觉性。但团队行为规范也有其消极的一面，例如，它会阻碍团队成员创造性地工作，维护低效率或已经过时的做法，也有可能促使团队内产生不公平的现象。所以，团队领导者要对团队行为规范给予调整和引导，以便充分发挥团队行为规范的积极作用，而把团队行为规范的消极作用降到最低限度。

2. 团队成员的角色

每个团队由若干个成员组成，这些成员在团队成立之后到团队解体之前扮演着不同的角色。按照团队成员所扮演的角色对团队工作所起的作用，可将团队成员角色分为积极角色和消极角色两大类。

在团队中，起积极作用的角色主要包括：①领导者。善于确定团队目标，并激励下属完成任务。②谋划者。善于为团队工作出谋划策，能为解决团队存在和遇到的问题提出处理和改进的新方法、新见解。③信息员。善于为团队工作提供信息、数据及事实依据。④协调员。善于通过积极有效的沟通妥善解决团队成员之间的矛盾和冲突，缓解团队工作压力。⑤评估者。善于承担工作方案分析和制订计划等工作。⑥激励者。善于增强团队凝聚力，提高团队成员士气。⑦追随者。善于认真负责地实施计划。

在团队中也有起消极作用的角色：①支配者。试图操纵团队，干扰他人工作，只想提高自己在团队中的地位。②绊脚石。固执己见，与团队其他成员唱对台戏。③自我标榜者。在团队中总是自吹自擂，夸大其词，从而来寻求他人的认可。④逃避者。在团队中与他人保持距离，对工作消极应付。

需要说明的是，团队中的一个成员可能同时扮演着几个角色，也可能几个成员扮演着同样的角色。团队成员所扮演的角色是动态的，往往会因为团队领导的风格，团队工作的目的、性质、结果及工作环境的变化而发生变化。在一个团队中，如果积极角色多，消极角色少，则该团队沟通会通畅有效。

3. 团队领导者的素质

沟通能力能够充分反映一个人是否具备领导潜质。领导者的素质包括胜任能力、把握方向的能力、适应能力、可信度等。①胜任能力。在一个团队中，技术卓越超群者未必一定具备领导能力，只有那些善于在任务前做充分准备而且能成功完成任务者，即具有超前意识者，才真正具备领导者的素质。②把握方向的能力。坚持道德标准的领导者会在团队中营造一种平等、公正的沟通氛围，不会将自己的意志凌驾于他人之上，同时还会积极地影响团队成员，从而确保团队沿着正确、健康的方向前进。③适应能力。一个成功的团队领导者必须能随时调整其行为来适应团队的目标、价值观、特有的风格以及在具体情形下团队成员的需求，只有具备适应环境能力的领导者才是称职的。④可信度。一般而言，可信度是通过以下几个方面来体现的：一个人自身的能力、客观公正的态度、令人信赖的品质、与团队保持一致的目标和充沛的精力。除此之外，人们往往还会依据地位、级别、年龄、性别和影响力等因素来判断一个人的可信度。

（二）团队沟通的特点

所谓团队沟通，是指为了更好地实现团队目标，在团队成员之间所进行的信息传递与交流。概括来说，团队沟通具有如下特点。

1. 具有平等的沟通网络

团队内部成员之间的沟通关系是平等的，是一种任务的协作与分工关系，而不是管理与被管理的关系。因此，团队形成了内部平等的沟通网络，团队成员之间是平等的沟通关系。另外，在团队内部既有正式的沟通渠道也有非正式的沟通渠道，信息传递高效、直接，中间环节少。

2. 规范的沟通

与非正式团队相比，由于团队是一种工作的协作方式，团队成员为着同一个目标工作，团队中的每一个成员都对团队所要达到的目标负责，同样也都对团队采用的工作方法负责。所以，在这种情况下，团队的沟通是以任务为导向的，并且有一定的行为规范和沟通路径。

3. 具有融洽的沟通气氛

团队内部成员之间不仅能有效地进行工作任务方面的沟通，而且能进行情感上的沟通，团队内部具有一种健康、坦诚的沟通气氛。团队成员之间能做到有效地倾听他人意见，并清楚地表达自己的观点。

4. 良好的外部沟通

团队要有效地实现目标，必须处理好各个方面的关系：①团队要与组织内处于垂直关系的部门建立良好的关系，使信息和资金流动通畅；②团队要与水平层次上的其他团队及企业的职能部门保持关系融洽，从而能方便地获得技术支持和职能部门的帮助；③团队要处理好与外部客户的关系，与社会公众的关系，与团队制度、作风、文化和整个组织制度、文化之间的关系。只有处理好这些关系，才能实现与其他团队之间的配合和协调，更好地实现团队目标。

5. 团队领导要具有高超的沟通技巧

首先，善于沟通的团队领导者能够将团队的目标和对成员的期望有效地传达给成员，担当好"牧师"的角色。其次，在团队的实际运作中，有效的领导者能充分倾听成员的心声，根据实际情况适当放权，当好"教练员"的角色，调动成员的积极性，使其共同参与决策和计划的制订。也就是说，作为领导者，应了解和理解团队成员的心理，尊重他们的要求，通过自己的组织协调能力以及令人拥戴的领袖魅力去影响和引导团队成员按照既定的方针完成组织目标，而不是监管、控制他们。

拓展游戏
以讹传讹

第二节　团队沟通技巧

失败的团队没有成功者，成功的团队成就每一个人。

——佚名

一、团队沟通的程序

1. 团队成员相互了解

团队成员之间的相互了解是团队沟通的前提和基础。团队成员在执行任务之前需要相互了解与交流，包括了解团队成员的姓名、专业特长、性格特点、兴趣爱好、工作方式、生活习惯以及团队成员在研究、分析、组织、协作等方面所具有的技能。既要了解团队成员各自的优点，也要正确看待团队成员各自的不足。团队成员只有建立广泛的对话与交流，才能相互认识、熟悉并进而建立起良好的人际关系，营造和谐、融洽的团队氛围，才能提高团队工作的效果和效率。

2. 设定团队目标

团队一旦组建起来就必须设定明确的目标。在实现目标的过程中，还应根据环境的变化及时对目标进行调整。团队的目标由团队成员共同完成，因此，这些目标必须是大家都能接受的，团队里的每一个成员都应有机会参与团队目标的设定。此外，个人目标必须和团队目标相容，并且能够相互支援。

设定团队目标的过程如下。

（1）了解团队成员的想法和愿望。在设定团队目标之前，不妨借用一些技术手段，了解团队成员对目标的投入程度，以及他们在完成团队目标时愿意付出多少时间和精力。这当然不是要求每个人发誓竭尽全力，这是因为每个人都有自己的需求和行事风格，不可能要求所有成员都做到完全一致。这里强调的是通过了解团队成员的想法和愿望，使团队成员能够更好地为了实现目标而同舟共济。随着团队绩效的提高，团队成员对团队的忠诚度也会逐渐提高。当他们在合作过程中体会到成功的滋味时，他们会更加积极、更加愿意为团队目标的实现而投入更多的精力和时间。

（2）设定团队目标。如果团队所有成员都认可团队目标，则其投入的程度将会大大提高。具有挑战性的目标可以调动团队成员的潜能和工作热情，当有挑战性的目标完成时，会给整个团队带来一种成就感。

（3）制订行动方案。在明确目标之后，需要制订出具体的行动步骤。首先，应根据团队的目标、任务等情况设计调查问卷，要求每位团队成员根据自己对团队目标、任务的理解给出团队的具体行动方案。然后，通过分析、综合团队成员对团队目标、任务的理解情况，进一步制订出有效的团队行动方案。最后，将团队行动方案变成工作计划，并制订相关的措施来保证工作计划的实施。

3. 明确团队责任

团队必须明确自己应承担的责任，具体来说包括以下几个方面的责任。

（1）营造良好的沟通氛围。团队是一个规模较小的组织，团队成员既是目标的具体落实者，同时也是目标的领导者。这就要求团队成员必须具有主动意识，要从全局的角度来明确团队任务和目标，以便统筹安排自己的工作，并不断与其他成员主动进行沟通。

（2）明确时间进度。团队从一开始就应能在时间、工作方式等方面形成统一意见，如每人每天、每周、每月需要多少时间开会，花多少时间做准备工作，每个人愿意贡献的时间是多少，团队工作时间是多少等。另外，还需制订准时开会、不缺席以及完成任务的期限等一系列规则。

（3）建立双向沟通机制。团队在维持关系和完成任务的过程中应保证双向沟通。团队创建时要考虑如何在成员之间进行沟通，如何让迟到和缺席的人了解信息。为了让团队成员能够相互了解，增强凝聚力，团队成员应该相互交换电话号码，了解各自的日程安排，并确定团队共同开会的时间。在团队协作期间应确定具体开会的时间和次数，并且保证每个人都很清楚这样的时间安排。

（4）及时向组织汇报工作。团队既有相对的独立性，又要在组织的支持下开展工作，这就要求团队应保持和组织的互动，随时向组织报告工作的进展情况，以获得组织的信任和支持。

4. 培养团队精神

团队精神是团队得以成功的关键。所谓团队精神，是指团队成员为了实现团队的利益和目标而互相协作、共同奋斗的思想意识。它主要表现在以下几个方面。

（1）团队凝聚力。团队凝聚力也称内聚力，是指一个团队中的成员围绕团队，尽心于团队的全部力量，具体来说表现为以下几个方面：①归属意识。即团队成员希望自己在组织中有一定的位置，从而获得物质上和精神上的满足。②亲和意识。即个人有愿意与他人建立友好关系和相互协作的心理倾向。团队成员应相互依存、相互支持、密切配合，建立平等互信、相互尊重的关系，如同处在一个家庭中一样。③责任意识。即团队成员有着为团队的目标而尽职尽责的意识，具体包括恪尽职守、完成任务、勇于创新、遵守团队规则等意识。④自豪意识。即团队成员认为自己所在的团队有令他人羡慕的声誉、社会地位和经济收入等荣耀心理。

（2）运作上的默契。在团队成员之间的关系上，团队精神表现为成员之间创造出的一种"运作上的默契"。正如在一流的球队中球员既有自我发挥的空间又能与其他队友协调一致一样，杰出的团队也会发展出"运作上的默契"，即每一位成员都非常留意其他成员的工作状态，而且人人都会采取相互配合、协调一致的方式。主要表现为：一是团队成员视自己为团队大家庭中的一员，大家同舟共济、相互依存；二是成员之间相互信任，能够互相接纳各自的差异，真诚相处；三是在工作中相互帮助，共同进步。

5. 营造和谐的人际关系并履行职责

团队成员之间必须互相配合、互相沟通才能顺利地实现目标。而实现目标的关键在于营造团队中和谐的人际关系，保证成员之间彼此理解、精诚合作，并能全力以赴地投入时间和精力去履行职责。事实上，团队成员在相互交往的同时也在履行着各种不同的职责。一般来说，营造和谐的人际关系就是团队成员之间进行充分的信息交流和传递的过程，这些信息既包括个人信息，也包括团队及团队任务方面的信息。可以说，团队成员正是通过语言和非语言的沟通来实现团队成员之间以及团队成员与团队之间和谐互动的。履行职责是指团队成员明确自己的职责，全身心地完成工作的过程。这个过程包括收集整理信息、分析问题、找到解决问题的方案并加以论证和实施。

二、团队沟通中的障碍

在团队沟通过程中，人们常会受到各种因素的影响和干扰，使团队成员之间的沟通受到阻碍，影响沟通的效果。团队沟通的障碍主要表现在以下几个方面。

1. 社会因素障碍

社会因素障碍主要有地位障碍、职业障碍及组织结构障碍。

（1）地位障碍。信息的发送者和接收者由于地位悬殊而使一方产生畏惧感，这容易造成沟通障碍。在管理实践中，信息沟通的成败主要取决于上级和下级、领导和员工之间全面有效的合作。研究表明，一般上级与主管人员容易存在一种"心理巨大性"，下级则容易产生一种"心理微小性"。

"心理巨大性"易使上级满不在乎，而"心理微小性"易使下级不敢畅所欲言，这会阻碍上下级之间的信息沟通。如果上级过于威严，给人造成难以接近的印象，或者上级缺乏必要的同情心，不体恤下属，都容易造成下级人员的恐惧心理，影响上下级的沟通。如果上级平易近人、和蔼可亲，以普通劳动者的身份和下属接触、交流，就容易消除地位障碍。

（2）职业障碍。俗话说"隔行如隔山"，由于职业的不同，或者研究领域的不同，听不懂对方的行业用语，也会造成沟通的困难。消除职业障碍的办法是最好使用双方都能听懂的语言进行沟通，尽量不使用专业术语。

（3）组织结构障碍。在管理中，合理的组织结构有利于信息的沟通。如果团队规模过于庞大，中间层级过多，信息传递既浪费时间又影响效率，会直接影响沟通的效果。如果团队成员太多，则成员之间就很难达到充分的认识和理解，更难以形成凝聚力和相互信任感。

2. 个人因素障碍

个人因素障碍主要是指由团队成员个体的文化、知识、经验等方面的因素而造成的沟通障碍。

（1）文化程度障碍。由于团队成员中沟通双方的受教育程度、文化素质不同，会使一方理解不了或难于接受对方的观点。例如，大学生向文盲讲科学道理，文盲是难以深刻理解其意的。

（2）经验障碍。团队中的沟通双方由于经验水平的差距，也会产生沟通障碍。这是因为发送者将信息编码时，只是在自己的知识、经验范围内进行编码；同样，接收者也只能在自己的知识、经验范围内进行解码，并理解对方传递信息的含义。因此，当发送者与接收者的知识水平、经验水平差距太大时，在发送者看来很简单的问题，接收者因为没有这方面的知识、经验便无法正确理解这些信息。造成这种情况的原因是双方没有"共同经验区"；相反，如果沟通双方有较多的

"共同经验区"，则信息就能有效地被传递和接收。

（3）表达障碍。沟通双方如果用词不当、词不达意、口齿不清，或者观念含糊不清、逻辑混乱等，都会使对方难以了解自己的意图。

（4）语义障碍。人与人之间的沟通，主要借助于语言来进行，包括口头语言和书面语言。语言作为交流思想的工具，并不是思想本身，而是用以表达思想的符号系统。在日常生活中，一词多义的情况是常见的，这就使沟通双方容易产生语义上的障碍。人们的语言修养不同，表达和理解语言的能力就有所不同，对同一种思想、观念或实物，有些人表达得很清楚，有些人则表达得不清楚；同样，对某一信息，有的人能马上理解，有的人听来听去还是不能理解；有的人接收信息后做这样的解释，有的人会做那样的解释。因此，用语言表达意思，往往会产生语义上的障碍。

（5）以推论当事实。在观察外界的时候，人们通常在获得所有的必要事实之前就开始进行推论，推论的形成很快，以致人们很少仔细地考虑它是否能够代表事实。

3. 心理因素障碍

心理因素障碍是指沟通双方的心理因素造成的沟通障碍，如认知障碍、态度障碍、情绪障碍和人格障碍等沟通障碍。

（1）认知障碍。认知方面的障碍是由沟通双方认知失调而引起的。由于不同的人的认识水平不同、需求动机不同、看问题的角度不同等，对同一信息往往会做出不同的理解和评价。此外，认知偏差也容易导致沟通障碍，这主要表现在以下几个方面：①刻板印象。所谓刻板印象，就是我们对具有某种特点的一类人的看法，例如，干部是什么样的人，教师是什么样的人；南方人什么样，北方人什么样等。刻板印象一旦形成，不但会影响沟通双方的诚意与信心，而且还会加深彼此的怀疑与猜测，进而使有效的沟通成为很困难的事。②知觉的选择性。人们的知觉具有选择性，这就导致了每个人对信息的重视程度不同，凡其认为价值大的信息会引起注意和重视；凡其认为价值不大或没有价值的信息，可能就会不予重视甚至不予理睬。③过早下结论。

（2）态度障碍。如果沟通双方存在偏见，持不同的态度，也会给沟通造成一定的障碍。

📖 案例阅读与思考

拼地图

从前，美国有一个牧师，他在一个星期六的早晨起来，正为自己要在布道时讲些什么而发愁。当时他的太太去买东西了，天正下着雨，他的小儿子又吵闹不休，令人烦心。后来这位牧师在无可奈何的情况下，捡起一本旧杂志，一页一页地翻着，当他翻到一幅色彩艳丽的世界地图时，就把它撕了下来，然后将它撕成碎片，扔到地板上，对小儿子说："小约翰，你要是能将这幅地图重新拼起来，我就给你25美分。"

牧师以为他的儿子为此会花上大半个上午，可是不到10分钟，他的儿子就把地图拼好了。牧师非常惊讶地看着这准确无误的世界地图，便问："孩子，你是怎么完成这幅拼图的？"小约翰说："这非常容易，在地图的另一面有一个人的照片，我就把这个人的照片拼在一起，再翻转过来，我想，如果这个人是正确的话，那么，这个世界地图就是正确的。"这个牧师终于笑了，给了儿子25美分，并且说："你也替我准备了明天布道的主题，假如一个人是正确的，他的世界也是正确的。如果一个人想改变他的世界，首先他应该改变自己。"

思考与讨论：你认为态度与沟通有何关系？

（3）情绪障碍。情绪障碍对信息的传递影响很大。如果沟通双方都处在情绪和心境不佳的状态，就难以沟通意见，甚至会歪曲对方的信息。当某人情绪较好时，对别人的意见和建议会爱听并乐于接受；当某人情绪不佳时，则他对别人的意见和建议可能就会大打折扣，接受程度就差。即使是同一个人，由于其接收信息时的情绪状态不同，也有可能对同一信息做出不同解释和行为反应。极端的情绪体验，如狂喜或悲痛，都可能阻碍有效的沟通，常使我们无法进行客观而理性的思维活动，而是代之以情绪性的判断。

（4）人格障碍。沟通双方在性格、气质、价值观等方面的差异，也常常会成为沟通时的障碍。通常，一个诚实、正直的人，发出的信息就容易使人相信；反之，一个虚伪、狡诈的人，发出的信息即使是真实的，也难以使人相信。同样，气质也影响沟通的效果。情绪急躁的人对信息的理解容易具有片面性，情绪稳定的人则能较好地接收、理解信息。

人们在沟通时，由于价值观的差异，往往会按照自己的观点对信息进行过滤或分析：符合自己观点和需要的，很容易听进去；不符合自己观点和需要的，就不愿意听；尽量使信息适合自己的"胃口"；从自己的需要出发猜测别人的意图；从别人的谈话中寻找"言外之意"。

4. 客观因素障碍

客观因素障碍主要包括自然障碍、机械障碍、距离障碍等。

（1）自然障碍。如刮风下雨、电闪雷鸣或环境中存在较大的噪声干扰，都会给沟通造成障碍。

（2）机械障碍。如通信设备的性能不好、质量不高甚至发生故障，都会造成沟通困难甚至信息失真、沟通中断。

（3）距离障碍。空间距离过远、环节过多，同样会影响信息的传递，造成沟通困难。如人与人之间距离过远，听不清对方的声音或看不清对方的表情、手势，都会影响沟通的效果。

三、团队沟通的技巧

（一）建立团队沟通制度

团队应建立团队沟通的制度，以确保团队成员之间能够及时沟通。团队沟通的质量会直接影响团队成员的工作效率和工作业绩，因此，许多知名企业都把沟通列为企业文化建设的重要组成部分。

（二）团队沟通的一般技巧

1. 积极倾听

在团队沟通过程中，团队成员除了要掌握有效倾听的基本技巧外，还要注意转换听者与说者的角色。对于在课堂上听讲的学生来说，可能比较容易形成一种有效的倾听模式，因为，课堂的沟通主要是单向的，一般都是教师在讲而学生在听。但在大多数团队活动中，听者与说者的角色在不断地转换，积极的倾听者能够使从说者到听者、从听者再回到说者的角色转换十分流畅。

在团队中，交谈是最直接、最重要和最常见的一种沟通途径，有效的语言沟通在很大程度上取决于倾听。有人发现，具有良好倾听技能的人往往可以在工作中自如地与他人沟通。对于团队来说，成员的倾听能力是保证团队有效沟通和保持团队旺盛生命力的必要条件；对于个体来说，要想在团队中获得成功，学会积极倾听是对团队每个成员的基本要求。

2．加强语言沟通

语言沟通也即对话，通过对话，人们可以琢磨出他们能够认同的含义。对话经常需要对想法进行重新界定，这就要求团队成员在沟通时要运用坦诚、负责、肯定以及恰当的语言，创造一种成员之间相互关注、支持交流、降低防卫的氛围。①坦诚。坦诚指的是开放性的沟通，了解自己，关注他人，关注自己的需求或明确要对方知道的事情。一个坦诚的陈述通常很直接，但它同时也很谦恭有礼，并且会顾及对方的感情。坦诚是为自己的沟通负责，不让对方来操纵你的反应。坦诚之人既愿意展示自我，希望影响对方，又高度重视对方的权利，他们知道有效地运用交际手段和沟通手段。②负责。对话时，说者要对自己的承诺、保证负责，不可言而无信，这样才能赢得对方的信任。③肯定。当对方认同自己的想法和感受，真正倾听你的讲话并做出回应时，你会有被认可的感觉。当你被肯定时，就容易提高工作效率并对团队作出贡献。肯定一位团队伙伴将有助于他全力以赴地工作，也有助于为团队创造一种合作的氛围。④恰当。恰当是指使用适合团队成员、自己及团队情况的语言。能否选择恰当的语言取决于你是否对对方敏感，以及你能否考虑到对方的知识层次、背景和感受。

3．注重非语言沟通

非语言沟通是指人们借助于表情、目光、体姿等肢体语言所进行的信息交流。尽管语言沟通起到的是一个方向性的作用，但是，事实上有时非语言沟通更能准确地表达一个人所传递信息的真正内涵。概括地说，非语言行为在信息沟通中不但起到了支持、修饰或否定语言沟通的作用，而且在某些情况下，还可以直接替代语言沟通，甚至可以表达出语言沟通难以表达的思想情感。

思考与训练

1．企业的员工要有较强的团队精神，企业的发展离不开高效的团队，请举例说明高效团队有哪些特征。

2．要维护一个团队的高效运转，就必须保证团队沟通的畅通，请说明在团队沟通中应掌握哪些沟通技巧。

3．请阅读下面一则案例，然后回答后面的问题。

据《墨子·耕柱》记载，耕柱是一代宗师墨子的得意门生，不过，他老是挨墨子的责骂。有一次，墨子又责备了耕柱，耕柱觉得自己非常委屈，因为在众多门生之中，大家都公认耕柱是最优秀的人，但他又偏偏常遭到墨子的指责，让他在众人面前很没面子。一天，耕柱愤愤不平地问墨子："老师，难道在这么多学生当中，我竟是如此的差劲，以致要时常遭到您老人家的责骂吗？"墨子听后，丝毫不动肝火："假设我现在要上太行山，依你看，我应该用良马来拉车，还是用老牛来拖车呢？"耕柱回答说："再笨的人也知道要用良马来拉车。"墨子又问："那么，为什么不用老牛呢？"耕柱回答说："理由非常简单，因为良马足以担负重任，值得驱遣。"墨子说："你答得一点儿也没有错，我之所以时常责骂你，也只因为你能够担负重任，值得我一再地教导与匡正。"

（1）上例中，耕柱在同墨子对话之前，为什么因墨子的责骂愤愤不平？

（2）如果把墨子和他的学生们看作一个团队，那么，从团队沟通的角度来看，你从中能得到什么启示？

4. 组队开展承认错误游戏，训练自己承担责任的勇气。

人数：不限

规则：每人相隔一臂站成数排。组织者发口令：喊一时，向右转；喊二时，向左转；喊三时，向后转；喊四时，向前跨一步；喊五时，不动（组织者可变换规则，如将一二三换成甲乙丙）。

当有人做错时，做错的人要走出队列、站到大家面前先鞠一躬，举起右手高声说："对不起，我错了！"

有关讨论：面对错误时，大多数情况是没人承认自己犯了错误；少数情况是有人认为自己错了，但没有勇气承认，因为人们通常很难克服心理障碍；极少数情况是有人站出来承认自己错了。完成游戏后，共同讨论游戏中出现的各种情况并交流心得体会。

5. 组队开展趣味跳绳的游戏，训练自己的团队意识。

材料：粗绳一条。

时间：10分钟。

目标：成员互助合作、达成共识，完成低难度活动。

规则：请两个人各握住绳子的一端，其他人要一起跳过绳子，所有人都跳过去后记一下数，数一数整个团队总共能跳过去多少次。

讨论：

（1）当有人被绊倒时，各位当时发出的第一个声音是什么？

（2）发出声音的人是在刻意指责别人吗？

（3）想一想自己是否不经意就给别人造成了压力？

（4）接下来我们应该怎么做，刚才的感觉才不会发生？

注意：

（1）提醒膝盖或脚部有伤者，视情况决定是否参与。

（2）场地宜选择户外草地进行，以免受伤。

（3）合组跳绳时应注意伙伴位置及距离，以免踏伤伙伴或互相碰撞。

变化：

（1）可考虑不同的跳绳方式，如每个成员依序进入。

（2）可用两条绳子，或变换摇绳的方向。

6. 组队开展解手链游戏，训练自己的团队合作精神。

形式：10人为一组（含组织者一名）。

时间：20分钟。

适合对象：全体人员。

活动目的：让成员体会在解决团队问题方面都有哪些步骤、聆听在沟通中的重要性以及团队的合作精神。

操作程序：

（1）每组成员站成一个圆圈。

（2）组织者发令：先举起你的右手，去握住与你不相邻的人的右手；再举起你的左手，握住另外一个与你不相邻的人的左手；现在你们面对一个错综复杂的问题，在不松开手的情况下，想办法把这个"手链网"解开。

提示：①无论多复杂的"手链网"，最终一定会解开，但结果将有两种：一种是会形成一个大圈，另一种是会形成一个套着的环。

②如果在游戏过程中实在解不开这个"手链网"，组织者可允许队员决定相邻两只手断开一次，但再次进行时必须马上封闭。

讨论：

（1）你开始的感觉怎样，是否感觉思路混乱？

（2）当解开一点以后，你的想法是否会发生变化？

（3）最终问题解决以后，你是否感觉很开心？

7. 组队开展开火车的游戏，训练自己的语言和非语言沟通能力。

人数：两人以上，多多益善。

时间：20分钟。

方法：在开始之前，每个人说出一个地名以代表自己。但是地点不能重复。游戏开始后，假设你来自北京，而另一个人来自上海，你就要说："开呀开呀开火车，北京的火车就要开。"大家一起问："往哪儿开？"你说："往上海开。"代表上海的那个人就要马上接着说："上海的火车就要开。"然后大家一起问："往哪儿开？"再由这个人选择另外的游戏对象，说："往×××开。"如果对方稍有迟疑，没有反应过来就算输了。

讨论：

（1）通过这一游戏是否能增强你与同学之间的情感交流？

（2）语言沟通和非语言沟通配合使用是否能更有效地提高沟通效果？

第十章

Chapter 10 | 职场沟通艺术

　　一个人来到这个世界上，就注定不可能孤立地生存。小时候，父母和老师总是教诲我们要好好读书，长大了就不会为生计发愁。于是，我们废寝忘食、如饥似渴地啃书本、做作业，希望能有一技之长，以便在社会上立足。步入社会后，当我们面对繁杂的人事感到无所适从、左右为难时，才忽然发现，知识和文化只是一种"硬件"，还有一种与人沟通、协作的"软件"是老师在课堂上从来没有讲授过的，那就是人际沟通艺术。

　　当一个人进入职场后，就要和各种人打交道，如领导、同事、下属等。在与各类人的交往中，因各自利益有别、所处立场不同，每个人对事物的看法也有不同之处，冲突在所难免。于是，有效的人际沟通就显得尤为重要。

　　通过对本章的学习，应牢固掌握与领导有效沟通的艺术、与同事和谐沟通的艺术、与下属真诚沟通的艺术。

导入案例

功劳是大家的

　　在某单位的一次公开竞聘中，左某战胜了其他几位竞争对手，当上了经理。许多同事对他表示祝贺，更有人当众夸他能力非凡。左某却谦虚地说："功劳是大家的，其实几位候选人各有长处。论管理我不如老刘，论经营我不如老叶，论公关我不如小王。"后来左某不但以诚意挽留了这几位竞争者，而且还根据他们各自的特长做出了相应的安排。宽厚的气度使他赢得了大家的尊重，也使他在工作中取得了显著成就。他上任没多久，单位就取得了很大的成绩。

　　左某之所以能得到同事的支持，妙诀就是不把功劳揽在自己一个人身上，一句"功劳是大家的"，温暖的是人心，赢得的是尊重。

　　思考与讨论：在生活中，你会运用辩证的方法为自己纠偏吗？得与失之间又是怎样的一种辩证关系呢？生活中你是如何看待得失的呢？

第一节　与领导沟通的艺术

　　君子上交不谄，下交不渎。

——《易·系辞下》

一、处理好与领导的关系

　　在工作和生活中，与上级领导相处是必不可少的，但要处理好这种关系也不是一件容易的事情。领导可以是朋友，但又与朋友不同。走得太近可能会遭到同事的嫉妒，走得太远则会影响工作，所以与领导相处的关键就在于怎样把握好其中的度。

　　李科和吴力是大学同学，在学校的时候关系极好，毕业后两人又一同进入一家外资公司工作。两年后，李科因表现出色升任部门领导，而吴力则成了他的下属。

　　由于两人的关系一直比较好，李科的提升对他们的友谊并未造成什么影响，两个人依旧如从前一样相处，走得非常近。可是时间一长，他们发现其他同事开始疏远吴力，几个以前关系很好的同事似乎也在躲避他。因为同事们大多知道他们的关系，所以怕相互之间聊天的话题被吴力"告密"，这让吴力夹在中间，进退两难。李科也发现，大家的目光好像都集中在吴力身上，他指派的一些工作，大家都看着吴力，他积极大家也积极，他散漫大家也散漫。

　　两个人都体会到了同事之间这种微妙的变化。他们既不想影响工作，又不愿破坏友谊，于是两个人经过沟通后达成了共识，上班时保持上下之别，不能过从甚密，不能让员工感到李科厚此薄彼，也不让吴力脱离与同事的正常交往，至于下班以后，两个人则如以前一样，继续做好朋友。调整了交往策略后，吴力果然摆脱了之前的困境。两个人既没有因为上下级的关系影响到工作，也没有影响到友情。

视野拓展
怎么让上司喜欢你？

　　在社交中，上下级关系的处理是非常微妙的，即使本是朋友的两个人也要注意把握好分寸。与领导相处要讲究技巧，尤其要特别注意以下几个问题。

　　（1）做好自己的工作。我们要先做好本职工作，给领导留下好的印象。领导对你的印象好，将来要跟领导搞好关系就比较容易。与领导的关系归根到底是工作关系，你若将工作做好，处处为公司着想，成为领导的得力助手，与之相处起来也就不难了。

　　（2）保持适当的距离。要和领导保持一定的距离，首先，在私下场合可谈得多一些，但在公开场合、在工作关系中，就应有所避讳、有所收敛。其次，在了解领导的主要意图和主张时，不要事无巨细地询问他每一个行动步骤和方法措施的意图是什么，这样会使他觉得工作起来很不方便。最后，还要注意的一点是，你与领导在单位中的地位是不同的，这一点千万要心中有数。不要使彼此的关系过于亲密，过于亲密的关系容易使他感到你"目无领导"。另外，与领导过分亲密也会导致同事们对你不信任，可能还有人会暗中与你作对。

　　（3）保持良好的心态。不能将领导理想化，认为他是无所不能的，要知道，他也是一个与你一样的普通人，同样承担着压力，也可能受私人生活的影响而怒气冲冲。所以，他可能会无缘无故地发脾气，也可能会"鸡蛋里挑骨头"。保持良好的心态，多从他的立场上考虑，你和领导之间自然会建立起一种和谐的关系。

　　（4）及时沟通。交往频率对建立人际关系具有重要作用，与领导的相处也是如此。如果采取对领导不交往或回避的态度，就很难和领导在认识上取得一致，而没有一致的认识，相互之间的支持、协调、配合都会大受影响。当然，缺乏沟通的关系也不会成为良性的关系。

视野拓展
职场上一个人情商高的十种表现

　　（5）维护领导的尊严。作为领导，都希望每个下属对自己保持一定的尊敬。要想处理好与领导的关系，首先要尊重领导，不做使其难堪的事。唯有让领导感觉到你的尊重，他才会尊重你们之间的关系。

总的来说，要处理好与领导的关系，就要清楚自己的位置，在与领导相处之时要把握好尺度，既不可太疏远，也不能太过密切。

二、学会适应各种类型的领导

在平时，我们应多留心观察领导的一些细节。要知道，领导的个性、特点及其对事对人的态度都各有不同，不同的领导，与他们相处的方法也就不同。只有知道了领导是哪一类人，有什么喜好，与之相处起来才会容易很多。

方海进了一家广告公司工作，公司的人才多且大家能力相当。方海心想："要在这个人才众多的公司立足，最重要的就是得到各位领导的认可。"他首先想到的就是自己的直属领导——设计部的李经理。李经理是国外留学归来的艺术家，对广告创意有独到的认识，而且还得过几次大奖，就连老板都对他另眼相看。如果能得到他的认可，自己在新单位的发展就容易多了。方海先是观察了李经理一段时间，发现他是个传统而保守的人。于是，方海将时髦的装束脱下，穿得中规中矩，以循规蹈矩的形象出现在李经理面前，果然为他在李经理面前挣了不少印象分。

在初步赢得李经理的好感后，方海又把目光放在了人事部周经理身上。赢得人事部经理的好感可以为自己将来的发展打下基础。于是，他充分发挥自己热情、乐于助人、能说能逗的优点，主动与周经理交往，建立友谊。不过，周经理为人沉稳，并不习惯有人经常打扰，对方海颇为得意的笑话，也仅仅是浅浅一笑，显然，他并不喜欢这些。方海觉察到这一点后，立即改变策略。一个偶然的机会，方海发现周经理有一个最大的爱好是喜欢军事。于是，对军事并不感兴趣的他恶补了一些这方面的知识。与周经理闲聊时，方海改为军事方面的话题，此举果然奏效，不久他与周经理就成了朋友。

经过一番交往，方海得到了周经理的信任。

由此可见，与不同的领导相处，需要运用不同的方式，所以我们要学会与各种领导相处的方法。比如，总是说"我希望""据我看来"的领导说明他相当自信并且实事求是，你与他相处就要表现出信心，并且要踏实肯干；再比如，那些把办公桌收拾得一尘不染的领导，大多是有条理的人，你汇报工作也需要条理清晰。了解了这些之后，你就可以适应领导的思路和节奏并把事情办好。

不同的领导有不同的脾气、爱好、性格等，因此，要和你的领导融洽相处并进一步得到他的赏识，首先要了解他属于哪一类型的领导，对不同的人用不同的方式，才能相处得更好。

（1）实干型领导。面对这样的领导，你只需踏实地工作即可。只要你把工作做好，工作积极主动，就可以给他留下好印象。另外，这样的领导一般很严谨，与他相处要尽量避免应付、逃避责任等。一定要让他看见你的成绩，因为在这样的人眼里，只有做出成绩，他才认为你是一个有能力的人。

（2）自我型领导。这样的人总以为自己是对的，有着高人一等的心理。与这样的领导交往要避免与之对抗，平时接触时要多注意对方的心情，说话要用建议的语气委婉地表达。例如，"是否可采用这样的方式""我觉得应该向您反映一些情况……""我想这样是不是会更好些？也许这些看法会对您的计划有所补充。"

视野拓展

和领导相处的10个秘诀

（3）猜疑型领导。这样的领导喜欢猜疑下属，从你是否能够按时完成工作到你是否每天都在偷懒不干活，都是他怀疑的对象。和这样的领导相处，你要时时做到光明磊落，不给他猜疑的余地。你对工作的具体计划，甚至你每天都干了些什么，都要直接或间接地透露给他。让他对你放心是与之相处的最好方法。

（4）工作狂型领导。这样的领导希望他的下属们整天开足马力，每天都要像他一样努力奋进。与这样的领导相处要讲究效率，无论说话还是办事都要条理清晰，不能拖沓、没有主见。

综上所述，要学会适应各种领导的风格，还要多了解和分析你的领导，只要摸清了领导的脾气，就会大大减少交往的阻力。

三、掌握与领导相处的技巧

作为一名员工，几乎每天都要与领导接触，如果能够和领导融洽相处，那么就会使工作更加顺风顺水，倘若与领导相处不好，则可能会影响工作乃至彼此的心情。那么，与领导相处有哪些技巧呢？

1. 常请示，常汇报

你是否会经常向领导汇报有关自己工作上的事？有没有跟他一起商量过？如果答案是否定的，那么从今天起，你就应开始改变，尽量就工作上的疑难问题向其请教。千万不要认为："我这样问，对方会不会笑我？我是不是很丢脸？"有心的领导都很希望你向他询问，因为这表示你认真思考了工作上的问题，在寻求解决之道。领导也因此知道了你工作上的不明之处在哪里，他会给你解答，让你减少错误，这样他也就放心了。如果你假装什么都懂，什么都不想问，领导会觉得很疑惑："这个人是不是真正了解了呢？"从而为你的工作感到担心。

所以要常请示、常汇报，让领导知道你的工作进度，这样他也好安排你以后的工作。

2. 能以最快的速度汇报新消息

视野拓展

如何做个好下属？

一般来说，地位越高的人，对情报的渴望就越强。如果在外面听到任何新的有价值的消息，回公司后，一定要尽快地向领导报告。尤其是与公司有生意往来的客户或相关行业的消息，领导一定会求之不得。

对于领导而言，一个能经常提供珍贵情报的下属，无异于左右手一般重要，也能让领导印象特别深刻。做下属的一旦得到新消息，不论重要与否，都要尽快地向领导反映。

3. 大方地坐在领导身边

我们经常会遇到这种情景：在事先没有安排座次的座谈或某些较随意的场合，许多下属都争着坐在离领导较远的地方，有时领导主动招呼下属向他靠拢，但下属却惴惴不敢从命。

也许有的人担心坐在领导旁边，会被人说是在拍领导马屁，其实不然。如果内心坦然，坐在领导身边，恰是一种自信的表现。一个对自己的素质修养和业务能力充满自信的人，是不怕同领导坐在一起的。相反，有了与领导近距离沟通与交流的机会，会促使领导更进一步地了解自己。同时，你也可以在同领导的交谈与探讨中，更深入地了解领导，学习许多新的东西。如果你总是怕人说三道四，远离领导，那你就永远也无法引起领导的注意。

四、赢得领导的信任

对于上班族来说，要想获得更好的发展，拥有更多的机会，最重要的就是得到领导的信任。得到领导的信任，我们就会获得很多机遇，拥有更大的发展空间。但是要想得到领导信任，也并不是轻而易举的事，我们需要付出更大的努力才行。那么，怎样才能让领导信任我们呢？

1. 勇于担当重任

作为领导，他关心的是怎样才能做出业绩，这当然离不开下属的配合。一个公司的工作涉及方方面面，单靠领导一个人是不可能做好的。这时候，领导会把一些工作分配给下属去做。一般情况下，谁都想少出点力，多捞点好处。但是，对于领导来说，单位中一些吃苦受累的"重活"必须有人替他分担，在别人推脱的时候，如果你站出来替领导把重担挑起来，领导必定会对你刮目相看。因为大多数领导都不喜欢那些在工作上和他讨价还价的下属，他只欣赏那些能为他着想、为他分担压力的下属。

2. 干好本职工作

工作做得好坏是领导对下属的一个重要评判标准。在一个单位中，每个岗位的工作都与本单位的整体利益有着直接关系，如果有一个岗位的工作没有做好，它必然会影响单位的整体效益。

干好本职工作是下属受到领导重视的前提。对于一个连本职工作都做不好的人，有哪个领导会喜欢呢？所以说，要想得到领导的重视，你必须把本职工作干好。一般情况下，领导都很赏识聪明、机灵、有头脑、有创造力的下属，因为领导相信只有这样的人才能出色地完成任务。

3. 有功劳时想着领导和同事的支持

取得一定成绩时，千万不要忘记领导和同事的支持，自己不贪功，领导和同事不仅会高兴，还能增进团队的和谐气氛，提高自己在领导心目中的形象，以后能得到更多机会。否则，如果只想着自己，认为成绩是自己努力的结果，和他人无关，将来愿意帮助你的人会越来越少。

4. 学会交谈

作为下属，即使自己才华横溢，也不要在领导面前故意显示自己，不然，会让领导认为你恃才傲物、盛气凌人，而使他在心理上觉得你难以相处。领导也需要从下属的评价中了解自己的成就以及在下属心目中的地位，当受到称赞时，他的自尊心会得到满足，并对称赞者产生好感。因此，你在交谈时，对于领导的优点、长处，可以毫无顾忌地表达你的赞美之情。

与领导谈话时尽量寻找自然、活泼的话题，让领导能充分地发表意见，自己适当地做些补充即可。这样，他便知道你是有知识、有见解的，自然而然地会明白你的能力和价值。不要用领导不懂的技术性较强的术语与之交谈。这样，他会觉得你是在故意难为他，也可能会因此而觉得你的才干对他的职位将构成威胁，并产生戒备心理，从而有意压制你。

五、在公开场合要注意维护领导的权威

与领导相处的时候，要注意维护领导的权威。因为你若使领导的面子受损，就会让他觉得你对他怀有敌意，使他的权威受到威胁和损害。所以，在给领导提意见或在公开场合时，一定要注

意这一点。

在公开场合，人们一般都是比较注意面子的。领导也会注意自己在公开场合，特别是在其他领导或者众多下属在场时的形象。

柳蒙是某家广告公司的员工，因能力出众、工作认真而备受领导重视，进公司不过一年就当上了业务部主任，他的前途可以说是一片光明。然而有一次，公司总经理陪着从深圳赶过来的老总到业务部视察，总经理对业务部这半年的表现很满意，鼓励大家再接再厉，并客套地说了一句"大家有什么意见尽管提"。结果柳蒙张嘴就来了一句："总经理，您不能光说不做啊！几个月前就说给我们增加提成，可到现在还没兑现呢！"总经理愣了一下，然后连说："好，好，回去我再研究一下！"然后便匆匆离开了业务部。总经理出门后，恨恨地说了一句："怎么这么不知进退！"柳蒙的加薪自然无望了，而且还在总经理的"黑名单"里挂了号。

柳蒙这样不分场合地提意见，而且还是一个让总经理下不来台的意见，自然是惹恼了总经理，后果就是他的大好前程付诸东流。一个月后，柳蒙就被迫离职。这足够为人下属者引以为戒了。所以，下级在公共场合给领导提意见时，一定要注意给领导留面子。

维护领导权威，首先表明你对领导是善意的，是出于对领导的爱戴和拥护，是为了帮助领导做好工作。这样，领导才愿意理智地分析你的看法。维护领导权威，还表明你是尊重领导的，你依旧服从他的权威，你的意见并不是代表你在指责他，相反，你是在为他的工作着想。维护领导权威，其实就等于给自己留下了充分的余地，你可利用这个余地同领导私下里进行更为深入的交流和探讨。同时这个余地还表明，你只是行使了一定的建议权，而领导仍保有最终决断的权威。留有余地，还会使你能够做到进退自如，一旦提出的意见不确切或不恰当，还有替自己找回面子的余地。

当然，这里所说的公开场合提意见要注意领导的面子，并不是要下属"见风使舵"，做"老好人"。对领导多提建设性的宝贵意见，肯定是受领导欢迎的，但是，提意见要注意场合、分寸，要讲究方法。如果只注重提意见的初衷和意见的合理性，而不去考虑它的实际效果，这样只能给自己带来麻烦。所以，在与领导相处的时候，一定要注意维护领导权威，这也是与领导相处最为重要的一点。

六、勇于向领导承认自己的不足

在工作中，有时候我们难免会犯错，但是在领导面前，"我不知道"和"我错了"这两句话却是为人下属者最不敢也不愿讲的话。因为我们担心讲出来后会被领导小看或责骂。其实不然，坦诚地说出自己的不足，只会让领导觉得我们更真诚、更值得信任。在这个世界上，每个人都有自己的特长，也有自己的弱项。正如孔子所说的那样："知之为知之，不知为不知，是知也。"对某些事情不知道或不甚清楚并不是什么可耻的事。

沃勒是一位美术设计师，他为美国第 36 任总统约翰逊设计完一份宣传品后，突然接到了总统的电话，说设计有点问题。沃勒急忙赶到，看完宣传品后果然发现了一处错误。于是沃勒说："总统先生，您说得对，我错了，我没有任何理由为自己辩护，我应该做得更好，我很抱歉。"总统却开始莫名其妙地为他辩护起来："你是对的，不过，你确实犯了一个错误，只是……"沃勒打断了他的话，说："任何错误，都可能造成很大的损失，而且任何错误都会令人不快，我会把它重做一遍。""不！不！"总统立即反对。"这仅仅是一个细节问题，并且也没有造成损失，你只需做局部改动就可以了。"之后，总统又把新的任务交给了沃勒。

这样看来，承认自己所犯的错误会帮你解脱麻烦。沃勒承认错误的急切心情让总统火气顿消，纠正错误的诚恳态度又让总统不忍心为难他。

如果领导跟你讨论或交代某件事情，而这时你还没想过这事或还没考虑成熟，切不可不懂装懂地胡侃或胡乱地应承下来，因为你的说法是经不起推敲的，它会让领导觉得你是在胡说八道，甚至对你说过的话、知道很清楚的东西都产生怀疑。胡乱应承下来更是后患无穷。这时候，说一句"我不知道"或"我还不太清楚"反而会显得你严谨踏实、谦虚谨慎。一句"不知道"可能会让你了解更多的信息，给自己留有更大的余地。

一代名臣刘伯温就曾犯过一次这样的错误。据《明史·刘基传》记载，一年大旱，太祖朱元璋找曾经为他卜过卦的刘伯温询问该怎么办，刘伯温当时对此事其实并无把握，但还是匆忙奏上一本："士卒亡故者，其妻悉数别营，凡数万人，阴气郁结。工匠死，骼骸暴露，吴将吏降者皆编军户，足干和气。"太祖看完奏表，马上着手革除这些弊端。但过了数日，旱情依旧，老天依旧没有要下雨的迹象。太祖就非常生气，认为刘伯温欺骗了他，甚至对他的占卜能力也产生了怀疑。

刘伯温一时逞强，不敢说"不知道"，结果却招来了朱元璋的冷遇，可以说是在朱元璋那里为自己的形象抹了一把黑。

要知道，认错是需要勇气的，在领导面前说"我错了"则更需要勇气。有人曾说过："如果你想不犯错误，除非你什么都不做。"但人生在世，总有那么多事情要做，也就有很多次犯错误的可能。不论什么样的人都会为自己辩护，而且很多人都是这样做的。但是这样的辩护能够掩盖得了一时，却不可能掩盖一世。所以，知错认错才是最佳选择。如果错了，就不要去掩盖，否则会让领导觉得你没有承担的勇气，不能正视现实。而且，为了掩盖你的错误，还可能会犯另一个错误以达到掩盖的目的，你会因此越陷越深。只有承认错误，及时纠正，才能把过去的错误丢掉，重新做起，一步一步走向成功。

做错了事情，勇敢地承认往往还会给自己带来心理上的轻松，认错能有效地消除内疚心理，丢掉思想包袱。例如，诸葛亮率军在祁山与魏军对垒时，马谡因为骄傲轻敌，一意孤行，最后失守街亭。诸葛亮挥泪斩马谡后，自请降职三级。多数人都会为自己的错误辩护，而如果这时能像诸葛亮一样勇于承认错误，就显得难能可贵，会特别引起领导的注意并获得领导的信任。当时诸将都觉得诸葛亮不必如此自责，胜败乃兵家常事，人非圣贤，孰能无过，连刘禅也觉得诸葛亮不必如此。但诸葛亮自责用人不当，坚决要求降职三级，使刘禅颇为感动，更增信任。于是，时隔不久，刘禅便找了个机会复了诸葛亮的职。工作中出了差错，无论如何都要受到批评，那么抢在领导批评之前承认自己的错误可能会更好，至少还能获得领导的同情和宽容。何况，自己认错不是比忍受批评感觉更好一些吗？承认自己的错误，就是承认自己在某些方面有欠缺，只要加以纠正和弥补，就能沿着正确的轨道走向成功。

我们每个人都不可能做到面面俱到，所以在力有不逮或犯了错时，就要勇敢地向领导承认自己的不足，这时领导也会乐于帮助我们。而明明力有不逮却自己硬撑着，则只会让事情越来越糟，最后导致我们在领导心目中的形象大打折扣。

七、不要自视高明

每个人都有自己的视角，有时可能会自认为比领导看问题看得更准，这时应提醒自己这可能是由视角不同造成的。

案例阅读与思考

秘书小姐做错了吗？

"糟了！糟了！"王经理放下电话，就叫了起来，"那家便宜的东西，根本就不合规格，还是原来林老板的好。"他狠狠拍了一下桌子："可是，我怎么那么糊涂，写信把林老板臭骂了一顿，还骂他是骗子，这下麻烦了！"

"啊？！"秘书张小姐转身站了起来，"我那时候不是说吗，要您先冷静冷静再写信，您不听啊！"

"那怪我在气头上，想这小子过去一定骗了我。"王经理来回踱着步子，指了指电话，"把林老板的电话告诉我，我亲自打过去道歉！"

秘书一笑，走到王经理桌前："不用了！告诉您，那封信我根本没寄。"

"没寄？"

"对！"张小姐笑吟吟地说。

"唔……"王经理坐了下来，如释重负，停了半晌，又突然抬头，"可是我当时不是叫你立刻发出吗？"

"是啊！但我猜到您会后悔，所以压下了。"张小姐转过身，歪着头笑笑，"对！您没想到吧？"

"我是没想到。""可是，我叫你发，你怎么能压呢？那么，最近发往南美的那几封信，你也压了？"

"我没压。"张小姐更得意了，"我知道什么该发，什么不该发……"

"你做主，还是我做主？"没想到王经理突然站起来，厉声问。

张小姐呆住了，眼眶一下子湿了，两行泪水滚落下来，她颤抖着，哭着喊："我，我做错了吗？"

"你做错了！"王经理斩钉截铁地说。

张小姐被记了一个小过，是偷偷记的，公司里没人知道。但是感到好心没好报，一肚子委屈的张小姐再也不愿意伺候这位"是非不分"的主管了。她跑去找孙经理诉苦，希望调到孙经理的部门。"不急！不急！"孙经理笑笑，"我会处理的。"

隔了两天，孙经理果然做了处理，张小姐一大早就接到一份紧急通知。打开通知，她脸色苍白地坐在椅子上。张小姐被解雇了。

（本例整理自新华网转载《生活时报》"几则白领教训看办公室伦理"一文）

思考与讨论：秘书张小姐所作所为是对的还是错的呢？

八、巧妙应对"糊涂"型指示

我们所面对的领导，有时也并非是那种精明能干的，偶尔也会遇到一些"糊涂"型领导，而且即使再精明能干的领导，也会有犯糊涂的时候。但他可以糊涂，你却不能糊涂。

1. 领导忘事

谁都会忘事，领导也不例外。对于领导忘事这种情况，下属需要做的是，当他在讲述某个事件或表明某种观点时，最好多问几遍，也可提出自己不同的看法，以引起讨论来加深领导的印象。最后，还可以对领导的陈述进行概括，用简短的语言重复给领导听，这样既能让我们自己得到更明确的指示，也能让领导对此事印象更深刻。

给领导送重要材料时尽量直接送给他本人，适当延长接触时间，对材料做些具体解释，不要一放就走或托人转送。倘若必须由他人转送，可在送前或送后打个电话跟领导进行确认。

如果你是秘书，接到上级的文件或书面通知，要你的领导参加会议或活动等，你就要把通知直接给他，并把有关时间、地点、所带物品等要素用笔画出来，或者把它们写在领导的台历上。假如是电话通知，可把具体内容转写成书面通知，直接送交领导；如他本人不在，可放在办公桌上，但应及时提醒他一下。

2. 模糊型指示

如果领导在布置工作任务时没有提出明确、具体的要求，而是含含糊糊、笼笼统统，既可理解成这种意思，又可理解成那种意思，还可能前后矛盾，这时一定要详细询问其具体要求，特别是在完成时间、人员落实、质量标准、资金数量等方面尽可能的明确些，并一一记录下来，请领导核准后再去行动。

必要时，可用引导性提问让领导回答，如"你的意思是不是……？"当领导有了一个比较明确的指示之后，立即重复一遍或几遍加以强化，以进一步进行确认。

3. 马虎型性格

马虎型性格的人，对上面下发的资料不仔细研读，对上级召开的会议不认真参加，在没有完全理解基本精神的前提下就做出决策，因此在给下属布置任务的时候，也常常弄得下属无所适从。

例如，有一次，A公司的马经理和秘书去总公司参加房改工作会议。开会时，马经理没有认真听会。回本公司传达时，他只能照本宣科，当员工提出具体问题时，他也无法解释清楚。此时有人就问在场的秘书，面对尴尬局面，秘书回答这些问题上面也没确定，待过几天去问问再做答复。事后，秘书就员工提出的问题一一向领导做了解释。

如果领导对自己的申请、报告、汇报等材料没有仔细看完就下结论、签字批示。对此，自己要根据具体情况分别对待，如对自己有利，但超过了应有的范围，不要秘而不宣，可含笑指出其不当；倘对自己不利或非常不利，也可做出必要的解释，但切勿急躁或过分地责怪埋怨，以免对方恼羞成怒而固执己见、一错到底。有的材料或事件很重要或很紧急，领导却没重视，这时唯一的办法就是反复申明，多次强调，最好三四个人轮番强调，以引起其重视，促使其认真对待。

拓展游戏

师傅教拼图

4. 错误指示

遇到领导给出错误的指示，可就问题的轻重缓急区别对待。在重要的、原则性的问题上，下属可直接阐明观点，或据理力争，或坚决反对；倘是无关大局的一般性问题，下属则可灵活应对，尽量避免与领导发生正面冲突和激化矛盾。

案例阅读与思考

外企总裁与女秘书争吵引发"邮件门"

易安信（EMC，一家信息存储资讯科技公司，总部设在美国）大中华区总裁和他的高级女秘书因工作琐事发生激烈争吵，导致后者被迫离职。这起本该在企业内部消化的事件，却因引发了"老外和中国员工的文化障碍"的敏感话题，数天之内成为各大外企员工和网络舆论谈论的热点。

2006年4月7日晚上，易安信中国区总裁陆纯初回办公室取东西，到门口才发现自己没带钥匙，而此时他的秘书已经下班。气呼呼的他在凌晨1时13分给秘书发了一封措辞非常严厉且语气相当不客气的"谴责信"。信的全文如下：

"瑞贝卡（秘书的英文名），这个礼拜二我刚告诉你，做事情不要想当然，今天晚上你就把我锁在了门外，我要的东西都还在办公室。问题就在于你以为我随身带了钥匙。从现在起，无论是午餐时段还是晚上下班后，你都要跟你服务的每一名经理确认无事后才能离开办公室，明白了吗？"

这位总裁并不只把这封信发给了秘书一人，还同时抄送给了公司的4位同事。

两天后，秘书给总裁回信，语气之强硬，措辞之严厉，丝毫不输来信。在这封"发飙信"中，她声明了6点意见，并最终为她在网络上赢得了"史上最牛女秘书"的称号。这封邮件的内容如下：

"第一，我做这件事是完全正确的，我锁门是从安全角度上考虑的，北京这里不是没有丢过东西，一旦丢了东西，我无法承担这个责任。第二，你有钥匙，你自己忘了带，还要说别人不对。造成这件事的主要原因是你自己，不要把自己的错误转嫁到别人的身上。第三，你无权干涉和控制我的私人时间，我一天就8小时的工作时间，请你记住中午和晚上下班的时间都是我的私人时间。第四，从到易安信的第一天到现在为止，我工作尽职尽责，也加过很多次的班，我也没有任何怨言，但是如果你们要求我加班是为了工作以外的事情，我无法做到。第五，虽然咱们是上下级的关系，也请你注意一下你说话的语气，这是做人最基本的礼貌问题。第六，我要在这里强调一下，我并没有猜想或者假定什么，因为我没有这个时间，也没有这个必要。"

秘书把这封信连同总裁的原信抄送给了易安信中国区的所有员工，包括北京、成都、上海、广州等地的员工。

从陆纯初发信到瑞贝卡回信间隔了两天。这封"女秘书PK老板"的火爆邮件就被她的同事在全国外企中广泛转发。邮件被转发出易安信后不久，陆纯初就更换了秘书，瑞贝卡也离开了公司。瑞贝卡后来说："这事闹得太厉害，我已经找不到工作了。"她没有料到邮件会被转发出去，更没有料到这件事所造成的后果如此严重。

思考与讨论：
1. 外企总裁与女秘书为什么会沟通失败？
2. 女秘书给总裁回信为什么导致其辞职？

视野拓展

如何做个好下属？

除最高层领导外，每个职员都有上司。如果你的工作完成得很好，你的业绩也不错，你的下属也很爱戴你，但你的上司可能并不喜欢你，因为你只知道做自己的工作，只知道怎么管理你的下属，不注意上司怎么看你，这样你就很难得到提拔。所以，不管你是主管也好，普通职员也好，你都要懂得怎么当好下属，怎样让你的上司喜欢你、器重你、提拔你。如果你要获得这样的效果，下面的七点建议值得重视。

（1）主动报告你的工作进度。

（2）对上司的询问有问必答，而且清楚。

（3）努力学习，充实自己，以理解上司的意图。

（4）接受批评，不犯同样的过错。

（5）不忙的时候，主动帮助别人。

（6）毫无怨言地接受任务。

（7）对自己的工作主动提出改进意见。

与领导沟通能力的简易测评

以说服领导为例，如实在表 10.1 中用最快的速度作出选择，测试你与领导沟通的能力。然后扫描二维码查看计分方法和得分解析。

表 10.1　与领导沟通能力的简易测评表

序号	问　题	选　项			得　分
		一贯如此	经常如此	很少如此	
1	能自始至终保持自信的微笑，说话时保持音量适中				
2	善于选择领导心情愉悦、精力充沛的时机与其进行沟通				
3	已经准备好了详细的资料和数据佐证你的方案				
4	对领导可能提出的问题胸有成竹				
5	语言简明扼要、重点突出				
6	和上级交谈时友善，能充分维护上级的权威				
得分总计					

第二节　与同事沟通的艺术

吾日三省吾身，为人谋而不忠乎？与朋友交而不信乎？传不习乎？

——曾子

一、新员工的沟通要则

作为新员工，在迎新会上往往被奉为贵宾，上司对你也是赞赏有加。但开始工作后就不同了，你需要去认识同事，熟悉工作，了解公司的组织结构。进入职场后，你就踏入了"人生中最忙碌的日子"。这时，你需要做的就是将自己的良好形象维持下去。

视野拓展

蘑菇定律

1. 开朗的问候

当你到达公司时，如果有人比你早来，无论是谁，你都要开朗地道声："早！"就算这些人是警卫、清洁工，你也应如此。只是早上一声"早"，以及下班后一句"再见"，你便会赢得大家的好感，并给大家留下开朗的好印象。简单的一句问候，会增进你的人际关系，会给你带来意想不到的收获。

2. 牢记同事的名字

在职场中，牢记他人的名字是很重要的。如果你能在上班的第二天就准确无误地叫出他人的名字与其打招呼，那你在以后的工作中将会更容易得到他人的帮助。但如果你在上班一段时间后仍叫不出同事的名字，甚至连对方的姓都记错了，那你在工作中受挫的可能性也就提高了数倍！为什么名字对交际如此重要？因为它代表了你对一个人的重视程度。试想一下，当你告诉同事自己的名字后，第二天他找你有事时对你说："哎呀，不好意思，你叫什么来着，能麻烦你把报告做一下吗？"你会是什么感觉？至少会在心里感到不悦吧。更别说是对方过了很久还把你的名字叫错，那简直是让人不可原谅的事情。

因此，在希望别人重视自己的同时，先要做到重视别人。尤其是比自己早进公司的那些同事，他们是自己的前辈，为了表示自己对他们的尊敬与重视，首先就应从重视对方的名字入手。准确叫出同事的名字，对于刚进入职场的新员工来说尤为重要。

3. 勤于发问

有的新员工进公司后没有多久，就能融入公司的整体氛围中，说话办事都顺应公司的作风；而有的人只做了两三个月就辞职了，因为他们实在无法顺应公司的作风，并且与同事之间的关系既别扭又疏离。为什么会有如此不同的情况出现呢？关键就在于前者往往勤于发问。

职场的路是要靠自己走出来的。在你发问的过程中，你与工作中其他人员的关系往往会更加密切，从而有利于你的工作。需要注意的是，你不能仅仅为了问而问，比如对于一些鸡毛蒜皮的与工作无关的事情，或是涉及个人隐私的问题，你最好还是少开尊口。

4. 多说"谢谢"

维持良好的人际关系，表达感激最简洁的一句话就是"谢谢"。诚恳地说声"谢谢"，会带给对方最大的满足和感动。

在职场上，往往越是亲密的人越不好意思说出"谢谢"。然而，不管你们交情有多好，你仍然应该注意礼貌，要多说"谢谢"。假如你是推销员，即使推销不成功，也应该向看过你产品的人说声"谢谢"。"谢谢"虽然是一个简单的词语，但只要你运用得当，就会给别人留下好的印象。

5. 少用"我"这个字

"我"这个字是经常要用到的，但在职场中，"我"这个字怎样用，却大有讲究。尤其是对于新员工来说，更要谨慎。

"我"字讲得太多，过分强调，就会给人以突出自我、标榜自己的印象，这会在对方的心里筑起一道防线，为人际交往设置障碍，进而影响交往的深入。因此，无论你做了多么重要的事情，在讲述时都要把表达的重点放在对事件的客观叙述上，而不要突出做这件事的"我"，更不要让听者感到你是在吹嘘自己，以显示自己高人一等。

6. 多观察，少开口

作为新员工，刚开始时没有多少可以深入交谈的对象，这是很正常的事情。人际关系是个渐进的、逐渐积累的过程，并不是"速成"的。如果你对别人太过热情，反而会引起对方的猜疑。因此，你不用对自己的默默无闻而感到焦虑。你需要学会忍耐，充分地观察周围的情况，然后在必要的时候说出得体的话，而不是有意无意地到处夸夸其谈。如果你不认真工作，一味地闲谈，反而会给人留下工作不认真、能力不佳的恶劣印象。

7. 抓住机会向上司和老员工请教

作为刚刚进入公司的新人，如果你能够在很短的时间内获得上司和老员工的赏识，对你日后在公司的发展至关重要。

然而，普通职员却很少有机会接触高层领导，其才能也很难被高层领导发现。那么，向直接上司请教，将是你展示才能的大好机会。所以，你要善于学会和利用请教的机会，适当地展示自己的能力。

二、适度应酬可以增进同事感情

在社交中，应酬是一门人情练达的学问，合法、合规、合理的应酬可以拉近彼此的距离，增进双方的感情。同事间的应酬有很多，如遇有同事结婚、生子、升迁、生日等喜事时，可送上一份礼物表示祝贺，对同事间的应酬，一定要积极一点，因为这是增进同事感情的有效方式。

> 视野拓展
>
> 职场与人相处的
> 小技巧

某位人缘不错的同事过生日，大家一起去庆贺，你也欣然前往，可是到了以后才发现来的人有这么多。这时候你反问自己一句："他们为什么不在自己生日的时候也来热闹一番？"这说明你与同事间的应酬还不到位，与同事之间的关系处理得欠佳。要改变这种状况，你就要积极主动一些，多找机会与同事来往，在沟通中学会应酬。比如你刚拿到一笔奖金，又适逢生日，你可以积极筹划一次聚会，邀请你所在部门的同事参加。在这种情形下，不管同事们过去和你的关系如何，一般都会乐意去捧场，你也一定会因此给他们留下一个比较好的印象。

> 小丽上班已经快半个月了，但与同事的关系却一直平平淡淡。小丽非常羡慕其他同事彼此间的亲密关系，但又很无奈。一个周五，行政部的王小姐大声宣布："明天我生日，我请大家吃饭，愿意来的请明天下午3点在公司门口会合！"大家听了都非常高兴，叽叽喳喳地开始议论这个聚会，讨论该送什么礼物，而小丽依旧被冷落。"去不去呢？人家又没邀请我！"下班后小丽一直在考虑这个问题，最后一咬牙，还是决定去。
>
> 第二天会合时，她准时来到公司门口，当她把准备好的礼物送给王小姐时，王小姐明显愣了一下，但马上就笑开了，并对小丽表示了热情的欢迎。那一天她们玩得非常尽兴，小丽还两次登台献艺。就这样，因为一次应酬，小丽成功地融入了这个团体。

如果没有参加这次应酬，小丽可能还处在办公室的"边缘地带"。可见应酬确实是联络感情的最好办法，吃喝玩闹间，就能拉近彼此的距离。既然是应酬，就要遵循常规的应酬礼仪，不能太过随意。

1. 应酬要守时

对预约的拜访要严格守时，别忘了"浪费别人的时间等于谋财害命"这句话。如果对预约的拜访不能准时赴约，要提前打电话通知对方，即使责任不在自己，也要向对方道歉。

2. 入"乡"随俗

重视应酬，一定要入"乡"随俗。如果你所在的公司中，升职者有宴请同事的习惯，你一定要按例办事，如果你升职时不请客，就会落下一个"小气"的名声；同样，如果人家都没有请过而你却开了先例，则同事们就会认为你太招摇。所以，遇事要按公司约定俗成的规矩来办。

3. 有来有往

来而不往非礼也，同事应酬中没有永远的主人或永远的客人，做个懂礼之客固然重要，做个得体待客的主人也很重要。如果有同事来访，要提前"洒扫门庭，以迎嘉宾"，并准备好茶具和烟具。客人进门后，要热情迎接并请上座。如果客人远道而来，还要问问客人是否用过餐。对一般客人，在饭前只备烟、茶就可以了，茶壶可以放在桌上，每次倒茶只倒八分满为宜，以便于客人饮用。

4. 根据情况决定去或不去

要重视应酬是否合法、合规、合理，尤其针对别人的邀请要想清楚去与不去，并做出明确回复。人家发出了邀请，合法、合规、合理的，能去就尽量去，不能去就千万别勉强。比如同事间的送旧迎新，因为老同事与自己在数年工作中建立了一定的情谊，欢送时去一下合情合理；如果是欢迎新同事，就可以酌情考虑了，反正来日方长，还愁以后没有见面的机会吗？

5. 适当馈赠礼物

同事之间的礼尚往来，是建立感情、增进关系的物质纽带。同事在某一件事上帮了你，你事后带上一份礼品登门致谢，既还了人情，又加深了感情；同事间的婚嫁喜庆，根据平日的交情，送去一份贺礼表达心意，既添了喜庆的气氛，又巩固了同事间的情谊。不过在送礼时要注意礼物的轻重之分，一般是心意到了就行，千万不要送过于贵重的礼品。

总之，无论是正式的还是非正式的交往和沟通，我们都要懂得多给同事一个了解和接受我们的机会。对于与同事、领导的关系，我们反对走两个极端：一是过分疏远、毫不重视；二是过从甚密、你我不分。应酬可以增进同事间的感情，是处理好同事关系的法宝之一，善于应酬的人往往会受到同事们的欢迎。

孔子的学生子游曾说："事君数，斯辱矣；朋友数，斯疏矣。"推荐读者通过网络查询这句话的含义，并结合上述"两个极端"进行分析。

三、与同事的竞争要光明正大

有句话说得好："同行是冤家，同事是对手。"坐在一起的同事常常侃大山，云山雾罩，欢声笑语，气氛十分融洽，但因为是同事，是站在同一条起跑线上的同资同辈，所以彼此间又存在竞争关系。因此，同事之间是竞争与合作并存的关系，而竞争应该是正当的、光明正大的。然而，存在竞争就容易让人抛掉正常的心态，于是笑里藏刀、绵里藏针、排挤迫害等招数便纷纷登场。

李斯和韩非都是荀子的学生，也都是法家的代表人物。李斯自认为才能不及韩非。韩非生来口吃，不善于言谈，却善于著书。有人把韩非的著作传到秦国。秦王看到韩非写的《孤愤》《五蠹》两篇文章，对人说："哎呀，我要见到这个人并且能和他交往，就是死也不遗憾了。"李斯说："这是韩非撰写的书"。秦王因此立即攻打韩国。起初韩王不重用韩非，等到情势吃紧，才派遣韩非出使秦国。就在秦王高兴得到韩非但尚未对他信任之际，李斯担心韩非被秦王重用而危及自己的地位，便与姚贾在秦王面前诋毁他说："韩非是韩国贵族子弟，现在大王要吞并各国，韩非到头来还是要帮助韩国而不是帮助秦国，这是人之常情啊。如今大王不任用他，在秦国留的时间长了，再放他回去，这是在给自己留下祸根啊。不如给他加个罪名，依法处死他。"秦王认为他说得对，就下令司法官吏给韩非定罪。李斯派人给韩非送去了毒药，叫他自杀。韩非想要当面向秦王解释，却又不能见到。后来秦王后悔了，派人去赦免他，可惜韩非已经死了。

韩非是名传千古的集法家之大成的思想家，只因可能与李斯同事秦王便遭其毒害，这是因为韩非的到来威胁了李斯在秦国的地位，将名利看得重若生命的李斯又怎么会放过他呢？李斯的这种嫉贤妒能、残害同窗的做法为世人所不齿。

俗话说："枪打出头鸟"。同事间毕竟存在竞争关系，因此一个人才华过人、锋芒毕露就很容易让别人感受到威胁，所以要处理好与同事的关系，就不要事事占尽上风。要用你的行为让同事感觉到你的存在不会威胁他们的地位，使他们有安全感，这样，同事就会认为你既是忠实可靠的同事，又是朋友，便会毫无顾虑地与你交往、合作了。

在现代社会中，竞争的存在是不可避免的。每个单位都有晋升、加薪的机会，而在众多的同资同辈人中，谁能被提级加薪全靠个人表现，这便出现了竞争。对一个集体而言，竞争有利于提高效率。但是，这种竞争应该是正当的，同事之间的竞争不应该把对手理解为"对头"。当竞争对手强于自己时，要有正确的心态，同事之间的竞争要以共同提高、互勉共进为目的，每个人都应以积极的心态投入到竞争当中去。

竞争总是要分胜负的，就看你能否正确看待。同事之间的竞争，胜负只说明过去，他胜了，你应该向他祝贺，你要从中找出自己身上存在的缺点和不足，以利于自己以后的发展。同事之间的竞争，竞争中是对手，工作中是同事，生活中是朋友。对于竞争的结果，胜者不必得意忘形，输者也不必垂头丧气。谁不想得到晋升、获得加薪呢？但现实中不可能每个人都赢，有竞争就有失败，即使这次没能获胜，还可以下次再争取。

同事之间既有竞争，又有合作，竞争要光明正大，只有认清了这一点，你才能与同事友好相处。

视野拓展

零和游戏的原理

当你看到两位对弈者时，你就可以说他们正在玩"零和游戏"。因为在大多数情况下，总会有一个人赢、一个人输，如果我们把获胜计为 1 分，而输棋计为−1 分，那么，这两人得分之和就是：1+（−1）=0。

这正是"零和游戏"的基本内容：游戏者有输有赢，一方所赢正是另一方所输，游戏的总和永远是零。

20 世纪，人类在经历了两次世界大战、经济高速增长、科技进步、全球化以及日益严重的环境污染之后，"零和游戏"观念正加速让位给"双赢"观念，与同事竞争，不如与同事合作把公司业务做得更好。

案例阅读与思考

先靠近对手，再温暖自己

调度是公司关键的职位，我感到了公司的信任，也感到了压力。和我搭档的主调度李工是南京大学的研究生，业务能力在公司首屈一指，但他为人孤傲，不太合群。工作时，李工常常撇下我独来独往，偶尔与我交谈时，也会露出一种不屑的神情。

最初的一段时间，我没有更好的办法改善我俩的关系，只得暂时避其锋芒，在工作中处处以他为主，从不抢他的风头。

6月的一天早上，我像往常一样到各岗位收取报表，然后回调度室进行汇总、分析。我发现夜班的一氧化碳浓度有偏高的趋势，就赶紧给李工打电话。但他没等我说完，就不耐烦地打断了我："你说的我知道了。"然后，不由分说挂断了电话。

上午十点，因为一氧化碳浓度偏高，公司生产出现了波动。下班后，王总亲自召开了事故分析会。没想到，首先发言的李工，将责任推到我身上，说我没给他及时汇报。

李工是我的上司，我若实话实说就会让他下不了台，使我俩的关系越来越僵，但不澄清原委，这个黑锅我又背不起。我想了想说："李工，我给你打电话汇报过了，也许是岗位噪声太大你没听清。对不起，这回我做得不好，我应该当面通知你。"我的发言有理有据。看着我满脸真诚的样子，在众目睽睽下，李工也摆出了高姿态："你别说了，这事我也有责任。"

由于我和李工的努力，这次事故被消灭在萌芽状态，所以王总也没过多追究，只是提醒我俩以后要多沟通。

我决定改变与李工的交往方式，从被动防御到主动沟通。我对李工的冷淡装作不在意，而且始终笑脸相迎；有些独到的观点，我也从不瞒着李工，而是坦诚地与他交流；在月业务研讨会上，对李工的发言我总是带头鼓掌。李工是个聪明人，对于我的谦让和大度心知肚明，看我的目光由当初的不屑、戒备逐渐变成了欣赏和尊重。由于我俩的合作与团结，我和李工所在的班组业绩一直名列公司第一，多次受到了公司的嘉奖。

2006年10月的一天，李工请我吃饭，说了些感谢的话后，让我多多帮忙。原来，前生产部长因病离职，公司有意实行竞聘，从四名主调度中选择一名任生产部长。错过了多次升迁机会的李工这次志在必得，他的软肋在于人缘不太好，在竞聘中会吃亏，于是他决定向公司提出一条有价值的可行性建议，以期在业务能力方面取得突破。

李工问我："现在压缩机的打气性能很低，你有什么好主意吗？"这是困扰公司生产的一个瓶颈。我当时也没什么好主意，但我答应和他一起寻找解决办法。

自那以后，我常去压缩岗位和操作工交谈，又翻阅了很多资料，大胆地提出了一个方案：通过安装一个特别的回收管道，将压缩机所有回路阀门和放空阀门相连，这样就可极大地提高气体利用率。李工听了我的方案，受到了很大的启发，在我的方案的基础上，他不断改进，提出了一个更完善和安全的方案。

李工要以我俩的名义向公司上报方案，我谢绝了。李工拍着我的肩膀，眼眶湿湿地说："对不起，兄弟，我为以前的一些事向你道歉。"

2006年12月，李工升职为生产部长。由于李工的力荐，仅仅8个月，我就从副调度被破格提升为主调度，这在公司是前所未有的。我的成功经验在于，我用真诚的行动，打开了李工的心扉，他成了一对"黄金搭档"，实现了双赢。

（本例整理自《北京纪事·纪实文摘》2007年07期"四步'先'机让我游刃职场"一文）

思考与讨论：

1. 谈谈你对故事中主人公沟通方式的看法。
2. 你认为故事中主人公的成功经验有哪些？

四、让"黑状"无用武之地

工作中，领导需要尽可能地多了解下级情况，下级经常向上级汇报工作是应该的，也是正常的。但因同事之间或多或少存在着一些利益关系，或者源于个人恩怨，在大多数正常的工作汇报之外也可能存在个别有意而为的"黑状"。如果领导明察秋毫，"黑状"一般不会起作用；但如果领导是个易听信馋言的人，别人向领导告自己的黑状，就会给自己带来一些麻烦。

一般而言，"黑状"怕光，也怕时间。如果事情被公开，"黑状"就无法发挥作用；随着时间的推移，一些"黑状"也会在真相面前曝光。因此，对于无关痛痒的"黑状"尽可置之不理，只要做人光明磊落，"黑状"的危害就可忽略不计；但对于能带来巨大危害的"黑状"，还是应该谨慎处理，否则其短时间内形成的不利影响可能会十分恶劣。应对这类"黑状"，可参考以下几种方法。

1. 先其上报

我们先来看一个例子。汉景帝时，晁错为内史，很受景帝信任，他提出过许多革新的建议。丞相申屠嘉因为晁错的建议触犯了自己的利益，一直在伺机陷害他。晁错的府第在太上皇本庙外空地上的矮墙北侧，出入很是不便，于是晁错在矮墙上开了个门。申屠嘉借此大做文章，状告晁错凿庙墙为门，其罪当诛。晁错得知申屠嘉的图谋后，赶在申屠嘉之前，将真实情况报告给了汉景帝。所以待到申屠嘉告状时，汉景帝只说了句"不是庙墙，是庙外空地上的矮墙"，便否决了申屠嘉的小报告。申屠嘉回家后大发脾气，说："我应当赶在晁错的前面，谁知他竟然赶到我的前面了，我反倒碰了一鼻子灰。"晁错的机警使他躲过了一次谗言带来的灾祸。

一般而言，那些散布流言蜚语告"黑状"的人，为了使自己编造的谣言发挥陷害人的功效，总是利用人们先入为主的印象来给领导制造假象，这样，即使领导并不全信，也会对被中伤的人产生疑心，告状者也就因此达到了他的目的。如上例中，如果是申屠嘉先于晁错面见汉景帝，那么必定会让汉景帝对晁错产生疑心，即使晁错自己或是其他人再为之辩白，这时，也起不到多大的作用了。因为这些观点同前面形成的第一印象发生了冲突，所以，很难被汉景帝采信；除非这个后来的印象给人的感觉特别强烈，或是不断地重复，才有可能改变或是冲淡先前的第一印象。

那些善于制造"黑状"的人正是抓住了人们的思维和心理上的这一特点，想方设法地做到捷足先登、先发制人。而被中伤的人往往由于疏于防范，所以大多处于被动辩解的不利地位，有些人甚至连辩解的机会都没有。但是，如果被诬陷的人能像晁错这样事先采取措施，积极进行自我保护，或者是一听到风吹草动，就积极行动起来，抢占先机，那么局势就完全改观了。

2. 公开实情

防范和反击"黑状"最为关键之处是选准目标，并且针对滋事者的逆行采取公开论战的方式予以还击，对其所散播的流言蜚语进行大胆揭露和坚决批驳，贬斥其卑劣行为。这就要求我们做到如下几点。

首先，主动出击，把所发生事情的原委详细、客观地公之于众，使人们知晓事实。

其次，与告"黑状"的人进行公开论战，把客观事实与那些偷偷摸摸上报的"黑材料"以及背后的各种不实之词等都摆到桌面上来。

最后，帮助和引导人们把客观事实与"黑材料"进行对比、推敲，彼此参照。

这样一来，某些人所提供的所谓的"材料""报告""证明"和"肺腑之言"等的真假虚实也就昭然若揭了。

3. 利用第三方

先看一个例子。

汉武帝虽是个能干的皇帝，可到了晚年，也变得糊涂起来，他任用了一个叫江充的无赖。江充为了私利，制造了很多冤假错案，最后冤案竟做到了太子头上，他说太子诅咒武帝，并在太子房中挖出了事先安置的木偶。太子说不清楚，恼恨江充，便把江充杀了，他自己也只好逃亡在外。这时，有一个叫令狐茂的山西上党人，上书汉武帝指出太子无辜、江充奸诈，并举出历史上种种事例，希望汉武帝不要听信谗言。这样，才使汉武帝有所觉悟。不过，那时太子已被追捕的人杀害了。

正是因为令狐茂这个第三方的介入，才揭穿了江充的"黑状"。要知道，利用第三方来对付小报告，可以给人们一种真实可靠的印象。如果没有比较超脱的旁观者勇敢地介入，江充的谗言是很难被拆穿的。

诚然，与同事相处要讲究以和为贵，但如果被同事在领导面前告了"黑状"，也要积极给予回应，洗清自己的冤屈，不能吃哑巴亏。

五、妥善解决同事间的矛盾

处在一个办公室的同事几乎天天见面，各人的脾气禀性、优点和缺点也暴露得比较明显，同事间接触得多了，自然就会产生各种各样的冲突和矛盾，不但伤害感情，也影响工作。如果事情闹大了，还容易引起领导的不满，影响自己的前途。所以跟同事有了矛盾最好能和平解决，否则就是在自找麻烦。

> 汪梅越来越讨厌财务部的王会计了，每次到她那里取报表之类的资料，都要费半天劲，结果还被经理认为"办事慢吞吞"。王会计也讨厌汪梅，觉得她整天咋咋呼呼的，不尊敬老员工。结果两人越闹越僵，汪梅摔东西、使脸色，王会计就说东道西、指桑骂槐。汪梅真想换工作，可除了与王会计的矛盾外，其他的一切都很顺利，她还真舍不得这份工作，她该怎么办呢？

汪梅和王会计的矛盾其实是由于性格差异和处事不当造成的，并不是不可调和的，她还没有到要为此必须换工作的地步。况且，同事之间即使有了矛盾，仍然是可以来往的。

首先，同事之间的矛盾往往源于一些具体的事件，而并不涉及个人的其他方面。事情过去之后，这种冲突和矛盾可能会由于人们思维的惯性而延续一段时间，但时间一长，彼此也会逐渐淡忘。所以，不要因为过去的小矛盾而耿耿于怀。只要你大大方方，不把过去的事当一回事，对方也会以同样豁达的态度对待你。

其次，即使对方对你仍有一定的成见，也不妨碍你与他的交往。因为在同事之间的来往中，我们有时所追求的并不是朋友之间的那种友谊和感情，而仅仅是为了完成工作任务。彼此之间有矛盾没关系，只要双方在工作中能合作就行了。由于工作本身涉及双方的共同利益，彼此间合作如何，事情成功与否，都与双方的利益息息相关。如果对方是一个聪明人，他自然会意识到这一点。这样，他也会努力与你合作。如果对方执迷不悟，你不妨在合作中或共事中向他点明这一点，以利于相互之间的合作。

同事之间有了矛盾并不可怕，只要我们能够积极采取措施去化解矛盾，同事之间仍可以和好如初，甚至比以前的关系更好。

1. 主动化解矛盾

要化解与同事之间的矛盾，就应该主动一些，不妨尝试着抛开过去的成见，以更积极的态度对待对方，要像对待其他人一样对待他们。一开始，他们可能会心存芥蒂，或者会认为这是个圈套而不予理会。但只要耐心并坚持善待他们，慢慢地总能改善你们之间的关系。

2. 及时与有矛盾的同事沟通

如果与同事之间的矛盾比较严重，你可以主动找同事沟通，并了解你是否不经意地做了一些事而得罪了他们。你可以心平气和地解释你的想法，比如你很希望和他们建立良好的工作关系，也许双方存在误会等。

3. 注意自我反省并激励自己

当有人对你怀有敌意时，用不着愤愤不平，不妨自己先进行一番反省，想想自己平常在工作中以及在与同事交往中是否存在不妥之处。在以后与他人相处时，多几分谨慎，少说些易引起误解的话，避免授人以柄，这有助于你在人际交往中更为成熟、稳妥，少些是非。假如某人对你怀有敌意，他肯定会在某些情形下贬低你，企图使他人对你的能力、才华和业绩表示怀疑。你要做出的最好回应就是把工作做得更出色，而不是把时间和精力放在无谓的人际纠纷上。

4. 通过"中间人"传话来消除对方的敌意

找个双方都能接受的人为"中间人"，通过他代为传话，以化解同事的敌意，这可以达到两个目的：一是把自己的想法和事实告知对方，起到澄清事实、消除误会、沟通了解的作用；二是让对方知道，自己已了解到对方的所作所为，从而起到警示对方的作用，使对方有所收敛。

> 与同事相处千万不能太较真，遇到矛盾最好能和平解决。而对于一些鸡毛蒜皮的小事就让它过去吧，度量大一点并不会使自己吃多少亏，反而会使自己有个好人缘。

六、谨防别有用心的谣言

谣言是对公众感兴趣的事物、事件或问题的未经证实的解释或理解，它可以通过各种渠道进行传播。

和"黑状"一样，谣言也会存在于职场，且多数谣言不足为惧；和"黑状"不同的是，多数谣言并无目的性，也无须我们去过多关心。但职场毕竟不是象牙塔，还是存在"别有用心的谣言"。既然别有用心，造谣者就会怀有某种目的，虽然影响不大的谣言我们还可以用"谣言止于智者"的心态去应对，但对于可能会带来大麻烦的谣言还是要采取积极的措施去应对。在职场中如果没有上级的支持，最好的应对方法是在谣言未对自己造成大的伤害之前就将其消除。

公众感兴趣、未经证实是谣言传播的重要条件，应对别有用心的谣言的办法可基于这两点考虑。

某外企的一位年轻女白领，工作能力有口皆碑，她把上下关系处理得也极为融洽，职位频频上升，这种情形引起了个别同事的妒忌。这位白领在工作中需要经常和很多人接触，包括她的外国主管。时间不长，公司开始流传一个消息：她的擢升是靠和主管的不正当关系得到的。这个消息在公司内部快速传播开来，谣言使这位女白领极为恼火，但她却无处发作。

她没有向主管投诉，而是在一个周末邀请了主管夫人到她家里做客，同时还邀请了一位平日一起出入的同事做伴。主管夫人和她相处得非常愉快，并于第二个周末回请她去野营晚餐。在往后的日子里，她们有来有往。这个策略渐渐产生了效果，没有多久，谣言便平息下来。她的主管知情后，还对她处理此事的方法大为赞赏。

这位女白领破除谣言的方法的巧妙之处在于其不直接否定谣言，而是利用与主管夫人的关系间接证实了谣言的虚假性。

如果别有用心的谣言危及了自身正常的工作和生活，并且明确知道谁是造谣者，我们也可以考虑要求造谣者一同到领导面前对质。当然这种办法要慎用，对质后通常都会令造谣者被警告或被辞退。

作为领导，如果谣言危及单位的利益，则要引起重视，一般可采取公开信息的办法破除谣言，对于别有用心的故意危害单位利益的谣言制造者，还应该加以惩戒。具体来说，单位领导破除谣言时应该做到以下几点。

（1）详细了解谣言本身，寻找谣言的漏洞。对于掌握全局的领导者来讲，经常会感觉谣言很可笑。事实上，并非将事实公开就可顺利破除谣言，关键是要分析谣言本身和其漏洞，而全面地了解谣言本身需要细心和耐心。如同医治病人，其身体状况、病因、症状、所处环境都是制订最终医治方案的前提条件，只有详细了解了谣言本身，找到它的漏洞并做一些相应准备工作，才能顺利破除谣言。

（2）找出谣言的制造者。如果谣言是恶意的、别有用心的，找到谣言的制造者是一项必要工作，找到谣言的制造者后应给予惩戒。但更多时候谣言的制造者并不容易查到，实在查不到则应该适可而止，破除谣言才是问题的关键。

（3）破除谣言。一般可以公开辟谣，也可以非公开散播和谣言相反的信息，具体的方法需要视具体情况而定。

七、与同事相处的禁忌

同事，可以说是除了家人以外我们每天接触最多的人。同在一个办公室里，有人能和同事打成一片，有人却孤孤单单。除了某些重大问题上的矛盾和直接的利害冲突外，平时忽略言行细节也是与同事相处不好的原因之一。在办公室，与同事相处通常有以下一些禁忌。

1. 好事不通报

视野拓展

职场警示录

先看一个例子。陆群的表姐在公司管后勤，所以单位里有什么好事，如发几箱水果、组织看电影等，陆群总能最先得到消息，每次他也都能领到最好的一份。但不知出于什么想法，陆群从来不向大家通报这些消息，久而久之，大家自然也就离他远远的。之后，只要看到陆群一个人行动时，同事就会冷笑着说："瞧！不知道又有什么好事了！"

单位里发物品、领奖金等，你先知道或者已经领了，却从不向大家通报一下，即便可以代领的东西也不帮人领一下，这样几次下来，别人就会对你产生不满，觉得你太不合群，缺乏团队意识和协作精神，以后他们有事也就有可能不告诉你。如此下去，你与大家的关系也就可想而知了。

2. 事不关己，高高挂起

有同事出差，或者临时出去一会儿，这时正好有人来找他，或者正好有他的电话，即使这位同事走时并没告诉你，但你也不妨告知同事的情况。如果你确实不知，那不妨问问别人，然后再告诉对方，以显示自己的热情。如果你明明知情，却说不知道，一旦被人知晓，那彼此的关系就势必会受到影响。外人找同事，不管情况怎样，都要真诚和热情，这样，即使没有实质帮助，外人也会觉得你们的同事关系很好。

3. 外出不互相告知

外出时互相告知，既是共同工作的需要，也是联络感情的需要，它表明双方互有尊重与信任。如果你有事要外出一会儿，或者请假不上班，虽然批准请假的是领导，但你最好同办公室里的同事说一声。即使你临时出去半个小时，也要与同事打个招呼。这样，倘若有人来找，也可以让同事有个交代。如果你什么也不说，有时正好有要紧的事，人家就没法说，或是懒得说了，受到影响的恐怕还是你自己。

4. 不分享可以说的私事

信任是建立在相互了解的基础之上的。无话不说，通常表明感情之深；有话不说，自然表明人际距离的疏远。你主动跟同事分享自己的私事，别人也会与你分享。你什么也不说，什么也不让人知道，人家怎么会信任你？不过要注意，有些私事不能说，但另外一些私事说说也没有什么坏处，比如你的男朋友或女朋友的工作单位、学历、年龄及性格等；如果你结了婚，有了孩子，在工作之余，有关爱人和孩子方面的话题都可以顺便聊聊，这可以增进同事间的了解，加深彼此的感情。倘若对这些内容都保密，从来不肯与别人分享，那怎么能拉近与同事的距离呢？

5. 有事不肯向同事求助

求人总会给别人带来麻烦，但有时向同事求助反而能表明你对他的信赖，能融洽关系、加深感情。良好的人际关系是以互相帮助为前提的。比如你身体不好，你同事的爱人是医生，虽然你不认识，但你可以通过同事的介绍去找她，以方便诊疗。倘若你偏不求助，同事知道了，反而会觉得你不信任人家。你不愿找人家，人家也就不好意思求你；你怕给人家添麻烦，人家就以为你也很怕麻烦。因此，求助同事，在一般情况下是可以的。当然，向同事求助要讲究分寸，尽量不要使人家为难。

6. 拒绝同事的"小吃"

同事带点水果、瓜子、糖之类的东西到办公室，休息时间给你分享，你就不要推托，不要以为吃人家的东西难为情而一概拒绝。有时，同事中有人获了奖或评上职称，大家高兴，要他买点东西请客，这也是很正常的。对此，你可以积极参与，不要冷冷地坐在旁边一声不吭，更不要人家给你时一口回绝，表现出一副不屑为伍或不稀罕的神态。人家热情给予，你却每每冷拒，时间一长，别人就会认为你清高和傲慢，觉得你难以相处。

7. 喜欢嘴巴上占便宜

与同事相处中，有些人总想在嘴巴上占便宜。有些人喜欢开别人的玩笑，虽是玩笑，也绝不肯以自己吃亏而告终；有些人喜欢争辩，有理争理，没理也要争三分；有些人不论国家大事还是日常生活小事，一见对方有破绽，就死死抓住不放，非要让对方败下阵来不可；有些人对本来就争论不清的问题也想要争个水落石出；有些人常常主动出击，人家不说他，他却总是先说人家……这种喜欢在嘴巴上占便宜的人，实际上是很愚蠢的。他给人的感觉是太好胜、锋芒毕露、难以合作。因此，讲笑话、开玩笑，有时不妨吃点亏，以示厚道。你什么都想占便宜，想表现得比别人聪明，最后往往是人家对你敬而远之，没人说你好。

8. 神经过于敏感

有些人警觉性很高，对同事也时时提防。一见人家在议论，就疑心在说他；有些人喜欢把别人往坏处想，动辄就把别人的言行与自己联系起来；有些人想象力太丰富，人家随便说的一句无心之语，他却听出了丰富的内涵。过于敏感其实是一种自我折磨，一种心理煎熬，一种自己对自己的苛刻。同事之间，有时还是麻木一点为好。神经过于敏感的人，与同事的关系肯定搞不好。

9. 该做的杂务不做

几个人同在一间办公室，每天总有些杂务，如打开水、扫地、擦门窗、取送快递等，这些虽都是小事，但你也要积极去做。如果同事的年纪比你大，你不妨主动多做些。懒惰是人人厌恶的，如果你从来不打开水，可每天都要喝，久而久之，大家对你就不会有好感。如果你把自己的办公桌收拾得很干净，可在办公室里却从不扫地，那么人家就会认为你比较自私。几个同事在一起，就是一个小集体，集体的事，要靠集体来做，你什么都不肯做，大家自然会对你有意见。

10. 在领导面前献殷勤

对公司的领导要尊重，对领导正确的指示要认真执行，但不要在领导面前献殷勤、溜须拍马。有些人工作上敷衍塞责，或者根本没本事，一见领导来了，就让座、倒茶，甚至公开吹捧，以讨领导的欢心。这种行为，虽然与同事没有直接的利害关系，但正直的同事对此都是很反感的，他们会在心里看不起你，不想与你合作，有的还会对你嗤之以鼻。如果领导确实优秀，即使你真心佩服他，也应该表现得含蓄点。有人经常瞒着同事向领导反映问题，而这些问题往往是同事们平时在办公室里私下谈论的。这实际上是一种变相的献殷勤，同事得知后，也会极其厌恶这样的人。

"千里之堤，溃于蚁穴。"有些细节看起来不起眼，却可能对你与同事之间的关系产生重大影响，如果你不注意纠正的话，就很有可能使自己成为办公室里不受欢迎的人。

第三节　与下属沟通的艺术

凡事应以关心，而不是以责备的立场来跟员工沟通。

——佚名

一、不要在下属面前摆架子

一项调查表明，不愿接近领导的人中，有三分之一的人认为领导架子大，三分之二的人认为双方关系不融洽的主要责任在领导。在工作或日常生活中，常常有一些领导好摆官架子，表现出一种高高在上、令人难以接近的态度，与周围的人和下级之间保持着情感上的距离。例如，某先生是一个大型合资公司的中方经理，此君的架子大到无以复加。员工向他问好他理也不理，公司的中层管理人员甚至高级管理人员向他打招呼，他也不过冷漠地"嗯"一声。他的脸上永远是冷冰冰的。公司员工表面上对他恭恭敬敬，背后却对他进行指责。后来，董事会将他调走时，他的下属们纷纷买鞭炮庆祝。在这位先生担任总经理期间，公司的业绩没有退步，但也没有太大的增长，算是无功无过。其实这位先生如果能够放下架子，尽力调动员工的积极性，说不定他能够取得更大的成就。

其实，很多领导并不是故意想摆官架子，只是他们没有注意到下属的心理变化和情绪波动，也没能适时调整自己的言行举止，结果被员工误以为自己有架子。

新上任的领导较为容易引人注目，大家会观察、分析他是否称职，他的能力如何，他的思想修养怎样，他的言谈举止是否恰当，他怎样处理与下属的关系等。对自己的经验、能力缺乏足够自信的新领导，会因此而形成一种心理上的压力，担心别人会不尊重自己、轻视自己。于是，作为新上任者反而不知该如何调整自己的心态，为了不使威严受损，总是板着面孔，故作高深，这在别人眼里可能就是架子。而对自己的能力、经验有足够信心的新领导，因为有了发挥自己才干的机会和条件，考虑更多的是如何工作，如何使自己的计划、设想付诸实施，往往会忽略与大家情感上的交流，最后也会让人误以为是在"摆臭架子"。

长期担任领导职位的人，由于工作头绪多、繁忙，很可能在一些自己不注意的时候造成下属的难堪和反感。有的领导在下属来谈工作时，坐在那儿既不请下属落座，也不停下手里的工作，只是敷衍地哼哼哈哈，这会给人的情绪造成不好的影响，让员工的自尊心受到伤害。所以，千万不能忽视这些看似无足轻重的细小行为，礼貌与关心虽然有时只在于一两句话，但它为你赢得的不仅仅是工作上的相互配合，更重要的是思想情感上的相通和互相信任与尊重。

视野拓展
推荐读者课外观看曾仕强教授的"领导的沟通艺术"讲座，以学习更多知识。

另外，领导不要乱发脾气，否则很容易破坏与下属的关系，拉大与下属的距离。例如，郑先生是一个白手起家的大老板，他的事业做得很大，但与员工的关系却并不好，原因是他的脾气太暴躁，责骂起员工来一点也不留面子。员工私下里说，一定是老板当打工仔时受了太多的气，现在把气都撒到他们头上来了。郑先生的一个老朋友看到他这样对待员工后，叹息着说："你的脾气太大了，太能摆架子了，你想做垃圾堆里的老板吗？"后来，郑先生果然尝到了坏脾气的恶果：他得力的助手一个个都离开了他，他发现自己再也没有几个人可指挥了，他的事业也急转直下。痛定思痛，他决定改正自己的缺点，向全体员工道歉，并表示以后绝不会再乱发脾气了。他做到了这一点，走掉的员工又慢慢回来了，公司更加团结，他的事业也成功地走出了低谷。

视野拓展
与下属相处的七大原则

与下属相处时，千万不要乱发脾气，坏脾气会吓走你的下属，也会孤立你自己。有的领导控制不住自己的脾气，当下属做错了事，会在批评下属时破口大骂，在极为生气的情况下，对下属说的话极伤其自尊心，事后却又后悔不已。但此时再请求对方原谅就不是那么容易的事了。所以，领导同下属交往时，千万要注意自己的情绪和言行，以免破坏同下属之间的关系。

二、学会跟下属开玩笑

一些领导认为，和下属交往的时候要板着脸，保持严肃。他们以为这样做是在维护自己的威严，实际上却是让自己的形象变得更加僵化而已。其实，领导适当地跟下属开开玩笑，会使自己显得和蔼可亲，不那么高高在上，这更有利于工作的开展，也更有利于和下属的交往。

美国工商业的大人物们都能接受别人的玩笑，其中有些人不仅乐于接受玩笑，还善于你来我往地互开玩笑，有幽默感的老板们甚至会以欣赏的态度对待他人的玩笑，在他们看来，别人开自己的玩笑表示他们喜欢自己。

有专家研究认为，人们在开玩笑的时候，常常用反语来表示真正的含义，所以玩笑往往是夸大其词。在现实生活中，如果你是一位领导者，应该注意以下几个问题。

（1）当别人跟你开玩笑或取笑你的时候，不管你喜不喜欢对方的幽默，都要尽量和大家一道笑，以此表现一位领导者所具有的幽默和风度。

（2）在开玩笑的时候，不要以自己为中心，要运用幽默的方式表现对下属的体谅与关心，从而拉近与他们的距离。

（3）对玩笑要适当地节制。为了工作的正常进行，你和下属都不能把大量时间花费在无休止的玩笑中。玩笑多了也会使人感到厌烦。

领导不仅要有威严，还要有亲和力、有人情味，板着脸未必能获得下属的拥戴，相反，适当地跟下属开开玩笑，能使双方的关系更加融洽，对凝聚人心往往能起到异乎寻常的作用。

三、学会和下属交朋友

上下级关系是因工作需要而确定的，是八小时以内的工作关系，但是这种关系远不如朋友关系稳定，如果能成功地把它转变为朋友关系，你就掌握了人际协调中的重要方法。

视野拓展
管理者和下属该保持怎样的距离

李兵是某合资公司的业务部经理，他酷爱野外攀岩活动。一次，李兵在某俱乐部举办的大型攀岩活动中竟然碰到了业务部员工张健，原来张健也是攀岩爱好者。那天他们在一起聊了很多，此后他们形成了一种奇怪的关系：在公司里是上下级，出了公司是朋友。几个月的时间里他们一起攀爬了市郊的几个著名崖壁，还计划黄金周时一起开车去外地攀岩。两人都很享受这种关系，在工作上他们也配合得更默契了。

站在管理者立场上的人大概会觉得现在的年轻人不喜欢这种人情味的关系，但这只是那些管理者自以为是的认识而已。年轻的员工肯定渴望能与领导的关系更为亲密，只是与以前不一样的是，他们更愿意在公司内寻找建立这种关系的方法，而不想在小酒馆聚会喝酒以联络感情。换言之，员工是想在工作上能与领导进行朋友式的交流。由于领导不了解他们的这种想法，仅仅以其谢绝八小时以外的交往，就错误地认为这些年轻人只需要冷酷无情的上下级关系就够了。可见，这种领导一开始就先入为主地认定年轻人讨厌与自己交往。受此影响，上下级的关系自然就不会很融洽。领导在指导年轻人时，也总是采取留一手的态度，其实他们理应对年轻人多多指导。一旦他们认真给予指导时，就会发现年轻人出乎意料地乐于倾听，年轻人并不讨厌领导现身说法的经验之谈。进一步说，他们更希望听听领导讲述自己如何过五关斩六将的工作经历。由于领导不了解这一点，又碍于面子，以致自觉不自觉地常对下属板起面孔。由于领导的疏远，做下属的也不便追得太近，结果就只能对领导敬而远之了，彼此之间的鸿沟也就越来越深。这就是目前在许多公司里上下级之间出现隔阂的原因。如果领导的心胸再开阔一点，这个问题也就迎刃而解了。

领导需要了解下属对什么感兴趣。首先，在工作上，彼此应就直接相关的工作问题坦率地交换意见。其次，是有关公司的情况。如果公司业务广泛的话，下属都会想了解其他有关部门的情况。好不容易才进入一家大公司，谁会愿意做个"井底之蛙"呢？然而，有很多领导把全部精力都投入到完成自己部门的生产指标上，完全不了解其他部门的工作职能，患上了部门自闭症。不少做下属的都想了解自己所在公司今后的发展方向，非常感兴趣能怎样在公司发挥自己的一技之长，而很多领导却每天为完成生产指标被搞得头昏脑胀，自然无法解答上述问题，导致上下级间有效的交流难以进行。最后，是公司之外的事。不会进行这方面交流的领导往往眼界过窄，他们的眼睛看不到外面的世界。这样的领导，怎能成为下属的老师与朋友呢？外面的世界远比公司要大，不了解社会，则意味着个人能力的欠缺。换言之，如果领导无法就社会话题与下属交流的话，则表明其社会生活能力的低下。年轻人常会认为工作狂类型的领导平淡乏味，他们希望看到领导在工作以外的另一面。那些连周末都只知道辛辛苦苦加班，到了退休茫然无措的人，确实很难让人感受到他们的个人魅力。

如果彼此之间就以上内容能够进行很好的交流与沟通，领导能试着去了解下属而不限于工作上的事，那么在上下级之间才能产生信任，甚至能与下属发展私人情谊，上下级之间的隔阂问题也往往会迎刃而解。

四、放手让下属自己去做

很多领导会把工作的每一步都向下属交代清楚，而这实在不是个好习惯。他们对自己的下属独立工作不放心，无法放开手让下属自己去做，这样一来，下属就无法获得进步。如果领导肯相信下属，放手让下属去做，那么下属会感觉到领导对他的信任，必定会认真完成任务，自己也能不断进步。

某市有甲、乙两家大型建筑公司。甲公司的老板是家长型的，凡事都替员工计划好，员工只要一步步去执行就行了。几年下来，公司的员工很少有犯错的。乙公司的情况却恰恰相反，老板总是尽可能地把权力下放给下属，让下属因时因地制宜，下属也确实出了几次纰漏，幸好都及时得到了补救，而老板还是一如既往地信任员工。有一年，该市有一项大的市政工程要招标，而甲、乙两家公司是最有希望的竞争者。甲公司把一切都安排得妥妥帖帖，连一个微小的细节都不放过；而乙公司呢？老板照旧让下属自行处理。招标会上，出现了一个意外，市政处附加了一个要求，甲公司代表冷汗直流，拼命用电话联系远在外地的老板进行请示；而乙公司代表在做了评估后，未向老板请示就拍板签约，结果乙公司竞标成功，甲公司一败涂地。

甲公司的失败就在于对下属束缚得太紧，其下属就像一个只会执行命令的机器人一样，遇到突发事件就无法处理了。而乙公司却懂得把权力下放给下属，给他们自由发挥的空间，让下属大胆地去工作。

作为领导，必须让员工安排自己的计划，让员工拥有自己的想法，不要任何事情都亲自过问。重要的是，应给予员工足够的自由空间，让他们自己决定怎样更好地实现你所要求他们达到的结果。当然，领导不可能完全将员工"做什么"和"怎么做"分离开来。员工在某种程度上也要参与确定达到什么样的目标，尽管最终承担责任的还是领导。在确定员工的目标时，领导也不可能毫不考虑员工怎样去达到这一目标。但作为领导，不要过多干涉员工的工作，而应放手让他们去做。只有在一个目标明确，又有充分自由空间去实现目标的环境下，员工才有可能最大限度地发挥自己的聪明才智。如果领导规定了他们的工作目标，又为他们划定了许多做事的条条框框，那他们当然就失去了主观能动性。所以培养员工的主导意识，发挥员工的智慧是大有必要的。

领导做出决定时，必须充分依靠员工提供的信息和建议。更为切实的做法应该是：尊重员工，时常让员工做出某些决定，让员工承担一些责任。当然，作为领导，即使尊重员工，也应划清责任，因为有些决定是无法让员工自行做出的。比如，应只允许他们做出一些在他们职权范围内的决定，而不能做出那些影响其他部门的决定；他们可以在公司的经费计划内决定如何最大限度地安排自己的工作、如何进行培训等，但他们无权决定公司某些制度的制定等问题。

尊重员工也是对员工的一种挑战。他们必须对自己的决定负责，而提供建议与做出决定两者是有区别的。有时，领导也许只需向员工提供有关资料和信息，然后由他们做出最终的决定，如果领导将此视为向员工提供帮助，这是十分正确的。当员工碰到困难时，向他们提出建议和解决办法是可行的，而是否会被他们接受则完全取决于他们自己。如果领导的建议带有强制性，则决定似乎就是领导做出的了，只不过领导巧妙地转移了自己的责任。因此不要鼓励员工遇到事就找自己，否则，领导将背上提出建议、做出决定的包袱，而成为一种过时的"万能"领导。当员工带着问题走到自己身边时，不能一开口就做出决定，因为有些情况下只有员工才能做出正确的决定，尤其是那些在他们职责范围之内的决定。

如果领导要检验员工是否表里如一，最好是离开一段时间，让他们自行其是。很多人也许都有这种体验，当领导离开之后，自己会长长地嘘一口气，并开始感到真正的自由，庆幸自己终于可以自由发挥了。很多人在与领导相处时，总会感到紧张不安。他们总想让领导高兴却不知该怎样去做。然而，当领导离开时，他们反倒能全身心地投入到工作之中，并能从中自得其乐。没有领导在场，他们反而能更好地做出决定或开展工作。

作为领导，你可以离开员工一段时间，尽量给他们留一些自我发挥的空间。这样当你回来时，你会吃惊地发现员工在你不在的时候取得了多么令人满意的成绩。离开员工是检验领导是否成功的最好方式。如果领导已经引导员工按照自己所构想的方式去做，让他们真正承担起责任并自行其是，那么，当领导离开以后，所有的一切可以照样圆满地完成。作为领导，你只需为员工指引方向，而且这一方向不应在三个星期或三个月内就做出改变。即使出现一些问题，你的员工也应该能像你一样妥善地处理。当然，如果是十分重大的问题，那他们不可能自行决定而必须上报。当你离开时，员工也许有些不太习惯，或许有些想念你。当你回到他们身边时，他们会集中精神向你展示他们所做出的成绩。因此，你的回归，又变成了他们表现自己及证明你权威的机会。

总的来说，领导给下属的自由空间越大，他们做的事情就越可能成功。所以，领导都应该学会对下属放手，当然，前提是你选择的下属必须有能力。

五、学会真诚地赞美下属

鼓励和赞美能满足人们的自尊心，所以要重视赞美的作用。适当地赞美下属，这是领导有效的管理方法之一。

有一位厨师擅长做烤鸭，然而他的经理却吝于给他哪怕是一句赞美，这让厨师感到很难过。有一天，一位客人发现烤鸭只有一条腿，就向经理投诉。经理很生气地让厨师解释这是怎么回事，厨师笑着说："咱们店的鸭子本来就是一条腿啊！"经理自然不信，两人一起来到后院，只见鸭子都卧在地上休息，只有一条腿露在外面，经理一拍巴掌，鸭子吓得连忙跑了。经理生气地说："它们不都有两条腿吗？"厨师很镇静地说："经理，那是因为你鼓掌，它们才露出另一条腿的！"这时，经理才明白了厨师的意思。

每个人都需要赞美、需要精神鼓励，一个人在完成工作后总希望能尽快了解自己工作的结果和质量，如果收到的是积极、肯定的反馈，那他工作起来就会更有信心。一番赞美会给人带来满意和愉快的情绪体验，给人以鼓励和信心，让人保持之前的行为，继续努力。同时，人们需要通过尽快地了解反馈信息，对自己的行为进行调节，巩固、发扬好的方面，克服、避免不好的方面。如果反馈不及时，时过境迁，这时的赞美就没有太大的作用了。

一般而言，高层次的需求是难以满足的，而赞美之词却能部分地给予对方满足。这是一种有效的内在性激励，可以令人保持行动的主动性和积极性。当然，作为鼓励手段，它应该与物质奖励结合起来。行为科学的研究指出，物质鼓励的作用，将随着使用的时间而递增，特别是在收入水平提高的情况下，更是如此。

有一个关于金香蕉的故事颇能给人以启示。在福克斯波罗公司的早期，急需一项重大的技术改造。有一天深夜，一位工程师拿了一台确实能解决问题的原型机，闯进了总裁的办公室。总裁看到这台机器非常精妙，简直令人难以置信，便思考着该怎样给予工程师奖励。他把办公桌的抽屉都翻遍了，总算找到了一样东西，于是他躬身对那位工程师说："这个给你！"他手上拿的竟是一根香蕉，然而却是他当时能拿得出手的唯一奖励了。自此以后，香蕉演化成小小的"金香蕉"，即一种特制的别针，以此作为该公司对员工做出科技成果的最高奖赏，由此可以看出美国福克斯波罗公司对及时赞美的重视。

不仅是重大的科技成果要及时予以奖励，就是对下属的点滴微小成绩，领导也应引起重视，及时加以鼓励。美国惠普公司的市场经理曾经为了及时表示奖励之意，竟把几磅袋装水果送给一位推销员，以鼓励他做出的成绩。另外一家公司的一位经理则提倡"一分钟表扬"。这位经理的经验是，帮助别人产生好情绪是促使其做好工作的关键。正是在这种动机的引导下，他实行了"一分钟表扬"。这样做有三重意义：一是表扬及时；二是表扬准确无误，不含含糊糊；三是可与下属同享成功的喜悦。

及时表扬是一种积极强化手段，它可以使下属很快了解领导对其行为的反应，有利于巩固成绩，促其向前发展。而有些领导却喜欢不动声色地观察别人的成绩，加以"存储"，然后在适当的时候才"提一提"或奖励一下，但其效果已经减弱了一大半。我们应该接受"金香蕉"的启示，及时给予下属赞美。

精明的领导都善于用赞美去激励下属，使下属为我所用。所以，多多赞美你的下属，你将发现自己会因此而受到更多人的爱戴。

六、批评下属要讲技巧

对待下属要奖惩分明，下属表现出色时，要及时表扬，当他们犯了错误时，就要批评。但批评下属时要注意维护他们的自尊和干劲，尽量避免引起对方的反感情绪。批评员工时，领导者应注意以下几个方面的问题。

1. 不要在大庭广众之下批评下属

人人都爱面子，如果你在大庭广众之下批评下属，让他颜面扫地，那么即使你批评得很有道理，他心中必定也不服气。例如，有一位连长脾气很火爆，一次组织新兵训练时，他发现某排动作迟缓，准备工作做得乱七八糟，就把排长叫出来骂了一通，没想到那个平时沉默寡言的排长居然在众人面前顶了他一句："训练普遍有问题，你凭什么只盯着我们排？"事后，两人聊了一次，那个排长说："上次我工作做得是不太好，如果你是在私底下骂我，那我绝对没得说，可你不应该在那么多人面前骂我呀！丢了面子，以后我还怎么管新兵？"

批评下属是为了让他纠正错误，所以你必须选择他能接受的方式。如果你在人多的地方大声批评他，那就不是为了督促他改正错误，而是为了发泄你的怨气。

2. 批评也要根据情况区别对待

有的员工由于本身的原因，常常缺乏干劲，工作没有主动性。对于这种情况，你需要调动他的主动性，指责他一通也无济于事，主动性必须从其内心激发出来。对他的批评只能是隐晦的，表面上要进行激励。这样才能使员工产生一种责任感，而责任感恰恰是做好工作的前提。如此一来，员工必定能心服口服，愉快地接受你的批评，因为他的努力得到了承认，他的积极性得到了肯定。

3. 用称赞代替批评

人们在受到批评时，都会感到不痛快。但也有一些特殊的人，挨了批评却"潇洒"得很，任你怎样批评，他只是听之任之，我行我素，依然如故。

有位女经理，精明强干，手下的一班干将也都十分出色。但前不久，她的秘书因为迁居别处而调走了，接任的是一位刚刚毕业的女大学生。这位新来的女大学生，做事又慢又马虎，常常将印出的资料不加整理便交出去。转眼三个月过去了，她还是老样子。而且，这个女孩对于任何批评，都只当作耳边风。后来，那位女经理决定改变批评方式，只要一发现她的优点就称赞她。没想到，这个办法竟然很快便奏效了，仅仅十几天，那女孩就变好了很多。

可见，批评对这种员工来说无济于事，相反，利用称赞反而能使他们改掉毛病，进而提升你所领导的部门的工作业绩。

4. 批评时不要大发脾气

有可能下属所犯的错误令你非常生气，但你千万不要在批评他时大发脾气。这样做会使你在下属面前失去自己的威信，并且会给下属造成你是在针对他的感觉。

在批评下属时，要注意语气和语句。批评下属时的语气很重要，如果流露出怨气就不好了。批评的时候不要怒形于色，摆出怒气冲冲的样子，否则很容易引起对方的敌对情绪。如果你真的很生气，建议先把事情放一放，让自己冷静下来之后再做处理。

批评时的语言要简短而充满善意，不要拐弯抹角、长篇大论。要主动伸出援助之手，让对方知道，你们不是对立关系，你是真心实意地想帮他改正不足之处。

5. 批评尽量对事不对人

在批评下属时，不要冷嘲热讽，要对事不对人，以免让下属认为你对他有成见。"对事不对人"不仅容易使下属客观地评价自己的问题，更重要的是，这样可以在部门内部形成一个公平竞争的环境，使下属不会产生为了自己的利益而去溜须拍马的想法。

对于你的下属来说，做了错事是一件令人难过的事情，你应该明白对方的感受。你最好直截了当地告诉他，你理解他的感受，知道他现在心里不好过，对方一定会感受到你的关怀，这样有助于他接受你的意见。

批评下属最忌讳的是批评不准确，与事实不符的批评最容易引起对方的反感和对抗，所以批评下属前一定要把各方面的事实和情况搞清楚，说话要有根据。

案例阅读与思考

人的力量

据说，摩托罗拉公司曾经的生产部总经理大卫特别尊重自己的下属。

有一次，大卫到车间检查电线是否安全，正碰上车间主管对一名工人大声吼叫："我们公司怎能有你这样的人呢？照这样干下去，你就等着走人吧！"大卫很是反感，本想当面制止他，后来一想，要给他一个活生生的教训，于是便一言不发地走开了。过了几天，他把这个主管叫到办公室，问道："这几天你手下的工人看起来有些心不在焉，发生了什么事吗？"车间主管一听，愣住了："没有的事。"

大卫顺手拿出了这个星期的生产统计表，车间主管傻眼了，自己主管的车间产量和质量竟排在最后，他如坠雾里，说不出所以然。大卫不紧不慢地问他是否记得本周曾当着众人的面指责一位工人的事。车间主管想不出这和生产效率有什么关系。

大卫说："你没发现当时在场的人表情都很尴尬，而且惴惴不安吗？一旦有人想'下一个挨骂的人会不会是我'，一种恐慌的气氛就形成了，每个人都觉得自身难保。如此一来，生产效率就会大打折扣。"

看着这名车间主管低下了头，大卫语重心长地说："要知道，摩托罗拉一无所有，它所拥有的就是人的力量，作为车间主管，你不仅不能在员工中制造恐怖气氛，反而要静下心来倾听员工的心事，解除他们的一切后顾之忧，这样他们才能全身心地投入工作。"

（李向峰，2010）

思考与讨论：

1. 本例中大卫和车间主管对待下属的方式各属于哪种？
2. 本例中车间主管作为下属属于哪种类型？大卫的处理方式是否得当？

七、升职后应与原本是同事的下属和谐相处

大家本来是很要好的同事，平时经常一起进餐，彼此有说有笑，但是，突然有一天，你被提升为部门的主管，成了同事们的领导。这时，你在惊喜之余，会发觉昔日的好同事竟以敌视的眼光看你。虽然你是他们的领导，却不敢随便发号施令，而下属对你也并不尊敬，很显然大家对你身份的转变仍未适应。原本是平等的地位，现在你突然居于他们之上，可能是基于妒忌的心理，他们要对你这位新领导示威，所以对你的指示充耳不闻。更糟糕的是，他们不再把你当作朋友看待，将你从他们的小圈子中开除了。面对这种复杂的人际关系，你无须太忧心，只要能以正确的态度面对问题，一切困难都会迎刃而解。

你应该明白，在公司如果没有下属的支持，自己势必会无所作为。所以，在上任之后，无论别人对你的态度如何，无论别人在背后怎么议论你，你都要有非凡的度量，不要对任何人产生恶

感，不必与下属斤斤计较，否则，你会更加受到排挤。这时候，你应该对同事们表现得主动一点，跟大家打招呼，一起吃午餐，让大家知道你依然是从前的你，领导把你提升到一个较高的位置上不是你的错，久而久之，大家必定会接受你的新身份，愿意跟你好好合作。

人人都希望获得升职加薪，若领导真的提拔了你，那么以前与你有说有笑的同事就变成了你的下属，你可以随意吩咐他们做事情。面对这种突如其来的转变，你或许会感到手足无措，尤其是那些没有被提拔的同事可能会迁怒于你，把你视为敌人，并且不愿意与你合作。其实，这也是人之常情，只要你运用一点技巧，大家一定会接受你，不会永远跟你作对。的确，由于角色的不同，我们将不得不面对与昔日不同的一些情形，以下几点建议，或许会对你的角色转变有所帮助。

（1）向过去做"优雅"的告别。尽可能把你在前一个职位上进行的项目处理完，把整齐的、刚做过整理的文档留给接替你工作的同事，顺利地交接是你开始新工作的前奏。

（2）尽早建立起良好的工作联系。有针对性地了解一下你的新同事和那些即将为你工作的人，弄清他们的责任所在。

（3）发言时少用"我"，多用"我们"。在员工大会上，建议用"我们"开头的句子替换掉以"我"开头的句子。过分地突出自己会让别人很不舒服，而且不利于团结和协作氛围的养成。

（4）用人所长。对于比你年长的员工，要尊重他们的经验，而对于新员工，要找到合适的激励办法，并帮助他们制订目标。

（5）不要深陷于琐碎的事务中。如果说普通的员工需要在细节上多下些功夫的话，那么升至管理层后，会有更多的事情需要你花时间去处理，所以对你来说分派任务会成为一项很重要的工作，此时你更应该关注的是结果而不是过程。

当你升职时，一定要向同事们表示感谢，感谢他们多年来的帮助，并请求他们继续协助你。同时请同事们吃顿饭，把气氛弄得随和、轻松些，日后工作起来会更顺利；但切莫大摆筵席，那只会显得你过于浮躁。

假如你奉调新职，上任之初，或许你有许多新计划，但摆出新官上任三把火的架势是不明智的，相反，应低调一点，以不变应万变。当有下属问你："这些工作如何进行？"你不妨先问一下他："你们过去是怎样进行的？"待他解释清楚后，你再这样表示："我看问题不大，暂时仍按老办法做吧，过一段时间我们再研究研究。"这样既表示你尊重别人的做法，又不失威严和独特见解。无论是面对新同事还是旧搭档，你都要注意言行，保持谦虚。另外在上任之后，要尽可能与大家打成一片，让大家感觉到你是他们的同路人，这样才能得到大家的认可与接纳。但如果有人软硬不吃，执意跟你作对的话，那你就得采取强硬措施了，"不换思想就换人"，领导的权威不容任何人挑战。

总之，升职是一件让人激动又富有挑战性的事，这说明你努力工作得到了回报，但升职以后一定要将随之而来的与同事相处的问题处理好，以顺利地开展你的领导工作。

自我测评

领导能力测评

根据自己的情况，在表 10.2 中选择相应选项。选择完成后扫描二维码查找相应分值填入表中并统计得分，之后进行分析。

表 10.2　领导能力测评

序号	题　　目	根本不符合	比较符合	符合	非常符合	得分
1	只有糟糕的将军，没有糟糕的士兵					
2	人际关系的能力是借助于别人去完成某些工作的一种能力					
3	领导者的品行给企业员工带来的是激励效果					
4	开会也有技巧，有必经的过程和阶段					
5	管理者就是领导者					
6	如果你微笑，下属就能按照你需要的那样努力工作					
7	情商比智商更重要					
8	在利用领导身份优势的同时，学会发挥自己的长处					
9	经常考虑那些可影响自己未来 5 年内工作变动的因素					
10	用请教的方式向领导提意见					
11	即使没有下属，你也能做出决定并付诸实施					
12	吸引下属的其中一个因素是自己的公平性					
13	你能够非常耐心地对待反应迟钝的下属					
14	能够抓住一切机会学习新的知识，提升自己的技能					
15	在信息不太充分的情形之下，能够镇定地做出决策					
16	不害怕失败					
17	给优秀人才创造空间，给他们发展的空间					
18	每年进行一次员工满意度的调查					
19	总是在鼓励员工去做事情					
20	决策的过程委托下属去完成，明确地告诉下属希望他们自己去发现问题					
21	很少直接责备自己的下属					
22	目标完成时，你只关注结果，不在乎过程					
23	出了问题的时候自己首先承担责任					
24	团队的绩效与领导者的绩效无关					
25	培养自己的下属是一件"水涨船高"的事情					
26	你经常关注相关的期刊或专业机构举行的会议					
27	将任何一个人提拔到一个更高的层次的时候，都要对其做相应的培训					
28	工作动力是激励的一个核心问题					
29	威胁和激励有利于员工的优胜劣汰，能者上，无能者下					
30	信任下属，让他们在自己职权内自主地处理工作					
	得分合计					

思考与训练

1. 求职面试是进入职场的第一关，也是每个大学生就业的必经之路，请结合所学知识说明如何做才能提高求职面试的成功率。

2. 进入职场后，同事是与我们朝夕相处的伙伴，只有和同事处好关系，我们才能拥有一个好心情。请举例说明与同事和谐相处的有效方法。

3. 请阅读下面的一则案例，说说东方朔"妖言惑众"却为何得到了皇帝的提拔。

东方朔是汉代的一个文人，会写文章而且性情诙谐。东方朔起初在京城长安做一个很小的官。当时为皇家照看马队的都是一些侏儒，尽管这些侏儒官阶很低，但他们却可以经常接近皇帝。东方朔想引起皇帝对自己的注意，以便得到重用，于是想了一个办法。

一天，东方朔对看马的一个侏儒说："皇上最近说，你们这些人，身材矮小，耕田种地，力气不如别人，从军打仗也打不过别人，做地方官也管不住别人，白白消耗国家的财物，他准备把全国的侏儒都杀掉。"侏儒听后，吓得大哭起来。东方朔说："我给你们想个办法吧。"侏儒非常感激，问是什么办法。东方朔说："你应该联合所有的侏儒，一见到皇帝就长跪不起，请皇帝宽恕你们的小个儿。"果然，所有的侏儒在皇帝出行时，都跪在皇帝面前请罪。侏儒们说："东方朔说皇帝要杀我们。"

皇帝于是召见东方朔，问他为何妖言惑众。东方朔说："反正我可能被判死罪，那我就直说吧。这些侏儒们身高不到一米，每月的俸禄是一袋米、二百四十钱。我身高差不多两米，每月的俸禄也是一袋米、二百四十钱。结果侏儒们快撑死了，我却要饿死了，这是不合理的。如果皇帝认为我说得有道理，就请改变这种做法。"皇帝听了大笑，马上就把他调到自己身边升任侍卫官。

4. 请阅读下面的一则案例，分析一下佩佩的最佳方案被新老板生硬否定的真实原因。

佩佩年轻干练、活泼开朗，入行没几年，职位就"噌噌"地往上升，很快成为单位里的主力干将。几天前，新老板走马上任，立即就把佩佩叫了过去："佩佩，你经验丰富，能力又强，这里有个新项目，你就多费心盯一盯吧！"

受到新老板的重用，佩佩欢欣鼓舞。恰好这天要去上海某周边城市谈判，佩佩一合计，一行好几个人，坐长途车不方便，人也受累，会影响谈判效果；打车吧，一辆坐不下，两辆费用又太高；还是包一辆车好，经济又实惠。主意定了，佩佩却没有直接去办理。几年的职场生涯让她懂得，遇事向老板汇报一声是绝对有必要的。于是，佩佩来到老板跟前。

"老板，您看，我们今天要出去，"佩佩把几种方案的利弊分析了一番，接着说，"所以呢，我决定包一辆车去！"汇报完毕，佩佩发现老板的脸不知道什么时候黑了下来。他生硬地说："是吗？可是我认为这个方案不太好，你们还是买票坐长途车去吧！"佩佩愣住了，她万万没想到，一个如此合情合理的建议竟然被"否决"了。

"没道理呀，傻瓜都能看出来我的方案是最佳的。"佩佩大惑不解。

5. 请分析下面的一则案例，指出王琳和陈天各自的不足，并说说王琳应该如何做才能使她和陈天的关系回到从前的状态。

王琳在一次业务会上与同事陈天的想法相左，两人当场争论起来，火药味颇浓。事后，王琳认为这是正常的工作探讨，并没放在心上。但是，在以后的工作中，王琳觉得屡屡受到陈天的掣肘。她不知道自己怎样做才能让双方的关系回到从前的状态。

6. 请阅读下面的一则案例，分析这两个亲如姐妹的同事终成陌路的原因。

我以前有个同事，比我年长几岁，我一直把她当大姐看待，什么心里话都对她说，她也成天对我"小妹，小妹"叫得很亲热。没想到年终评先进时，一直自以为表现良好的她居然没有评上，于是她就咬定是我这个当人事主管的小妹在背后做了手脚，任我怎么解释她都不信，从此我俩形同陌路。

7. 请阅读下面的一则案例，分析张大牛升职后言行的弊处，并说明升职后应如何与原本是同事的下级和谐相处。

在外贸公司工作的张大牛被提升为部门经理以后，立刻在办公室里摆出一副不可一世的样子，说话时声音大幅度地提高，还装腔作势地打着手势，颐指气使地指挥别人做这做那，而且刻意地与其他同事保持着距离。办公室的同事对他都极其反感，纷纷议论说："张大牛真够牛的。"

8. 校外实践训练。请在双休日或寒暑假期间找一份适合的工作，除了认真做好自己的本职工作之外，多多注意和老板友好相处、和同事和谐共事，努力训练和提高自己的职场沟通能力。

第十一章

Chapter 11　跨文化沟通艺术

　　近年来，"国际化""全球化"这样的词汇在中国使用的频率迅速提高。面对势头凶猛的全球化浪潮，作为企业应该如何应对？很重要的一点就是要积极培养国际化人才，而国际化人才应具备的最基本的素质就是跨文化沟通能力。何为跨文化沟通能力呢？简单地说，就是能与来自不同文化背景的人有效交往的能力，能在不同文化背景的国家工作就像在自己的国家工作一样，具有超越文化进行沟通的能力。事实上，许多世界知名的企业管理者都将这种沟通能力看作他们取得成功的关键。

　　不同文化间的接触必然会产生文化碰撞，由此可能导致跨文化交际障碍，影响跨文化人际关系的发展。因此，我们急需培养一种能驾驭文化差异、解决在跨文化语境中各种文化冲突的沟通能力。作为当代大学生，努力培养自己的跨文化沟通能力是学习中非常重要的一个方面。

　　通过对本章的学习，应了解东西方文化的差异；掌握东西方文化在沟通方式上的不同；熟知跨文化沟通中的障碍和禁忌；掌握跨文化沟通的策略和技巧；了解跨文化沟通中需要注意的礼仪。

导入案例

麦当劳公司的失误

　　麦当劳公司曾于 1990 年宣布，出于营养的考虑，它将只使用纯植物油而不再用牛油来烹饪法式薯条。但此后，麦当劳却瞒着消费者，继续使用含有牛肉提取物的香料来烹制法式薯条。2001 年 5 月，麦当劳被一个名叫巴哈提的印度人告上法庭，其原因是麦当劳的薯条中添加有牛肉汁。绝大多数印度人都把牛看成圣物，因而，麦当劳添加牛肉汁的消息在印度迅速引发了示威。500 名左右的示威者冲进了孟买市郊的一家麦当劳，并砸毁了里面的机器与设备。狂热的示威者甚至强烈要求当时的印度总理下令关闭印度国内所有的麦当劳连锁店。事发一个月后，无可奈何的麦当劳公司宣布将向素食主义者和其他一些相关组织赔偿 1 000 万美元。这次事件不仅给麦当劳造成了经济上的损失，更严重影响了其品牌的声誉。

　　思考与讨论：虽然麦当劳公司发生过上面的失误，但是，它的跨国经营之所以能取得如今巨大的成功，一定是在"跨文化"经营方面有更多、更成功的做法，试列举出你所了解麦当劳公司的一些成功做法。

第一节　文化与跨文化沟通

　　智慧是知识凝结的宝石，文化是知识放出的异彩。

——阿拉伯谚语

一、文化

　　文化的概念有广义和狭义之分。广义的文化是指人类创造的一切物质产品和精神产品的总和；狭义的文化专指包括语言、文学、艺术及一切意识形态在内的精神产品。从有利于理解跨文化沟通的角度考虑，我们认为文化就是一个国家或民族特定的观念和价值体系，这些观念和价值体系影响着人们生活、工作中的行为方式，是"进一步行动的制约因素"。

1. 文化要素

　　文化由物质文化和精神文化两大部分构成。其要素主要包括以下几个方面。

　　（1）认知体系。认知体系是指认知论和"知识"体系，它由感知、思维方式、世界观、价值观、信仰、伦理道德、审美观念等构成，其中世界观和价值观最为重要，是认知体系的核心。它们是一个文化群体的成员评价行为和事物的标准。这个标准存在于人们的内心中，并通过态度和行为表现出来。认知体系是各个文化要素中最有活力的部分，它为人们提供观察世界、了解现实的手段和评判是非、辨别好坏的标准，并且体现在人们生活的各个方面，是跨文化沟通中需要特别关注的要素。

　　（2）规范体系。规范是指社会规范，即人们行为的准则，包括正规准则和非正规准则。正规准则，如法律条文和群体组织的规章制度；非正规准则，包括那些没有专门定义的，但可通过观察别人而习得的态度、行事风格等，适当的礼仪规范、对待空间和距离的不同态度即属于非正规准则。

　　（3）社会关系和社会组织。社会关系是人们在共同生活中彼此结成的关系，它既是文化的一部分，又是创造文化的基础。社会关系的确定，需要有组织保障；社会组织是社会关系的实体。社会组织有自己的目标、规章、一定数量的成员和相应的物质设备等，既包括物质因素又包括精神因素。社会关系和社会组织紧密相连，是文化的一个重要组成部分。

　　（4）物质产品。物质产品是指经过人类改造的自然环境和创造出来的一切物品，它是文化的具体有形部分，具有物质的特征。一种物质产品既有一定的文化价值，又有其实际的用途。

　　（5）语言和非语言符号系统。在人们的交往活动中，语言和非语言符号起着交流信息的作用。人们只有借助语言符号和非语言符号才能沟通，只有沟通和活动才能创造文化。而文化要素也只有通过这些符号系统才能反映和传播，这些符号系统是文化积淀和储存的手段。一个文化群体常有自己特定的语言和非语言符号系统，这往往成为跨文化沟通中最明显的障碍。

2. 文化模式

　　文化模式是文化要素的内在结构及其活动规律的表象形态。

　　文化模式对人们的价值观念具有"价值定向"的作用和排他性质。文化的各种要素包括经验、知识、风俗、信仰、传统等。把一个民族、一个社会赖以生存和发展的文化要素规范化、制度化、法律化、神圣化，就形成了人们常说的文化模式。这种文化模式被全体成员共同认可和接受之后，就具有了超越个体价值观念的性质，形成了群体共同的价值观念和价值模式。人们只有按照文化模式所确定的价值标准行事，才是合法的、规范的，才会被多数成员所接受和承认；否则，个人违背该标准而自行其是便会被其他成员视为离经叛道，往往会遭到他们的打击和排斥。

　　文化模式的排他性表现为对其他文化的吸收和排斥是以自身的价值尺度为前提的。按照自己的文化模式所提供的框架，去理解和评价他人的文化是文化甄别中一个不可避免的过程，人们往往用自己的文化作为解释其他文化的工具。人们经常错误地理解和解释来自另一个文化环境的人，并倾向于吸收与自己文化相类似的文化。

二、跨文化沟通

所谓跨文化沟通，是指拥有不同文化背景的人们之间的信息、知识和情感的相互传递、交流和理解的过程。文化在很大程度上影响和决定了人们如何将信息编码、如何赋予信息意义以及是否可以发出、接收、解释各种信息。在跨文化沟通中，由于信息的发送者和信息的接收者为不同文化的成员，信息在一种文化中编码，却要在另一种文化中解码，因此，整个沟通过程都受到文化的影响。

跨文化沟通过程中，在一种文化环境中经过编码的信息，包括语言、手势和表情等，在另一种特定的文化环境中，需要经过解码方可被对方接受、感知和理解。对跨国交流而言，文化环境的异质性会对沟通造成障碍。在跨文化沟通的解码过程中，原文化信息的含义往往会被另一种文化所修改、曲解、删减或增加，这会导致沟通双方产生理解上的差异。

🤓📖 **拓展阅读**

中国夫妇乘飞机遭拒载

据 2012 年 2 月 20 日《上海青年报》报道　一对中国夫妇乘坐美联航空（United Airlines）的飞机从美国关岛返回中国，起飞前，空乘人员用英语要求这对夫妇把行李放在其他位置，这对夫妇害怕照看不到自己的行李，就跟空乘人员解释不希望行李离开自己的视线。由于双方语言交流存在障碍，最后丈夫就不耐烦地用英语向空乘人员反复说"you shut up"（"你闭嘴"，在英语国家属于不礼貌用语）。空乘人员问他为什么要让自己闭嘴，觉得受到了侮辱，就对同事说自己受不了这位乘客的说话方式，不能够继续完成工作。后来空乘人员报警，上来了一个会中文的机场工作人员，对这对中国夫妇说空乘要求他们下去，否则没有办法完成这次航班飞行。警察要求这对中国夫妇必须下飞机，不然所有人当天都要留在关岛。这时候这对夫妇才意识到了事情的严重性。

点评： 随着中国经济实力的增强，越来越多的国人有机会走出国门，也有越来越多的外国人来到我国，跨文化沟通成为我们经常遇到的事。通过这个例子我们也可以看到，美国人对遵守规则、履行规则的"偏执"态度和我们有很大的不同。

━━━━━━━━━ **第二节　文化差异** ━━━━━━━━━

在交谈中，判断比雄辩更重要。

——格拉西安

因篇幅所限，本节仅简要介绍以欧美为代表的西方文化和以我国为代表的东方文化的差异。我们需要注意的是，世界上有 2 000 多个民族，风俗习惯各不相同，与异族人士交往时切不可直接照搬，这不仅是因为东、西方两大文化圈不是世界的全部，而且在某一文化圈内部各国或各民族的差异也是很大的，另外还存在地域差异、信仰差异、个体差异等，这些都是我们在遇到具体事情时需要考虑的。

一、东西方的文化差异

随着经济全球化的到来，企业中的跨文化管理也遇到了许多沟通障碍。社会文化的多元化也使得组织成员对于信息理解的难度增大，从而使沟通发生困难。如果组织管理忽略了这些差异，对不同的文化没有足够的尊重就很可能导致沟通障碍。

1. 语言文字的差异

在跨文化沟通中，语言文字的相通或相歧，往往是由不同文化的共同性和差异性造成的。当说者和听者之间的语言文字不一致时，就会产生沟通的困难。语言文字是人们交流信息和思想的手段，也是人们进行交际沟通的工具。忽略了语言文字的差异，就可能会遭遇意想不到的沟通障碍。

2. 价值观的差异

在跨文化沟通中，来自不同文化背景的人的价值观不同，其行为方式和态度也不同，容易造成一定的冲突。而企业的任何决定都会受到管理人员和其他人员价值观的影响。比如，东方文化主张"无我"，人们从众心理较强，而西方文化强调"自我"，人们竞争欲望强烈；东方人侧重守业，具有集体精神，而西方人追求创业，普遍以个人利益为重。

3. 认知差异

认知差异是在跨文化沟通中难以避免的一种现象，因为在跨文化沟通中，信息的来源是有限的，从而容易给人们造成一些模棱两可的模糊情境。不同文化背景下的人们通过自己独特的视野来看待同一件事情，必然会给沟通带来障碍。

> **视野拓展**
> 10张图一目了然地告诉你中西方文化差异

4. 非语言沟通的差异

沟通的方式不限于语言，非语言沟通同样可以帮助人们传达信息和思想。需要注意的是，如摇头、耸肩之类的肢体语言在不同国家其含义也不尽相同，非语言沟通也可能会造成跨文化交流中的障碍。

5. 生活和工作方式的差异

在强调个人主义的西方文化里，人们往往把生活的各个部分分得很清，工作和生活有着明确的界限；而在强调集体主义的东方文化里，人们往往把生活的各个部分混为一体。东西方人在生活和工作方式上的差异主要体现在整体性和个体性的问题上。

> **视野拓展**
> 中西方饮食文化的差异

东方人强调整体性和综合性，而西方人则重视个体性。例如，一位中国人到西方人的家中去做客，当主人问今天吃中餐还是西餐时，客人很客气地说道："随便。"西方人对这样的答复难以理解，不知道怎么做才好。我们东方人的思维方式，认为客随主便是礼貌的表现，是对主人的尊重，可西方人却不这样看，这就是区别。反过来看，西方人到中国来，你问他今天吃什么，他一定不会说"随便"，而一定会明确表明自己的意愿，今天就吃西餐或者就吃中餐。而中国人往往较少表明个人的意愿，喜欢随大流。例如，当我国代表团出访时，外方接待我方代表团，对方问：各位想喝什么？如果团长说喝茶，其余几位成员可能也都说喝茶。人家就会感到很奇怪，怎么一个人说喝茶就全都喝茶呢？

6. 沟通习惯的差异

一个美国商人想和中国的某公司洽谈生意。他问该公司经理李先生，保守估计你公司是否有足够的资金购买我们的产品。李先生沉默了一会儿说："你们的产品很好，西方国家的人们一定喜欢。"美国朋友笑了，很高兴李先生称赞他们的产品，于是给了李先生一份合同，请他尽快签约。可是几周过去了，这位美国商人却没有得到任何回信。正是沟通方式的差异，使这位美国商人误以为称赞就是同意，但他不知道的是在传递负面信息时，中国人很少会直话直说。

二、东西方文化在沟通方式上的差异

东西方文化在人际沟通上的差异主要在于东方文化注重维护群体和谐的人际沟通环境，而西方文化注重创造一个强调尊重个性的人际沟通环境。两者的差异主要体现在以下几个方面。

1. 东方文化重礼仪、多委婉，西方文化重独立、多坦率

东方文化中，纵向身份意识和等级观念比较强烈，人们在交流时也会受到更多各自地位和角色的制约。两个素不相识的人相遇时，在谈及主题之前，通常要交换有关的背景资料，例如，工作单位、毕业的学校、家庭情况、年龄、籍贯等，以此确定双方的地位和相互关系，并进而依据彼此的关系来确定交谈的方式和内容。例如，日本人根据交谈双方的尊卑、长幼、亲疏等差别，有一套包括尊敬语、自谦语和郑重语在内的复杂的敬语体系。正确地使用敬语被视为一个日本人必备的教养，同时也是社会沟通中不可缺少的重要技能。

在西方文化，特别是美国文化中，等级和身份观念比较淡薄。人际交流中，在称呼和交谈方面较少受到等级和身份的限制，不像东方文化那样拘礼。

在表达方式上，东方文化喜欢婉转的表达方式，让对方去心领神会加以判断。西方人，特别是美国人，则非常看重真诚坦率。西方人极少拐弯抹角、旁敲侧击，他们的思维偏于直接，直爽率真。

2. 东方文化重意会，西方文化重言传

东西方人对交流本身有不同的看法。在中国、朝鲜、韩国、日本等东方国家的观念中，能说会道并不被人们特别提倡。在中国传统文化中，儒家、道家和佛教的禅宗也都是如此。日本人一般比较内敛，四面环海的岛国和不大的地域面积，促使他们崇尚以和为贵，抑制自我主张，以确保社会秩序的稳定。

与东方文化形成鲜明对比的是，西方人很强调和鼓励口语的表达技巧。在西方文化中，人与人的关系和友谊要靠言谈来建立和维持，他们缺乏中国文化中的那种"心领神会"，因而，两个以上的人待在一起时，一定要想办法使谈话不断地进行下去，如果出现了沉默的情形，在场的人都会感到不安和尴尬，并有一种必须谈话的压力。西方人的观念是，真正有才能的人不但能思考，并且善于把自己的想法有效地表达出来。

3. 东方文化重和谐，西方文化重说服

东方文化中注重集体主义，强调组织的团结与和谐，因而在沟通的目的上，注意平衡信息发

送者和信息接收者的关系，强调和谐胜于说服。"和为贵""忍为高"这些思想今天仍然对人们的沟通有很大的影响。

以日本为例，喜欢沉默的日本人，在交谈时，都习惯相互随声附和，点头称是。一般地，日本人在随声附和的同时，还伴随着点头弯腰等非语言行为。非语言行为的频繁使用也是日本人人际交流的一个特点。甚至日本人在打电话时也不由得点头弯腰。日本人在会话时，如果听的人保持沉默，不随声附和，说的人就会以为对方没有认真听自己讲话或者没有听懂自己所说的话，为此感到深深的不安。因此，听者要及时地、恰到好处地随声附和几句，以表明自己在洗耳恭听，同时也表达了自己积极参与了会话，才能使说的人的讲话得以继续。这种共同参与和积极配合的交谈心理及行为是日本人追求和睦的人际关系，增添和谐气氛所特有的心理和行为方式。

西方人的人际沟通观念受到古希腊哲学的影响，在交流的目的上，强调的是信息发送者用自己的信息影响和说服对方，是有意识地对信息接收者施加影响。

4. 开场白和结束语形式不同

在人际沟通中，中国人的开场白和结束语多会谦虚一番。开场白常说：自己水平有限，本来不想讲，又盛情难却，只好冒昧谈谈不成熟的意见，说得不对的地方请多指教。发言结束后还常常会说：请批评指正，多多包涵。而西方人，特别是美国人，在开场白和结束语中没有这些谦辞，而且这类谦辞会使美国人产生反感："你没有准备好就不要讲了，不要浪费别人的时间。"中国人在和不熟悉的人交谈时，其开场白常问及对方在哪里工作、毕业的学校、家庭情况、年龄、籍贯等，即从"拉家常"开始，对中国人来说，这样开始交谈十分自然。但是这样做会使英美人十分恼火，因为他们会认为这种开场白干涉了他们的隐私，交谈一开始就使他们不快，很难使他们敞开心扉，进行有效交流。英国人交谈时开头的话题常是今天天气如何如何，美国人则常从本周的橄榄球赛或棒球赛开始谈话。

中国人在人际沟通中进入正题之前，"预热"时间比英美人长，英美人一般喜欢单刀直入，"预热"的阶段很短，闲谈多了会被认为啰唆、有意不愿谈正题。

案例阅读与思考

李鸿章出访欧美，闹了多少笑话？

1896 年，已经 74 岁高龄的李鸿章奉慈禧太后之命，出访俄、英、法、德、荷、比、美等欧美诸国。由于年老体迈，怕经不起万里行程的颠簸，据说他是带着棺材板出发的。

李鸿章所到之处，都受到东道主的热情款待，可谓风光无限。但因为不熟悉外国习俗，他闹了不少笑话。

在参加比利时国王举行的欢迎宴会时，李鸿章烟瘾犯了，他竟自顾自地点烟抽了起来。这一行为显然是对主人的不尊重。国王不好阻止，反而要照顾他的面子，索性拿出香烟也分发给其他宾客。

李每到一个国家，见到有身份、有地位的人，就拉着对方问：你多大岁数，收入多少。在西方，这两个问题都属于个人隐私，问出来极不礼貌。他的随员为此很苦恼，不得不提醒他：西方人很忌讳这两个问题，您就别问了。李鸿章不管这套，依然故我，想问还是问。

他在英国一个工厂参观时，问工厂主："君统领如许大之工场，一年所入几何？"工厂主搪塞道："我除了工资别无收入。"哪知李穷追不舍，指着工厂主手上的钻戒问："然则此钻石从何而来？"此事经媒体报道，在欧洲传为笑谈。

李鸿章看望已故老友——英国将军戈登的家属时，戈登后人将一只名贵的宠物狗赠送给他，以增进友谊。数日后，戈登家属收到一封感谢信："感欣得沾奇珍，朵颐有幸。"他竟然把宠物狗炖着吃了，戈登家人听说后惊讶万分。

李鸿章毕竟年纪大了，疲多。有记载说，在华盛顿国立图书馆门前，他不管三七二十一，随地吐了一口痰。图书馆的工作人员铁面无私，当即拦住他，要求他擦干净。李鸿章令随从去擦，但工作人员不同意，最终罚款了事。

李鸿章此次出访，是晚清最受世界瞩目的一次外交活动。因为不注重外交礼仪，他在国外留下不少笑柄，至今还常常被人提及。

思考与讨论： 请讨论中西方文化有哪些差异。

第三节 跨文化沟通的策略和技巧

世界上有很多矛盾都是由沟通不畅造成的，如果能够有效地沟通，那么这些矛盾就会迎刃而解。

——佚名

一、跨文化沟通的策略

对东西方文化差异的进一步比较使我们认识到，要克服并消除跨文化沟通的障碍首先必须了解文化差异，正确认识文化差异，并在此基础上认同文化差异，才能达到融合文化差异的目的。

1. 了解文化差异

在跨文化沟通中，交流双方不仅需要了解各自文化的特点，更要通过各种途径了解对方在政治、经济、文化、历史、社会性质、语言特点、生活方式、风俗习惯、地理位置等诸多方面的情况，然后加以比较以了解在不同的文化中什么是可以做的，什么是禁忌的。只有这样，才能比较客观地、深层次地了解文化差异，从而避免不必要的误解和冲突。要做到这一点，沟通双方都必须练好内功，在了解自己文化的基础上，通过学习和训练提高自己对文化差异的敏感度和认知度。

2. 认同文化差异

跨文化沟通中产生误解和冲突的根源主要是交流双方没有取得文化认同。文化认同是人们对于文化的倾向共识与认可，是人类对自然认知的升华，是支配人们行为的思想准则和价值取向。在跨文化组织中文化认同是相互的，人们需要这种相互的文化认同，以便跨越文化交流中的重重障碍，促进相互的信息、知识、技术共享与合作。文化认同的益处在于：它一方面可以促进以多元文化为特征的跨国公司中不同文化之间的顺利沟通，促进组织内部的和谐与团结，提升组织的凝聚力和竞争力；另一方面又可以确保多元文化的共存，从而提高员工的文化满足感。人们都会有这样的倾向，即觉得自己的文化是最好的、最文明的和最优秀的，其他文化都不如自己的文化好，这就是所谓的"文化优越感"。而培养接受、尊重和认同文化差异的意识，正是拓展我们跨文化沟通视野的良好开端。文化认同原则是跨文化沟通的基本原则。

3. 融合文化差异

文化融合所强调的是对多元文化的扬弃，其目的是形成一种综合了多种文化精华的新文化，这与认同并保留多种文化的共同存在是不同的。可以这么说，融合文化差异是了解文化差异和认同文化差异的最终目的。因此，从解决跨文化沟通障碍的效果来看，文化融合是所有对策中最为有效的一种。

二、跨文化沟通的技巧

有了跨文化意识，人们开始把注意力转向研究和了解自己与其他国家和地区的文化差异，以及如何避免由于文化差异而引起传播学中所说的"编码与解码"之间的误差，如何跨越沟通障碍，达到跨文化沟通的目的。

要实现跨文化沟通，还是要依赖孙子早就为我们开出的"处方"，即"知己知彼"。"知己"并非易事，要对自己的文化有个系统的了解，不下苦功夫钻研是不行的。"知彼"的首要一条是了解对方的文化背景和看法以及产生这些看法的由来。具体的办法是：设身处地，换位思考。

我们同对方打交道总会涉及某个具体领域，无论是环保、民族、宗教，还是政法、经贸、外交方面的问题，对方都会有个看法。事先了解了对方的文化背景、立场、观点，然后才能"对症下药"。

一般来说，人们要克服文化障碍，做到有效的跨文化沟通，就应该掌握以下几个技巧。

1. 平等待人，以诚相见

要对话，不要独白，要尊重对方。既然是沟通，就要耐心听，仔细问，让对方充分说明自己的看法。交换意见比单方面灌输更有效。我们提倡求同存异、和而不同，态度积极诚恳，绝不将自己的观念强加于人。

2. 用事实说话

事实胜于雄辩。谎言腿短，各种歪曲和污蔑，在事实面前终究是苍白无力的，事实是最有说服力的。

3. 掌握分寸，留有余地

我们要辩证地看待问题，有进步就有落后，有优点就有缺点，在对外交往时我们要实事求是，不说过分的话，否则就容易使自己陷入被动。

4. 报喜也报忧

报忧不是为了揭露，而是为了解疑释惑。中国是发展中国家，人口众多，资源有限，发展进程中出现问题、缺点和困难是极其自然的。我们不必回避，应积极面对。这符合辩证法，也符合科学发展观。

5. 寻找最好的切入点

从双方的共识出发，根据对象的特点和所涉及的问题设计谈话的角度和内容，做到有的放矢。

6. 要有幽默感、人情味

谈话最好能以一个有人情味的故事作为开场白，有时还可以说个笑话或开个玩笑。这类表达方式是西方人所喜闻乐见的。

7. 有来有往，及时获得反馈

不仅要向对方介绍中国，有时还要主动询问对方国家的情况，而不是表现出对别人不感兴趣。交流是双向的，有来有往，这样对方才会感到亲切，彼此才更容易沟通。一次谈话或发言的效果如何，不能全凭自己主观的感觉，要尽可能获得对方的反馈，才能客观地给予评判。

📖 拓展阅读

聪明的船长

几个商人正在一条船上开国际贸易洽谈会，突然船开始下沉。

"快去叫那些人穿上救生衣，跳下船去。"船长命令大副。

几分钟后，大副回来了。"那些家伙不肯跳。"他报告说。

于是，船长亲自出马。不一会儿，他回来告诉大副："他们都跳下去了。"

"您用了什么方法？"大副忍不住问道。

"我告诉英国人跳水是有益于健康的运动，他就跳了；我告诉法国人那样做很时髦；告诉德国人那是命令；告诉意大利人那样做是被禁止的；告诉俄罗斯人这是革命的……"

"你是怎么说服那帮美国人的呢？"

"这也很容易。"船长说，"我就说已经帮他们上了保险。"

点评：这个笑话说明了不同文化背景下人的行为动机的不同，它告诉我们，在谈判中应重视不同文化对谈判方式的影响。

三、跨文化沟通的忌讳

在跨文化沟通中，我们不仅要以礼待人，还要对世界各国的传统文化、风土人情、民俗禁忌有广泛的了解，这样才能知己知彼，做到有效沟通。

1. 颜色的忌讳

世界各民族多有自己喜欢的颜色，当然也有一些颜色被看作"不吉利"。

棕黄色：巴西人认为棕黄色意味着凶丧，因此非常忌讳。

绿色：日本人大都忌用绿色，认为绿色是不吉利的象征。

黑色：欧美许多国家以黑色为丧礼的颜色，表示对死者的悼念和尊敬。

淡黄色：埃塞俄比亚人、叙利亚人以穿淡黄色的服装表示对死者的深切哀悼，因此视淡黄色为死亡之色。在巴基斯坦黄色是僧侣的专用服色，所以普通的民众基本上都不穿黄色的衣服。而委内瑞拉却用黄色作医务标志色。

蓝色：比利时人最忌蓝色，如遇有不吉利的事，都穿蓝色衣服。埃及人也同样忌讳蓝色，因为蓝色在埃及人眼里是恶魔的象征。

另外，印度人喜爱红色、蓝色和黄色等鲜艳的色彩，不喜欢黑色和白色。伊拉克人客运行业用红色，警车用灰色，丧服用黑色。尼日利亚人视红色、黑色为不祥之色。马达加斯加人厌恶黑色，他们喜好鲜明的色彩。

2. 数字的忌讳

我国大部分地区的人都不喜欢"4"，喜欢"8"，同样，其他文化也有类似的数字忌讳。

"13"：绝大多数西方人认为 13 是不吉利的，应当尽量避开，甚至每个月的 13 日，有些人也会感到忐忑不安。

"5"：西方人大都避谈星期五，如果在星期五出了事，就归罪于这是个黑色星期五。尤其是逢 13 日又是星期五时，最好不举办任何活动。甚至有些人还会因此而闭门不出，唯恐发生不吉利的事情。

"4"："4"不仅在我国不受欢迎，在日本、朝鲜、韩国等东方国家它也被视为不吉利的数字。

"9"：在日语中"9"的发音与"苦"相近，属忌讳之列。

3. 花卉的忌讳

荷花：中国、泰国、印度等国家，对荷花评价极高；而在日本，荷花却被认为是不祥之物。

菊花：在法国，当你应邀到朋友家中共进晚餐时，切忌带菊花，因为菊花代表哀悼，只有在葬礼上才会用到；意大利人和西班牙人同样不喜欢菊花，认为它是不祥之花；但德国人和荷兰人对菊花却十分偏爱。

郁金香：德国人认为郁金香是没有感情的花，所以德国人大都不喜欢郁金香。

另外，巴西人忌讳黄色和紫色的花，认为紫色是悲伤的色调，视黄色为绝望之色。

4. 交往的忌讳

同印度人、印度尼西亚人、阿拉伯人交往，不能用左手与对方接触，也不能用左手传递东西。同英国人交往，一是不要系带条纹的领带；二是不要对王室事务谈笑无拘；三是不要笼统地称对方为英国人，可以称"大不列颠人"。同欧美人谈话不要谈论人家的私事，如年龄、住址、收入、疾病等。在信奉南传佛教的国家或地区，不要摸小孩的头顶。同东南亚国家的人交谈时，不要翘"二郎腿"。

5. 男女的忌讳

法国人认为男人向女人赠送香水有"图谋不轨"之嫌；不能向阿拉伯人的妻、女问候。

6. 饮食的忌讳

印度教徒不吃牛肉；信奉伊斯兰教的国家禁酒，认为酒是万恶之源，伊斯兰国家的人也不吃无鳞、无鳍的鱼。

7. 商标图案的忌讳

瑞士人忌用猫头鹰作图案；意大利人不用菊花作商标；法国人忌用桃花及其图案；英国人不用人像作商标图案；北非一些国家和地区忌用狗作广告；捷克人视红色三角形为有毒标记；土耳其人视绿色三角形为"免费样品"的标记。

大千世界无奇不有，我们自己看似平常之事在其他民族眼中却可能完全不同。上面简单列举了其他国家和民族一些常见的忌讳，不可能涵盖所有的注意事项，实际交往中最好的办法是"入境问俗"。和非本国、本民族人士交往前最好先做详细的调研，如果无法做到，最好向其请教忌讳之事，以免尴尬，造成误解或矛盾。

第四节　跨文化沟通礼仪

非礼勿视，非礼勿听，非礼勿言，非礼勿动。

——孔子

一、部分亚洲国家的沟通礼仪

1. 新加坡的沟通礼仪

新加坡素有"花园之国"的美称。在新加坡，马来语被定为国语，马来语、英语、汉语和泰米尔语四种语言同为官方语言，英语则为行政用语。

在社交场合，新加坡人所行的见面礼节多为握手礼。在商务活动时一般穿白衬衫，着长裤，打领带即可。访问政府办公厅应着西装、穿外套。新加坡人非常讨厌男子留长发，对蓄胡子者也不喜欢。在一些公共场所，常常竖有一个标语牌："长发男子不受欢迎。"新加坡居民中华人多，人们对色彩想象力很强，红、绿、蓝色很受欢迎，视紫色为不吉利的颜色，黑、白、黄为禁忌色，在商业上反对使用如来佛的形态和侧面像。在标志上，禁止使用宗教词句和象征性标志，喜欢红双喜、大象、蝙蝠等图案，数字禁忌为4、7、8、13、37和69。

2. 朝鲜的沟通礼仪

朝鲜的主要民族是朝鲜族，官方语言是朝鲜语。

朝鲜人在公共场合非常注重礼仪。按照民族传统，朝鲜人与外人相见时所行的见面礼节是鞠躬礼。在行鞠躬礼时，同时问候对方。在行礼时，通常不准戴帽子。在一般情况下，主人要先向客人施礼，晚辈、下属要先向长辈、上级行礼，对方也必须鞠躬还礼。

目前，朝鲜人在社交场合大多是鞠躬礼、握手礼并用。在行礼时，他们一般是先鞠躬，后握手。在握手时，可以用双手，也可以只用右手。在一般情况下，朝鲜妇女不与男子握手，而是以鞠躬为礼；朝鲜男子与外国妇女握手，则是许可的。在日常交往中，称呼朝鲜人最好采用尊称或其职务、职称，尽量不要直呼其名。

3. 日本的沟通礼仪

> **视野拓展**
>
> 　　读者可通过中央电视台 2015 年纪录片《与全世界做生意·第6集 看不见的博弈》13 分 41 秒～24 分 34 秒，青青树工作室到访日本动漫界的故事，体会纪录片中日本人的风格是否符合正文所述。

日本人见面多以鞠躬为礼。鞠躬弯腰的深浅不同，表示的含义也不同，弯腰越低表示越有礼貌。男性鞠躬时，两手自然下垂放在衣裤两侧，若对对方表示恭敬时，多以左手搭在右手上，放在身前行鞠躬礼，特别是女性。在国际交往中，日本人也习惯行握手礼。在日本，名片的使用相当广泛，交换名片时，地位低或者年轻的一方先递给对方。递交名片时，要将名片正对着对方。在与日本人交谈时，不要边说边指手画脚，别人讲话时切忌插话打断。三人以上交谈时，注意不要冷落其中任何一人。在交谈中，不要打听年龄、婚姻状况、工资收入等私事。对年事高的男子和妇女不要用"年迈""老人"等字眼。除非事先约好，否则不要贸然到日本人家里拜访。在日本，客人在主人为其斟酒后，要马上接过酒瓶给主人斟酒，以表示主客之间的平等与友好。

4. 韩国的沟通礼仪

韩国的官方语言是韩语，也即朝鲜语。韩国素有"礼仪之国"的称号，韩国人十分重视礼仪道德的培养，尊敬长者是韩国民族恪守的传统礼仪。

韩国人见面时的传统礼节是鞠躬。晚辈、下级走路时遇到长辈或上级，应鞠躬、问候，站在一旁，让其先行，以示敬意；男人之间见面打招呼互相鞠躬并握手，握手时用双手或右手，并只限于点一次头。鞠躬礼节一般在生意人中不使用。和韩国官员打交道一般可以握手或是轻轻点一下头。女人一般不与人握手。

在韩国，如有人邀请你到家中吃饭或赴宴，你应带点小礼品，最好挑选包装好的食品。席间敬酒时，要用右手拿酒瓶，左手托瓶底，然后鞠躬致祝词，最后再倒酒，且要一连三杯。敬酒人应把自己的酒杯举得低一些，用自己的杯沿去碰对方的杯身。敬完酒后再鞠个躬才能离开。做客时，如果主人没有请你参观房子的全貌，就不要自己到处看。你要离去时，主人送你到门口，甚至送到门外，然后双方说再见。同他人相见或告别时，若对方是有地位、有身份的人，往往要对其多次行礼。一般情况下，韩国人在称呼他人时爱用尊称和敬语，很少会直接叫对方的名字。

5. 马来西亚的沟通礼仪

马来西亚属于多民族国家，其中马来人及其他原住民占 68.7%；华人占 23.2%；印度人占 6.9%。马来语为国语，通用英语，华语使用也较广泛。伊斯兰教为其国教，其他宗教有佛教、基督教等。

在马来西亚，人们见面的时候采用的礼节因民族不同而不同。马来人传统的见面礼节是"摸手礼"。它的具体做法为，与他人相见时，一方将双手首先伸向对方，另一方则伸出自己的双手，轻轻摸一下对方伸过来的双手，随后将自己的双手收回胸前，稍举一下，同时身体前弯呈鞠躬状，与此同时，他们往往还会郑重其事地祝愿对方。马来西亚的华人与印度人，则大多以握手作为见面礼节。现在，马来西亚人的常规做法是向对方轻轻点头，以示尊重，除男人之间的交往以外，马来西亚人很少相互握手，男女之间尤其不会这么做。

二、部分欧美国家的沟通礼仪

1. 美国的沟通礼仪

美国人见面时，一般情况下，以点头、微笑为礼，如果不是特别正式的场合，甚至连国际上最为通行的握手礼也会略去不用。若非亲朋好友，美国人一般不会主动与对方亲吻、拥抱。在商务往来中，他们尤其不会这么做。

视野拓展

读者可通过中央电视台 2015 年纪录片《与全世界做生意·第 1 集 去远方》12 分 51 秒～17 分 50 秒，李昌宪与美国人保罗的合作故事，体会纪录片中美国人的风格是否符合正文所述。

美国人在穿着上大都喜欢深色西装，配黑色皮鞋，深色袜子，忌讳白袜黑鞋。在正式场合或上班时，女性以裙装为宜，男性应打领带，穿深色西服。女士着晚礼服时裙摆应长及脚踝，并穿高跟鞋。行路一般以右为尊，与女士同行，男士应走左边，出入应为女士推门。乘车时，车主驾车，前座为尊，反之，则以后座右侧为尊。自己开车时须先为客人开车门，等客人坐定后始上车启动。在美国社会中，人们的一切行为都以个人为中心，个人利益是神圣不可侵犯的，这种准则渗透在社会生活的各个方面。人们日常交谈时，不喜欢涉及个人私事，有些问题甚至是他们所忌谈的，如年龄、婚姻状况、收入多少、竞选中投谁的票等。

2. 加拿大的沟通礼仪

加拿大国民的主体是由英、法两国移民的后裔所构成的。加拿大的基本国情是地广人稀，特殊的环境对加拿大人的待人接物有一定影响。加拿大的官方语言是英语和法语并用，实行的是"双语制"。

在加拿大，人们相遇时，都会主动向对方打招呼、问好。即便双方彼此不相识，通常也会这么做。要是见过一次面的人再度相逢时，则双方通常都会显示出更大的热情。他们除了要互致问候之外，彼此一定还要热烈地握手。加拿大人跟外人打交道时，只有在非常正式的情况之下，才会对对方连姓带名加以称呼，并冠以尊称。在一般场合，加拿大人在称呼别人时，往往喜欢直呼其名而略去其姓。

3. 德国的沟通礼仪

德国的主体民族是德意志人，此外，在德国还生活着少量的丹麦人、吉卜赛人、索布人等。德国的主要宗教是基督教和天主教。德国的官方语言是德语。

德国人在人际交往中对礼节非常重视。在社交场合，德国人通常都以握手作为见面礼节。与德国人握手时，要注意务必坦然地注视对方，并且握手的时间宜稍长一些，晃动的次数宜稍多一些，握手时所用的力量宜稍大一些。

> **视野拓展**
> 推荐观看中央电视台 2015 年纪录片《与全世界做生意·第 7 集 未来的利润》14 分 13 秒~23 分 59 秒为江西婺源茶叶出口欧洲的故事，其中涉及对德国代理商的评价，可从中体会纪录片中德国人的风格是否符合正文所述，讨论我们的谈判对手如果是德国人时应该注意的问题有哪些。

德国人极度厌恶"13"与"星期五"，他们对于四个人交叉握手，或在交际场合进行交叉谈话，也比较反感。因为这两种做法，都被他们看作不礼貌。德国人认为，在路上碰到了烟囱清扫工，便预示着一天要交好运。在德国，星期天商店一律停业休息，在这一天逛街，自然难有收获。向德国人赠送礼品时，不宜选择刀、剑、剪、餐刀和餐叉等物品，以褐色、白色、黑色的包装纸和彩带包装、捆扎礼品，也是不允许的。与德国人交谈时，不宜涉及宗教与政治。

4. 意大利的沟通礼仪

意大利人的时间观念极为奇特，在外人眼里，他们似乎来去匆匆，却又不很守时，至少在社交活动中是这样的。一般来说，与别人约会时，许多意大利人都会晚到几分钟。据说，意大利人认为，这既是一种礼节，也是一种风度。意大利人在正式社交场合一般着西式服装，尤其是参加一些重大的活动时十分注意着装整齐，喜欢穿三件式西装。意大利人说话时喜欢彼此靠得近些。他们不喜欢在交谈时别人盯视他们，认为这种目光是不礼貌的。他们喜欢用手势来表达个人的意愿。意大利人在社交场合与宾客见面时常施握手礼，亲朋好友久别重逢会热情拥抱，平时熟人在路上遇见，则会招手致意。意大利人请客吃饭，通常是到饭馆里去，偶尔也会在家中宴请亲朋好友。他们请客时往往茶少酒多，在正式宴会上，每上一道菜都配有一种不同的酒。

5. 英国的沟通礼仪

英国人不喜欢夸夸其谈，感情不大外露，也不喜欢在公共场合引人注目。在交际应酬中，他们很少会与别人一见如故，更不会立即称兄道弟，推心置腹。与外人交往时，英国人一般都非常善解人意，懂得体谅人、关心人、尊重人。在一般情况下，他们都不爱跟别人进行毫无意义的争论，而且极少当着外人的面使性子、发脾气。

英国人待人十分客气。"请""谢谢""对不起""你好""再见"一类的礼貌用语，他们是天天不离口的。在进行交谈时，英国人，特别是那些上了年纪的英国人，喜欢别人称呼其世袭爵位或荣誉头衔，至少，希望别人能郑重其事地称其为"阁下"或是"先生""小姐""夫人"。在交际活动中，握手礼是英国人使用最多的见面礼节。一般情况下，与他人见面时，英国人既不会像美国人那样随随便便地"嗨"上一声作罢，也不会像法国人那样非要跟对方热烈地拥抱不可。

三、其他国家的沟通礼仪

以下再简要介绍几个与我国交流比较多的其他几个国家常见的沟通礼仪。

1. 埃及的沟通礼仪

在人际交往中，埃及人所采用的见面礼节，主要是握手礼。与同其他伊斯兰国家的人士交往时的禁忌相同，同埃及人握手时，最重要的是忌用左手。在社交活动中，跟交往对象行过见面礼后，双方往往要互致问候。为了表示热情，埃及人只要当时有时间，问候起交往对象来，往往会不厌其烦。除了个人隐私问题之外，当时所能想到的人与事，他们几乎都会问候一遍。他们的这种客套，有时会长达几分钟，甚至十几分钟。跟埃及人打交道时，除了可以采用国际上通行的称呼外，倘若还能酌情使用一些阿拉伯语的尊称，通常会令埃及人更加开心。

2. 澳大利亚的沟通礼仪

澳大利亚人在与他人第一次见面或谈话时，通常互相要称呼先生、夫人或小姐，熟悉之后就直呼其名。人们相见时喜欢热情握手，并喜欢和陌生人交谈。澳大利亚人谈话时极为注重礼貌，文明用语不绝于耳。他们很注重礼仪修养，谈话时总习惯轻声细语，很少大声喧哗。在他们的眼里，高声喊叫是一种不文明的粗野行为。在澳大利亚，要注意使自己的穿着打扮得体。在一般场合，不必西装革履或浓妆艳抹，只要穿一些便服即可；但在诸如典礼、仪式、宴会、婚礼、剧院等正式场合，却非着西装不可。与澳大利亚人初次见面时不要直接询问其个人问题，如年龄、婚姻、收入等，特别不要问原国籍的问题。澳大利亚人还有个特殊的习惯，他们乘出租车时，总习惯与司机并排而坐，即使是夫妇同时乘车，通常也是丈夫坐在前面，妻子独自坐在后排。他们认为这样才是对司机的尊重，否则会被认为失礼。他们的时间观念非常强，有准时赴约的良好习惯。

3. 南非的沟通礼仪

南非曾一度为英属殖民地，当地种族观念根深蒂固，礼仪也因此而不同。南非的社交礼仪基本上是英国社交礼仪的延承，见面握手时，尊称"先生""夫人""小姐"，这些已被世人所熟知。而在一些当地的部族中，还保留着一些特殊的礼仪，比如以鸵鸟毛或孔雀毛赠予贵宾，贵宾须立即把这些珍贵的羽毛插入头发或帽子，以示回礼。官方或商务交往时，须着样式保守、颜色偏深的套装或正装，以示尊重。做客于南非人家，当地人通常会热情地拿出家中自制的啤酒来招待客人，客人须多喝一些，最好能一饮而尽，以表达谢意。

4. 新西兰的沟通礼仪

在新西兰，欧洲移民的后裔，特别是英国移民的后裔，不仅占了人口的绝大多数，而且其待人接物的具体做法也居于主导地位。握手礼是新西兰人所用最多的见面礼节。不过与新西兰妇女握手时，必须由其首先伸出手来。新西兰人在向尊长行礼时，有时会采用鞠躬礼。他们行鞠躬礼的做法与中国人鞠躬时低头弯腰有所不同的是，新西兰人鞠躬时是抬着头，挺着胸的。新西兰人路遇他人，包括不相识者时，往往会向对方行注目礼，即面含微笑目视对方，同时问候对方。在普通的交际场合，新西兰人非常反对论身份、摆架子。在新西兰，各行各业的人都会对自己的职业引以为荣，并且彼此之间绝对不分三六九等。称呼新西兰人时，直呼其名常受欢迎，称呼头衔却往往令人侧目。

本节简要介绍了几个国家的沟通礼仪，但实际中人们的沟通对象往往是一个人或几个特定的人，他们身上会有自己国家、民族、信仰的印迹，更会有自己独特的个性。编者编写本节内容的目的是使读者对一些主要国家的沟通礼仪进行简单了解，但绝不是说我们遇到的德国人一定是保守、刻板、严谨的，遇到的美国人一定是热情坦率、性格外向的。

视野拓展

印度、巴西、俄罗斯、南非和中国并称为金砖五国，另外四个金砖国家是我国对外经济交往的主要市场，但相对欧美发达国家，我们对这四个国家的熟悉程度并不高。推荐读者业余时间观看2012年中央电视台的9集纪录片《金砖之国》，体会、总结、讨论这四个国家的沟通礼仪。

不知读者是否已注意到，不少国家或民族的沟通礼仪和宗教高度相关，如数字13和星期五、牛肉或猪肉的饮食禁忌等，都与宗教有关，有兴趣的读者可通过我国各宗教协会官网等渠道做进一步了解。

思考与训练

1. 不同的民族有不同的文化，跨文化沟通的难点就是不同文化之间可能存在文化冲突，请举例说明东西方文化的差异。

2. 根据所学的跨文化沟通知识，同自己学校的外教及外国留学生进行交流，切实提高自己的跨文化沟通能力。

3. 请阅读下面一则案例，然后回答后面的问题。

飞利浦照明（中国）公司人力资源副总裁（美国人）与一位被认为具有发展潜力的中国员工交谈，他想听听这位员工今后五年的职业发展规划以及期望达到的位置。中国员工并没有正面回答问题，而是开始谈论起公司未来的发展方向、公司的晋升体系，以及目前他本人在组织中的位置等。讲了半天也没有正面回答副总裁的问题。副总裁有些大惑不解，没等他说完就已经有些不耐烦了，因为同样的事情之前已经发生了好几次。"我不过是想知道这位员工对于自己未来五年发展的打算，想要在飞利浦做到什么样的职位罢了，可为何就不能得到明确的回答呢？"谈话结束后，副总裁忍不住向人力资源总监甲抱怨道。"这位老外总裁怎么这样咄咄逼人？"谈话中感到压力的员工也向人力资源总监甲诉苦。作为人力资源总监，甲明白双方之间不同的沟通方式使他们产生了隔阂，虽然他极力向双方解释，但要完全消除误会并不容易。

（1）上例中的一次谈话，为什么使双方都感到不愉快并产生抱怨？

（2）如果你是上例中的那位与人力资源副总裁谈话的员工，你认为如何回答才能让对方愉快而满意？为什么？

4. 请分析下面的一则案例，说说严格执行计划的兰妹遭到布朗夫人训斥的原因。

下岗女工兰妹通过中介公司找到一份在外国专家家里做保姆的工作。兰妹热情活泼，精明能干，第一天就给对方留下了不错的印象。她的主要工作之一是打扫房间，包括布朗夫人的卧室。细心的布朗夫人特意给兰妹制订了一份时间表，上面规定每天上午8点清理卧室，让兰妹按照上面的计划严格执行。

开始几天，兰妹都干得相当好，很令布朗夫人满意。直到有一天，兰妹照例去清理布朗夫人的卧室，却发现布朗夫人并没有像往常一样不在家，仍在休息。兰妹心想，我还是得按照计划办事，而且我打扫并不会影响她休息。热情的兰妹认真地干起活儿来。这时，布朗夫人突然醒了，发现兰妹在她的房间里，很惊讶，马上用不很流利的汉语叫起来："你来干什么？请出去！"兰妹仍是一片好心，"您接着休息吧，我一会儿就打扫完了。"布朗夫人提高了嗓门，一字一顿地说："请—你—出—去！"并且用手指着门。兰妹不明白自己哪里惹了布朗夫人，怎么对自己这种态度。她心想：不是你叫我按时打扫的吗？但她还是满肚子委屈地走了。

5. 请阅读下面的一则案例，分析外国客人先热情交谈后保持沉默的原因，并说说张先生应如何选择话题才可以使他和这位外国客人的谈话进行下去。

张先生是北京市的一名个体出租司机，在北京申奥成功后掀起的学英语高潮中，张先生也自学了英语，并成为他所在公司的学英语标兵，为此张先生倍感自豪。

一天，张先生搭载了一位外国客人，张先生觉得这正好是个锻炼自己的机会，便主动向他问好，对方发现北京的出租司机居然会说流利的英语，显得很高兴，于是两人便聊了起来。

在交谈中，张先生开始和对方像熟人一样拉起家常来。"您今年多大了？"对方没有正面回答，却说："你猜猜看。"张先生转而又问："你成家了吧？有孩子吗？是儿子还是女儿？"这位外国客人开始不耐烦起来，面对着路边的建筑说"北京比我原来想象的要漂亮多了"而岔开了话题。后来的一路上，这位外国客人始终保持着沉默，直到到达目的地下车。张先生很是纳闷，难道我的英语太差他听不懂吗？

6. 请根据以下材料，按照"发现问题—分析问题—解决问题"的思路，写一篇1 500字以上的案例分析。

李晓雨是某大学的一名毕业生，毕业后通过汉办的志愿者选拔，被派往泰国，成为一名汉语教师志愿者。她的性格一直比较开朗，所以当她只身一人前往泰国北部的一个中学任教时，也是满怀憧憬；但是她却发现来机场接她的学校人员对她很冷漠，从机场到学校两个小时的途中几乎没与她说一句话，她知道绝不是因为语言不通。李晓雨是个爱说爱笑的人，她几次想打破沉默，但一直不明白自己到底是在什么地方得罪了来接她的人，还是别人根本不想和自己说话。她只好一个人看着车窗外本来很美但不再觉得美的景色。到了目的地，司机和接待的人把她带到一间小房子里就走了。房间里只有一张平板床，没有任何铺盖。一个初来乍到的女孩，好几个小时没吃饭，没喝水，又不知道商店在哪里，身上也没有当地的钱币。晓雨真的有些受不了了，趴在床板上泪水忍不住簌簌而下。她问自己到底做错了什么，为什么别人对自己如此冷漠，为什么和她想象中热情好客的泰国人差距这么大。第一天到学校上班，她的感觉仍然不好，似乎每个学生和老师都对她很冷漠，没有真诚的微笑，也没有主动的招呼。这下可把晓雨急坏了，她开始注意自己每一个细小的言行举止，生怕别人不喜欢。她一直觉得是因为自己做得还不够好，所以别人才不接受自己。

晓雨是个倔强、好强的女孩。她不服输，认真地向泰国老师学习他们对待学生和同事的方式，积极参加他们的各种活动。有一次，她在办公室里看到一个30岁左右的女教师批改了一个学生的作业之后在那个初中学生的脸颊上亲吻了一下。晓雨觉得自己长这么大从来没看到过有老师亲吻学生的，然而在这里她发现效果真的很好，那个老师和学生的关系非常融洽和谐。在那个教师的鼓励下，她也开始尝试亲吻学生的脸颊，她发现效果出人意料得好！越来越多的人接受了晓雨并成了她的朋友。她慢慢体会到了冰在融化的感觉。有一次，一个老教师来问她是否要去参加学校的升国旗活动，她爽快地回答说："好啊！"那位老教师有些惊讶地说："你们中国来的老师不是不愿意参加我们的升国旗仪式吗？你是真的愿意还是假的？"她坚定地说："我愿意！"从那之后，她每周都很早来到升泰国国旗的地方集合。老师和同学们对她的态度都发生了很大的变化。

7. 请阅读下面的一起美国人和中国人发生交通纠纷的案例，分析发生冲突的原因，指出处理这起交通纠纷最恰当的方法。

有一个美国人，自东向西横穿人行横道，这时候是绿灯，是许可行人穿行的状况。当这个美国人走到十字路口中间的时候，一辆汽车从东往北拐弯。这时候这辆车是减速了的，但并没有停车的意思，人和车差点相撞，所幸的是人和车没有接触到，但双方却就此发生了冲突，这个美国人一巴掌把汽车的后视镜打到车窗上，把车窗玻璃都砸碎了。

司机不干了，拉住美国人理论，围观的人很多，最后警察也来了。美国人一副无所谓的样子，认为自己没有错：第一，是绿灯，经人行横道过马路没问题；第二，在美国，一向是车让人。他说在美国有一次一队人过马路，队伍排了1 000米长，司机都只能干等着，没有一个强行开过去或者按喇叭的。司机也窝火，司机说在中国没有这个规矩，他开车并没有违反交通规则，何况也没有碰到这个美国人，自己也减速了，也不是野蛮驾驶，他凭什么上来就砸车窗呀！

8. 校外实践训练。请利用寒暑假在当地外国游客较多的旅游景点或宾馆找一份工作，在和外国朋友接触的过程中，了解不同国家的文化、风俗和禁忌，力争做到和外国朋友相互尊重、和谐共处，全面提高自身的跨文化沟通能力。

第十二章
Chapter 12 | 化解沟通难题的艺术

在人际沟通的过程中，我们难免会遇到一些难办的事和难以应对的人。在这种情况下，我们是选择撕破脸皮、两败俱伤还是动动脑筋，用"妙计"来把事情办好呢？聪明的人当然会选择后者。

要想有效地化解沟通中的难题，就要学会通融。所谓通融，就是融合通达之意。只要练好了人际沟通的基本功，并进一步掌握人际沟通的通融之道，那么也就掌握了化解沟通难题的艺术。作为当代的大学生，一定要在不断的沟通实践中，学会如何应对难以沟通的人、办好难办的事，学会怎样求人办事以及怎样避开沟通中的"沼泽地"。

通过对本章的学习，应懂得如何恰当地选择沟通的地点和时间；掌握与难以沟通的人进行沟通的方法和技巧；学会应对各种难处理的事；切实提高人际沟通能力，成为能应对各种场面的高素质的人才。

导入案例

夫妻沟通的两个场景

场景一

妻子：累死我了，一下午谈了三批客户，最后那个女的，挑三拣四，不懂装懂，烦死人了。

丈夫：别理她，跟那种人生气不值得。

妻子：那哪儿行啊！顾客是上帝，是我的衣食父母！

丈夫：那就换个活儿干呗，干嘛非得卖房子呀？

妻子：你说得倒容易，现在找份工作多难啊！甭管怎么样，每个月我还能拿回家七八千块钱。哪像你的活儿，是轻松，可是每个月只有三四千块钱，够谁花呀？眼看涛涛就要上大学了，每年的学费就得两万元吧？！

丈夫：嘿，你这个人怎么不识好歹？人家想帮帮你，你怎么冲我来啦？

妻子：帮我？你要是有本事，像隔壁小萍丈夫那样，每月挣个一两万，就真的帮了我。

丈夫：看着别人好，和别人过去！他不就是能多挣几个臭钱吗？有什么了不起！

场景二

妻子：累死我了，一下午谈了三批客户，最后那个女的，挑三拣四，不懂装懂，烦死人了。

丈夫：大热天的，再遇上个不懂事的客户是够呛。快坐下喝口水吧。（把她平日爱喝的冰镇酸梅汤递过去）

妻子：唉，挣这么几个钱不容易，为了涛涛今年上大学，我还得咬牙干下去。

丈夫：是啊，你真是不容易，这些年，家里主要靠你挣钱撑着。

妻子：话不能这么说，涛涛的功课、性格，没有你下力气，哪儿能有今天的模样？唉，我们都不容易。

思考与讨论： 在场景一与场景二中，哪对夫妻进行了有效的沟通？他们是如何进行有效沟通的？

第一节   沟通地点与时间的选择

沟通是连接心灵的桥梁。

——佚名

一、沟通地点的选择

任何沟通活动都必须有一个沟通地点为载体，而沟通地点又无时无刻不在影响着沟通活动的成败。沟通地点的选择，也是沟通中一个不大不小的难题。以约会的男女青年为例，约会地点的选择直接关系到对方对自己的印象，能够体现出自己是否真的重视这个约会，乃至会决定以后两人的关系是否可以更进一步。然而，如何选择约会地点，则常常是让人们头疼的问题。

仔细观察一下，其实青年男女的约会地点也是有迹可循的，以下就是他们最常选择的约会地点。

（1）公园。游公园是青年伴侣最常见的约会方式之一。每个年轻人都是童心未泯的，到孩子们游玩的地方走走，可以借此谈谈自己的童年等，也容易与对方产生共鸣。

（2）马路。在路上与伴侣一起散步的时候可以天南地北地闲聊，加深彼此的了解，尤其是走在洒满月光的宁静的小路上，还会显得更加浪漫。

（3）运动场所。可以选择保龄球、射击、击剑、羽毛球、乒乓球、网球等运动场所，最好挑一样双方都擅长的，这样不但能充分展现你的矫健身姿，也能使双方玩得尽兴。

（4）电影院。电影院历来是青年男女约会的最佳去处，不过对去看哪个电影进行选择也是必要的，应多考虑一下对方的意愿。

（5）餐厅。女孩子一般都比较喜欢格调高雅而整洁的小餐厅以及有异国情调的西餐厅，或者你也可以约她到商场顶层的餐厅。

（6）博物馆。如果你的朋友比较文静，你可以考虑和她一起去逛逛博物馆，不但能增进感情，还能增长知识。

（7）游乐场。游乐场容易使人处于兴奋状态，在这样一种轻松愉快的氛围里，可说的话自然会多起来，在游玩中两个人也会自然而然地相互靠近。

其实不仅仅是约会，在其他的各类沟通中，地点的选择也是组织沟通活动的必备要素，它是有一定规律的。如商务洽谈通常会选择比较高级的酒店，好朋友聚会常常会选择比较热闹繁华的地段。也就是说，要根据所安排的沟通活动来选择沟通地点，这一点不容忽视。沟通地点的选择的确是人际交往中的一道难题，那么，我们该怎样选择合适的沟通地点呢？

（1）要选择自己熟悉的地方。一般来说，沟通地点最好选择自己熟悉的地方。因为人们在自己熟悉的地方与人交往通常没有什么拘束感，在心情上感到放松，容易获得主动权，也能够充分地向对方展示自己，并在沟通活动中占据有利地位。曾有实验表明，与同一个对象谈话，人们在自己的客厅里会比在别人的客厅里表现得更自如流畅；反之，到自己不熟悉的地方，而又恰好是对方所熟悉的地方，这样便会使自己内心紧张，从而影响自己的发挥。当然，有一种情况比较特殊，如男女第一次约会，这时候对地点的选择则要更加慎重，最好是选择女方比较熟悉的地方，如果女孩喜欢读书，可以相约到书店淘书，之后再一起吃顿美食。

（2）要选择两人之间的一个中间地点。有时候，两人的距离较远，那么，可以取两人之间的一个中间地点。将沟通地点选择在一个相对两人来说都能较快到达的地方，这样彼此都会比较方便，更便于沟通活动的开展。

（3）要因人、因事、因时而异。不同的事、不同的时间，可供选择的地点也不尽相同。地点的选择是有条件的、辩证的、可以变化的。如果双方的身份对等，可以像前面说的那样选择自己熟悉的地方进行会面，这样选择的地点不至于让对方产生屈就感和压抑感，但如果对方是老人、长者、女士，从情理上讲，让对方选择或是选择对方熟悉的地方，则更能体现己方的诚意和对对方的尊重，这也是良好沟通的开端。

> 虽然说选择合适的沟通地点是道难题，但是只要平时多加留意，学习选择沟通地点的各种技巧，这一问题也就能迎刃而解了。

二、沟通时间的选择

在商业上，人们常常用"时间就是效率，时间就是金钱"来形容时间的可贵，殊不知，时间在人际沟通上的作用也是如此。沟通与时间密切相关，这不仅是因为任何沟通都必须在一定的时间内进行，而且更因为能否恰当掌握沟通时间对交往效果有着重要的影响。因此，想要进行成功的人际沟通，就要善于安排沟通时间。

人际沟通中的沟通时间对交往的影响首先表现在守时上。这不仅关系到个人是否守信的品质问题，而且还关系到是否尊重对方的礼貌问题，它会直接影响彼此的交往情绪和气氛。

德国哲学家康德是一个十分守时的人，他认为无论是对老朋友还是对陌生人，守时都是一种美德，它代表着礼貌和信誉。

1779 年的一天，他打算去一个名叫珀芬的小镇拜访他的一位老朋友威廉先生，事前，他给威廉去了封信，说明自己将会在 3 月 5 日上午 11 点之前到达那里。于是，在 3 月 4 日，康德就到达了珀芬小镇，威廉先生住在一个离小镇十几英里远的农场里，康德打算第二天一早乘马车过去。次日，他就租了一辆马车前往威廉先生的家，但小镇和农场之间隔着一条河，刚好这天桥坏了，过不了河，再往前走很危险，康德只好从马车上下来。

此时正是初春时节，河虽然不宽，但河水很深。这会儿已经 10 点多了，离约定的时间没有多长时间了。于是康德焦急地问车夫："附近还有没有别的桥？"车夫回答："有，先生。在上游的地方还有一座桥，离这里大概有 6 英里。"康德问："如果我们从那座桥上过去，以平时的速度多长时间能够到达小镇？""最快也得 40 分钟。"车夫回答。这样康德先生就赶不上约好的时间了。

康德发现附近有一座破旧的农舍，于是跑过去问主人："请问您这间房子肯不肯出售？"农妇很吃惊："我的房子又破又旧，而且地段也不好，你买这座房子干什么？""你不用管我有什么用，你只要告诉我你愿不愿意卖？""当然愿意。"

康德毫不犹豫地付了钱，又对农妇说："如果您能够从房子上拆一些木头，在20分钟内修好这座桥，我就把房子还给你。"农妇再次感到吃惊，但还是把自己的儿子叫来，及时修好了那座桥。

马车终于平安地过了桥。10点50分的时候，康德准时来到了老朋友威廉的房门前。一直在门口等候的老朋友看到康德，大笑着说："亲爱的朋友，你还是像原来一样守时啊。"

也许许多人认为，威廉与康德是老朋友，他们之间的会面大可不必如此煞费苦心，即使晚一些，威廉也会谅解的，而康德为了准时到达而买下房子、拆下木头修桥是完全没有必要的。但是，在人际沟通中，守时是基本的礼貌，不管是对老朋友还是陌生人。康德也因为他的绝对守时而受到人们的尊重。

与人交往，守时是必需的。此外，由于在现代社会中，人们的交往活动日趋频繁，对沟通时间的需求也相应地增多。而人们每天的时间是有限的，因此，能否恰当掌握沟通时间对人们的交往效果有着重要的影响。那么，如何能在日常人际沟通活动中确定最佳时间呢？

1. 周密安排，提高沟通质量

做好会面前的准备。事前要明确本次会面的目的、应该交谈的问题、交谈的方式、可能遇到的问题，以及是否要有物质上的准备等。一定要提前与对方约定好会面时间，不然，贸然登门会让对方多有不便，甚至还会使对方感到不快。

2. 掌握最佳沟通时间

与人交往，见面时的问候和寒暄是必不可少的，但也不宜过多，应及时转入正题。这是因为，在一定时间范围内，人们的头脑清晰，注意力集中，反应灵活，这时沟通的效率也最高；超出了一定的时间范围，人们便会筋疲力尽，效率下降。

例如，美国著名管理学家杜拉克在为一家大银行担任顾问时，银行总裁会每月约他谈一次该银行的管理问题，但规定每次交谈时间不能超过一个半小时。时间一到，总裁便与他握手告别。为何会有一个半小时的限制呢？这位总裁说："原因很简单，我的注意力只能维持一个半小时，研究任何问题，超过了这个限度，我的注意力就很难再保持集中。"

当然，作为一种策略，谈判中的一方故意拖延时间，使对方疲惫、放松以便有机可乘，这种情况则另当别论。

3. 及时结束沟通活动

如果客人确有告辞之意，不必为了显示热情而竭力挽留对方。否则，一旦对方不好意思立刻离开而留下来，再进行的谈话也很难有实质性的意义了。

4. 组织聚会

有时候，为了高效地利用交往时间，可以把交往目的、内容相同的交往对象聚在一起。几个人聚在一起，容易使气氛活跃、话题广泛，有利于节省时间、提高效率。不过，这样也会给自己增加接待难度，因此要提前做好准备，避免到时手忙脚乱，顾此失彼，招待不周。

5. 充分运用现代沟通工具

在现有的条件下，打电话就能完成沟通目的、达到理想效果的，就不必亲临现场，这样就节省了往返时间。此外，还可以利用微信、QQ、电子邮件等代替会面以节省时间。即使必须出行，选择快捷的交通工具也可达到节约时间的目的。

综上所述，沟通中的守时问题、时间安排问题是我们在平常交往中会经常遇到，又往往会出意外的难题。所以，在交往活动更为频繁的今天，正确掌握运用沟通时间的技巧，合理安排沟通的时间，对于提高沟通效率和沟通质量，都起着不可忽视的作用。

第二节　应对难沟通的人

山不转，水转；路不转，人转；人不转，心转。

——佚名

一、滴水不漏应对笑里藏刀的人

生活中不乏笑里藏刀的人，他们平时对你"哥哥""姐姐"地叫着，等取得你的信任，当你放松戒备的时候，他们会在暗处狠狠地捅你一刀。

在职场中，这类人在和同事的交往过程中，显得温和谦恭，很是大度，但实际上并非如此，他们心胸狭窄、喜欢猜忌、阴险狠毒，常常在关键时刻背后"捅人一刀"。

上司最近不断找小张谈话，准备委派给他一项重要的工作，这意味着上司对小张的赏识或者他马上就可以升职。消息不胫而走，很多人对小张羡慕不已。但事隔几日，他感觉周围的气氛开始有些异常，大家都在悄悄地议论着什么，当了解到真相时，他的怒气简直要冲破天。原来不知是谁无中生有地传播了许多对他不利的谣言，诸如"道德败坏""虐待妻子"等，上司在"舆论"的影响下，决定收回成命，改派另一个人去做那项工作。小张的解释显得苍白无力。其实，这就是笑里藏刀的人在背后给了小张一刀，结果本来属于小张的机会被别人夺走了。

应对笑里藏刀的人，最好的办法是表面上跟他维持友好关系，暗地里却要防范他，一切与他有关的决策、汇报均要召开会议，并请来有关人士出席，同时与他的交往只限于公事，对个人隐私及其他同事的是非一概守口如瓶，只要你能做到滴水不漏，他也就对你无可奈何了。

二、灵活应对自私自利的人

在社会交往中，难免会遇到自私自利的人，这种人心中只有自己，凡事不肯吃亏，总是把自己的利益放在首位。但在日常交往中，遇到这样的人，该合作时还得合作。

古人云："各人自扫门前雪，莫管他人瓦上霜。"本是教人不要理分外的事，专心打理自己分内的事，但这在很大程度上反映出人们自私的一面。和这类人在没有利益冲突时，倒也能相安无事，其自私自利的一面不易被人发觉。但只要在生活上一交往或在工作中涉及一些利害问题时，其自私的本质便会暴露无遗。他们会以各种理由推掉不属于自己的工作，如"自己的能力处理不了""自己手上的工作已经很繁重了""本来自己做也无妨，但宁愿把机会让给你，以使你增加工作经验"等。不要期望这样的人会在你有困难时帮助你。眼见别人犯错，他们只会在旁偷笑，绝不会提醒别人，更不会拔刀相助。一旦有人向你嘲笑他人犯错却不自知时，你便要小心这个人了。

这种人尽管心中只有自己，特别注重个人的得失和利益，但是，他们也常常会因利益而忘我地工作。对这种人不必有太高的期望，也没有必要希望他们能够像朋友那样以情义为重。与这类人的交往关系可以是一种交换关系，干多少活，给多少利，干得好坏不同，利也不一样。人们之所以普遍地对这种自私自利的人感到厌恶，在很大程度上是因为仅以道德标准作为社会交往准绳，这可能会有失偏颇，而当我们以利益标准作为社会交往的尺度时，或许就会觉得他们并没有原来那么可恶了。

如果换个角度来看待这种人，我们会发现他们常常有不同于别人的优点——精打细算。如果我们能够通过适当的方式，将他们的这种优点加以发扬，并运用到某些比较合适的地方，就可以发挥其优势。例如，让这种自私自利的人干一些财务工作，在有严格约束的情况下，他们往往会成为企业的"账务管家"，这难道不是一件好事吗？

应对自私自利的人，最好任何时候都对他们保持一种敬而远之的态度，切忌将他们"一棍子打死"。这种人虽惹人反感、招人讨厌，但他们通常并不害人，对社会也没什么危害。况且，每个人都有自己的优点，使每个人发扬自己的优点，也可以给他人带来益处。

三、沉默应对清高傲慢的人

生活中自视清高、目中无人的人并不少见，他们总是表现出一副唯我独尊的样子。与这种举止无礼、态度傲慢的人打交道，实在是一件令人难受的事情。这种人常常有以下几种特征。

（1）高傲自大，目中无人。清高傲慢者自以为本事大，有一种至高无上的优越感，总以为自己很了不起，别人都不如自己。他们说话常常话中带刺，做事我行我素，表现出自信或自负心理，对别人不屑一顾。

（2）孤芳自赏，固执己见。清高傲慢的人往往性格孤僻，喜欢自我欣赏。他们往往听不进别人的意见，凡事都认为自己做得对，对别人常持怀疑与不信任的态度。

（3）自命清高，眼高手低。清高傲慢者多自命不凡、好高骛远、眼高手低，常常自己做不来，别人的做法他又瞧不上。

应对这种人，虽然可以故意怠慢他，但这种办法不利于与之继续交往，对双方都不好。所以，我们应该以如何使自己办事成功为出发点来决定该怎么做。

（1）表示信赖。一般情况下，对待清高傲慢的人，就是要相信他们，对他们表示信赖，并在适当的时候、场合给他们一点表现的机会，让他们把自己的自信心充分建立起来，帮助他们改变盛气凌人的傲慢态度。

（2）"当头一棒"。这样的人傲慢骄横，自以为在地位、学识、年龄等方面都具备优势，常常蔑视他人，或者大肆地攻击他人。这种人无论到什么地方，都认为"人不如我"，因此总将自己的傲气隐藏在虚伪的谦和之中。那么，怎样应对这样的人呢？对这种人，赞美是件危险的事情，因他自命不凡，一经抬高，他就会更加得意忘形。对于这种人来说，狠狠地给他当头一棒，也许才是良策益方。

（3）有意为难一下。对这种清高傲慢者，你不妨有意制造一些麻烦，为难他一下。你可以邀请他参与一些你擅长而他却不擅长的活动。例如，请他去跳跳舞，上歌厅唱唱歌等。而当对方在你面前暴露出不足之后，在以后的交往中，他一般就不会再对你傲慢无礼，这样你就可以从容地与他共事了。

与这种人谈话时，应该简洁明了，切忌拖泥带水。这样会让对方感到你是一个很干脆且很少有讨价还价余地的人，因而也会收敛起自己的傲慢。

一些人自恃知识丰富、阅历广泛而目空一切，瞧不起别人，表现出一股不可一世的傲气。对付这种人只要巧妙地设置一个难题，就可抑制其傲气，这是因为不管其知识多么丰富，阅历多么广泛，他总会有自己的短板，而其一旦在他人面前暴露了自己存在知识的缺陷，其傲气自然就会烟消云散了。

在一次国际会议期间，一位西方外交官在饭局上非常傲慢地对中国一位代表提出一个问题："阁下在西方逗留了一段时间，不知是否对西方有了一点开明的认识。"显然，这位外交官是以傲慢的态度嘲笑中国代表的无知。中国代表淡然一笑回答道："我是在西方接受教育的，40年前我在巴黎受过高等教育，我对西方的了解可能比别人少不了多少。现在请问你对东方了解多少？"面对中国代表的提问，那位外交官茫然不知所措，满脸窘态，其傲气已荡然无存了。

四、谨慎应对深藏不露的人

深藏不露的人，不会轻易让人知道他们在想什么，有时甚至会说话不着边际，一谈到正题就顾左右而言他。这种人，我们看不透他们的心思，但又不可避免地要和他们打交道，那么，该如何应对深藏不露的人呢？

这种人的防范心理极强，他可能是一个工于心计的人，为了在与别人打交道时获得主动，或者出于某种目的不愿让别人了解自己，而把自己保护起来。这种人却希望能更多地了解别人，从而在各种关系中进行周旋，使自己处于不败之地。

造成这种人自我保护的原因有很多。也许他是一个曾经遭受过挫折、打击和伤害的人，过去的经历使这种人对社会、对他人有着一种强烈的防御心理，从而对自己采取更多的保护措施。或者他可能对某些事情缺乏了解，拿不出更有价值的意见。在这种情况下，为了掩饰自己的无知，他选择以故作高深莫测的姿态与人交往，从而装出一副城府很深的样子。

对这种人，应该坦诚相见、以诚感人。这种人并不是为了害人，而是为了防人。对他们不须有什么防范，为了真正达到沟通的目的，甚至可以对他们敞开你的心扉。

📖 拓展阅读

曾仕强谈：人为什么要深藏不露？

有一次，我在纽约跟一个犹太人吃饭。他讲了几句话，给我很大的震撼。那个犹太人跟我讲："说实在话，全世界属你们中国人最会做生意。"我说："你讲这句话是什么意思？全世界都公认你们犹太人最会做生意，没有人说中国人是最会做生意的。"听我讲了这句话以后，他有些激动，说："就是这句话把我们犹太人害死了！大家都说犹太人会做生意，所以一看到犹太人，就把两只眼睛睁得大大的，我们一毛钱都赚不到。你们中国人都说自己混口饭吃，不会做生意，可最后钱都是你们赚走的。"我说："你这样讲不对。"他说："怎么不对？你们中国人就是这样，明明自己挖了一个洞，挖完还说不是自己挖的，别人问是谁挖的，就推说不知道……这才是典型的中国人。"

老实讲，如果一个人一出手，人家就知道你要干什么，你就什么事情都干不成了。所以孔子主张"老二哲学"，不希望我们做老大。这是有道理的，不是毫无根据的。中国人最聪明，常常说"我不行"，把最会做生意的帽子加给犹太人，又把最会做情报的帽子交给日本人，然后全世界都知道犹太人最会做生意，就害死了犹太人，让他们一毛钱也赚不到；全世界都知道日本人最会做情报，就处处提防日本人，让日本人什么情报也得不到。

一个人懂得隐藏自己的聪明，才叫真聪明，正所谓"真人不露相，露相非真人"。现在中国人都学西方，有才能就要展示出来，不展示就像没有才能一样。这种思想实在是太浅薄了。我们去看《易经》的第一卦第一爻，就告诉我们潜龙勿用。老子也告诉我们要深藏不露。懂得隐藏自己的聪明，才是真智慧。

但是，你一定要明白，深藏不露是很有能力的人才有资格讲的话，一个人没有能力，一共就这么多，统统露出来也没有什么，还有什么可以深藏的？我们读书总是从字面上去解释，这是很糟糕的事情。深藏不露就是告诉我们，要先想一想自己的能力到底够不够强，如果不够强，就要进一步提升自己的能力，不能只想着显露自己。

五、尽量远离搬弄是非的人

喜欢搬弄是非的人，每天总是挖空心思打探别人的隐私，东家长西家短地在背后说别人的坏话，通常的表现就是无事生非，故意找借口与人争执。

搬弄是非者和自私自利者一样，喜欢把自己的利益放在第一位，其思想非常狭隘，有幸灾乐祸的病态心理。他们常以挑起事端为乐，在别人的分歧中谋取个人利益。他们往往主观臆断、妄加猜测；他们叽叽喳喳，不负责任地传播小道消息；他们幸灾乐祸，要打探别人的隐私；他们在搬弄是非的同时似乎对什么都不满意，无论大事小事，都是牢骚满腹。

搬弄是非的人最明显的特征就是油嘴滑舌。他们表面上很会说话、通情达理，与一般人接触、交往时似乎也很重感情，在短时间内有比较好的人缘，所以人们有时会把心里话告诉他们，甚至把对第三者的褒贬评价和是非好歹也倾囊而出。但是用不了几天时间，这些话便会被他们张扬出去，弄得人们的关系越来越紧张。那么，应该怎样对付这种人呢？

首先，保持沉默。与好搬弄是非的人相处时，涉及他人是非的话不说，关系到自己利害的话不说，不给挑拨离间者留下把柄和黑料，让他无处下手。如果是工作关系，你可多谈积极的，少谈或不谈消极的，若你与此人有工作上的合作关系，可谈一谈工作上的进展和工作方法，而不要牵连任何人际关系。

其次，挺身而出。背后议论别人是一种不道德的行为，不能迁就，我们必须站出来，帮助这种人改正不良习惯。帮助搬弄是非者改正恶习，行之有效的办法是尊重对方，以朋友式的态度，进行善意的规劝；同时，要巧妙地引导对方获得正确识人的方法。比如，当对方谈论他人时，可以先顺着对方的意思，谈谈那个人确实存在的缺点，然后再谈谈那个人的长处，从而形成一个中肯的结论。

最后，掉头就走。如果对方搬弄是非已成为顽习，那就干脆不予理睬。"走自己的路，让别人说去吧！"千万不可一听到搬弄是非的话，就立即去找那人对质，这样会使大家都很难堪，却解决不了根本问题。

谁人背后不被说，哪个背后不说人。人生在世难免被人议论，我们要努力做一个为了自己的理想而活着的强者，而不要做一个被议论所左右的弱者。

六、宽容对待贪便宜的人

无论走到哪儿，都难免遇见几个贪小便宜的人，这种人只做对自己有利的事，心中只有自己，并且喜欢斤斤计较，再小的事也想从别人那里占点儿便宜。日常生活中，如果不得不与他们打交道，我们应该如何应对呢？

一些人贪小便宜的毛病是受社会环境（尤其是家庭环境）的影响而形成的一种习性。这种人往往目光短浅、缺乏远大的理想、胸无点墨、得过且过、不求上进。这种人一般心眼儿并不坏，而且性格外向、毫无忌讳。同贪小便宜者打交道，要注意对其进行正面批评，引导他们在学习和工作上下功夫，以提高其理想层次。理想层次提高了，其对自尊的要求就会随之提高，贪小便宜的毛病便会相应得到克服。对这类人贪小便宜的毛病，切不可姑息，否则只会加重其这种不良习性。另外，也不可对他们进行讽刺挖苦，因为讽刺挖苦会刺伤其自尊心。

还有一种贪小便宜的人，他们的行为受一定意识形态的支配，其贪小便宜的行为反映着其生活观念。这种人，往往具有比较特殊的生活阅历，在生活中受过磨难，人生观常常表现为以"自我"为中心。

同这类贪小便宜者打交道，不能采取一般的说教方法，这样很难改变其固有的观念，而是应真诚地与之相处，用自己博大的胸怀去感化他们。在工作、学习、生活中，我们应真诚地、无微不至地去帮助他们，使他们被我们的行动所感化，比如，外出时，热情地拉上他们，坐车、吃饭、看电影、逛公园时争着付钱，对他们不要表现出一点儿不满和鄙视；平时，可向他们讲一些其所钦佩的人的宽宏大度、不计个人得失的事例，以使他们逐渐意识到自己的不足。

冰冻三尺，非一日之寒。贪小便宜不管源于哪一种心理，要他们一下改掉这个习惯并不现实，只能对其潜移默化，而且要允许其出现反复。如果一个人去感化犹嫌力量不足，可动员几个要好的朋友来共同感化他们。当贪小便宜者真正理解你的诚意以后，他们会永远感激你，由此所建立起来的友谊，也一定是纯洁、牢固的。

七、热情对待性格孤僻的人

性格孤僻的人大多性格内向，而且整日郁郁寡欢、焦躁烦恼，缺乏生活乐趣。就算你很客气地和他们打招呼、寒暄，他们也不会做出你所预期的反应来。他们通常不会注意你在说些什么，甚至很可能并没有听进去。

性格孤僻的人，往往由于缺乏亲情、友情、爱情，才会如此。不管性格孤僻者的孤僻源于什么，我们与之相处，都应给予温暖和体贴，让他们通过友谊体验人间的温暖和生活的乐趣。因此，在学习、工作和生活的细节上，我们要多为他们做一些实实在在的事，尤其是当他们遇到自身难以克服的困难时，我们更应主动站出来，帮忙解决。实践证明，只有友谊的温暖，才能消融他们心中的冰霜。性格孤僻的人，一般不爱说话，有时候尽管他们对某一事情特别关心，也不愿主动开口。不谈话，是难以交流思想感情的，因此，我们与之交谈时，既要主动，还要善于选择话题。一般来说，只要谈话的内容能够触碰到他们的兴奋点，他们是乐意开口的。

性格孤僻的人，往往喜欢抓住谈话中的细节进行联想，胡乱猜疑，一句非常普通的话，有时也会使他们不高兴，并久久铭记于心，以致产生很深的心理隔阂，而这种隔阂，他们又不直接表露，而是以一种微妙的形式加以反映，使当事人难以察觉。因此，我们与之交谈时，要特别注意措辞谨慎。

在与性格孤僻的人有了初步的交往后，我们就应多引导他们读些对他们有益的书籍，帮助他们树立正确的世界观、人生观和价值观，并在此基础上建立正确的友谊观、爱情观、婚姻观和家庭观，逐步使其人际关系变得和谐、融洽。

多引导他们参加一些活动，以使他们从自己的小圈子里走出来，这样他们的性格也会随之变得开朗起来。在活动时，最好让他们选择一些轻松愉快的主题，如听听轻音乐、唱唱歌、看看喜剧或体育比赛、游一游名胜古迹等。

性格一旦形成是很难改变的，因此，与性格孤僻的人打交道，要有耐心才能打开他们的心锁。

八、冷静迁就脾气暴躁的人

有的人脾气暴躁，思想比较简单，做事时往往欠考虑，喜欢感情用事，以致许多人都不愿意和他们交往。其实，只要对这种人采取冷静迁就的态度，他们也是很好相处的。

脾气暴躁的人，容易兴奋、发怒，自我控制力差，动辄就发火，但这种人往往比较直率，不会搞什么阴谋诡计，而且他们重感情、讲义气，如果对他们以诚相待，他们便会视你为朋友。

和脾气暴躁的人相处，可以采取宽容的态度。当他对你发火时，不要在气头上与他争吵。例如，歌德有一次在公园散步，迎面碰到一个曾对他的作品提出尖锐批评的批评家。那位批评家性格急躁，他对歌德说："我从来不给傻子让路！""而我相反！"歌德幽默地说。于是便避免了一场无谓的争吵。

这种人一般比较喜欢听奉承话，因此，我们要不失时机，恰如其分地表扬他们。要多采用正面的方式，而谨慎运用反面的、批评的方式。与之交往，我们可以选择以下几种行为方式。

第一，保持冷静，一笑了之。遇上脾气暴躁的人冒犯你时，你一定得保持头脑冷静，或者置之不理，或者瞪他一眼，或者一笑了之。这种"一笑了之"的笑，可以是泰然处之的微笑，可以是表示蔑视的冷笑，也可以是略带讽刺的嘲笑……最好是泰然处之的微笑，它不仅可以使自己摆脱尴尬的局面，还可以让对方知难而退，避免事态恶化。

第二，暂时忍让，避开锋芒。当脾气暴躁者冒犯你时，如果你自己也是个急躁的人，急躁碰上急躁，针尖对麦芒，很容易两败俱伤。这时你应当压住心头的怒火，暂时忍让，避开锋芒。待对方锋芒锐减时，再充分地、轻言细语地说服对方，也可摆事实、讲道理，消除对方的误会。

第三，宽宏大量，态度温和。只要你有宽阔的胸怀，你就会对别人的态度不加计较。他吵，你不吵；他凶，你不凶；他骂，你不骂；这样两人就吵不起来了。"宰相肚里能撑船"，你只要用温和的态度，有宽广的胸怀，就会使对方的火气消减、自感无趣，从而加以收敛。

第四，察言观色，防患于未然。脾气暴躁的人，当他发火时，最容易对周围的人发泄怒气，如果你与他计较短长，反而会成为他的出气筒。所以，你一定得察言观色，揣摩对方的心理状态，先退一步，待他情绪稳定下来时，再进一步向他解释。

南怀瑾：教你一个不发脾气的简单诀窍

有一位老朋友，脾气很暴躁，来台湾地区以后，我问他脾气好些没有，他说脾气更大了，问我有没有办法。

我说有一个办法很简单，你做到的话，包你有用处。当你要发脾气的时候，你赶快做个气功，把嘴巴一张先吐一口气，再用鼻子吸口气，再问自己要不要发脾气。

他照做了，过了一个多月来看我，他说："嘿！你的话真有效。当我要发脾气的时候，我把嘴一张，吐口气，再把气一咽，就没气了。"这是个好办法，当你要发脾气时，你告诉自己停一秒，忍一下，忍不住的话，你干脆做个气功，嘴一张，呼一口气。那真有气耶！

人生气时，的确是有一口气，不是假的。人一生气，气机就变了，经脉也乱了。我常看年轻人爬楼梯，不过几层，上楼以后就坐那里气喘吁吁的，这是因为他不懂张嘴吐气这个窍门。爬高时不要闭嘴，嘴巴要微微张开哈气，才不会累。

这个窍门，是当年学武艺时老师传的。爬山时，我们跟不上，在后面拼命跑，看见老师在前面健步如飞，我们怎么跑也跟不上。老师回过头来说："张嘴！"嘿！一张嘴果然轻松了。

九、宽厚平和对待尖酸刻薄的人

尖酸刻薄的人，往往爱取笑和挖苦别人，揭人隐私不留余地并加以冷嘲热讽，直到对方颜面丢尽才肯罢休。所以，在一个单位或集体中，是很少有人愿意与之交往的。

与尖酸刻薄的人交往，唯一的方法就是以宽厚来对待他。一般来说，有以下几种技巧可供使用。

1. 用微笑化解"刻薄"

遇到尖酸刻薄的人，最好别把他的话当真，一笑了之是最好的办法。比如，有人嘲笑一位农民说："你这条裤子好像是在旧货市场买来的。"这位农民笑着说："你的眼光可真准，我走了好几家旧货市场才挑了这么一件上等品。"把机智派上用场，持开玩笑的态度，的确是应对刻薄者的有力武器。同时，还应尽量和他保持距离，不要惹他。即使听到一两句刺激的话或闲言碎语，也要装作没有听见，千万不能动怒，否则可能会惹祸上身。

2. 勇敢面对

尖酸刻薄的人，天生一副伶牙俐齿，得理不饶人的样子。对于你来说，能够勇敢地对抗别人的侮辱而又不至于引来反唇相讥，实在不是一件容易的事。一个有效的办法是不要回避，而是要直截了当地反击；另一个办法是要求对方解释他的话，一旦嘲弄你的人知道你揭穿了他，也就自觉无趣，不会再骚扰你了。

3. 故意说反话

对待尖酸刻薄的人，有一个办法是他说什么你都不必动怒，反而顺着他的意思说下去，这也是一种回击之法。如他说："你怎么今天穿得花里胡哨的？"你可以这样笑着回答："我想做个小妖精，你看好吧？"像这样的应对，既可显出你的修养和素质，对方也不敢再得寸进尺地继续伤人了。

4. 存宽恕之心

当你听到尖酸刻薄的话时，虽然你知道那话是冲着你来的，但是如果你告诉自己，那句话实际上没什么大不了，你也就自然能平心静气地泰然处之了。记住，有一颗宽恕之心是重要的为人之道。

5. 做个"厚脸皮"

谁都无法避免尖酸刻薄者的冒犯，就算是最好的朋友，有时也可能因各种原因说一些伤人的话。在这种情况下，最好脸皮厚一点，不必怒形于色，既然人人都有这种缺点，又何必去计较他人呢？

十、大度忍让心胸狭窄的人

心胸狭窄的人，往往生性多疑，容不下人和事，嫉妒比自己强的人，却又看不起不如自己的人。那么，如何应对心胸狭窄的人呢？

我们不妨学习先贤诸葛亮对待心胸狭窄之人的智慧。《三国演义》中，周瑜是东吴的都督，诸葛亮是西蜀的丞相。他们为了抵抗曹操百万大军的南下，共商大计。周瑜见诸葛亮处处胜自己一筹，便妒火中烧，屡次加害，诸葛亮则处处从联合抗曹的大局出发，不计较个人的得失与荣辱，从而保证了吴、蜀的军事联盟，打败了曹操的百万大军，为"三分天下"奠定了基础。

与心胸狭窄的人相处应做到以下几点。

1. 要有大度的气量

与心胸狭窄的人相处，难免会发生一些不愉快的事，如果缺乏气量，与之斤斤计较，就无法和睦相处。相反，如果大度些，胸怀开阔些，就会使那些不愉快的感觉化为乌有。

诸葛亮之所以能对周瑜的嫉妒和迫害毫不计较，是因为他目光长远，时刻想的是如何联合东吴打败曹操，保卫蜀国。所以，他能从计较个人得失的思想中解脱出来，重事业、轻小辱。朋友之间也应如此。如果对方因心胸狭窄，做出有损自己利益的事，我们应从有利于工作和友情的大局出发，能谅解的就谅解，能忍让的就忍让，不要为小事而斤斤计较、耿耿于怀。

> 净尘问禅师："师父，当我与他人有矛盾时，我好心退让，他人不但不会看到宽容，
> 相反还会觉得我很懦弱、好欺负，真让我难过。"
> 禅师问："你宽容是为了让别人感恩你吗？"
> 净尘答："也不是，我只是不想让人嘲笑自己懦弱。"
> 禅师微笑道："表面的激烈是由于内心的单薄，真正的力量如同流水一般沉静。"
> 宽容并不是懦弱，懦弱是一株生于墙头的纤草，风来势倒，雨来茎垂，怯弱难以自
> 保；而宽容更像是一棵古木，风雨欲来，岿然不动，自成一方天地。
> 如禅师所说，宽容不是懦弱，与他人发生矛盾时不必非得争得面红耳赤、拼个你死
> 我活，真正的力量如流水一般沉静、从容。

2. 要有忍让的精神

若朋友因心胸狭窄做出了对不起自己的事，我们不妨忍让一点。忍让，绝不是软弱，而是心

胸开阔、人格高尚的表现。忍让，并不意味着放弃原则。

一个人之所以心胸狭窄，关键是他习惯于孤立地、静止地看问题，因而目光短浅，不能认识事物的多维性。心胸狭窄的人极容易错误地估计形势，错误地对待人和事。因此，对心胸狭窄的人忍让，绝不意味着迁就他的错误。

大度对待心胸狭窄的人，并不是说对他们的错误思想和行为一味迁就，而是要把握好与之相处的分寸。

第三节 应对难处理的事

人最强大的时候，不是坚持的时候，而是放下的时候。当你选择腾空双手，还有谁能从你手中夺走什么？多少人在哀叹命运无可奈何之际，却忘了世上最强悍的三个字：不在乎。

——佚名

一、巧妙避开左右为难的选择

两难问题就是不论你回答"是"或"否"，都可能给你带来麻烦。很多时候，问这种问题的人总是别有用心，如果问题来自你不能得罪的人，或者在公众场合被问到，更会让你的回答难上加难。所以，在回答此类问题时，以下方法可作为参考。

1. 回避正题

在那些不宜完全根据对方的问题来回答的场合，可采取回避正题的模糊回答，它能让你巧妙地避实就虚，从而保护自己，让对方感觉到你既没有拒绝他的问题，但又没给他满意的答复。

2. 假装糊涂

两难问题中有一种复杂问语，隐含着某种假定。对这种问语，无论采取肯定还是否定的答复，结果都得承认问语中的假定，从而落入提问者的圈套。如一个人被指控偷窃了别人的东西，这时审问者问："你以后还偷不偷别人的东西？"无论其回答"偷"还是"不偷"，都会陷入审问者问话中隐含的"你偷了别人的东西"这个假定中。对这类问题当然不能简单地承认或否认，可拒绝回答或指出对方问话的不合理，也可以假装糊涂，不予正面回答。

> **视野拓展**
>
> 人际交往中如何克服沟通障碍？

3. 自嘲圆场

有时我们被问及一些两难的小问题，无论怎样回答都会让人觉得颜面无光，此时不妨自嘲一下，给自己圆圆场。

某先生酷爱下棋，但又死爱面子。一次他与一高手对弈，连输三局。别人问他胜败如何，他回答道："第一局，他没有输；第二局，我没有赢；第三局，本是和局，可他又不肯。"乍一听，似乎他一局也没有输：第一局他没有输，不等于我输，因为下棋还有个和局；第二局我没有赢，也不等于我输，还有和局嘛；第三局也不等于我输，本是和局，可他争强好胜，我让他了。

4. 迂回出击

在现实生活中，对于一些不能得罪的人提出的难题或者无理的要求，不要急于做出正面反击。可以采取迂回的方法，避免与对方发生正面冲突，在抓住对方漏洞的前提下，再不动声色地予以反击，从而反败为胜。

5. 巧用对比

有些问题如果直接回答会很难说清楚或不太妥当时，巧用对比不失为一个解决的好办法。最好能选用一些人们熟悉的事物进行对比，重要的是这些事物能恰恰说明自己的观点或态度。例如，如果有人嘲笑你的理想不切实际，问你："你这不是痴心妄想吗？"你可以回答他一句："燕雀安知鸿鹄之志"。

6. 以相似问题反击

面对两难问题，有时不必去苦思冥想，只要以相似的问题进行反击，以其人之道，还治其人之身，就可使自己轻轻松松予以化解。

对于非"左"即"右"的问题，切忌在对方问题所提供的选择中做单一选择，因为无论是"左"还是"右"，都会落入对方的圈套。

二、机智应对别人的有意刁难

人生在世，并非所有的事都称心如意，在生活或工作中，难免会碰到一些刁钻古怪之人，他们会在一些正式或非正式场合对你有意进行刁难。如果你恼羞成怒，对刁难者进行指责，就会激起对方的反唇相讥，由此进一步引发言语冲突。但此时也不能表现得过于温和，否则会让对方觉得你是一个软弱可欺的人，没准还会找机会再刁难你。

面对别人的有意刁难，既要保住自己的面子，又要确保不至于因回敬过头而显得无礼，要想做到这一点，以下几种方法值得借鉴。

1. 请君入瓮

生活中，当对方蓄意刁难，说出令人难堪窘迫的话时，最好是采用请君入瓮的方法，巧用话语把对方也引入这种局面中，让对方作茧自缚、自食恶果。

2. 以相同思维反击

当别人有意刁难而你又不能直接回答时，不妨采用与对方一样的思维，照他那样的逻辑方式，如法炮制地再设一个相同句式的问题来反问对方，这样就能巧妙地把"球"踢还给对方。

3. 大智若愚

在日常生活和工作中，如果有人在一些问题上刁难你的话，你大可一笑了之，装作没听懂对方的话而让对方自讨没趣。

1992年的美国大选，克林顿的对手在电视竞选时，攻击他不过是夫人的一个木偶，言外之意是克林顿做不了一家之主，更没有做一国之主的资格，这句话无疑潜伏着杀机，可谓刁难至极。克林顿回答："不知你是竞选总统还是竞选克林顿夫人？"一句反问，让故意刁难他的人无言以对。

克林顿这种带点傻气的话，其实是大智若愚的表现，既回避了他人对自己不能胜任一个大国总统的怀疑，又回应了对方对其夫人干政的攻击。

4. 巧用反问

巧用反问是应对有意刁难之人的一个普遍、实用的技巧。当对方的问题很难回答或发问的角度很刁钻，你肯定或否定的回答都可能出差错时，那就不要回答，你可以把问题再还给对方，巧用反问，将对方一军。

5. 化被动为主动

先有意放松、解除对方的戒备心理，为能牢固地把握主动权打好基础，等到对方上钩了，再予以反击，使对方措手不及。这在应对别人有意刁难时不失为一个好的办法。

三、及早逃离令人苦恼的是非之地

不管你是个怎样的人，都不要轻易招惹是非上身，因为一旦惹上了，可能想甩都甩不掉。万一不幸陷入是非之地，就要明智地采取相应的措施，及早脱身离开，以免祸及自身。远离是非之地，设法脱离困境以保护自己，可以采用以下几种策略。

1. 适可而止，全身而退

在生活或工作中，有些人闹了矛盾而失和，但不久后又希望能化干戈为玉帛，以方便日后共事，但亲自出面又太唐突，于是便找你来当"和事佬"。本来使别人化敌为友是一件好事，但在做好事之余，要注意适可而止，给自己的行动划定一个界限，使自己最终能全身而退。最好是对双方的对与错，不予置评，更不宜替一方辩解，应"晓之以理，动之以情"，然后由他们自己考虑好后再做决定。

对领导不满、对单位不满的也大有人在，遇到有同事来诉苦，指责某人有意为难他，或单位某方面对他不公平时，你既要做到关心同事的感受，又要适可而止、置身事外，让自己在卷入是非旋涡前全身而退。

2. 区别对待，步步为营

如果平日很要好的两个人，分别在你面前数落对方的不是，而两人表面上依然友好。这时候，你该怎么办呢？

有些人心胸狭窄，十分小气，又善妒，所以因为某些问题发生矛盾，这是不足为奇的，但在表面上又不愿与人翻脸，故向较亲近者倾诉心中不悦，是自然不过的事。这时，你夹在两人中间其实也并不难做，可用不置可否的态度对待两人的牢骚，当对方发现没有人同情时，必然不是滋味，就会掉头另找他人，那么你也就自动脱身了。

如果对方的动机不良，你也不必过分客气，不妨还以颜色，分别跟他们说："对不起，我不愿听你说朋友的坏话，因为我根本不想评论你俩！其实，我的看法对你们并不重要呀！"利用这一招，他们必然也会知趣而退。

3. 走为上计

不惹是非最有效的策略莫过于"走为上计"。我们知道，"走"不是消极逃避，而是主动脱离一种极为尴尬的处境，待时机成熟，情况有所转变后，再对事情进行处理。

四、不失礼节地拒绝他人的请求

在日常生活中，我们在向别人提出要求时，都有被拒绝的时候，那种感觉当然不好受。同理，我们拒绝别人时也很为难。如果处理得当，就可以使自己不陷入两难的境地；如果处理得不好，就可能造成被人记恨等负面影响，因此，我们需要掌握拒绝他人的一些技巧，做到既可拒绝他人又不失礼。

1. 献可替否，转移重心

"献可替否"是一个成语，意思是劝善归过，提出兴革的建议。当对别人所求的事不能帮忙时，应在讲明道理之后拒绝，然后再帮对方想一些别的办法作为未能直接提供帮助的替代性补偿。因为一般情况下每个人都会有一种补偿心理，即使你的办法不是很理想，但只要对方明白你已经尽力了，他也会觉得很欣慰，并在一定程度上减少失望感。而如果你的办法帮助他解决了问题，他就会更感激你。

2. 巧设"圈套"，诱导否定

我们还可以巧妙地给对方设置同样的情景，以此来引诱对方做出判断，从而让其明白我们的处境或意思，以巧妙地拒绝其要求。

有一次，一个人问艾森豪威尔将军一个有关军事机密的问题，艾森豪威尔将军对其做耳语状说："这是一个机密问题，你能替我保密吗？"于是那个人就连忙说道："我一定能的！"艾森豪威尔将军则回答道："那我同样也能！"

3. 模糊语言，含糊回避

模糊语言，含糊回避是一种有效拒绝他人的方法，也是一种最常见的方法。它是在不便明确回绝的情况下，含糊回避他人。这样做既能给对方保留面子，又不会显得自己是个不肯帮忙的人。

4. 分析利害，以理服人

当别人的请求对自己来说确实无能为力或者有悖自己的原则甚至会违背法律规范时，哪怕对方是关系再好的朋友或者对方的态度诚恳至极，你也不能支支吾吾、半推半就，而应当讲明事理，彻底打消对方的念头。在日常生活中，很多人不明白其中的利害关系，更有一些人为了眼前的一点小利，不懂拒绝、不顾后果，最后，只能自食恶果。因此，在平时做事时要有长远眼光，要学会说"不"，同时也要顾及别人的面子，对其晓之以理、动之以情。

5. 以攻为守

在对方提出一些要求之前，如果我们已经通过别的途径得知此事或在谈话中已经知道对方的目的，但是自己无法做到时，我们就可以采用这种以攻为守的办法来拒绝对方的要求。如有熟人找你借钱并用来做一些不正当的事情（如赌博）时，这个时候你可以在对方说出请求之前率先提出自己的要求："这么巧呀！正好碰到你，我正准备去找你借点钱……"对方如果听到你这么说，自然就不会再向你开口借钱了。

6. 自我贬低

生活中我们一直为一些既没有什么实际意义又浪费时间与精力的社交活动而烦恼，拒绝参加这类活动也不是件易事。对此，我们可以采取自我贬低的方式，以开玩笑的方式拒绝他人，从而使自己全身而退。例如，如果朋友想邀你一起去游戏厅玩，你就可以说："我们都是好朋友了，说出来不怕你们笑话，我学了几年一直玩得不像样子，你们看了都会觉得扫兴，为了不影响你们的兴致，我还是不去为好。"

拒绝他人时，切忌用借口来拖延说"不"的时机，如果你觉得不便说"不"，就随便找些不值一驳的理由来搪塞对方，以求得一时的解脱，但如果对方死缠烂打，那你最终很可能还是会答应。

五、用策略打破谈判中的僵局

其实谈判者害怕出现僵局也是有道理的，特别是当他们在为一家大公司工作时，一个坏的合约总比破裂的谈判易于向上司交差。更糟的是，当别的竞争者只要再稍作让步，就可能抢走生意时，僵局给谈判者带来的压力就变得更大了。

打破谈判中的僵局，可以采用以下几个办法。

1. 巧用幽默

利用幽默能减少人与人之间的紧张对立。谈判中，双方为了自己的利益，很难轻易地让步、求和，彼此间必有一番唇枪舌剑的苦战，有时甚至会到剑拔弩张的地步。这时，如果某一方代表说句幽默的话，或讲个小笑话，大家一笑，紧张的气氛就可能被化解，使谈判得以继续下去，直至取得成功。

2. 抓住要害

打蛇要打七寸，才能给蛇以致命一击；反之，如果不得要领，乱打一气，反而有可能被蛇反咬一口。把这一思想运用到谈判中，就是要善于拨开笼罩在关键问题上的迷雾，找出问题的症结所在，抓住要害进行突破；否则，无休止地在表面问题上争执，既伤了双方和气，又使问题变得更加复杂，如果不小心，还会被对方抓住破绽，使自己陷入极其被动的境地。

3. 求同存异

求同存异是指双方在某一问题上争执不下时，可暂时绕过这一问题而先讨论另外一个容易达成一致意见的问题。例如，双方在价格条款上僵持住了，可以把这个问题先暂时放下，转而就双方易于沟通的其他问题交换意见。事情常常会这样，当另一些条款的谈判取得了进展以后，如某一方在付款方式、技术等方面得到了优惠，再回到价格条款上来讨论时，另一方的态度、要求往往会发生根本性的变化，谈判中友好磋商的气氛也就会变得浓厚起来。

4. 迂回攻击

谈判时，要避开对方正常的心理期待，从一个对方认为不太可能的方面进行突击，这往往可以让对方的思维、判断脱离预定轨道。等到对方的心理逐渐适应了你的思维逻辑，再转而实施正面突击，这样常常会使谈判出现转机。

5. 利用矛盾

谈判者要善于抓住谈判对手阵营中的矛盾，把他们的矛盾作为打破谈判僵局的突破口。有时出现僵局倒不是因为双方协调不够，恰恰是由于对方内部存在矛盾造成的后果。利用对方内部矛盾进行巧妙的谈判与斗争，使对方不得不为造成谈判僵局而付出代价。突破僵局的责任要由对方来负，就会促使对方寻找突破口，这样无形之中，僵局就会被慢慢地"消化"掉。

6. 忍者为赢

谈判时，如果双方发生意见分歧、一时难以达成一致，这时要善于忍耐。忍耐可以避免谈判中的直接冲突，不致因意见分歧、争论不休而伤了感情。可暂停一会儿，给对方留出一些适应时间，以便对方能慎重考虑你的意见。

如果你急于达成协议，而对方掌握了你的这种心理，就可能提出苛刻的条件；反之，如果你不急于要求达成协议，看来好像无所谓的样子，对方反而会有可能降低要求。

六、沉着应对别人的指责

因为很少有人能够真正了解自己，也很少有人能够坦然地面对错误，所以在面对指责时，我们通常都会下意识地为自己辩解或反击，这样就容易造成冲突。有的人总是忍受不了别人的指责，稍不中听就会恼羞成怒，和别人闹不愉快。

其实，对别人的指责应该理性地分析，首先要明白别人的这些指责并非全都出于恶意。即使对方的指责是错误的，你也应该给别人说话的机会，而自己则需要理清思路再予以回应，以展现自己的社交风度。更何况，别人善意的指责对你来说是一笔宝贵的财富。所以，面对别人的指责时，首先要做到的一点就是"保持冷静"。

被人指责总是不愉快的，面对使你十分难堪的指责时要保持冷静，不管你是否接受，都要待听完后再做分辩。因对方的一两句刺耳的话，就按捺不住，激动起来，和对方硬碰硬，不仅解决不了问题，还容易将问题扩大，变主动为被动。

威廉·麦金莱任美国总统时，曾因一项人事调动而遭遇许多议员、政客的强烈指责。在接受代表质询时，一位脾气暴躁的国会议员粗声粗气并且十分难听地讥讽总统。但麦金莱这个时候充分地显示了他的社交风度，在整个过程中他都非常冷静，任凭这位议员大放厥词，而他却一声不吭，直到议员说完后，他才用极其委婉的口气说："你现在怒气该消了吧？照理你是无权责问我的，但现在我仍愿意详细解释给你听……"听到此话，那位气势汹汹的议员羞愧地低下了头。

面对别人的指责时，我们应该做到如下几点。

1. 学会倾听

不管别人的指责是否正确，我们都要耐心地倾听。尤其是当别人在情绪很差的情况下，千万不要抢着和他说话，那样很容易激起更大的争端。如上例的麦金莱总统，在别人对他极为无理地指责的时候，他能很耐心地等待别人把不满发泄出来。当然，倾听并非只是让人把话说完就够了，在倾听的过程中，你还应该将重点问题记在心里，这样你才能有针对性地向他解释。在面对别人指责的时候，一定要学会倾听，找到别人不满的原因所在；否则，你不知道别人的真正意图，自然也不能做出合理的解释。

2. 注意自己的行为举止

在受到别人指责的时候，要注意自己的行为举止，让自己保持清醒的状态，不要表现出困倦的样子。在交谈中须保持和讲话人的目光接触，不要做过多的小动作，因为这时候可能你的一点不敬都会让对方更加恼火，降低他对你的评价。因此，在面对他人指责的时候，要态度谦虚，且在自己的举止方面要更加注意。

3. 消除对方的怒气

受到指责特别是自己确实有责任时，不要计较对方的态度好坏，最好要听完对方的话并向其表示自己接受他的指责。这样，对方就会消除怒气。作为权宜之计，即使你确信对方的指责并不合理，为了能使对方消除怒气，你也可以先暂时接受他的指责，之后，待对方冷静下来，你有更多的机会和时间进行解释，消除隔阂、猜疑和埋怨。

4. 平静地给恶意中伤者以回击

当然，并不是说对所有的指责我们都可一笑了之、一味地忍让，必要时也要予以回击。如果我们确认对方是出于不可告人的目的而对自己进行恶意中伤、寻衅挑战时，我们就应该坚定地表明自己的态度，不能迁就忍让，而应该果断地予以回击，摆事实、讲道理，站出来澄清事实。这样，会使我们显得更有气魄、更有力量。

七、恰当地安慰失意者

人生的道路不平坦，我们常常会遇上这样或那样的困难。当我们看见自己的朋友痛苦无助时，该如何安抚他的苦痛与焦虑？如何让他重新振作起来呢？这不仅是个沟通的难题，也是做人的一大难题。

给不幸者以安慰，是一种美德。当亲朋好友遭受不幸时，及时送上真诚的安慰，更是我们应尽的责任。但是有些人为了避免说错话，宁愿选择什么都不说，而错失表达关心的时机。

在别人失意的时候给他以安慰，不仅能获得对方的感激和好感，更重要的是可以巩固双方的感情，使友谊更进一步，也更加有利于双方的交往。可是，在朋友失意的时候，要如何安慰呢？

1. 倾听对方诉说苦恼

当我们试图去安慰一个人时，首先要理解他的苦恼。安慰人，听比说更重要。倾听不是简单的沉默，而是以真诚的态度全身心地投入。这样，被安慰者才会对你产生信任，感觉到温暖。在倾听的过程中，尽量不要插话，一定要让对方将情绪全部宣泄出来。实际上，在安慰人的过程中，所提供的任何解决方法都很可能会无效，故而有时不加干预、不给意见，只倾听、了解并认同其苦恼，是安慰人的最高境界。所以，不要追问事情的前因后果，也不要急于做判断，要给对方空间，让对方能够自由地表达自己的感受。

一般情况下，人们容易在倾听的过程中迫不及待地提出自己的见解。其实这种做法是很不合适的，因为对方需要的往往仅是一个可以倾诉的对象，而不需要任何建议。另外，对于被安慰者所讲的内容，全部要用支持性的话语，默认他说的全部是对的，错的地方也不要理会。在倾听的过程中，如他主动问到，你可以讲讲自己的经历。当然，一定要简短。而且你所讲的内容一定要比他的境遇更差一些，"我曾经……也慢慢过来了。"你如果能成功地让他说上两小时，那他也就基本没事了。

2. 陪对方走一段路

有时候，陪对方走一走也是一种安慰。对方会在你的陪伴下，觉得安全和温暖，于是开始向你倾诉，当他内心逐渐平静下来可以坦然面对自己的遭遇时，他会真心感谢你的陪伴。

3. 转移对方的注意力

有些人在遇到挫折后，会采取压抑自己的方式去面对，他会把所有的不如意压抑在潜意识中，自己想办法消化。如果积郁太久，就会对其心理造成极大的负担。所以，面对这种朋友，可以通过转移他的兴趣来打开其心扉。如果他喜欢唱歌跳舞的话，可以带他一起去泡吧；如果他喜欢文学艺术，则可以通过带他一起去看书、看电影转移他的注意力。

4. 不需"指教"他应怎么做

给予别人安慰并不是告诉别人"你应该……"或"你不应该……"就可以了，因为很多时候我们并不能帮他解决实际问题，而只能给他以安慰。所以我们能做的就是帮他调节情绪，让他不要耿耿于怀。

在安慰他人的过程中，用开放式的提问是非常重要的，认识到他的弱点的时候，我们可以采用旁敲侧击的方式让他明白自己的问题，那么他可能就会认识到需要调整自己的心态和期望值。让他满怀信心地走出阴影，是我们的最终目的。

5. 让对方回顾成功的体验

人的一生中都会有成功的时候。我们要让他回顾成功的体验，使他知道一次的失败并不能代表所有的失败，也不能泛化到所有的事情上。如果你知道他以前唱歌比较好，你可以说："听说你以前唱歌……你当时是什么感受？"让他讲述，这样就可能使他慢慢把不愉快的事忘掉，他又会觉得自己还是很优秀的。要让他意识到不能让暂时的迷雾蒙住双眼，从而看不清前进的方向，你要帮助他回味曾经的成功，重新树立信心。

八、严格控制自己的情绪

在人际沟通活动中，我们可能会遇到各种各样的情况，我们的情绪也很可能因此产生很大的波动，如果不善于控制情绪，就可能会使沟通失败。

视野拓展

曾仕强教授：管理自己的情绪

一般情况下，你以什么态度对待别人，别人就会以相同的态度对待你。而急躁冲动容易打乱人们的正常思维，不利于正确地解决问题。在日常的人际沟通活动中，会遇到千奇百怪的事情，出现各种各样的矛盾和问题。遇到问题时，我们要善于控制自己的情绪，否则就可能会使矛盾变得更尖锐。所以，不管遇到多恼火的事，情绪都要保持冷静，只有这样才有可能将事情圆满解决。

良好的情绪状态能让我们显得更加自信，同时，它也是保证我们人际沟通活动正常进行的必备条件。举止得体、情绪稳定的人，似迎面春风般让人感到易于接近、容易沟通；反之，完全不能自制的情绪必然会成为沟通的绊脚石，没有人愿意接近一个喜怒无常的人。

下面是一些控制情绪的方法。

1. 善于为自己的情绪找到适当发泄的机会

当发现自己的情绪不好时，一定要找到合适的方法将它发泄出来，否则，如果在别人面前将这种强烈的情绪表现出来，可能会伤害彼此的感情。如有人在激动的时候，会去做些消耗体能的活动或运动，这可使因紧张而生出的情绪获得一个发泄的机会；也有人在情绪不安的时候会去找要好的朋友交谈，倾吐胸中的抑郁，把话说出来以后，心情也会平静许多；还有的人借远行来使自己离开容易引起激动心情的环境，避免心理上的纷扰，等到再归来时，心情不复紧张，时过境迁，原有的问题或许也已显得微不足道，不再为之烦心了。

> **视频精选**
>
> 怎样学会控制自己的情绪？

2. 切勿故作深沉

人际沟通是一种思想交流活动，本该真诚相待、畅所欲言。如果你深藏不露，会让人觉得你城府太深；如果你与人相处，处处不露心迹、守口如瓶，就会让人觉得你不可捉摸、难以沟通，无形中就拉远了彼此的心理距离。

3. 切忌喜形于色

如果你表现得眉飞色舞、洋洋自得，还不时对别人的事指指点点、指手画脚，那么只会引起别人的反感，损害自己的形象和威信。与人交往时应保持一颗平常心，不能面无表情，但也不能在取得成绩或有高兴的事时，就沾沾自喜、得意忘形。

在人际沟通中，有时要完全控制自己的情绪是很困难的，但是能够主宰自己、控制自己情绪的人，往往会在人际沟通中得到人们的敬重。因为他们懂得如何在失意中寻找快乐，能做到不受情绪的影响，理智地解决问题。

总之，遇到任何事我们都要能控制自己的情绪，保持一种平和心态。喜怒哀乐要表现得自然、不做作，分寸一定要把握得当，否则就会给人一种喜怒无常的印象。

思考与训练

1. 任何人际沟通都离不开一定的地点和时间，而地点和时间的选择又直接或间接地影响着沟通的效果。请举例说明如何恰当地选择沟通的地点和时间，才能保证沟通顺利而有效地进行。

2. 在生活中，难沟通的人有各种不同的表现，请分别说明应如何应对搬弄是非的人和性格孤僻的人。

3. 阅读下面一则案例，然后回答后面的问题。

某员工小李，待人一直都谦逊有礼，就算他的上司有些什么不可理喻的吩咐，他还是会不折不扣地执行。后来他的上司调到了另外一个部门，可还是会经常找他帮忙做事，因为他的这位上司做人失败，找不到别人帮忙。

小李现在的上司也跟第一位差不多，就算有时候上司被小李的另一位同事小丁气得够呛，但好像上司平常却有意无意地总想讨好小丁似的，而小李平常在上司面前表现得很谦逊有礼，反而上司好像对他有点不以为然的态度，这让小李非常疑惑和苦恼。

（1）小李确实遇到了难以应对的上司，如果你是小李，你应该如何应对这种无能而又欺软怕硬的上司呢？

（2）从小李的身上你发现了他性格上的什么弱点？你认为他应该如何去克服这种弱点？

4. 请阅读下面的一则案例，分析小张不受欢迎的原因，并说说应如何与小张这种类型的人和谐相处。

小张在一家不错的公司上班，老板挺看重他。可他仗着自己是名牌大学毕业，头脑又灵活，动辄便将"公司如果少了我不行"之类的话挂在嘴边，同事们看他年轻也不怎么和他计较，可他却变本加厉，有一次竟当着大家的面指责起部门经理来，双双闹到老板的面前。小张认为凭着自己的才干，老板一定会帮他撑腰。可出乎意料的是，老板却立马要他收拾东西走人，理由是他"把自己的位置摆错了"。

5. 请阅读下面的一则案例，分析教务副主任被炒鱿鱼的原因，并说说应该如何应对校办主任这类人物。

某私立学校的老师都是喝烧的开水，只有行政办公室的同事喝的是去离子水，明显是两样待遇。老师们如果忘记晾上一杯水，课间休息时就喝不上水，再上课时就只得口干舌燥地去讲课，对此大家很有意见。一天，主管教学的教务副主任忍耐不住，抱怨说："其他学校都是老师的地位高，只有我们学校是行政人员地位高。"这话传到校长身边的红人校办主任那里，不知道她与校长说了些什么，教务副主任就莫名其妙地被炒了鱿鱼。

6. 请阅读下面的一则案例，说说"我"应该如何圆满地解决这一问题。

我睡觉很轻，有一点光和声音就睡不着。这学期开学的时候，宿舍里拉了网线，有一位同学每天晚上都开着灯上网，直到凌晨一两点钟，上完网就接着"哗啦哗啦"地洗漱。为此，我跟她谈过很多次，她也只是口头上答应不再这样了，实际上却依然故我，没有一点改变。提的次数多了，她就开始对我不满，觉得我干扰了她的生活，从此对我一直很冷淡。我真不知如何才能妥善处理这件事情。

7. 请阅读下面的一则案例，替何晓想一个两全其美的办法。

何晓从小就学画画，他的画曾在学校里、市里多次获奖。一次，他偶然在同学张萌的T恤上画了一幅山水画，同学们反响热烈。又恰逢张萌在学校里做创新思维的演讲，还拿身上的T恤举例，这样，何晓的画更是受到了大家的关注和好评。接下来就有很多同学找他要画，他既高兴又有些为难，因为马上要考试了，时间很紧，而且画料很贵，向大家要钱不好意思，不要钱自己承受又有困难。

父母劝他别多管闲事，以免因此影响学习。可何晓很为难，他希望既能拒绝同学的要求，又不伤友情。这件事该怎么办才好呢？

8. 校外实践训练。利用寒暑假找一份社会兼职，在工作中，注意分析所遇到的难以应对的人和难以处理的事，并运用所学人际沟通知识化解这些人际沟通中的难题，切实提高自己的人际沟通能力。

主要参考文献

楚风，2006. 性格与人际关系. 北京：中国纺织出版社.

戴文标，李小芳，2004. 谈判与沟通. 上海：上海人民出版社.

广宇，2007. 现代礼仪全集. 北京：地震出版社.

何书宏，2005. 演讲与口才知识全集. 北京：北京工业大学出版社.

金和，2009. 实用口才知识全集. 北京：中国纺织出版社.

李海峰，张莹，2014. 管理学——原理与实务. 2版. 北京：人民邮电出版社.

李佳，2009. 应酬之道. 北京：光明日报出版社.

李爽，2015. 国际市场营销. 北京：人民邮电出版社.

李向峰，2010. 从零开始学点管理学. 北京：中国纺织出版社.

李兴军，刘金同，2006. 大学生实用口才与演讲. 北京：清华大学出版社.

刘津，2004. 妙语改变一生. 北京：中国发展出版社.

刘加福，2011. 男女沟通的艺术. 北京：中国纺织出版社.

龙璇，2016. 人际关系与沟通技巧. 北京：人民邮电出版社.

麻友平，2006. 人际交流与沟通实务. 北京：中国石化出版社.

麻友平，2009. 人际沟通与交流. 北京：清华大学出版社.

钱瑛，2009. 身体语言的N种密码. 北京：中国纺织出版社.

苏豫，2010. 走进职场学说话. 北京：中国华侨出版社.

孙和，2009. 打动人心的160个口才技巧. 北京：北京工业大学出版社.

唐涤非，2007. 演讲学简明教程. 北京：首都经济贸易大学出版社.

王正丽，2007. 敬业，更要精业. 北京：机械工业出版社.

惟言，2004. 第一次演讲就上手. 北京：中国纺织出版社.

吴建民，2004. 交流学十四讲. 杭州：浙江人民出版社.

吴蜀魏，2007. 待人接物101招. 北京：当代世界出版社.

吴蜀魏，2007. 人情义理101招. 北京：当代世界出版社.

余长保，2009. 让领导放心. 北京：中国纺织出版社.

云贵彬，2007. 非语言交际与文化. 北京：中国传媒大学出版社.

曾仕强，刘君政，2004. 人际关系与沟通. 北京：清华大学出版社.

翟鸿燊，邹德金，2006. 学会应酬，懂得适应. 北京：新华出版社.

张守刚，2016. 商务沟通与谈判. 2版. 北京：人民邮电出版社.

张作俭，2004. 有效管理沟通指南. 北京：科学技术文献出版社.

赵月华，2007. 把话说得滴水不漏全集. 北京：石油工业出版社.

周之良，2005. 编织交际的纽带. 青岛：青岛出版社.

卓雅，2011. 社交其实很轻松. 北京：中国纺织出版社.

更新勘误表和配套资料索取示意图

说明 1：注册后即可下载的资料为学习参考资料，其他资料恕不能向同学开放下载权限。

说明 2：教师身份认证完成后可下载的资料可供选书老师参考。

说明 3："用书教师"是指以本书作为学生课本的授课教师，专有教学资料仅向用书教师开放下载权限。用书教师请参考下图第 4 步给编辑留言。

咨询邮箱：13051901888@163.com

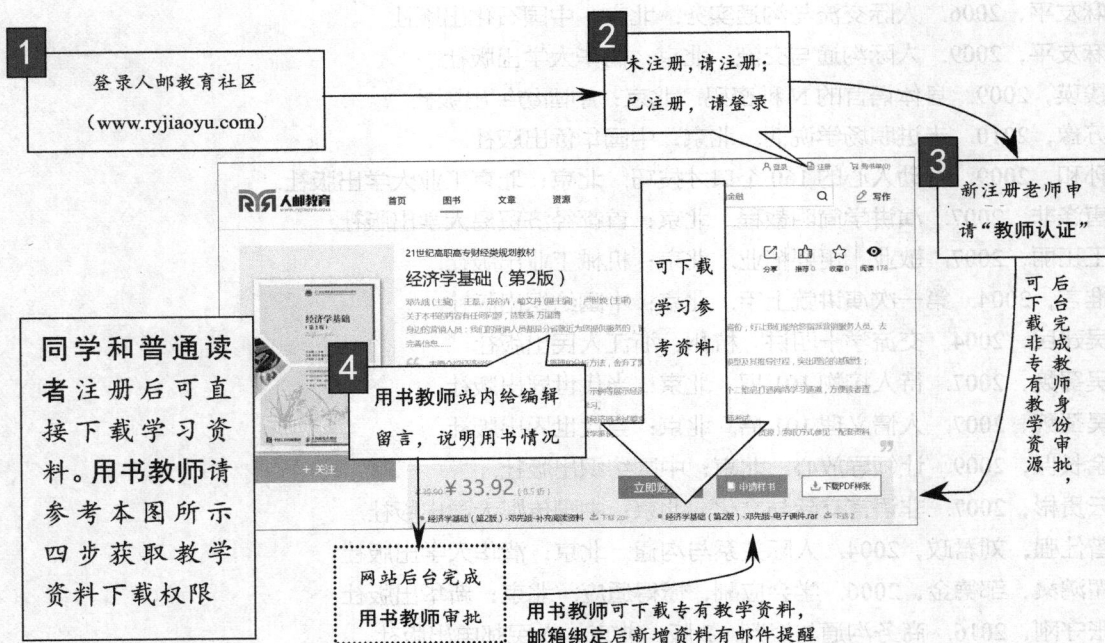

更新勘误及意见建议记录表